X-Knowledge

住宅インテリア究極ガイド

2023—2024

Contents

26頁以降の写真クレジットのうち、一部は以下のように番号で表しています。
渡辺慎一（①）、石橋マサヒロ（②）、伊藤徹也（③）、宮本啓介（④）
クレジット表記のない写真は、その頁の著者もしくは編集部による撮影です。
クレジット表記のない住宅・店舗のデザイン／設計は、その頁の著者によるものです。

住宅に生かせるワークスペースのインテリアを紹介！
3タイプのワークスペースから学ぶこれからの働き方

さまざまな
ワークスペースのタイプ

Type1　書斎
Type2　ワーケーション
Type3　コワーキングスペース
ワークスペースの家具・素材・アイテム

住宅に生かせる
インテリアの素材一覧

写真撮影　村上太一

ダイニングルームとガラス窓のある間仕切り壁で仕切られた家族の書斎。間仕切り壁やドアはリノベーション以前からあり再利用している。ダイニングに向かってカウンターを設けていて、家族が横一列に並んで座ることができる。カウンター下には本棚を設けていて本がしまえるほか、背面には背景となる壁一面の木製折戸で仕切られた収納があり、雑多なものが表に出ないようにしている。床にはウールのカーペットが敷かれていて、床に座ってゴロゴロしても気持ちがいい仕上げにしている

家族の書斎からダイニングを見たところ。カウンターの先のガラスからダイニングにいる家族の気配が感じられる

ヘリンボーンが張られたダイニングから家族の書斎を見たところ。ダイニングテーブルにいる人と書斎にいる人は視線で繋がり、その奥には木製の収納扉が背景をつくっている

Type 01 書斎

大倉山のヘリンボーンハウス

開放的な書斎

古いマンションの一室をリノベーションした物件にある書斎。元からあったチークのヘリンボーンの床と個室との間にあった間仕切壁の雰囲気がよかったので再利用し、ダイニングルームとつながる家族の書斎を設けました。ダイニングに向かって長いカウンターを設けたので、椅子に座りながらダイニングにいる人たちとの一体感が保たれるようにしています。また、リビングルームのような居心地のいい場所にもしたかったため、床にはウールのカーペットを敷いて、床に直接座ってゴロゴロしながら本を読んでも心地よい空間にしています。ダイニングから見た景色や雑多なもので家が煩雑にならないよう、カウンターの背面には壁一面の木製折戸の収納を設けています。

実際に暮らしているところ。お気に入りの椅子が並べられ、カウンターの下の本棚には図鑑などの本が並べられている

頭とともに体も鍛えられるよう書斎に設けられた鉄棒。本棚の中に仕込まれた鉄骨と打放しの壁で支えている。実際にぶら下がると背筋が伸びて気持ちがよい

実際に使っているところ。横方向に移動する重厚な階段梯子も設けているので安心感があり、高いところの本も手に取りやすい

つくよみの家

階段を上がった2階の廊下にある書斎。廊下の壁には床から天井までの本棚を設け、さまざまなジャンルの本やCDなどが並べられる知の壁になっている。

本棚の四角い箱のプロポーションは黄金分割を基本としていて、それを半分の高さに割ると文庫本が入るサイズにしている。本棚には引戸の開口部があり、そこを通るとそれぞれの寝室へと繋がるようにしているため、日常の動線で必ず本を目にするようにしている

yuu-house

同じく階段上の廊下に書斎を設けた例。こちらは窓から中庭のシンボルツリーを眺めることができる

廊下に面して書斎スペースを設けた例。1階のリビングダイニングから階段を上がると、廊下に面してさまざまなジャンルの本やCDなどが並べられた壁一面の本棚が広がる書斎スペース。各寝室へは本棚の中を通って入るため、日常の動線で必ず本を目にすることになります。本棚の高さは3m近くあるため、移動式の階段梯子も製作しました。また、集中して読書をしていると運動不足になるため、本棚の途中には鉄棒を設けていて、頭とともに体も鍛えられるようにしています。もう一例も2階にある寝室前の廊下に設けられた読書スペースで、こちらは窓から空や中庭に植わるシンボルツリーが眺められるようになっていて、目の疲れが癒せるようにしています。

俳人であり執筆活動もされるご主人のための書斎。この家には句会も催される本格的な和室もあるが、一人で集中できる個室の書斎も設けている。たくさんの本があるため、固定書架ではあるが床から天井までの本棚を３列設けている。一部にはガラス扉を設けていて、飾り棚としての役割も持つ。デスクが置かれる場所には書斎らしくレトロなペンダントライトを設けている

３列ある本棚。左側２列は棚が両面あり、それぞれ可動棚になっていて多くの本が収納できる

和室で座卓に座って仕事をしたいというご主人のための書斎。床はもちろん畳敷きで壁は和紙で仕上げ、床の間や床柱も設けている

大倉山の俳人の家

閉じた書斎

ほかの部屋とは分けられた閉じた書斎。静かなので集中したい時やリモートワークでWEB会議をする時にも便利です。1つの事例は俳人であるご主人のための書斎で、本格的な和室とは別に設けられた個室。本を多くお持ちのため、床から天井までの本棚を多数設け、書庫の一角にデスクを置いているというスタイルです。もう1つの事例は仕事を和室でしたいというご主人のための書斎で、玄関から直接アプローチできる場所に設け、床の間のある和室で座卓に座って仕事をされています。このような部屋は閉じられた空間で他の部屋とは別世界となるため、好みに応じて仕上げを変えられるという面白さがあります。

溝の口のオークハウス

玄関の正面にある書斎の入り口。和室にも洋室にも合うよう、銀の揉み紙を太鼓張りにした引戸を設けている

ミモザハウス

半地下にある書斎。鉄筋コンクリート造の地中の基礎である耐圧盤を床として利用しているため、この書斎は天井の高い半地下となっている。また、音が外部に漏れにくい地下の利点を生かして、テレビゲームや、音楽室としての機能をもたせバンド仲間を集めての演奏も行われている。半地下ではあるが大きなハイサイドライトを設けているので太陽光がたくさん差し込み、明るく快適な空間となっている

絨毯敷きの寝室の左奥に行くとWICで、右奥に行くと書斎があり、その先は玄関へとつながっている

左側は玄関からリビングへ向かう廊下の収納。この収納扉の一番手前が書斎に入る隠し扉になっていて、玄関前ではあるが個室があるとは思われない

大倉山のガラスハウス

上は鉄筋コンクリート住宅の半地下につくった書斎で、土に囲まれている上に防音扉で仕切っているため、他の部屋に音が漏れにくく、書斎本来の機能の他、テレビゲームをやったり、音楽室として楽器の演奏をしたりもする部屋として多機能に使われている例。

左は寝室の窓際に一枚板のカウンターを設けた例で、ホテルの客室にあるデスクのように、ちょっとした個室の書斎として利用できる。下の例は寝室の奥に設けられた書斎の例で、寝室の奥の引戸からもアプローチできるし、玄関側の収納扉の一部が隠し扉になっていて、そちら側からもアプローチでき、家の回遊性にもつながっている。

nico-house

寝室の窓際に設けられたカウンター。一枚板を設置しているだけだが、雰囲気のよいちょっとした書斎になっている

ワーケーション・コワーキングスペースで快適に働く

リモートワークが一般的になった昨今は、働く場所も変化しています。ここでは、ワーケーションとコワーキングスペースを紹介。働き方に合わせて空間のつくり方を考えましょう

新型コロナウイルスの流行からリモートワークが一般的になり、職場以外に家庭で仕事をする人も増えてきました。

　そこで、実際に仕事スペースを提供しているお店にお邪魔して、書斎などのインテリアの参考になりそうなヒントについて紹介することにしました。

　取材を進めて分かったことは、ただ単に綺麗で快適なモノを提供するだけではなく、住まいと仕事場の関係はどうあるべきか、どのように仕事をすると捗るか、日常の疲れから解放するにはどうするか、街の文化を如何に育むか、人と人の話のきっかけを如何につくるかなど、人生を豊かに過ごすためのヒントがたくさん盛り込まれていました。

　そこで、インテリア空間や設備にとどまらず、豊かに人生を過ごしてくためのヒントになりそうなコトも掲載しようと思いました。

　宿泊しながら仕事ができるワーケーション型を3事例と、一時的に利用するコワーキング型の6事例を紹介します。会員でなくても利用できるところや、イベント時に見学できるところもあるので、実際に体験してから自宅のインテリアに生かしたり、それらの施設の利用を取り入れたりするのもいいかもしれません。

こちらは4階にあるロビーラウンジスペース。このホテルはアメリカの現代的なホテルのように、カジュアルでデコラティブながら上質で落ち着いた雰囲気が漂う。奥にはシェアキッチンもある比較的賑やかなスペースで、ラウンジ的な要素が強いが、コンセント類も充実していて、コワーキングに対応している。ソファ席の他にテーブル席などもある

Type 02 ワーケーション

自由に使えるキッチンスペースはバルミューダの家電や本格的な設備も充実している

オープンスペースに設けられた個室のフォーン・ブース。周囲を気にせず電話対応も可能（写真：(株) グローバルエージェンツ）

The Millennials 渋谷

内装設計者：Tosaken inc.
営業時間：ホテル全日24時間（16,000円～／月）、
コワーキングスペース「.andwork 渋谷」8:00-24:00
（1,000円～／時、24時間オプションあり）
所在地：東京都渋谷区
写真：村上太一

渋谷の公園通り近くにあるカプセルホテル「The Millennials 渋谷」。渋谷の繁華街に近いカプセルホテルですが、サータ社のベッドや綺麗な洗面、シャワーブースも完備されていて、全体的に上質で落ち着いた雰囲気が漂っています。このホテル内に設けられたコワーキングスペース「.andwork 渋谷」はゆったり泊まりながら仕事ができるだけでなく、ドロップインで短時間のみ使用することもできます。自由に使えるシェアキッチンやゆったりしたソファなどもある比較的賑やかなロビーラウンジと、大きなテーブルやブース席があり仕事に集中しやすいワーキングラウンジがあり、好みに応じて使い分けられます。また渋谷のビルの間あるテラスも面白い空間。ホテル併設のため24時間管理者がいるのも安心です。

3階のコワーキング用ラウンジスペース。こちらにはブース席もあり、比較的落ち着いた雰囲気で仕事をすることができる

大正時代創業の「旅館いな葉」が閉業したのち、ほぼ居抜きの状態でホステルとして営業している「ケイズハウス伊東温泉」。客室はそれぞれ大工さんの趣向が凝らされていて、こちらは猫間障子のある部屋。障子を開けると広縁があり、その先には松川（伊東大川）が流れている

湯量が豊富で体の芯から温まる源泉かけ流しの温泉。入浴可能時間が長いため、時間に縛られずに温泉を楽しむことができる。日帰り温泉としても利用することが可能

松川（伊東大川）沿いに建つケイズハウス伊東温泉。隣に建つ東海館と共に、伊東温泉を代表する景色をつくっている

ケイズハウス伊東温泉

営業時間：全日24時間（2,950円～／泊）
所在地：静岡県伊東市
写真：村上太一

1階のラウンジはカウンター席の他、畳敷きの部屋が数箇所あり、仕事や食事などで自由に使うことができる。窓の外には川が流れ、風を感じながらくつろげる

伊東温泉の松川沿いに建つ、登録有形文化財の旅館を利用したホステル。コロナ前は利用者の9割が外国人でしたが、今は日本人も多く、観光だけでなくワーケーションとしても利用されています。大工さんが趣向を凝らして造った純和風建築は館内を見ているだけでも十分に楽しめます。Wi-Fiは館内どこでも繋がりますが、一階のラウンジスペースでは川風を感じながらリラックスして仕事をすることができます。他に夜中も入れる源泉掛け流しの温泉や自由に使えるキッチンがあり、旅館と違って決まった時間に食事をとる必要がないので、好きなお店に行って食事をしたり、自炊をしたりと、仕事の都合に合わせ利用することができます。

川沿いの木々の間に設けられたデッキスペース。日帰りでの使用を想定したスペースで、Wi-Fiや電源も完備され、川の音を聞きながら仕事ができる。川では川遊びが出来るようになっていて、川の反対側にはキャンプ用の宿泊施設やシャワー室などもある

デッキ横の耐火レンガの上では、焚き火やバーベキューをすることも可能。薪も販売されています

プレーナーなど本格的な工具が揃う木工室。奥には植林された林が広がっていて、木材も豊富に手に入る。今後、木材の購入や大工作業がその場でできる、貸しアトリエスペースとして営業予定

RECAMPおだわら

営業時間：全日24時間
(4,000円～／泊)、
ドロップイン利用可
(1,100円～／時)
所在地：神奈川県小田原市
写真：村上太一

急な雨でも安心な木の架構が印象的な屋内空間。入口前のデッキスペースでフェスなどの各種イベントも開催されるとのこと。この部屋の奥は木工室へとつながっている

小田原駅から少し山の方に入った「いこいの森」にあるキャンプ場に設けられたコワーキングスペース。キャンプをしながらの利用も可能ですが日帰りも可能で、屋外でもWi-Fiや電源が完備されているので、川沿いに設けられたデッキスペースで仕事をしたり、焚き火やバーベキューなどをしたりできる。他に自由に利用できる屋内空間もあるので、急な天候変化にも安心です。奥には植林された森が広がっていて、ストックされた木材が豊富にあり、施設内には本格的な工具も揃っている木工室もあるので、家ではなかなかできない大工作業をすることもできます。箱根が近いので、帰りに温泉に入る方が多いとのことですが、場内にはシャワー施設もあります。

地域住民と共に独学によるDIYで施工したインテリア。自然素材でつくられ、素朴な味わいになっている。正面には海が広がっていて、各席は海が見られるように配置されている。砂浜では焚き火をしたりテントサウナをしたりと周辺も含めた活動をしていて、マイクロプラスチックを拾ってアートにするイベントも開催した

Type 03 コワーキングスペース

目の前には茅ヶ崎サザンCのモニュメントがあり、その先には砂浜と海が見える。砂浜の西の方角には富士山も顔を出す

奥にあるのが貸し本棚。貸す人がお金を払って一箱借り、好きな本やディスプレイをし、借りる人は無料で利用できる

Cの辺り

内装設計：DIYにて
営業時間：平日9：00―17：00
（10,000円／5回、15,000円／月）
所在地：神奈川県茅ヶ崎市
写真：村上太一

自宅から移転してきた娘さんの私設図書館「うみべのとしょかん」で絵本をシェア。手前に設けた大きなソファは子供達に人気の場所

リモートで自宅に篭っているのが耐えられず、近所を散歩しながら茅ヶ崎海岸沿いのCのモニュメント近くに空き物件を見つけたのがきっかけ。地域の人々を巻き込んでDIYで改装し、人々の拠り所になる湘南の海沿いにはなかなかないコワーキングスペースを作りました。そこに小学生の娘さんが自宅で主催していた絵本の私設図書館も移転して絵本をシェアしたり、借主が思い思いのテーマで本を並べて読んでもらう有料の貸し本棚も設置したりと好評を得ています。室内だけでなく海岸も利用して、焚き火やテントサウナで心身を整えたり、週末には会員さんがお店番をしたり、地域の人々との関係性を豊かに育み続けているコワーキングスペースです。

銭湯のように玄関で靴を脱いで入るスタイル。1階の手前は受付兼シェアキッチンのスペース。奥にある椅子は、近所の方から使われていない家具を集めて再生しており、新築の中に親しみやすさを生み出している。また、土日は会員以外も利用できるカフェとして運営している

登録有形文化財の銭湯「小杉湯」のとなりにあった風呂なしアパートの活用プロジェクトをきっかけに、住人たちが会社を立ち上げ、企画・運営することになった施設。当初は飲食店として営業していましたが、新型コロナウイルスの拡大を踏まえ、会員制のコワーキングスペースに運用を変更。会員プランには、銭湯券や地域のお店で使える割引券がついてきます。1階は椅子とテーブル、そして自由に使えるシェアキッチンがあり、2階は銭湯のお休み処のような畳敷きの大広間。3階は、隣の小杉湯を見下ろしながらのんびり過ごせる畳敷きの部屋。他に古民家を再生したサテライトスペースがあります。

手前が登録有形文化財である昭和8年創業の銭湯「小杉湯」。銭湯のコインランドリーや路地を挟んで、奥がコワーキングスペース「小杉湯となり」

小杉湯となり

企画・計画・運営：銭湯ぐらし、設計：T/H
営業時間：平日・土曜9：00－22：00（22,000円～／月）、
土日曜の午前はカフェ営業（2022年現在）
所在地：東京都杉並区
写真：村上太一

3階の部屋。正面に小杉湯の屋根が見える。左側にはバルコニーもあり、ハンモックに揺られながら生ビールを楽しむことができる

2階の畳敷きの広間。畳は小上がりになっていて座れるようになっている。天井はメッシュ素材になっており、銭湯の湯気を通ったような光が入る

3階から6階にあるワークスペースはそれぞれフロアごとにテーマが分かれていて、3階は食をテーマにしているロビーラウンジ的なフロア。中心にあるフリードリンクのバーカウンターは夕方にはビールも提供され、会員同士の会話も弾み、人と人とのつながりも生まれている

4階の奥にあるテラスは犬も一緒にくつろげる屋外ならではの空間。季節をいかした屋外で楽しめるイベントも開催される

商店街側の1階にはブルーボトルが入っていて、隣に昔からある広尾湯に合わせ、似たようなタイルで外観を調和させている

EAT PLAY WORKS

空間設計：ジャモアソシエイツ
1・2階基本構想：
グラフィクスアンドデザイニング
営業時間：全日24時間
（70,000円／月）
所在地：東京都渋谷区
写真：SWIM

4階にはラグが敷かれた床座の落ち着いた空間になっている。また、ガラスで仕切られた会議室もあるので、大人数の打ち合わせにも対応できる

広尾商店街にある店舗とその奥に続く建物の建て替えで、広尾の土地柄を考え、おいしい食と健全な心身、上質な仕事の場を提供しています。建物は昔からあるとなりの銭湯「広尾湯」の外観に合わせて仕上げられ、間口も商店の大きさに合わせているため、商店街によく馴染んでいます。1~2階は町屋のように奥に広がり、飲食店が入っています。そして3~4階がコワーキングスペースで、5~6階は貸しオフィスになっています。全体のインテリアは上質に仕上げられていて、メンバーが好きな時間に気軽に使える施設となっていますが、メンバー以外も入れるヨガなどのイベントもたびたび開催されているので、興味がある人は参加してみるといいかもしれません。

手前の右側には自由に使える化粧品が並べられている。また、お化粧して綺麗になった姿を自撮りするための照明なども用意されている。奥の部屋には囲われたブース席もあり、カウンターには体に良いドリンクなどが置かれている

DAY ON SALON

所在地：東京都中央区
写真：村上太一

カウンターには体の中から綺麗になれるような健康的なドリンクやグルテンフリーのお菓子などが並べられている

壁に飾られているドライフラワーは近くのお店の作品

市場に出ていない新作を含め数々の化粧品が並べられ、自由にお化粧することができる。綺麗になって銀座に繰り出すのもあり

メイクのインフルエンサーでもある店主が始めた銀材にある女性限定のコワーキングスペース。もともと内気で自信がないタイプだったが、メイクして褒められ自信がついたとのこと。ゲストにも綺麗になることで元気になってほしいとの想いで、自由にメイクができるよう化粧品が並べられ、市場に出ていない新作を試すこともできます。また体の中からも綺麗になるよう健康を意識した飲み物を飲むことができ、グルテンフリーのお菓子や低糖質のお弁当などもリーズナブルに提供しています。この空間自体をシェアしているため内装に手を入れるのには限界がありますが、ドライフラワー店の作品や絵を飾るなどして元気になる工夫が満載のスペースになっています。

小田急多摩線の黒川駅前にある「ネスティングパーク黒川」 駅を出ると草地が広がり、背後には丘や森も見え、自然が豊かな場所にいることを実感できる。木造の建物にはシェアオフィスやコワーキングスペース、店舗などが入っていて、広場では休憩や飲食、焚き火ができたり、地域住民も参加するイベントも行われている。都心からのアクセスもよい立地だが、その土地の魅力である自然を生かすことで、とても豊かな環境が作られている

黒川駅の駅前にある資材置場を人々が利用できるスペースに有効活用するため、木材を生かして造られたコワーキングスペースと、低予算で事務所や店舗を構えられるシェアオフィスも設けられました。自然に囲まれたこの施設には、良質なオリーブオイルのお店や食材にこだわったハンバーガーショップなども入っていて、芝の生える広場では焚き火やバーベキューをすることもできます。また、お祭りなどのイベント時には地域の人々が大勢参加して賑わうようです。都心からのアクセスも良い立地ですが、よくある駅前スーパーと住宅だけの郊外と違い、都心では味わえない本来の自然とゆったりとした時の流れが感じられる、豊かな場所がつくられています。

ネスティングパーク黒川

内装設計者：ブルースタジオ
営業時間：全日24時間（10,000円～／月）
所在地：神奈川県川崎市
写真：村上太一

木の香りがするワークスペース。コワーキング用のオープンなデスクや区切られた専用ブースがあり、ミニキッチンやシャワーブースも完備されている

コワーキングスペース前のデッキ。焚き火用の薪やバーベキューグリル、屋外用のシンクも見られる

キャビンに入っている良質なオリーブオイルの専門店。個性的な店も低予算で出店しやすくなっているので、ここから文化が生まれる可能性も秘めている

三軒茶屋で暮らす人々が集まってつくられたコワーキングスペース。地元の人たちを中心に会員が徐々に増え、三軒茶屋の街の各所にコワーキングスペースがつくられている。ここはその1つで新しく栄通りにつくられた「SAKAE」。絨毯が敷かれた空間にソファが置かれ、カーテンや照明、観葉植物などにもこだわりを感じる北欧のラウンジのような、ゆったりとしたスペース。ほかにコーヒーなどを飲んでリラックスできるカウンターテーブルや集中して仕事をする半個室型のブース、WEBミーティング対応の完全個室型のボックススペースがある

「茶や」そばにある「はなれ」。大きな円形テーブルとゆったりとしたカウンター、半個室のブーススペース、完全個室のボックスがあるリモートワークに合った空間

「茶や」の上階にある「仕事場」。躯体を生かした簡素な作りながら、カバーを外した蛍光灯や大きなテーブル、壁一面に直線状に配置されている本棚など魅力的な空間

三茶WORK

内装デザイン：柴山継広、柴山修平、土屋勇太
営業時間：全日24時間、ドロップイン利用可（いずれもプランにより利用可能時間が異なる）
所在地：東京都世田谷区
写真：村上太一

最初にDIYも行ってつくられた「茶や」。ベンチシートや大きなテーブルのあるラウンジと本格的なキッチンのある日替わり「さんちゃワーク食堂」。街のイベントもここで開催される

自分たちの街に仕事をしたりイベントをしたりする場所が欲しいという思いのもと、三軒茶屋に暮らすさまざまな業種の人たちが集まってつくられたコワーキングスペース。そこはワークスペースであり、本格的なキッチンで日替わりの健康的な食事などが提供される「さんちゃワーク食堂」であり、街のイベントが開催されるスペースでもありと地元の人たちの居場所になっている。会員数が徐々に増え、会員同士の部活やイベント、地ビールの実験なども行われ、他のフロア「仕事場」や近隣の「はなれ」「SAKAE」、広い場所が必要なデザイナーや設計者が気軽に事務所を構えられる「三茶PLAYs」など居場所も徐々に拡大し、三軒茶屋の街ぐるみで発展している。

ベンチソファ

壁面に設けられたベンチソファ。省スペースでワークスペースをつくれるうえ、クッション性の高い椅子は身体への負担も少ない。黄色で空間のアクセントにも（写真：.andwork渋谷）

座椅子とちゃぶ台

座椅子とちゃぶ台で和風の空間に。床座なのでゆったりとしたワークスペースをつくることができる。畳には寝転がって仕事をすることも可能で、気分転換もしやすい（写真：小杉湯となり）

外を眺められるカウンターテーブル

自然を感じられるような立地では、その強みを生かして家具を設置したい。木製のカウンターテーブルとアウトドアチェアで、屋内でも屋外のような雰囲気に（写真：RECAMPおだわら）

スツール

腰掛けやすいスツールは素材感を重視したい。明るい色味の木を使えばナチュラルな印象に。コンパクトなので空間になじみやすく、使い勝手もよい（写真：三茶WORK）

ワークスペースの家具

1人で集中できる場所にしたいか、周りと交流しながら仕事ができる場所にしたいかを考えて家具を選びましょう。個室ブースを設ければWEB会議などでも音漏れの心配がありません。反対に、複数人が作業できるテーブルを設ければ意見交換がしやすい場所になります。ロケーションが強みとなる立地では、外を眺められるようにカウンターテーブルを配置したり、屋外にベンチとテーブルを設けたりするのもよいでしょう。

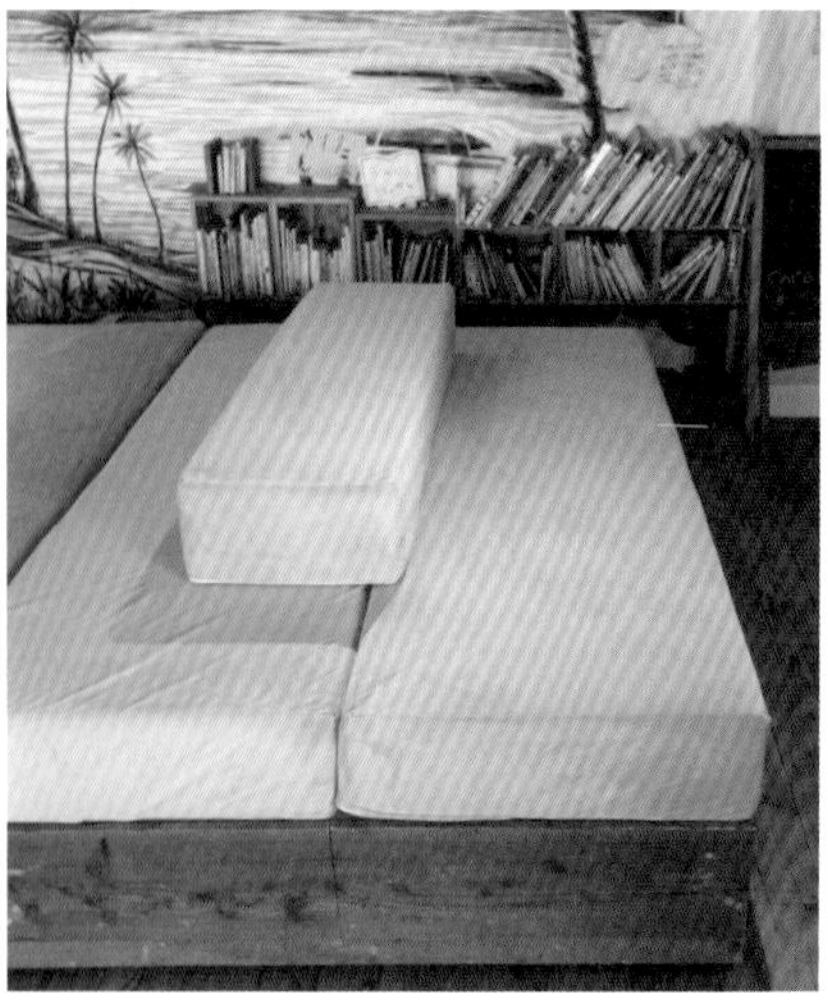

ソファ

背もたれのないフラットなソファは子どもも使いやすい。リビングに置けば、子どもが寝転がる横で仕事をすることも。住宅内の中心的な存在として使うことができる（写真：Cの辺り）

テーブル

複数人が使用できる大きめのテーブルは周囲との交流もしやすい。天板高さを少し高くすることで、立った状態で仕事もできる。ハイスツールを合わせればちょっとした作業の際にも使いやすい（写真：三茶WORK）

L字形デスクとオフィスチェア

広々と作業したい、1人で集中したい、といったワークスペースをつくりたい場合は、L字形デスクとオフィスチェアを導入したい。デュアルモニターを設置すれば仕事の効率アップにも（写真：.andwork渋谷）

テーブルライト

テーブルや腰高の本棚などの上に設置。目線に近い高さに光を取り入れると、心地よい空間に仕上がる。空間の雰囲気に合わせたデザインを選ぶとよい（写真：三茶WORK）

ペンダントライト

デザイン性の高いペンダントライトを取り入れると華やかな空間になる。照明の光は電球色にすると柔らかい印象をつくりやすい（写真：.andwork渋谷）

蛍光灯

蛍光灯はカバーを外して設置すれば印象的な照明器具に。コンクリート打放しの空間ともマッチする（写真：三茶WORK）

屋外ベンチ

屋外家具は耐久性の高いステンレスや人工デッキ材のものにすることで、長く使用できる。ステンレスの家具はスタイリッシュな空間を演出する（写真：.andwork渋谷）

ハンモック

屋外に設置して気分転換のスペースに。アウトドアグッズを住宅で使用すれば、簡単に非日常空間を味わうことができる（写真：小杉湯となり）

個室ブース

カウンターテーブルと1人掛けソファでコンパクトな個室ブース。正面には間接照明が設置されているので、WEB会議の際などもパソコン画面に顔が明るく映る（写真：三茶WORK）

造作棚

壁面のディスプレイ棚。ボックス形の収納スペース1つひとつにダウンライトを設置して中を明るく照らす。モルタル風塗装でテクスチャーを出して、モノが引き立つデザインに（写真：.andwork渋谷）

本棚

多くの本や資料を収納できるよう、容量のある本棚を設けるのも重要。ウォールナットなどの茶褐色の木材を用いれば落ち着いた雰囲気にできる（写真：大倉山の俳人の家）

ミニキッチン

長時間での利用が想定される場合は、軽食などが簡単に取れるようミニキッチンを設置したい。側面は木、天板はSUSとすることでシンプルながらも温かみのある家具となる（写真：ネスティングパーク黒川）

木造の露し天井

木の素材感で温かい空間に仕上げることができる。露し天井は天井高さが十分に確保できるので、圧迫感もない（写真：ネスティングパーク黒川）

竹の天井

日本に古くからあるスタイルの1つ。素材の大きさや色味にばらつきがあるので、自然な風合いが出せるのが特徴。和室に用いられることが多く、温かみが感じられる（写真：ケイズハウス伊東温泉）

クロスの天井

クリーム系の色味のクロスでシンプルに仕上げる。折り上げ天井には間接照明を仕込み、温かみのある光が部屋全体に広がる（写真：大倉山のガラスハウス）

階段

ウォールナットとステンレスを組み合わせて素材の温かみを出しながらも、スタイリッシュにまとめた。力桁階段で軽やかな印象に（写真：つくよみの家）

ワークスペースの素材

選ぶ素材によって空間の印象は大きく変化します。コンクリート壁やステンレスの階段手摺を用いるとシンプルでスタイリッシュな空間に、畳や木製建具を用いると温かみのある空間になります。また、長時間利用を考慮してカーペットなど柔らかい素材を選ぶのもよいでしょう。フローリングの張り方や塗装の色、素材と素材の組み合わせ方によっても空間の見え方が変化するので、イメージに合わせた素材選びをしましょう。

木製建具

手に触れる場所に木材を使えば、空間が温かい印象に。素朴な木材の建具は自然の風合いを出しやすく、空間にもなじみやすい（写真：Cの辺り）

障子

光を拡散するので空間が明るく柔らかい印象になる。模様がついた飾り障子を用いれば、華やかな印象をつけることもできる（写真：ケイズハウス伊東温泉）

パーティション

ツインカーボをはめ込んだパーティション。ほどよい透け感があるので、空間を緩やかに区切ることができる。枠は淡い黄色の塗装にすることで、空間に合った柔らかい印象とした（写真：三茶WORK）

コンクリート壁

仕上げを剝がしたコンクリート壁は打放しとは異なり、凹凸がついておもしろい表情が出る。淡白な印象になりにくく、味わいのある空間に仕上がる（写真：三茶WORK）

漆喰壁

漆喰は優れた吸湿性・放湿性をもつため、年間を通じて快適な環境を保つ効果がある。和風から洋風までさまざまな雰囲気に合わせられるデザイン性も魅力的（写真：大倉山のアッシュハウス）

レンガ壁

デザイン性だけでなく耐熱性にも優れる。積み方によっても印象を変えることができ、内装に用いれば重厚感を出すことができる（写真：大倉山のチークハウス）

絨毯

足音をあまり立てたくない場合、ウールで毛足が長く目の詰まった上質な絨毯を敷き込むとよい。空間も柔らかい印象でまとめられる（写真：三茶WORK）

洗い出し仕上げ

表面に石や砂利が浮かび上がり、個性的な印象をつけられる。土間やアプローチなどに施されることが多い（写真：ケイズハウス伊東温泉）

畳

和の雰囲気をつくりやすいうえ、ほどよい硬さとクッション性で身体への負担もかかりにくい。冬は暖かく、夏は涼しく過ごせるというメリットも（写真：小杉湯となり）

フローリング（ヘリンボーン）

フローリングの張り方1つでも印象を変えることができる。V字になるように張るヘリンボーンは空間にほどよいアクセントをもたせられる（写真：大倉山のヘリンボーンハウス）

フローリング（乱張り）

木材の表面はあえて無塗装として、自然の風合いを出すのもよい。木材の質感が伝わりやすく、ファブリックとの相性もよい（写真：Cの辺り）

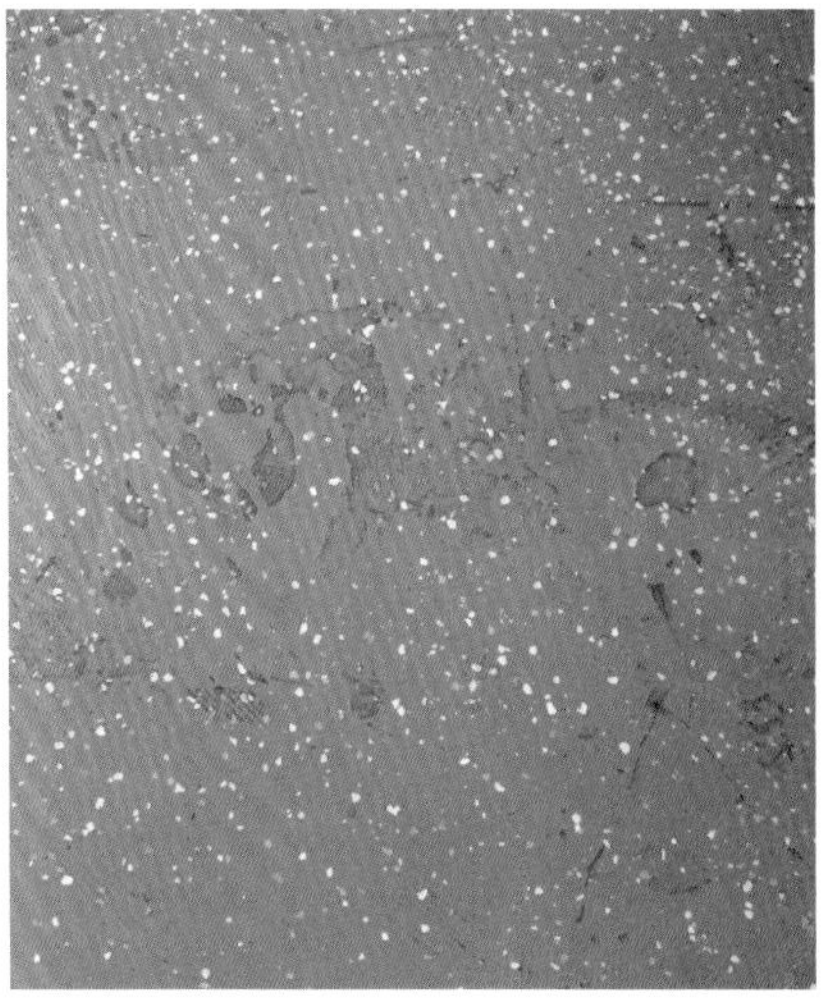

塗装

卵の殻が入った塗料で見た目にも楽しい。平滑で単調に塗るのではなく、部分的に剝がして跡をつけると変化が出ておもしろみのある空間にできる（写真：三茶WORK）

シャワールーム

シャワールームを設ければ、ワークスペースでもリフレッシュしやすい。ワークスペースの長時間滞在や気分転換のアイテムとして導入したい（写真：ネスティングパーク黒川）

暖簾《のれん》

入口に設けて非日常感のある場所に。視線がほどよく遮られる長さであれば、外からは中の様子がうかがえ、中からは外の視線が気にならない（写真：小杉湯となり）

ハンガーラック

シンプルなフレームのハンガーラックには、ゴールドのハンガーがアクセントに。落ち着いた色味にもなじみやすく、使い勝手もよい（写真：三茶WORK）

アート

壁面に飾ったり、棚に配置したり、アクセントとして取り入れると華やかな印象に。空間の雰囲気に合わせて選びたい（写真：三茶WORK）

ワークスペースのアイテム

より快適なワークスペースをつくるにはアイテムの設置が欠かせません。デスク周りには使い勝手のよいコンセントの配置を検討しておくとよいでしょう。植物やドライフラワー、アートを置くと空間が華やかになり、アクセントにもなります。気分転換やリラックス効果を狙ってシャワールームやコーヒーマシンといった設備を設けるのもよいでしょう。

メールボックス

アンティーク調のメールボックスは重厚感があり、落ち着いた雰囲気になじむ。木材との相性もよい。法人登記可能なコワーキングスペースに設けて利便性を高めたい（写真：1/3rd Life）

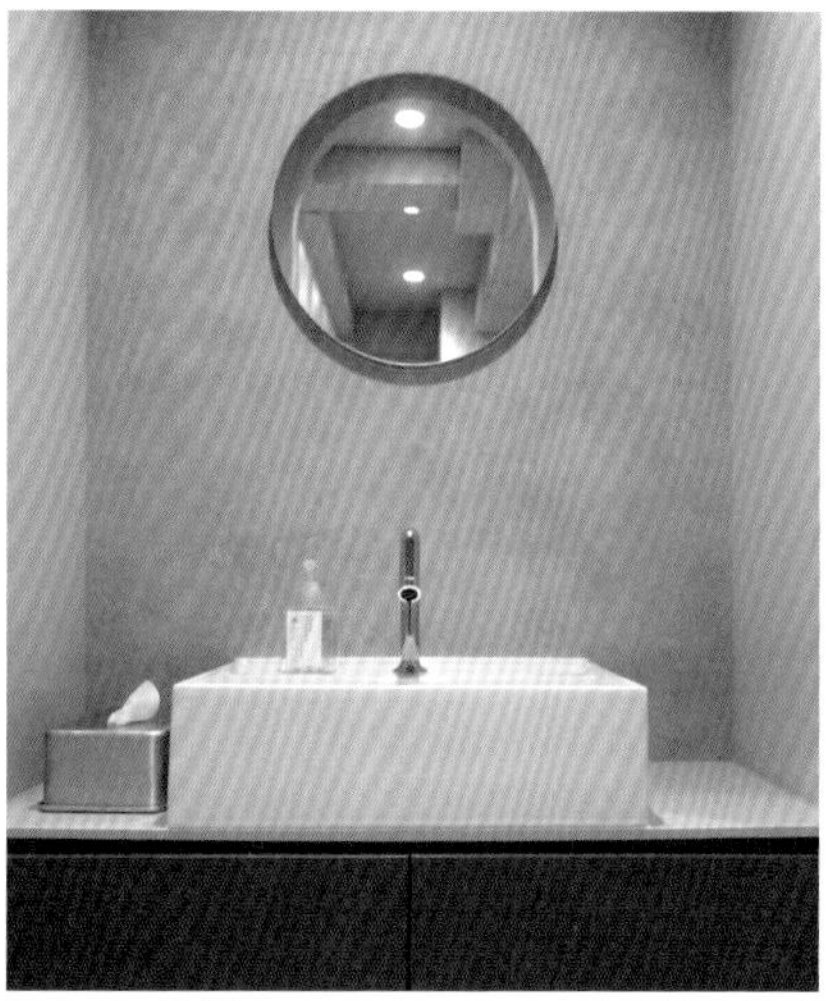

手洗い器

長時間利用が見込めるような場所では清潔な水廻りの確保が重要である。ビニルクロス仕上げで清掃面に配慮しながらも、落ち着いた色味でまとめている（写真：三茶WORK）

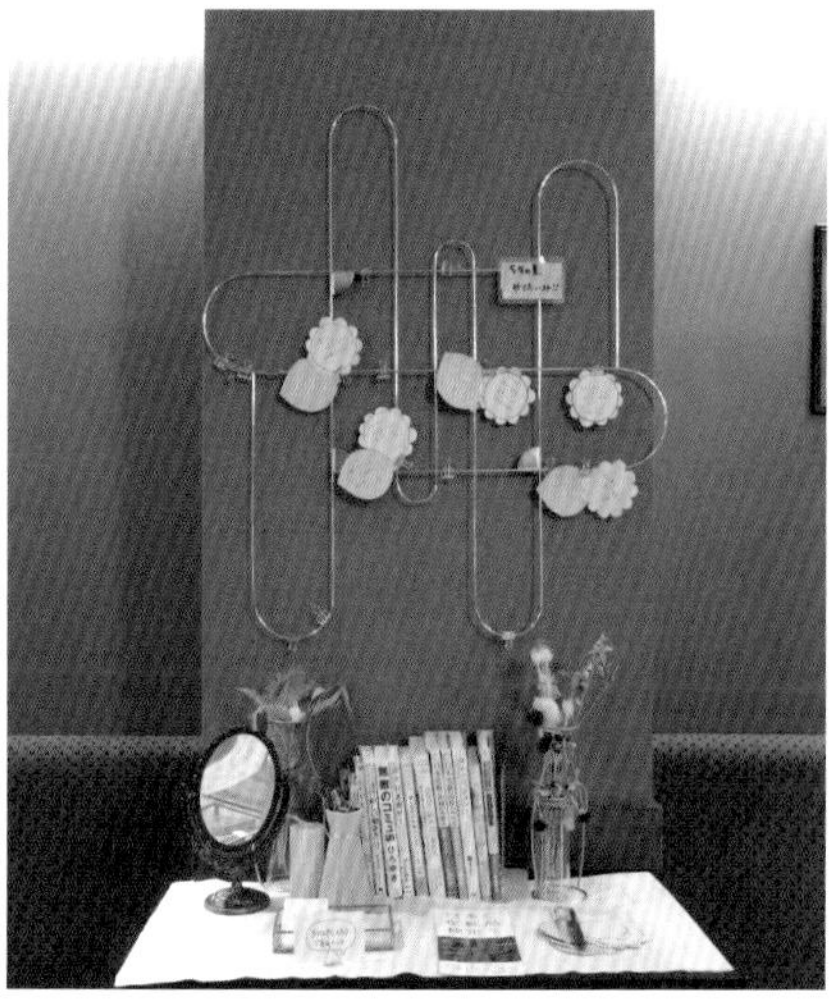

メッセージボード

タスクや目標、メモなどを張り、モチベーションアップのアイテムに。コワーキングスペースなどに設ければ意見交換の場所としても活用できる（写真：DAY ON SALON）

デッキ

自然のなかで過ごせる開放感のあるデッキ。デッキ材はイペなどササクレが少なく耐候性の高い物がおすすめ。再生木材は違和感が出やすいので慎重に選びたい（写真：RECAMPおだわら）

観葉植物

葉の形状や色味、背の高さなど、種類によって雰囲気が大きく変わるので空間に合わせて選びたい。鮮やかに彩るだけでなく、癒し効果も期待できる（写真：.andwork渋谷）

ドライフラワー

額縁を使って壁面に飾ったり、束ねて逆さまに吊るしたり、飾り方でも変化をつけられる。色味のある花を取り入れれば鮮やかになり、葉を多めにすると落ち着いた印象になる（写真：DAY ON SALON）

ガラス棚

アンティーク調のガラス棚はショーケースとして使用。素朴な質感の木材が中のものを引き立たせる。上部に電球色の照明を取り付けて温かみを出すのもよい（写真：三茶WORK）

ソファコンセント

ソファ横にもコンセントを設けて使い勝手のよい場所とする。落ち着いた色味の木材には黒のコンセントカバーを組み合わせてなじませながらも存在感を出す（写真：三茶WORK）

テーブルコンセント

ワークスペースはコンセント配置が重要。かつ、色味の組み合わせも考慮したい。グレーの天板にはダークグレーのコンセントカバーを組み合わせて違和感なくなじませる（写真：三茶WORK）

撮影用ライト

WEB会議が一般的となった昨今は、画面への映り方にも配慮したい。撮影用ライトを使えば顔が明るく映り見え方もきれいに。モチベーションアップにもつながる（写真：DAY ON SALON）

コーヒーマシン

家電については空間に溶け込むようなスタイリッシュで機能性があるものを選定。また、居心地のよい場所にするため積極的に取り入れたい（写真：.andwork渋谷）

焚火台

室内では得られない非日常感をつくり出せる。焚火が気分転換となって新たなアイデアを生むことも。複数人で囲えば会話が弾みやすく、コミュニケーションのアイテムになる（写真：RECAMPおだわら）

住宅インテリア
究極ガイド
2023-2024

Part 1

部屋ごとに学ぶ間取りの基本

インテリアの基本は間取りです。
この章では部屋ごとに求められる機能や可能なデザインをはじめ、
各室の効果的なつなげ方などについて解説します

村上太一・村上春奈（村上建築設計室）／P28～P99
平真知子（平真知子一級建築士事務所）／P100～P107

基本計画

「住みたい家」をイメージしてみる

「家」はお店と違い、長年過ごしても飽きのこない居心地のよさが大切です。家づくりの計画は間取りを決めるだけではなく、人生設計にも関わる重要なプロセスです。どんな家にしたいのかイメージを膨らませながら、本当に大切な物は何かを家族と一緒に整理しましょう

写真　小竹町のyuu-house

■家での暮らしをイメージする

住宅は人生のうちの長い時間を過ごす場になります。その家で何をしたいのか。どんな暮らしをしたいのか。ただ、機能的に満たされている場所に入るのではなく、人生がよりよくなる仕掛けがあると、ずっと魅力ある家になり、豊かな人生につながっていくと思います。

たとえば、自然素材を使った家にしたい、朝日を浴びながら家族で食事を楽しみたい、料理を作って友人達をもてなしたい、リラックスして疲れが癒せるリゾートホテルのような家にしたい、植物を育てながら暮らしたい、露天風呂のようなお風呂に入りたい…など、これからの生活に夢膨らむようなテーマのほか、冬暖かく夏涼しい家にしたい、バリアフリーにしたいなど機能的なテーマも重要です。家づくりの根幹となるようなテーマをじっくり考えてみましょう。それがその家の個性にもなり、印象深い住まいにつながります。

■物事を整理する

暮らしていると、何気なく買った物や、もったいないからととっておく物が蓄積していき、家がだんだんと狭くなっていきませんか？　物だけでなく、応接室や仏間、ゲストルームなどの部屋も、あれば便利かもしれませんが、普段使わない空間に囲まれて、長時間いる空間が貧弱になってしまっていませんか？　自分の人生や家にとって本当に必要な物は何でしょうか？

夢が膨らんで広さや部屋数が欲しくなりますが、それでは面積が肥大化し、建築コストもかさみます。不要な物や大して重要でない部屋は極力切り捨て、自分たちにとって必要と思う空間に割り当てることによって、限られたスペースを有効に活用することができるだけでなく、本当に大切な物や上質な物に囲まれて生活することができると思います。

■共有できる感覚を探る

いいイメージが浮かんでも、家族や設計者、作り手がバラバラの考えで家づくりをしてしまうと、なかなかいい空間はできません。

たとえば、気に入った空間の写真を見せて「いい」といっても、どこの何がいいのかを具体的に示さないと、それぞれが勝手にいいと思う所を見つけてしまい、最終的に異なったイメージを持ち、「こんなはずじゃなかった」となることもあります。

家づくりを進めるなかで、家族同士が「この家に必要な物は何か」「これの何がどういいのか」などじっくり話し合いをして、共有することのできる感覚をもつことが大切なのはもちろん、家を実際に形にしていく設計者、施工者とも意識や感覚を共有して、3者が一体となって家がつくられると、満足度や完成度の高いものへとつながっていくと思います。

■イメージづくりのポイント

インテリアのイメージをまとめる上で大切な要素の例を左頁に挙げます。これらの要素に優先順位をつけながら、どんな部屋にしたいか考えていくのもよいでしょう。

「住みたい家」のイメージを固める

家の雰囲気	モダン、レトロ、軽快、重厚、自然など	**家具**	造り付けか置き家具か、真っ白か木の色かなど
間取り	部屋割りや部屋の大きさ、配置、開放の加減、吹抜けなど	**キッチン**	オープンかクローズか、アイランドかなど
生活スタイル	和風、洋風、椅子か床座か、外につながるか、外は眺めるかなど	**浴室**	ユニットバスか、石かタイルか、間仕切りは壁かガラスか、坪庭など
床仕上げ	濃い色、薄い色のフローリング、コルク、絨毯、畳など	**洗濯**	脱衣室で、キッチンで、家事室で、室内干し、天日干しなど
壁仕上げ	壁紙、塗装、漆喰、珪藻土、タイル、石など	**照明器具**	ダウンライト、スポットライト、間接照明、置き照明など
建具	玄関ドア、引き戸かドアか、サッシの形状など	**階段や手摺の形状**	昇りやすさ、握りやすさ、透け具合、重厚感など

物事を整理する

物や部屋に囲まれて狭くなっている間取りの例

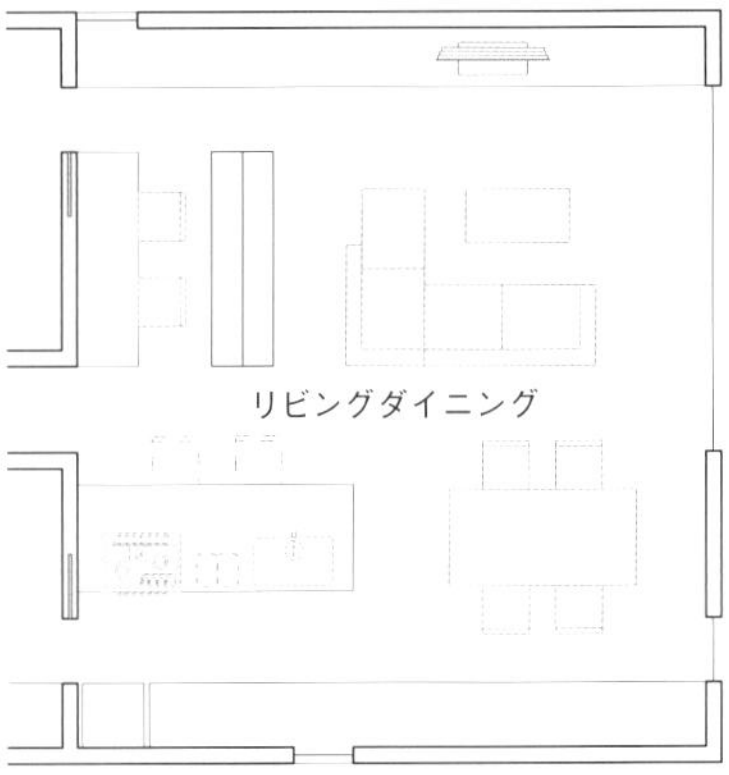

スッキリとして広々暮らしている間取りの例

イメージを膨らませる

家具（間仕切り壁を兼ねた造作家具）

建具（明かり窓をとった引き戸）

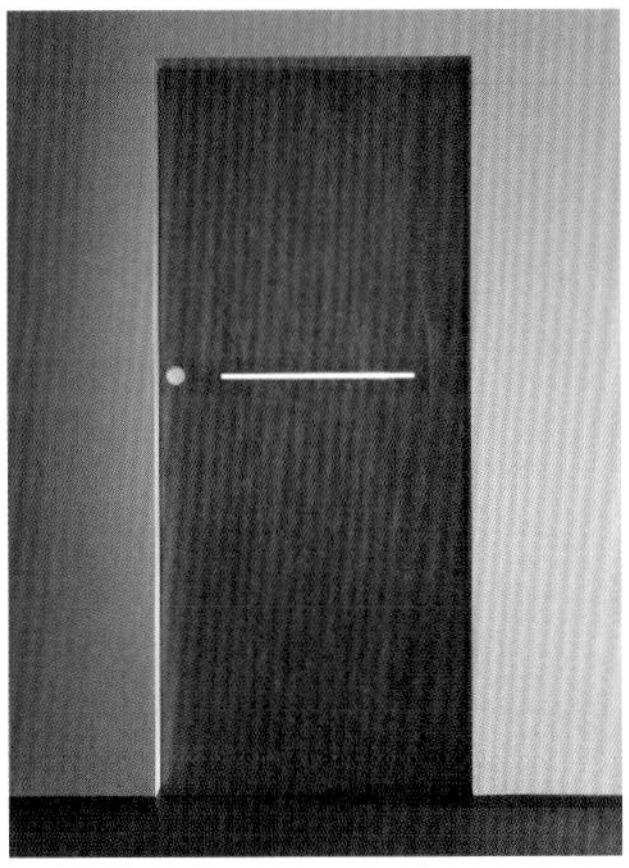

床仕上げ（オーク複合フローリング）

壁仕上げ（砂漆喰の壁）

階段や手摺（階段の踊り場とフラットバーの手摺）

照明（間接照明・スポットライト・ダウンライトなど）

浴室（十和田石の床・強化ガラスの間仕切り）

キッチン（人工大理石のアイランドキッチン）

写真　等々力のkent-house

ゾーニング・動線計画 1

家づくりで何を大事にする？

家を「お吸い物」に例えるなら、人や大切なものは家の中心となる「具」のような存在。インテリアより、家族や生活そのものが主役にならなければ、よい家とはいえないでしょう。過ごす時間が味わいのあるものとなるよう、自然と共存し、感性に響くような家にしたいものです。

■空間をお吸い物と考える

家は長く住み続けるものですが、流行や趣味、家族構成は変化していきます。建物を「お椀」と考え、住む人や中に納まる物、起こるイベントを「具」とすると、内装はお吸い物の「汁」になると思います。具が引き立つよう、主張せず包容力のある空間を目指すと、飽きのこないインテリアにつながるでしょう。

■五感の記憶に残る家づくり

五感に訴えかけるような家にすると、印象深い日常生活を送ることができるようになると思います。視覚（いい景色）、聴覚（静かな環境）、嗅覚（花の香り、きれいな空気）、味覚（豊かな食卓）、触覚（建材の質感、手応え）を意識して家を考えてみましょう。

■気取らない

新しい家ができても、急に生活習慣を変えることは難しいと思います。それまで床座で生活していた人がソファを買っても結局床に座っていたり、片づけられない人が収納のないスッキリした家をつくっても物が溢れるというケースをよく目にします。理想ばかり追うと暮らしに違和感が生じるので、今の暮らしの延長線上で、無理のない範囲で新しい暮らしを考えましょう。

■敷地の方向を考える

メインの部屋の向きは、日光を室内に採り入れる意味で一般的に南向きが望ましいとされていますが、必ずしも南向きだからいいとは限りません。その家にとって景色のいい方向や視線の抜け、風の流れを考慮することも大切です。日光は反射光や天空光を利用するなど工夫して、実際の場所でどの方向に向くのがよいか確認しましょう。

■パブリックとプライベート

他人・友人・家族・私。それぞれで入っていいエリアや見せてもいい物が違います。家に「表の顔」と「裏の顔」をつくるために、家全体をパブリックエリアからプライベートエリアへと段階的に整理してゾーニングを考えてみましょう。

■動線を考える

生活動線がシンプルに整理されていることは大切です。土足や汚れ物の動線、食材や荷物の動線、家事の動線、下着で動き回れる動線、ペットの動線などを検討します。また、来客の動線も重要です。見られたくない部分を考慮しながら、お客様を誘導するルートを検討します。特に玄関から客を招く部屋までの動線、トイレへの動線はよく考えたいところです。

なお、色々な動線を考えると部屋をつなぐための廊下が長くなりがちですが、廊下は少ない方が効率のよいプランとなります。もし廊下を設けるなら、ただの通路とするのではなく、絵画を飾るギャラリーや収納スペース、洗面コーナーや書斎など、別の要素を兼ねると意味のある空間にできます。

■必要な機能をはじめから考える

家電類など、後から計画すると欲しいところにコンセントがなく配線が露出してしまい、せっかくの空間が台無しになってしまうので、あらかじめ計画しましょう。

パブリックとプライベート

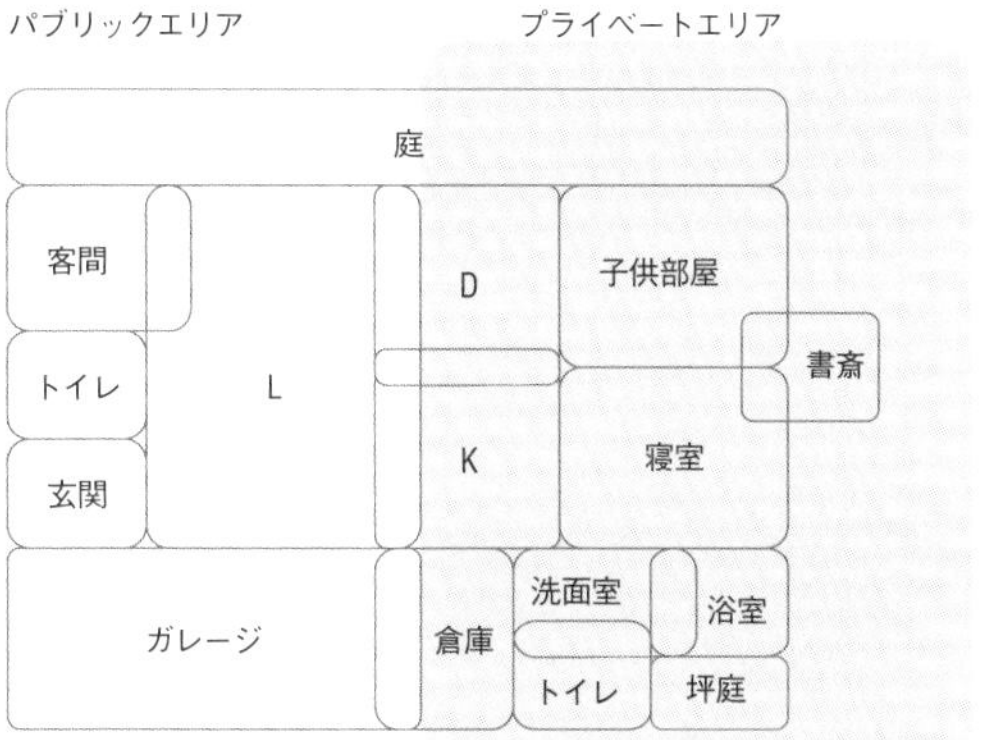

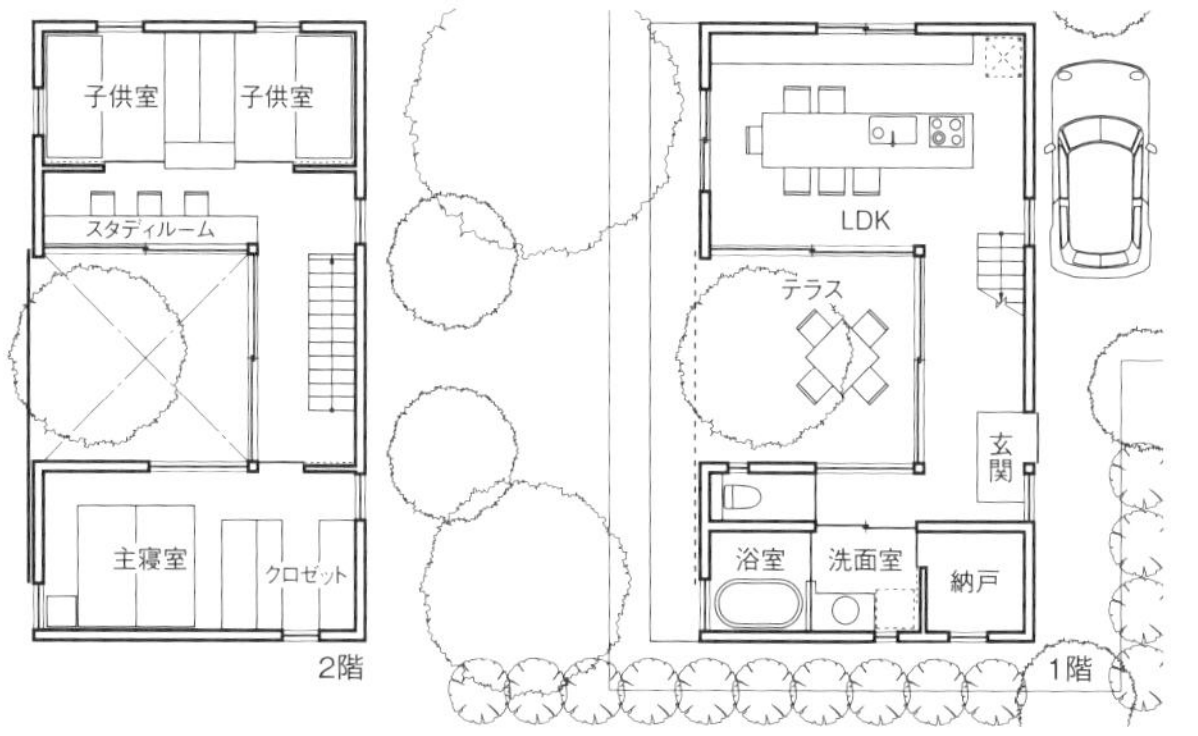

テラスを中心にレイアウトし、コンパクトにまとめたプラン。プライバシーを守りつつ、明るく開放的な空間となる

動線を考える

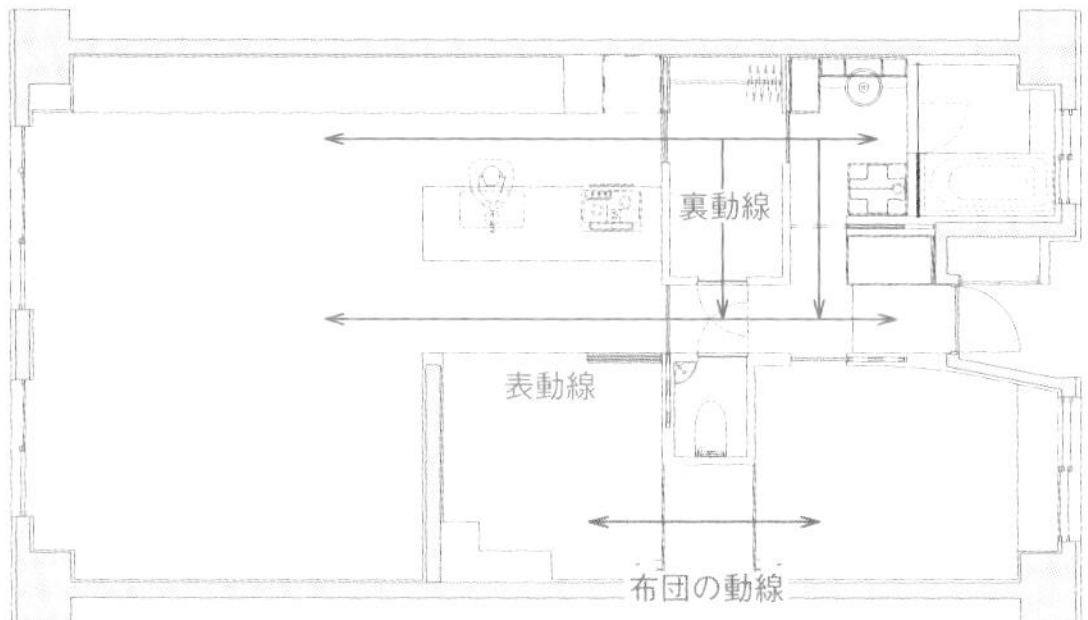

表動線は主に来客や家族が通過する動線。裏動線は水周りに絡み、主に家事をするための動線。布団の動線は押入れを介して布団などの出し入れができ、光や風の抜けも期待できる

キッチン右手の通路は表動線で玄関へつながる。キッチン左手の動線は納戸を通って洗濯機のある洗面室へつながる

別空間をつくる

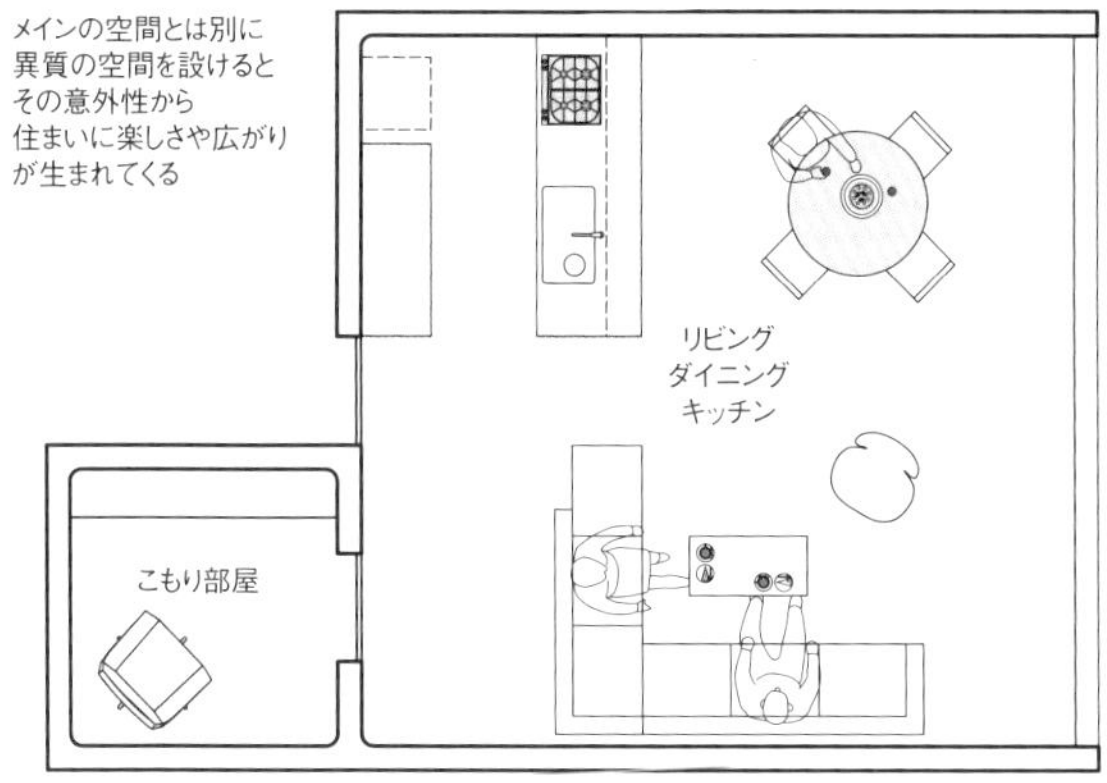

ワインを楽しむためのリビングルームの隣に設けた洞窟（カーブ）のようなワインセラー

必要な機能をはじめから考える

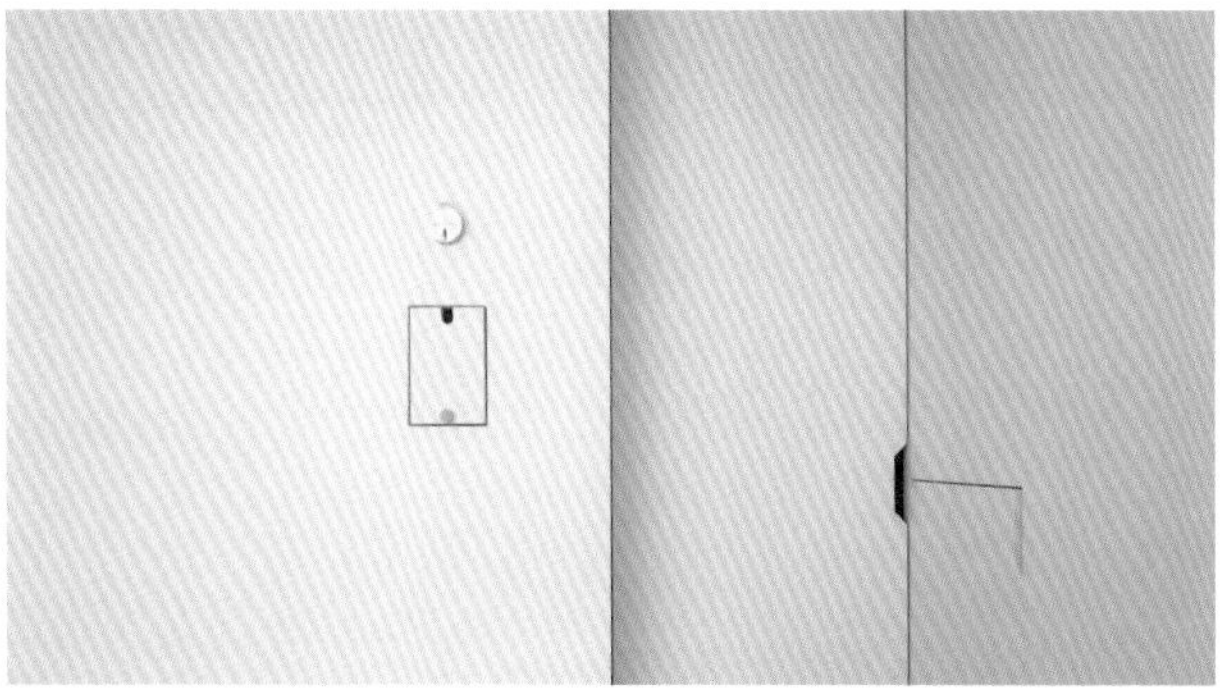

壁掛けスピーカーを充電する配線が出ないよう、壁に配線穴付きの蓋を付け、中にコンセントを隠している

影掛けテレビとスピーカーの配線が出ないよう、壁の中に電源コンセントやアンテナ、LAN、HDMIの配線をあらかじめ設けている

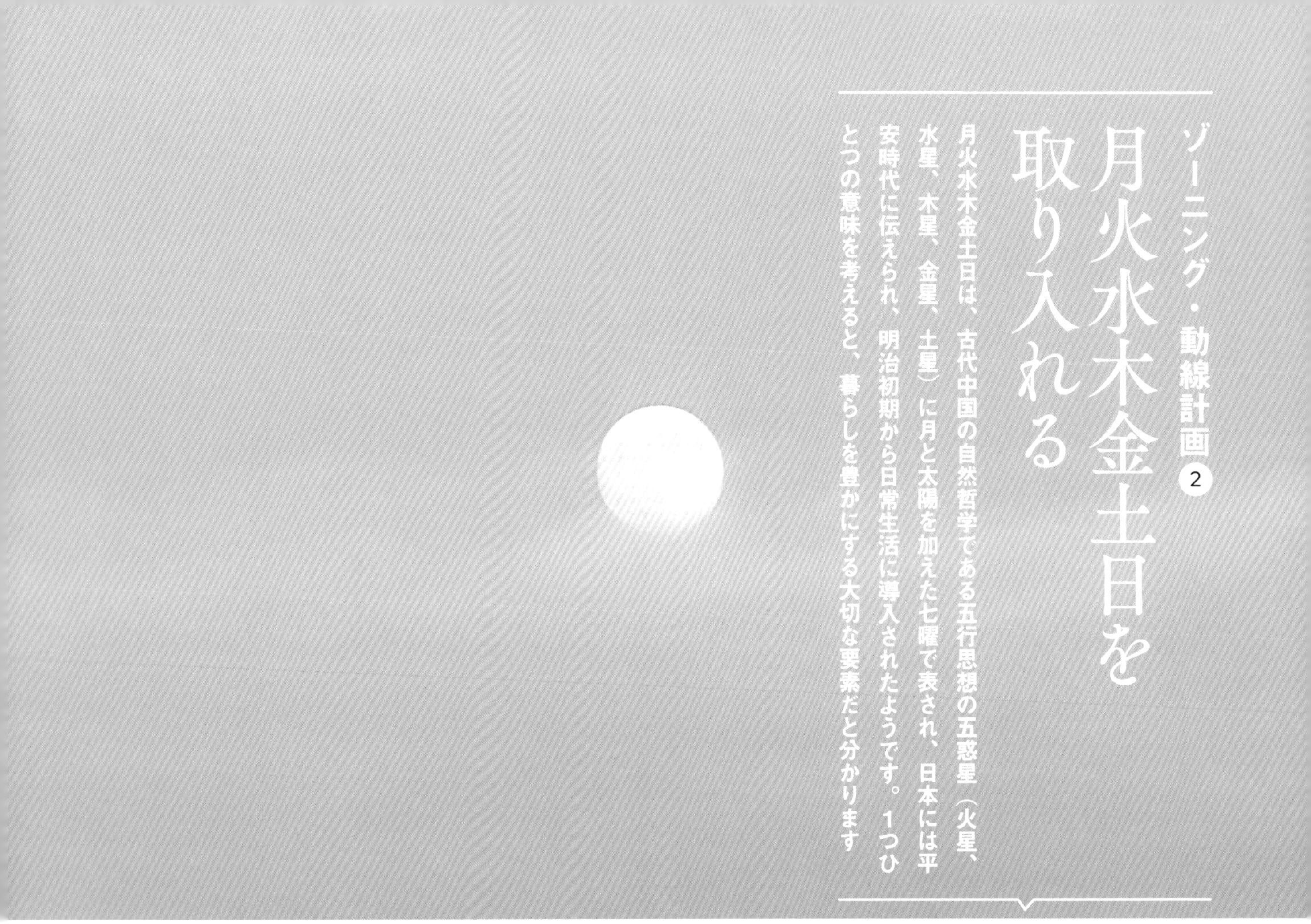

ゾーニング・動線計画②

月火水木金土日を取り入れる

月火水木金土日は、古代中国の自然哲学である五行思想の五惑星（火星、水星、木星、金星、土星）に月と太陽を加えた七曜で表され、日本には平安時代に伝えられ、明治初期から日常生活に導入されたようです。１つひとつの意味を考えると、暮らしを豊かにする大切な要素だと分かります

夕方の空に浮かぶ月。月の光は柔らかく、神秘的でもあり、古くから人々の心を魅了してきたことでしょう。そこで、「日常の動線で月が見えるか」を考えます。お月見スペースを設けるということではなく、日常の動線で自然と月が見えるようにするのです。月が見えるということは空に視線が抜けるということなので、月だけでなく、星や流れる雲など、時々の変化が楽しめるとともに、空間が宇宙まで無限に広がると思います。そのためには、天井の高いところに設ける窓のハイサイドライトや、空に抜けた中庭やデッキ、階段を上った先に窓を設けるなど、空の方に抜ける視線を検討しましょう

生活の中で火を感じられるでしょうか？人類は夜の暗闇で猛獣などに怯えながら暮らしていたことと思いますが、火を手に入れてからは夜でも明るく、安心して暮らせるようになりました。また、火で調理することで食べ物を殺菌したり、美味しくしたりして、食生活も豊かになりました。

人類の発展を支えてきた火だからか、揺らぐ炎を見たり薪が燃える音を聞いたりしているととても心が落ちつきます。薪ストーブや暖炉などが設けられると生活が豊かになると思いますが、難しければ七輪が使えるくらいでもいいかもしれません。火は火事などの怖い面もありますが、うまく付き合えば生活をとても豊かにしてくれると思います。

焚き火の様子。薪をくべ、燃える音を聞き、炎で食事を作り、香りを楽しみ、ゆらぐ炎を見て、五感を通してリラックスした時を過ごすことができます

海や川などで水を見たり水の音を聞いたりするととても落ち着くと思います。我々の祖先は海の中で暮らしていましたし、体の半分以上が水分でできていて、水分を補給しないとすぐ死んでしまうくらい水はなくてはならないものです。

家に池や川を設けるのは大変かもしれませんが、手水鉢を置いて揺れる水面の光を反射させて家に入れたり、小さな滝のような仕掛けをつくったりして水の音を楽しむのもいいと思います。また、庭がなくても白いバスタブに貯めた水にきれいな光を当てると水がキラキラと光り、そんなお湯に浸かっていると体の汚れだけでなく心の汚れも落として癒してくれると思うので、お風呂場の設計にも気を使いたいところです。

沖縄の海の様子。暖かい海の水面はキラキラと光の紐のように揺らぎ、波の音は心地よく、心の疲れを癒してくれます

木はさまざまな効果で我々の生活を豊かにしてくれます。木を生活の中に効果的に取り入れるには、たとえば四季の変化を感じさせてくれるシンボルツリーとして落葉樹を植えたり、室内に観葉植物を置いたりするだけでもよいでしょう。また、近隣や公園、街路樹などに素敵な木が見える場合は、適した位置に窓を開け、借景として積極的に取り込むのもいいと思います。

建材としては、木造建築では建物自体が木でできているので、ボードなどで覆わず構造を生かすのもいいですし、家具や床材に木を使うのもいいものです。特に床や椅子、テーブルは直接肌に触れる場所でもあるので、木肌が感じられるよう、オイル仕上げなど塗装にも気を使いたいところです。

大きな木。大きいのに圧迫感はない。空気をきれいにするだけでなく、夏の日差しも遮ってくれます。また、建材としても大活躍

金星は美しく輝く様から世界各国でヴィーナスなどの女性の名前で呼ばれています。インテリアももちろん美しくしたいので、見せたいものはきれいに見えるようにし、見せたくないものはしっかり隠す、加えて素材感や色合い、造形も整え、空間が美しく調和するよう計画したいものです。

また、金という文字から金運を考えると、家の中に淀みをつくらないよう、気の流れがいいプランニングするといいと思います。具体的には、いい光や風、景色を取り入れる、行き止まりになるところや換気の悪いところをつくらず、死に部屋ができないようにするなど、お客さんが来たくなるような効率的で抜けの多い家ができるように心がけるといいと思います。

右奥は書斎で廊下へ出る扉とつなげて回遊性をもたせ、左奥はWICで行き止まりですが鏡で景色を反射させて、暗がりや淀んだ感じが極力出ないよう心がけています

土は多くの食べ物を実らせるうえ、ハイキングなどで土の上を歩くのは気持ちがいいものです。でも、日常では落ち葉をごみと思う人や土を嫌う人を多く見受けます。たしかに雑草がたくさん生えたり泥や土埃が出たりするのはよろしくありませんが、本来地表であったところをすべて舗装してしまっていいのでしょうか?

庭で畑をやって、そこで実ったものを食卓に出して食べ、残った食材は肥料にして新たな作物が実るという自然のサイクルの上で暮らせるととてもいいと思います。そこまでではなくても、大地をすべて覆わないで落ち葉などは腐葉土として土に還したり、舗装を透水性の高いものにして水を地中に染み込ませるだけでもいいと思います。

いろいろな落ち葉が地面に落ちているところ。落ち葉などは分解され、土となり、雨水は染み込み、きれいな水となり、さまざまな生物を育んでくれます

太陽は神様として信仰の対象であったり、宇宙の中心とされていたりしましたが、現在でも変わらず世界を明るく照らし、さまざまな恵みを与えてくれるとても重要な存在です。

今は照明器具や冷暖房器具がありますが、太陽とうまく付き合うことで家がとても快適になり、省エネにもつながります。

家の環境を考慮して窓の位置や大きさ、日の光がどの季節のどの時間にどのように差し込んでくるかを考え、うまく光を招き入れたり遮ったりして、快適な明るさや温熱環境に近づくよう計画しましょう。太陽光発電を計画するときは、外からの見え方や配線、室内に設置される機器の納め方などにも気を使いたいものです。

人類誕生のはるか以前から明るく、暖かく、地球を照らし続けてくれる太陽。家の中にも日光をうまく取り入れて、太陽の恩恵を受けたいものです

ゾーニング・動線計画 3

膨らんだイメージを形にしていこう

どういう家にしたいかが見えてきたら、イメージを具現化していきましょう。スペースが限られていたとしても、さまざまな工夫をすることで、より広がりのある心地よい空間を生み出すことができます。また長く住み続けられるよう、住み方の変化を想定することも大切です

写真　オーキッドハウス

■回遊性を考える

家の中に回遊性をもたせると、一方通行や行き止まりが減り、表動線と裏動線が分けやすくなります。また、室内をぐるぐる回れるので、子供や動物が喜ぶ家にしたい場合に採用することも。人が行き来できるだけでなく、風通しがよく光が行きわたりやすい快適な住環境につながります。

■場面展開を考える

家の中を歩くとき、どこでどんな景色が見えるか想像して計画しましょう。景色や目線の高さの変化、家族のいる風景、光や闇、季節感や温度変化など、色々な場面が重なって、深みのある空間が生まれます。

■家族の拠り所を考える

家族が生活の時間を共有し、語り合う場はとても重要です。家族が集う場所はダイニングテーブルなのか、リビングのソファなのか、こたつなのか、各家庭によって異なりますが、家族の拠り所はどこなのか意識して計画します。実際に集まらなくても家族の意識が集まる場でもいいでしょう。敷地の中の環境のよい場所に、自然と集まれるような居心地のいい場を計画しましょう。

■時の流れを考える

家族構成や家族の関係性は、夫婦2人→夫婦+赤ちゃん→夫婦+子供達→子供達が独立、というように徐々に変化します。二世帯同居になる可能性もあるでしょう。長く住み続けるには、それらの変化を想定してプランに可変性をもたせておくことも大切です。庭の植栽も、成長や手入れのことを考慮して計画しましょう。

■空間のつなげ方・分け方を考える

まとめられる部屋を一つの空間にすると、部屋を壁で仕切るより広く感じられることがあります。廊下や階段も、可能であれば部屋に取り込むと、空間の効率がよくなります。部屋をまとめられない場合でも、部屋の境を引き戸にする、目線から上の壁を抜くなどして空間をつなげると、開放感を生むことができます。

直接的につなげずに、格子や障子のように透過性のある建具や間仕切りを利用する、鏡を使って広く見せるなどの工夫もできるでしょう。また、平面方向だけでなく、吹き抜けなどを介して上下の空間をつなげるのも有効です。上階から日光が入りやすくなったり、異なる階にいる人の気配が感じられるというメリットがあります。

■高さで空間に変化をつける

高さの変化で場所の性格を変えることもできます。天井に段差を設けると、天井の高い空間と低い空間でそれぞれ異なる場にできます。床に段差を設けると落ち着きのある溜まりができ、目線の高さが変わることで眺めや天井高に変化も生まれます。

■メインでない部屋は最小限にする

寝ることが目的の寝室や子供室は、充実させるとメインの部屋の面積に影響しかねないうえに、引きこもりの原因にもなりかねないので、最小限に絞ることを考慮します。工夫をして部屋を整理することで、家族が集まる空間をより広く豊かにできます。

回遊性を考える

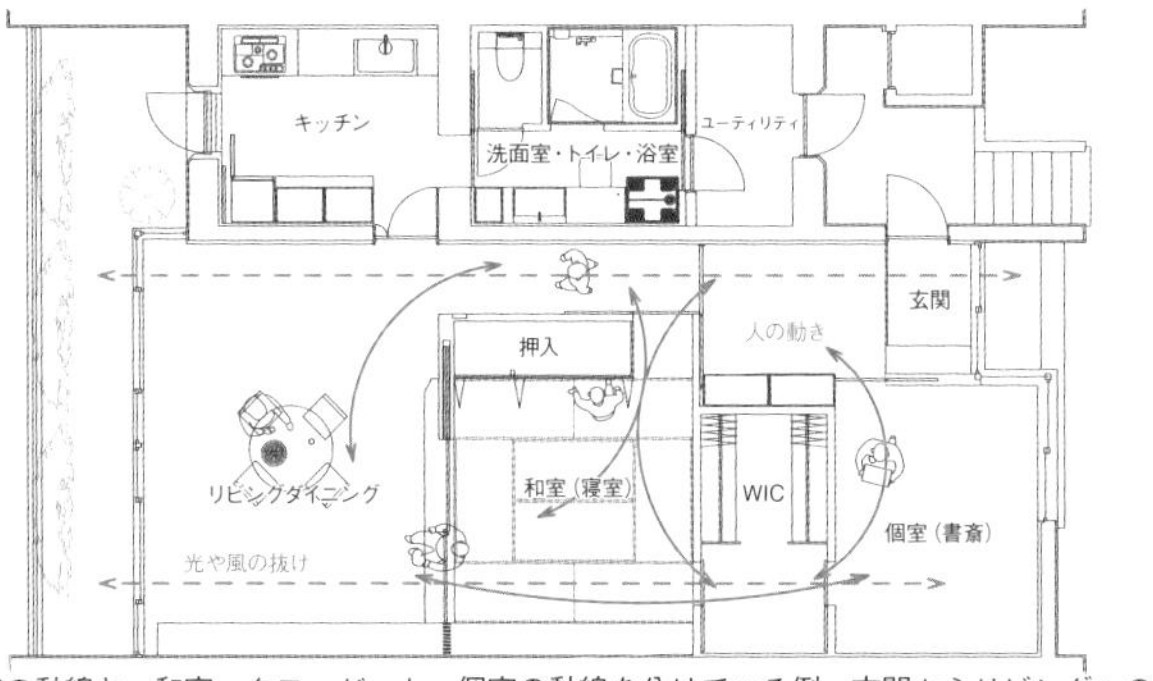

来客の動線と、和室〜クローゼット〜個室の動線を分けている例。玄関からリビングへのアプローチのほか、個室から和室に抜けたり、廊下からそのまま和室に入れるようにしている

引き戸の開閉で表動線と裏動線が分けられるほか、人と共に光や風も通り抜けやすい空間となっている

引き戸で空間を仕切る

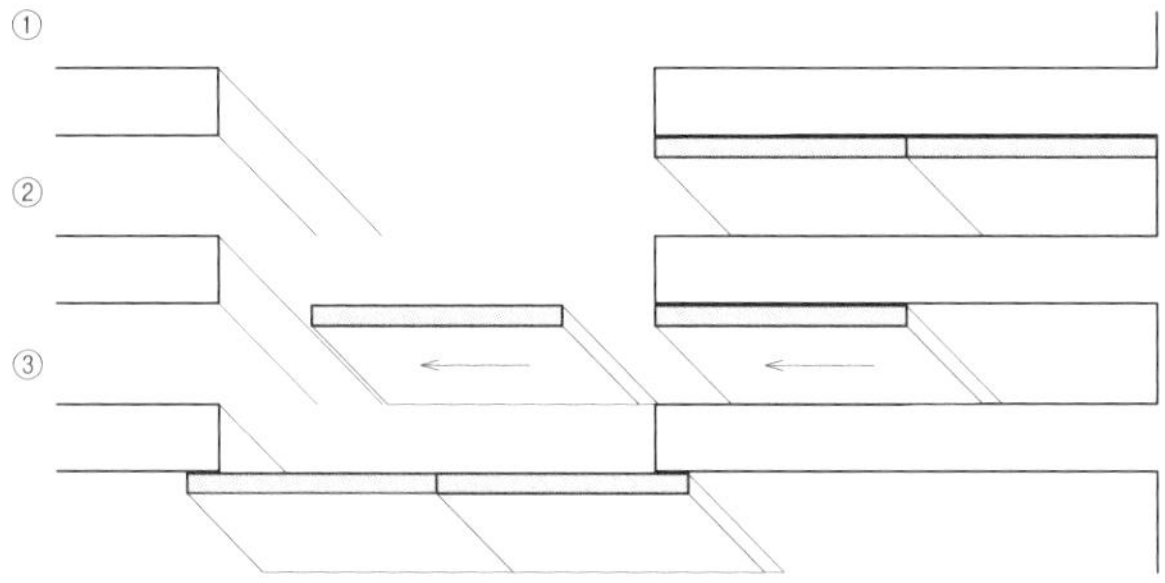

2枚引き戸の開閉パターン

①

②

③

2枚の引き戸の開閉具合により、プライベート空間になったりオープンに開かれたり部屋の雰囲気も変化する。天井からの吊り戸なので、開けた状態では引き戸が木の壁のように収まる。また、床に枠を設けていないので、つながった感じが出ている

天井ぎわで空間をつなげる

目線より上の天井ぎわをガラスで仕切ると
部屋としては区切られていても広がりが感じられる

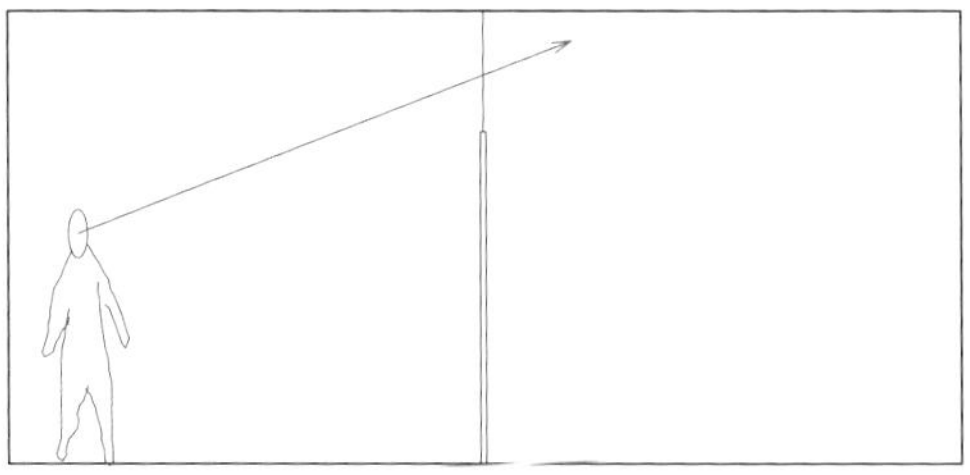

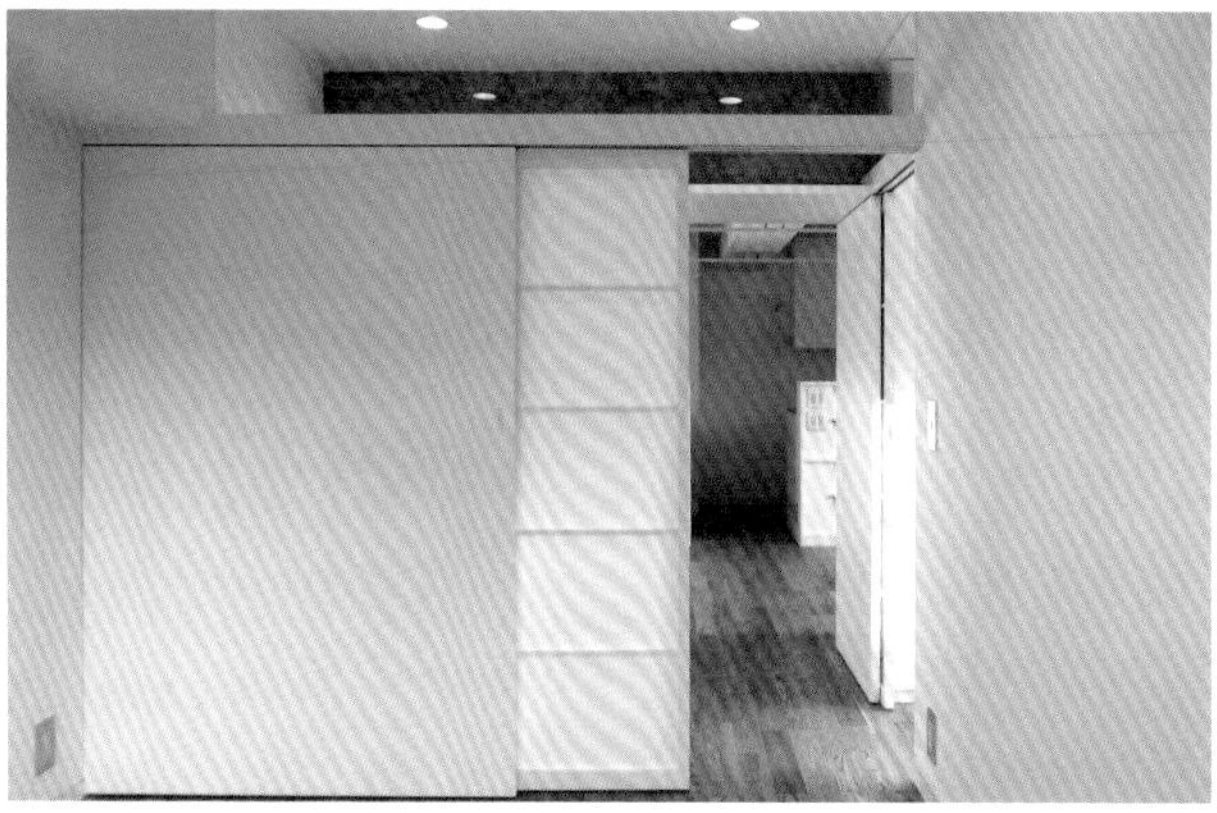

引き戸の建具は、板戸で光を遮ったり、障子で光を透かせたりできる。
欄間から上はFIXガラスで視線が抜けるようにして、空間に広がりをもたせている

高さで空間を分ける

吹き抜けのある高い部分と天井の低い部分に分けられ、階段からは目線の高さの変化も楽しめる

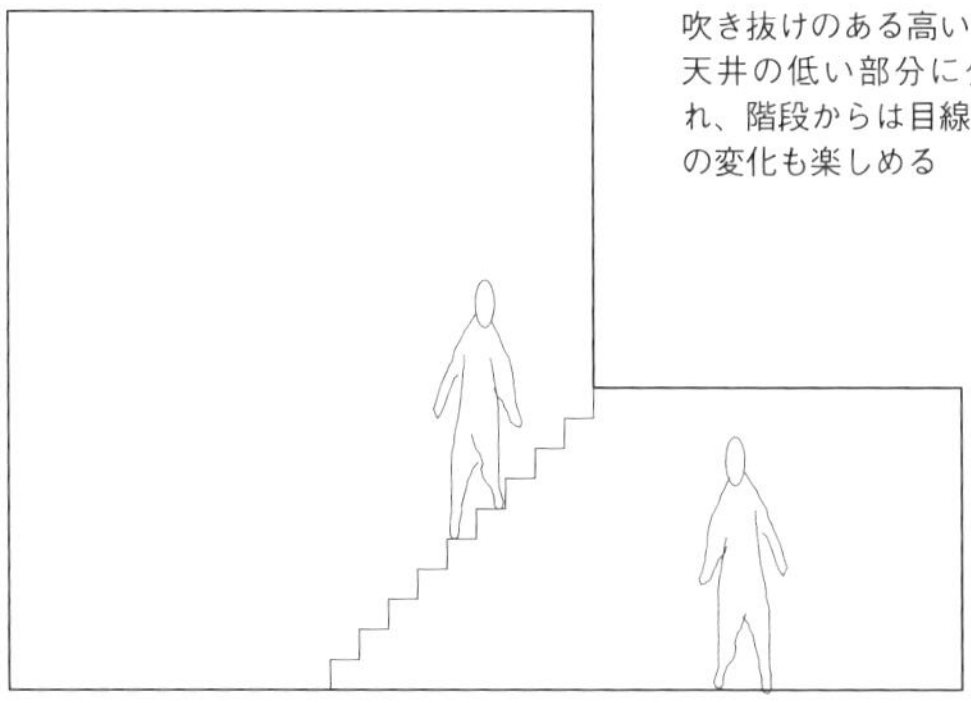

低い天井のキッチンと高い天井のダイニングでエリア分けがされている。空間にメリハリが出て、より開放感を楽しめる

写真　七里が浜のリップルハウス

ゾーニング・動線計画④

土地との関わりも骨格から整えよう

美しい人は骨格や姿勢、食生　面を取り繕っただけの人はいずれ化けの皮が剥が　骨格から空間を整えて手入れすることで、表層にとどまらない美しさを備えた空間になります。土地の性格を踏まえ、外部と一体的に考えることも大切です

■骨から美しい空間

インテリアを場当たり的につくるのではなく、細部から全体まで一貫した方針でつくることで、秩序立った違和感のない空間が生まれます。計画の際は、まずは軸（背骨）を定めて基準となるピッチを決め、グリッド（格子）上に骨格を配置し、家具や照明などをそれに合わせて配置していくと、空間に秩序が生まれてきます。ピッチの寸法は、木造の場合、910㎜などの尺貫法がよく用いられます。RCの場合は型枠やキッチンのユニットなどに合わせて、300㎜を基準にするなどして考えましょう。

■プロポーションを意識する

インテリアを考えるうえで、それらを構成する要素のプロポーションはとても重要です。感覚的な側面もあるので美意識の違いで考え方はさまざまですが、たとえば、窓や障子の桟などが場所によって異なるプロポーションだと、まとまりのない印象を受けるかもしれません。黄金比などの法則を元に、インテリア空間を考えるのも一案です。西洋建築によく用いられる黄金比は、普遍的なデザインの法則とされています。

日本の建築物では白銀比がよく用いられており、日本人には馴染みの深いプロポーションです。他には、正方形を組み合わせた1：2などの安定したもの、パオなどに見られる円形や、蜂の巣のような正多角形で考えることもあります。

■景色を取り込む

窓を通して室内から見る外部の風景には、隣家や電線、通行人など、見たくないものも含まれます。景色の見え方を想像し、開口部の開け方、家具や壁、植栽などで、これら雑物を視界から消して、いい景色を採り入れるようにすると、リラックスできる室内空間につながります。

建物の密集した都市部では、水平方向に窓を開けても隣家が見えるばかりなので、上方へ開口して空を見る窓（ハイサイドライトなど）を設けると、光が入るだけでなく外からの目線も気になりません。地窓も、庭の景色だけを取り込むのに有効です。また、街路樹や海や山など、積極的に取り入れたい景色があれば、その景色を切り取る窓（ピクチャウインドウ）も、位置を慎重に検討して取り入れるといいでしょう。

■外部をインテリア化する

実質的な室内空間の広さは、予算や面積の面で限界があるので、屋外をうまくインテリアに取り入れ、広がりをもたせたいものです。たとえば、中庭や坪庭は外からの目線が気にならないので、テーブルや椅子を置いて天井のないリビングとしてとらえるのも手です。ほかにも、ある程度高さのある塀を設けて塀ぎわの屋外空間を採り込んだりするのもよいでしょう。

また、敷地内だけでなく、敷地外に開くことで敷地外と空間を共有できます。たとえば、玄関前の歩道や隣地にちょっとした空間があれば、塀で囲わず積極的に開いて空間を分かち合うと、広がりが得られてより豊かな場所になる可能性があります。

骨から配置を考える

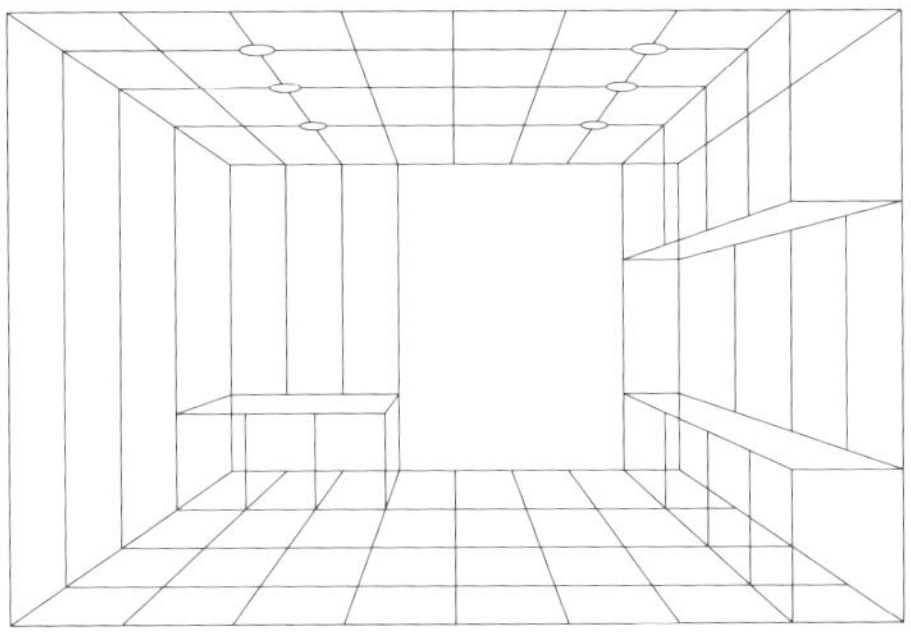

場当たり的に照明や収納などを配置するのではなく、部材寸法や構造の骨格から基準を決めてプランをグリッドに割り、そこに家具や照明器具などをプロットしていくと、空間がきれいに整ってくる

造り付け家具や建具、ダウンライト、間接照明の位置などを、すべてグリッドにのせて計画した例

プロポーション

黄金比（黄金分率）　1

古代エジプトのピラミッドなどの建造物にも見られる、縦と横の比が1：1.618（約5：8）のバランス

白銀比　1

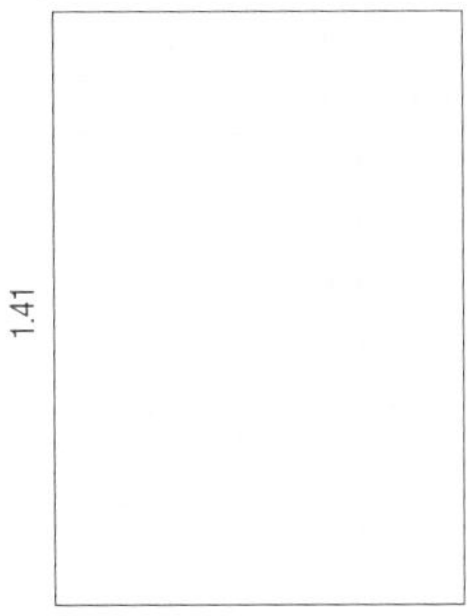

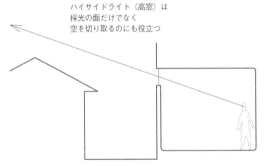

縦と横の比が1：$\sqrt{2}$。A4などの用紙サイズにも採用されている

黄金比や正方形の壁を用いた建物

白銀比をもとに建てられている法隆寺

景色を取り込む

ハイサイドライト（高窓）は
採光の面だけでなく
空を切り取るのにも役立つ

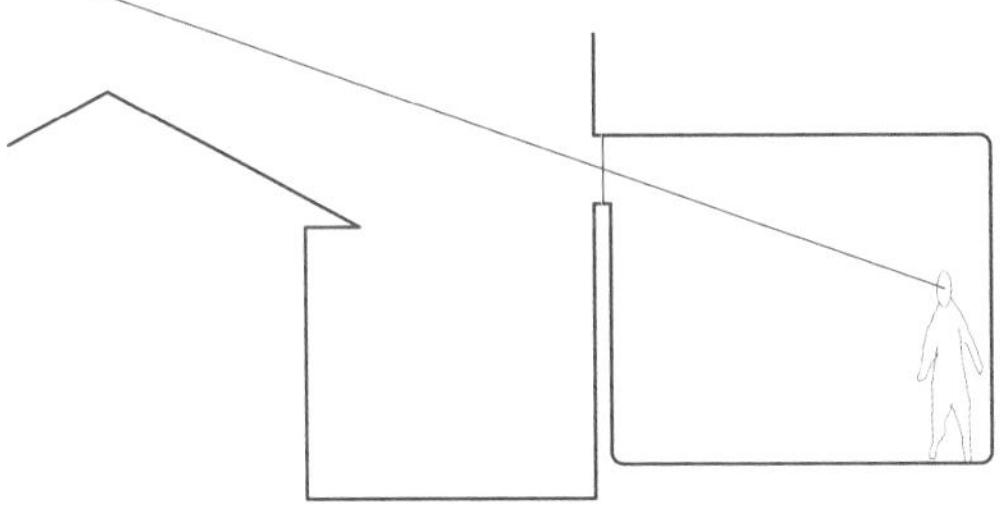

本棚の上部にハイサイドライトを設けて、樹木や空を眺めることができるようにしている

外部をインテリア化する

ある程度の高さの塀を設けることで
周囲の雑物が極力視界に入らないようにし
塀ぎわの屋外空間を部屋に取りこむ

雑多なものが見える前の家の下部を黒い格子で隠しており、モミジや庭石が映える

写真　等々力のkent-house

ゾーニング・動線計画 5

見せる？見せない？「要素」を整える

見えなく[illegible]たくさん目に入ると本当に見せたいものが際立たず、日々の[illegible]雑な印象になります。あとから入る物や人で空間に[illegible]考慮して、インテリアの要素を減らしておきましょう。す[illegible]印象が得られ、部屋の広がりにも繋がります

■見える要素を少なくする

散らかっている部屋と同じく、仕上げも散らかっているとスッキリはしません。空間を構成する要素も少なくすることで、視界に入ってくる情報が少なくなり、スッキリとした印象を得やすくなります。

たとえば、壁にスイッチや設備機器などがバラバラに付いていると、壁面全体が乱雑な印象ですが、綺麗に並べて設置すると、スッキリとした壁になります。綺麗に並べにくい場合でも、一カ所にまとめる、芯や面を合わせてレイアウトする、なるべく凹凸を少なくするなど配慮するといいでしょう。

色や素材をやたらと使わないことも大切です。部屋やパーツごとに考えるのではなく、家全体の統一感を考慮して色や素材を限定し、調和を図りましょう。また、実際に住み始めてから物が溢れ出ないよう、十分な収納量を確保して計画することも、スッキリしたインテリアにつながります。

■見せるものと見せないものを分ける

見えなくてもいいものがたくさん目に入ると、見せたいものが際立たず、煩雑な印象になってきます。1つ1つのものを見せるものと見せないものに分け、見せないものは徹底的に存在を消し、見せるべきものはどのように見せるかを考えましょう。

家具を計画する際、造付け家具はインテリアと一体化させて家具の存在を消すのに有効で、一方、置き家具はインテリアのアクセントにすることが多くあります。

インテリアの構成部材（幅木や廻り縁など）は、見せる必要がない場合、壁や天井と同化させる手法が用いられますが、絵画の額縁のように、あえて存在を強調することもあります。その場合は質感にもこだわりましょう。

■部屋を広く見せる

たとえ実面積は同じでも、工夫することで実際より広く感じさせることが可能です。

・**ボーダーを見せない**（部屋の区切りを感じさせない）。たとえば、部屋と部屋の境の建具の上下に垂れ壁や沓摺りを設けたり、壁に袖壁や枠があると部屋が分断されますが、壁や天井、床仕上げがつながると一体的に広く見えます。

・**圧迫感を減らす**（目線の先をスッキリさせる）。収納を計画する際、視界に入りやすい部分には扉を設けたり、冷蔵庫の配置を工夫するなど内部の雑物を見せないように配慮します。

・**行き止まりを見せない**（奥まで続いているように見せる）。部屋の隅々まで見渡せると、「そこまでの空間」と認識されます。視線の先に行き止まりを見せないよう家具や壁の配置を工夫し、無意識に奥行きや広がりを期待させます。

■融通性を考える

収納や書斎などをガチガチに作り込むと、暮らし方に変化が生じた場合に対応できなくなる恐れがあります。買い替えが想定されるテレビなどの家電は特に注意が必要で、将来の買い替えを想定しておきましょう。

見える要素を少なくする

掘込引手を設けてハンドル類を設けない造り付け家具

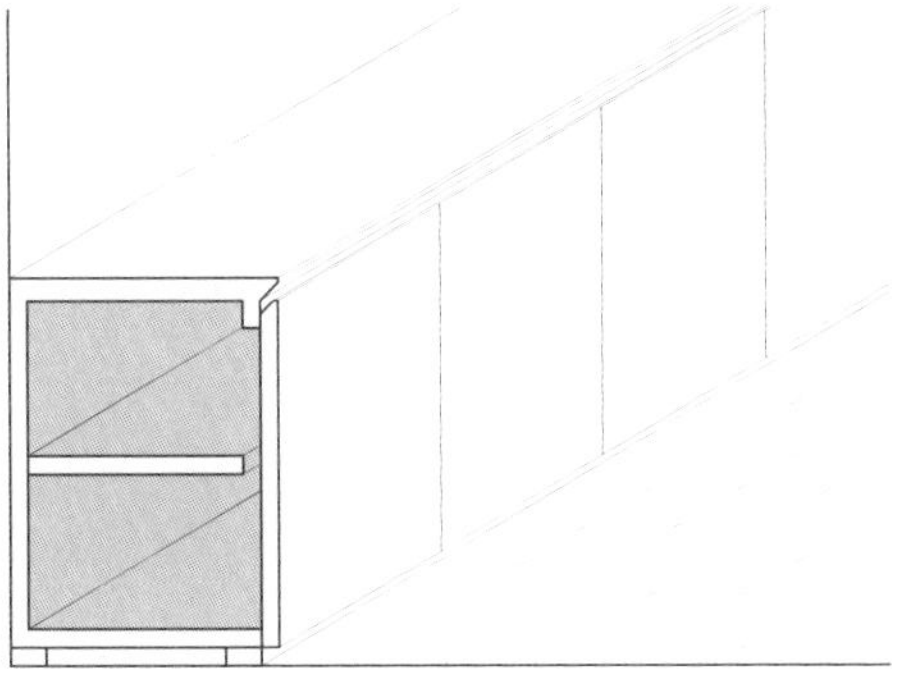

造り付け家具も、つまみを付けないなど主張しないデザインにすると、建物と同化してスッキリとした印象になる

見える線を減らす

躯体の梁形や柱形がそろっていないことが多いが、ふかしてラインを合わせる

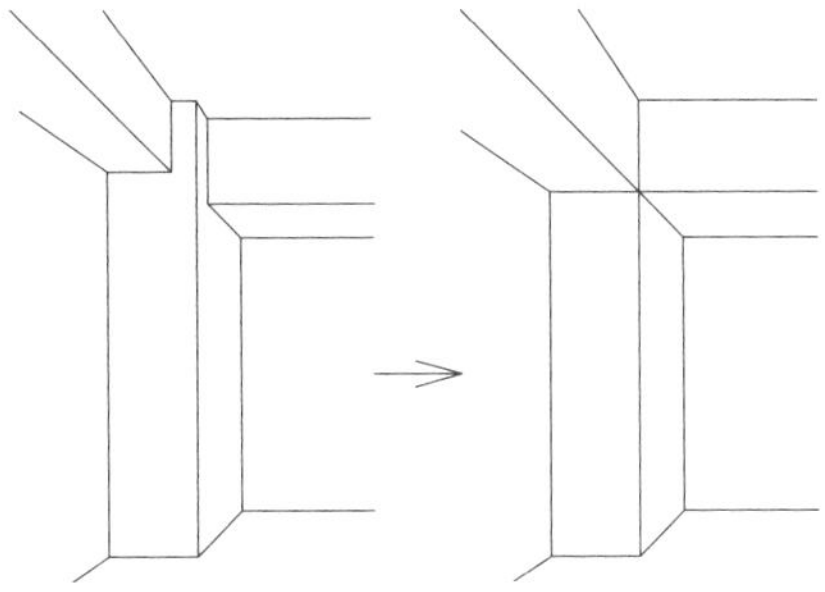

ふかしたり、家具や間接照明などを用いて凹凸を減らすと空間がスッキリしてくる

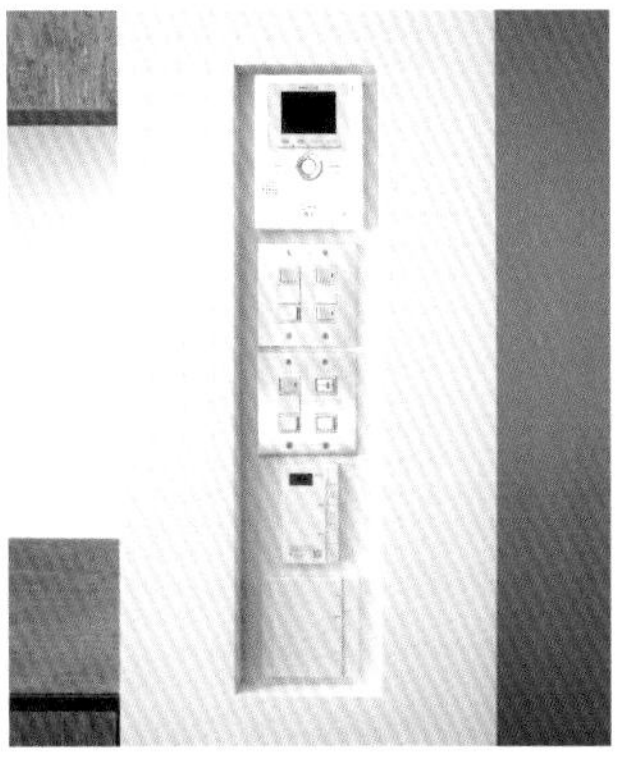

スイッチやリモコンも、まとめるとスッキリする

枠などの存在を消す

開口部まわりは左図のように収めることが一般的だが、右図のように建具枠と壁面をフラットに収めると、ボーダーが見えず、広がりも感じられる

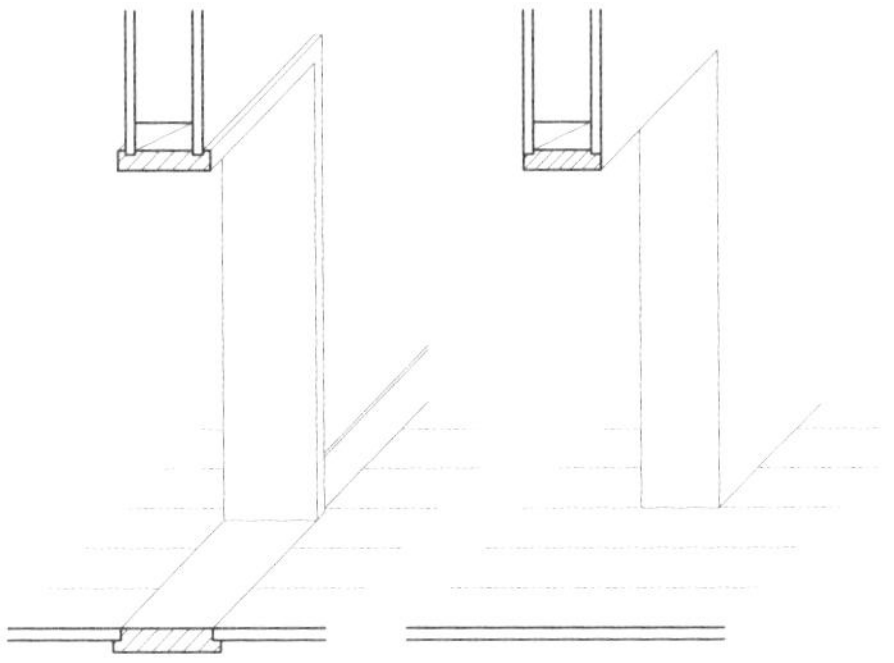

ボーダーを見せない
建具枠と壁面をフラットにしたおさまり

終点を見せない

同じ広さの部屋でも
家具や間仕切壁の配置により
部屋の終点を見せないようにすると
どこまでも部屋が続いているような期待感がうまれる
図のような高さ方向だけでなく
平面方向でも同じ効果がある

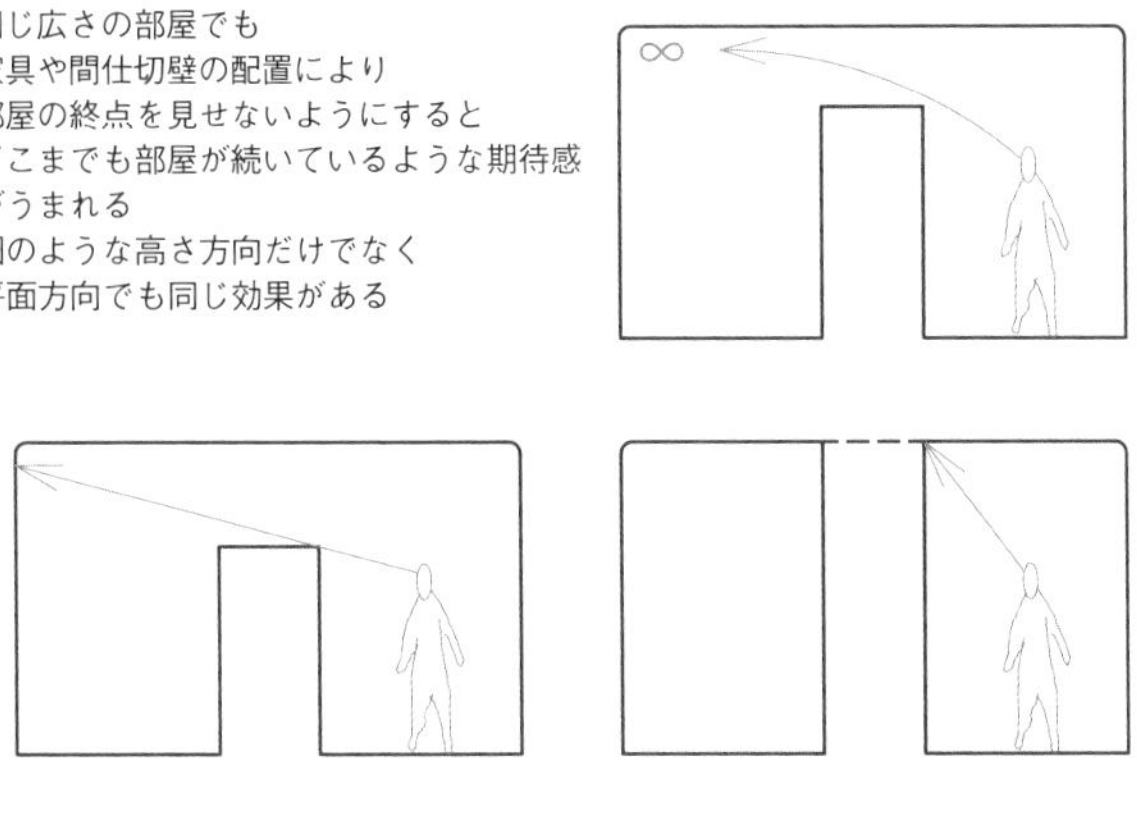

天井をつなげたり、壁のコーナーを丸くしたり、収納家具の上に隙間を取ったりして、広がりを感じさせている

素材の選定

素材選びの要は相性・質感・色

たとえプランが同じでも、素材が変わるとまるで違った印象のインテリアが生まれます。素材そのものがもつ質感や力が空間に大きく影響を与えるので、カタログだけで安易に選ぶのではなく、実際の光の中で、実物サンプルを見て触って感じることが大切です

写真　高輪のchestnut-house

■素材のテーマを考える

プランが同じ空間でも、素材の質感や色の違いによって雰囲気が大きく変わり、異なる印象のインテリアになります。また、素材を組み合わせるうえで、相性はとても大切です。

たとえば、ビニルクロスなどの人工素材と大理石などの天然素材を組み合わせると、コストをかけた天然石まで偽物っぽく見えることがあります。逆にコンクリートの一部に大理石を組み込むと、大理石は上質なままコンクリートの質が上がった感じがします。一方、ビニルクロスと白いペンキの組み合わせは、あまり違和感なく調和することも。このように、質の近い素材同士は調和しやすく、相乗効果も期待できますが、異質な素材を混在させると調和が図りにくく、場合によっては違和感が生じます。また、同じ種類の素材同士でも合わせ方次第で感じ方が異なるので、違和感が出ない取り合わせを工夫しましょう。

素材ごとに劣化速度（寿命）が異なるので、メンテナンスを考慮しながらの素材選びも重要です。一般に、醜く劣化する人工素材を多用する場合は、定期的な更新を前提とし、劣化が風合いにつながりやすい自然素材を使う場合は、メンテナンスしながら味を出していくといいでしょう。長く住む住宅の場合は、自然素材がお勧めです。

■触る所ほど質感をあげる

身体に近い場所ほど、質感を高めて素材を選びましょう。直接身体に触れるドアノブ、水栓金具、テーブル、床などは肌触りだけでなく手応えも重要です。その次に家具や目線に近い壁、スイッチプレートなど、最後に、直接触れることがほとんど無い天井という順に考えるといいでしょう。

■色合いを考える

素材のもつ色あいは、インテリアの印象を大きく変えます。また、それらの色を違和感なくテーマに沿って調和させることが重要です。インテリアの方針を考える際、床材が部屋の基調となり、家具や建具、壁や天井の仕上げを床の色に合わせて決める場合が多くあります。たとえば、床がウォールナットの場合は壁を白くしてコントラストを強めてモダンにするか、ダークな感じにして重厚にするというようなケースです。床材でインテリアの方向性が決まってくるので慎重に選びましょう。

■実物を見て触れてみる

石やフローリングなどは、本やカタログで見ても模様がわかるだけで肌触りやにおいまではわかりません。素材の模様だと思ったらプリントだったとか、無垢材だと思ったら表面がペラペラだった等はよくあります。イメージと現物の違いをなくすためにも、ショールームに行ったりサンプルを取り寄せて、実物を確かめましょう。

■空間に味付けをする

統一感のある色合いでまとめた家に、差し色や模様で表情に変化をつけることがあります。壁の一面だけ色や仕上げ材を変えるアクセントウォールにするのも一案です。

素材のテーマを考える

そのものの状態が長期間安定しているもの

石、タイル、ガラス、土、ステンレス、真鍮、アルミなど

比較的早く風化し土壌に還ろうとするもの

鉄、木材、革、草紙、布など

劣化して見苦しくなってくるもの

プラスチックやビニールなど

相性のよい素材同士を合わせると空間も調和してくる

組合せ例
・重厚で落ち着いた感じ：コンクリートやレンガ＋石＋濃い色の木材
・明るく軽い感じ　　　：クロス＋ペンキ＋明るい色の木材
・自然な感じ　　　　　：紙＋草＋木材＋土壁
・バブリーな感じ　　　：鏡＋メッキ＋御影石

ポルトガルの古い修道院を改装した国営ホテル。中世の部分に質感を合わせた改修部分の石材。最初から錆びていて劣化速度も遅いコールテン鋼の建具や天井。土の質感の左官材。厚い無垢板のフローリングなどを使い、違和感なく調和させている

触る所ほど質感をあげる

無垢材を切り出した玄関の把手

鉄の厚みを感じる階段の手摺

上質な手応えを感じさせる浴室の水栓金具

家族が集う無垢のダイニングテーブルや椅子

色合いを考える

現場にサンプルを並べて色合わせをしているところ

サンプルで指定した色が実際に施工されたところ

同じ間取りでも素材や色合いによってインテリアが変わる

カバザクラのフローリングを基調としてリノベーションした例

左の物件の直上階（同じ間取り）をカリンのフローリングを基調としてリノベーションした例

写真　ノーチラス

採光・照明計画

インテリアは光とセットで考える

インテリアは光によって姿を現します。昼間の日光の取り入れ方、夜間は照明の明るさや色味などで、部屋の印象は大きく変わります。夜は家で過ごす時間が長いので、機能性だけでなく、部屋をどう演出するかをイメージしながら照明計画も並行して行いましょう

■光の取り入れ方を考える

物体は光の映り方によって見え方や陰影が異なってくるので、屋外からの光の取り入れ方は十分に意識したいものです。

見え方だけでなく、室内の温熱環境も大きく左右するので、方位を考慮しながら効果的に開口部を設けて、夏の直射光は室内に極力入れず、冬の日光はふんだんに室内に取り込むようにします。換気計画とも連動しますが、部屋が暑くなりすぎることを防ぐため、トップライトや西日の入る開口は避けるのが無難でしょう。明るさ確保の意味では南側が好まれますが、北側でもハイサイドライト（高窓）を設けたり、反射光を利用して明るさの確保が可能です。光の質によってもインテリアの印象は変わります。直射光は陰影が強く出るので、コントラストの強いシャープな印象になりやすく、格子などを介して光を細かく砕いたり、障子や不透明なガラス、カーテンなどを介して光をぼかしたりすることで、さまざまな表情が生まれます。

■窓の開け方を工夫する

窓をどのように開けるのか、窓枠や框の処理、中桟の有無で見え方は大きく変わります。窓の存在をなるべく感じさせず、内と外の連続感を出したい時は、垂れ壁や袖壁を設けず、壁や天井いっぱいの開口としたり、窓枠をかぶせてサッシの枠を隠したりします。中桟が入ると視界が妨げられますので、アルミサッシであれば中桟が入らないような製品やサイズを選びましょう。

一方、外の景色を切り取る場合は、あえて絵画の額縁のように設けるのもいいでしょう。その場合は枠の寸法や質感にもこだわりましょう。

■照明できれいに見せる

照明の明るさや色味、照明器具の雰囲気で、部屋の印象はだいぶ変わります。夜、家で過ごす時間が長い人は、特に慎重に計画したいところです。日本の住宅は、天井に大きな照明器具をつけて室内全体を均一に白く明るくする傾向にありますが、明るさは確保できても、平べったい印象になり、見る必要のない部屋の隅まで目に入ってきます。一方、光と闇が室内に共存すると、立体感や奥行感が生まれ、広がりのあるインテリアになると思います。照らすものと照らさないものを区別し、照明の位置や方向を考えましょう。照明器具自体も、見せる場合は空間を引き立たせるデザイン性の高い物を選び、見せない場合の間接照明などの器具は極力目立たないようにして、光だけを感じられるようにしましょう。

キッチンや洗面台などは、光源が目の高さ近くにくることが多くあります。これらも見せるデザインの照明にするか、または収納の中や扉の裏に器具を隠すなど工夫しましょう。光の色（色温度）は、寛ぐ空間では暖かみのある電球色が望ましいでしょう。飾り棚や食卓などは、置物や食卓が映えるよう、演色性にも十分配慮します。詳しくはP84『照明設計ベーシック講座』をご参照ください。

光の取り入れ方を考える

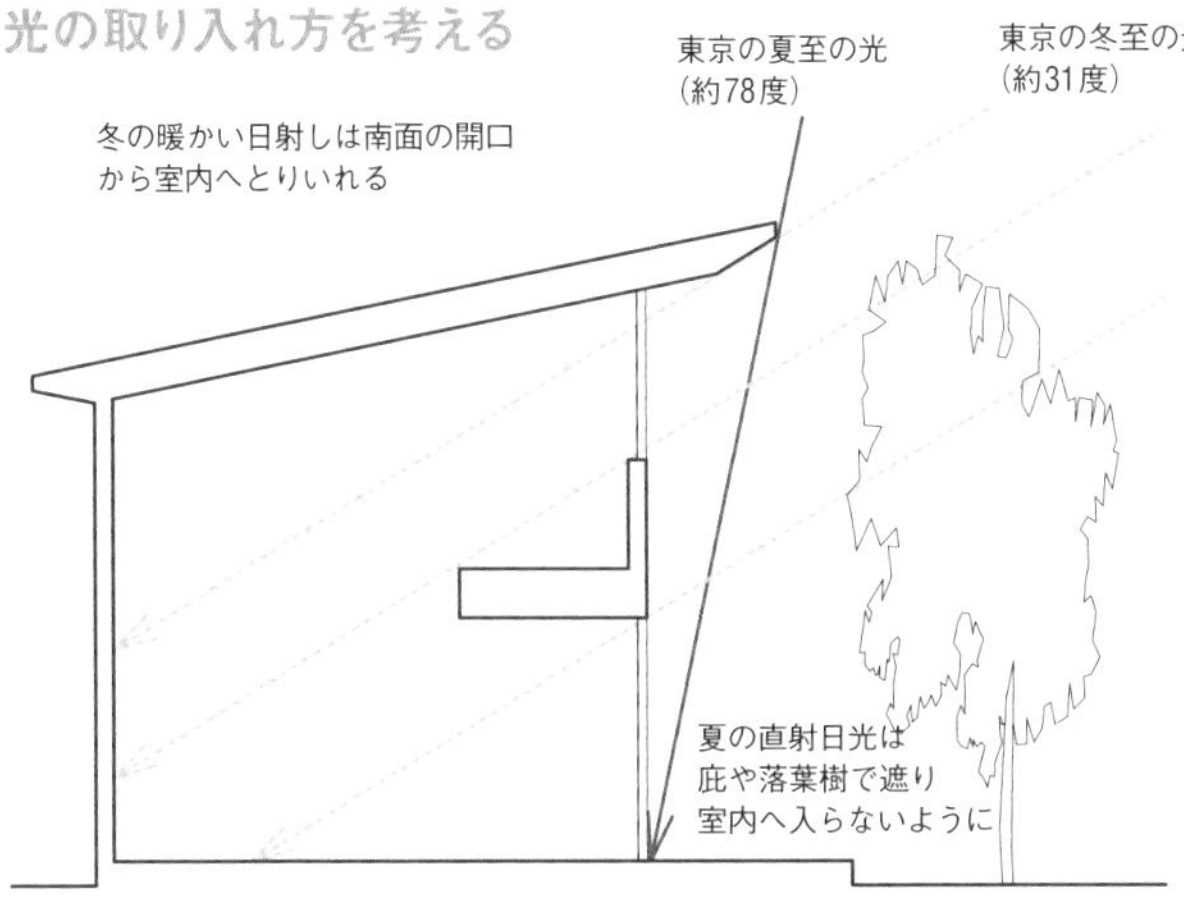

東京の夏至の光
(約78度)
東京の冬至の光
(約31度)
冬の暖かい日射しは南面の開口
から室内へとりいれる
夏の直射日光は
庇や落葉樹で遮り
室内へ入らないように

太陽高度の低い冬場は、上下の大きな窓から北側の壁まで日光が射し込む。逆に太陽高度の高い夏場は、庇により、部屋のなかに直射日光は入らない

窓の開け方を工夫する

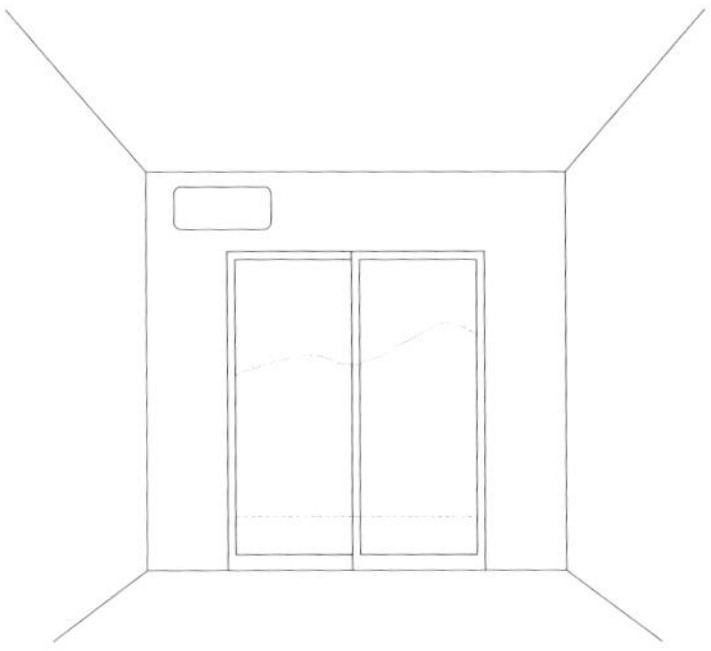

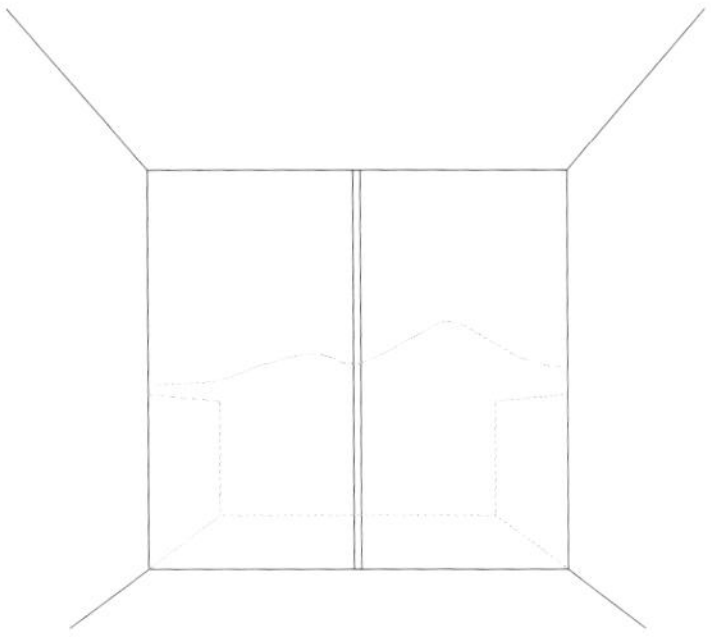

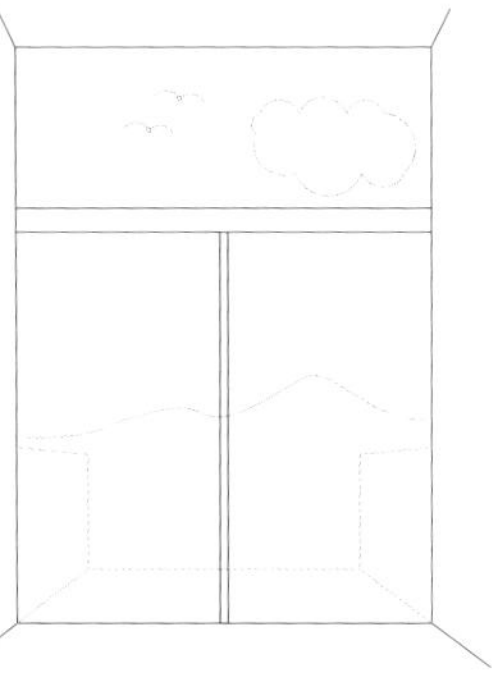

①普通に窓を設ける
視界はかなり狭くなり、壁や天井には陰が落ちる。
カーテンレールも、エアコンも目の前につく

②間口いっぱいまで広げる
間口いっぱいまで開口を広げ、枠を飲み込ませた例。
視界はかなり開け、壁や天井にも陰が出ない。

③欄間に開口を設ける
天井の高い部屋にすると、同じ風景でありながら、
より空が感じられるインテリアとなる

照明できれいに見せる

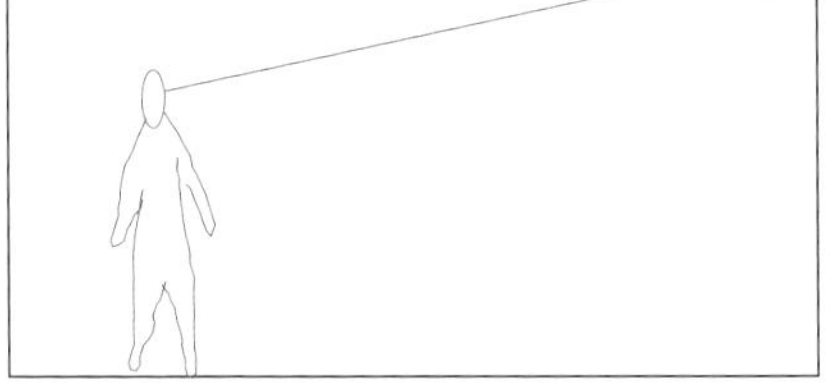
照らされる面はきれいにしておく

間接照明は光源が見えないようにおさめ、光のみを見せる

リビングの高い天井面にはダウンライトなどを設けず間接照明にしている

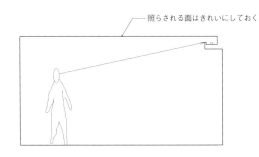

多世帯住宅

さまざまな世帯 さまざまな在り方

家族構成が多様化している昨今。世代継承の形もそれぞれです。家のつくり方もそれに合わせ、さまざまなスタイルが求められてきています。ひと口に「二世帯住宅」といっても、望まれる関わり方や距離感は異なり、将来の変化も見据えた計画が必要です

写真　ミモザハウス

■多世帯の考え方

二世帯住宅をはじめ、さまざまな世帯のあり方があるので、それぞれの住まい方に適した計画を立てましょう。

■二世帯住宅

「同居」　玄関も設備も全て共用し、個室のみが分かれている形式。バリアフリーに気をつければ、あまり普通の家と変わらず計画できます。ただ、家族のまとめ役がいないと計画にまとまりが付かなくなることが多いので注意が必要です。家族間で価値観の共有ができていること、また家族の仲のよさが重要になります。

「半同居」　玄関は同じで、浴室やダイニングキッチンはそれぞれ別などといった形式。二世帯住宅としてはいいとこ取りですが、世帯数が減った場合に対応しにくいので、将来も見越して計画しましょう。

「完全分離」　出入口も設備も全て別々で、建物は1つという形式。親族専用アパートのようですが、常に二世帯そろっているとも限らないので、将来は一方の家を売りに出したり、貸したりすることも想定します。また、部分的に通り道を設けられるようにしておくと、介護が必要になったときなどに容易に半同居にできます。

「味噌汁の冷めない距離」　親や子供、親族がそれぞれ近所に家を持つ形式。同じ建物で暮らすのはちょっと気が引けるけれど、便利だし、家族の様子も見ていたいので近くに住みたいという、現代的な要望にマッチした住まい方。マンションの普及により、世帯の増減による家の増加や切り売りもしやすくなりました。この場合、各家庭が似たような家を持つより、この家はお風呂がいい、あちらにはホームシアターがあるなど、それぞれの家に特徴を持たせてそれを親族で共有すると、とても豊かな生活を送れます。

■単身者

基本は1人でいることが多いことから、部屋ごとのプライバシーを重視するより、ワンルーム的に空間を大きくとることに重点を置き、建具などで段階的に視線を遮断するといいでしょう。「食事してお風呂に入ってネットをして寝る」といった個々の生活をシンプルに整理して動線を考えると、便利で快適な家になると思います。また、自分専用の空間なので、個性的な家にするのも面白いのではないでしょうか。

■シェアハウス

リビング、キッチン、浴室、トイレなどを共有し、個室で各自プライバシーを確保して暮らす、数名で共同生活をする家。他人同士が同じルールの中で暮らすことができればコストパフォーマンスの良い住まい方です。

■民泊

余った部屋や使わなくなった古い家を、宿として使うことが最近増えています。日本の生活を楽しみたい外国人向けや、古民家の生活を味わうなど、テーマを明確にするとよいでしょう。

同居

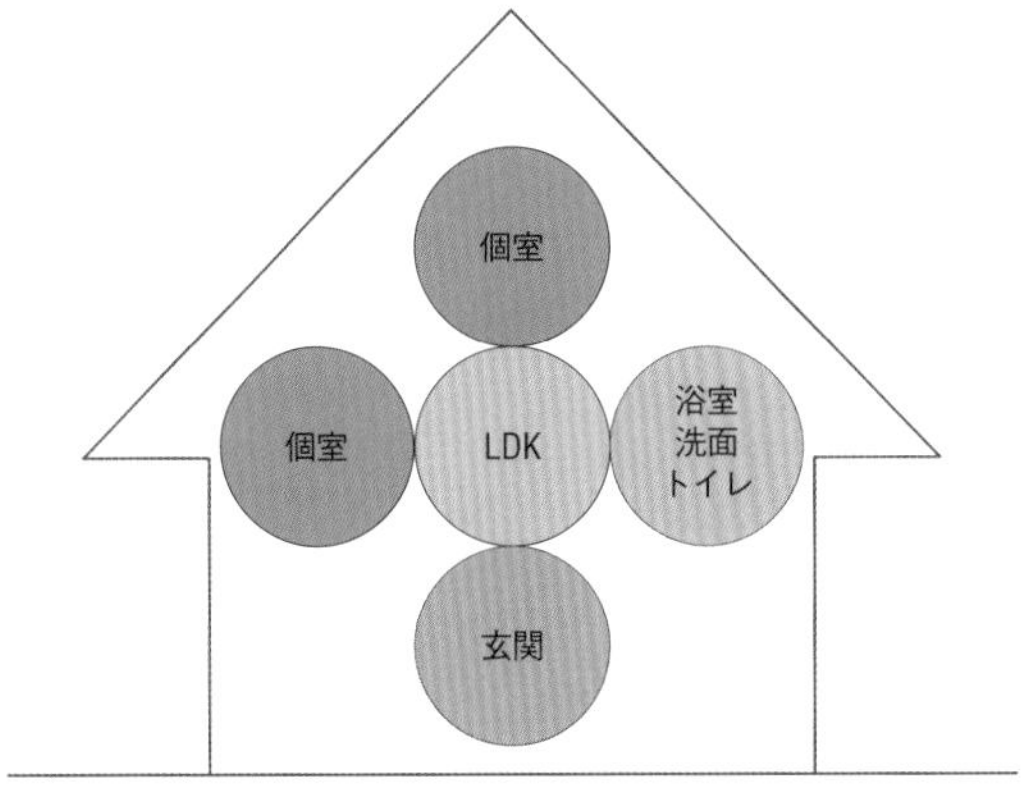

半同居

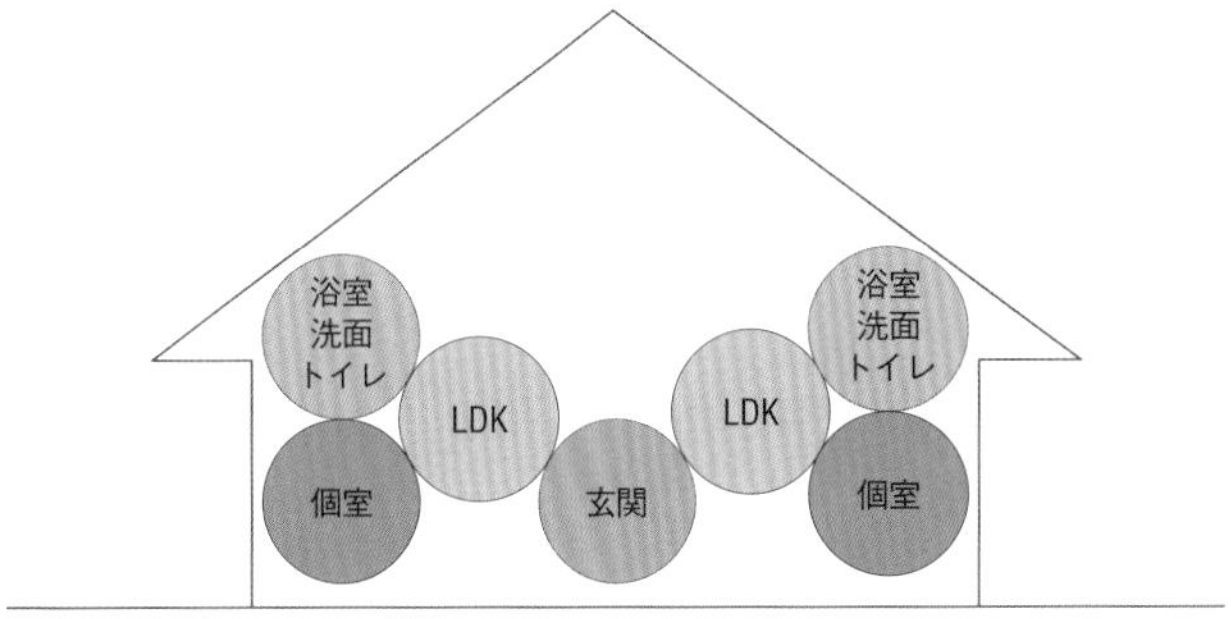

完全分離

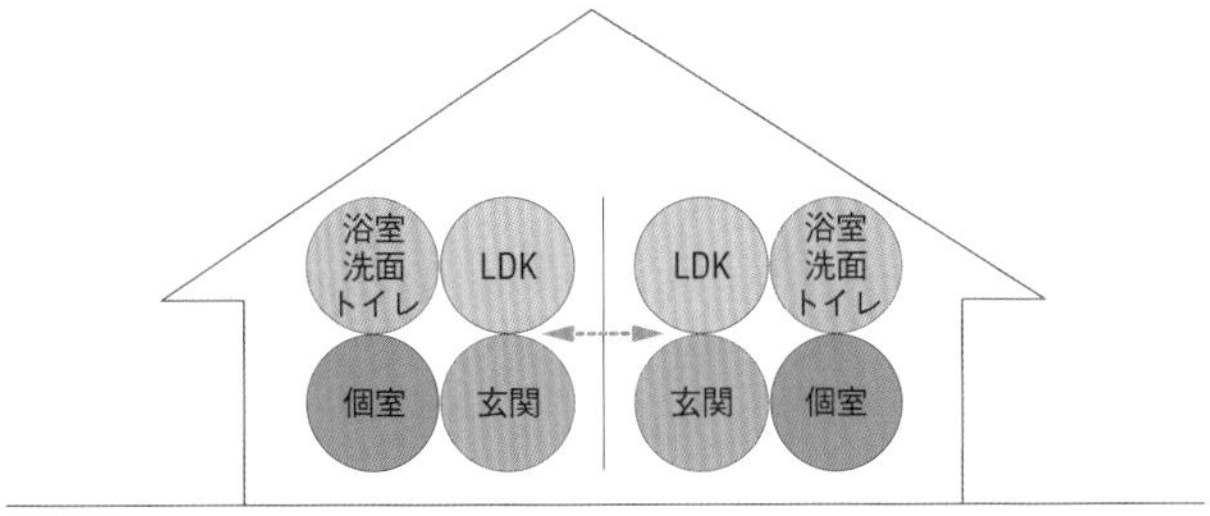

味噌汁の冷めない距離

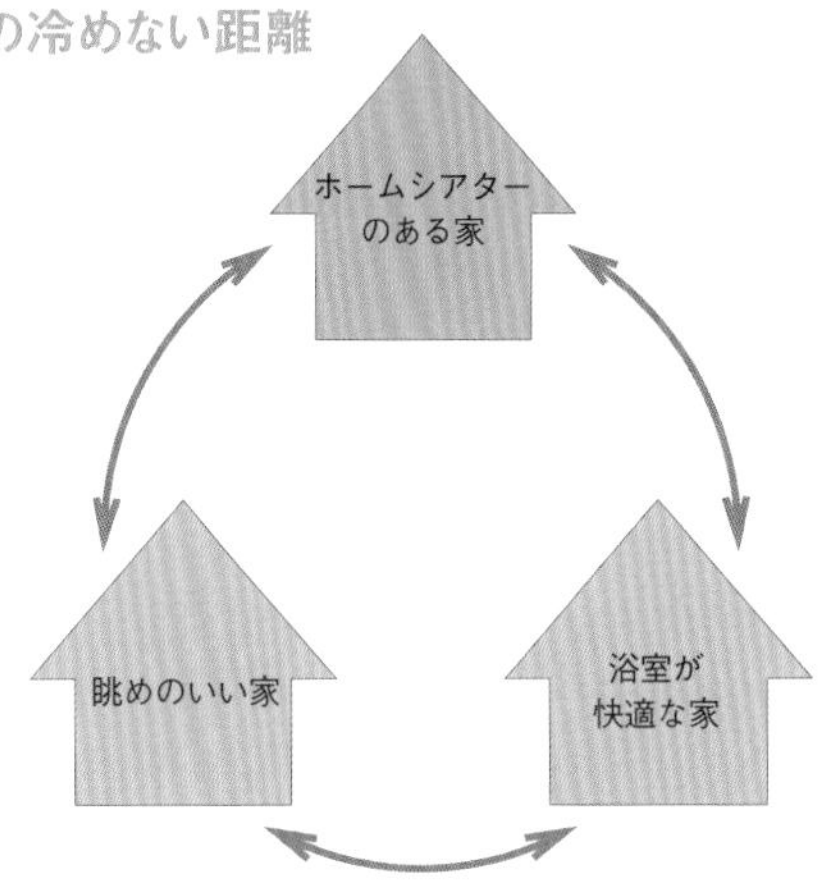

リビングダイニングを中心にした同居型の二世帯住宅

当面は壁で仕切られているが、親の介護が必要になった時など、玄関横の壁を撤去すると親世帯へ抜けられるようになっている

味噌汁の冷めない距離に近居した例。ホームシアターのある子世帯と浴室が快適な親世帯の家を行き来し合い、生活に広がりを与えている。

地元ならではの建築様式や素材を現代の技術や設備で補ってつくっていくと、魅力的で居心地のいい空間ができる

改修・改装工事
こんなにできる！リノベーション
仕上げや設備を更新するリフォームの枠を超え、構造体以外を撤去して新たに部屋を構築するリノベーション。マンションや中古住宅でも新たな空間や生活を生み出すことが可能です。間取り変更は[illegible]ん、断熱性など室内環境の性能を[illegible]れるのもメリットです

写真　ニコハウス

■リノベーションの考え方

通常のリフォームからさらに踏み込んで、構造体を残して大きく改装するリノベーションがどのようなものか、またどこまで変更が可能なのか知っておきましょう。

■リノベーションのメリット

リフォームは仕上げ材を張り替えたり塗り替えたり、キッチンなどの設備を交換したりして、表面上新しくすることが一般的です。一方、リノベーションは構造体を残して内装材を下地から撤去するので、法規や構造に問題のない範囲であれば間取りの変更が可能で、断熱補強や設備配管などを新しくできます。また、構造に不具合がある場合は修理することができるので、建物の延命に繋がります。建物を安易に建て替えるのではなく、しっかり手を入れることで長期間快適に使うことができ、味が出ている建材はそのまま生かすこともできます。また、通常の新築に比べてコストが安く、工期も短く済みます。

■一戸建て住宅の場合

マンションのように他世帯が同じ建物にいるわけではないので、かなり自由に変更ができます。一般的な古い木造住宅の場合、構造体の位置を変えることも不可能ではなく、間取りを大胆に変えたり、木造の架構を露出したりするのも醍醐味だと思います。内装の変更や設備配管などの更新のほか、そもそも基礎や構造に問題が生じていたり、冬寒く夏暑いなどのケースが多いので、内装のやり変えだけでなく、問題のあるところは修理して快適性と共に耐震性や断熱性なども上げられるとよいでしょう。

■分譲マンションの場合

分譲マンションは専有部と共用部にわけられ、自分の家だとしても共用部は基本的に変更できません。一方、専有部は変更ができるので、ルールに従えば通常のマンションにはないような空間がつくれます。マンションには管理規約があり、フローリングにする際にはどのような性能にするとか、工事は何時から何時までにするといったルールが定められていますので、事前に確認しましょう。ルールに従えば新築マンションではなかなか見ない無垢のフローリングや漆喰、珪藻土の壁にすることも可能ですし、間取りの変更や、キッチンをアイランドにしたりすることも不可能ではありません。断熱補強や設備配管の更新と合わせて計画すると、とても快適で魅力的な空間ができるでしょう。

中古マンションを購入する際は、共用部の管理がしっかりされているか、管理規約に問題はないか、構造体や共用部のパイプスペースの位置は理想の間取りをつくる際に問題ないか、床下や天井裏にスペースはあるかなどに注意して検討しましょう。

■賃貸マンション

原状復旧が基本なので、あまり手をつけられません。ただ、大家さんによってはある程度自由にさせてくれる場合や、リノベーション可という物件もあるので、相談してみると良いでしょう。

個室をバスルームにリノベーションした例

①リノベーション前の個室

②解体後の状態

③防水を施しているところ

④タイルを張って仕上げているところ

一般的なマンションの区分所有権（リノベーション可能範囲）

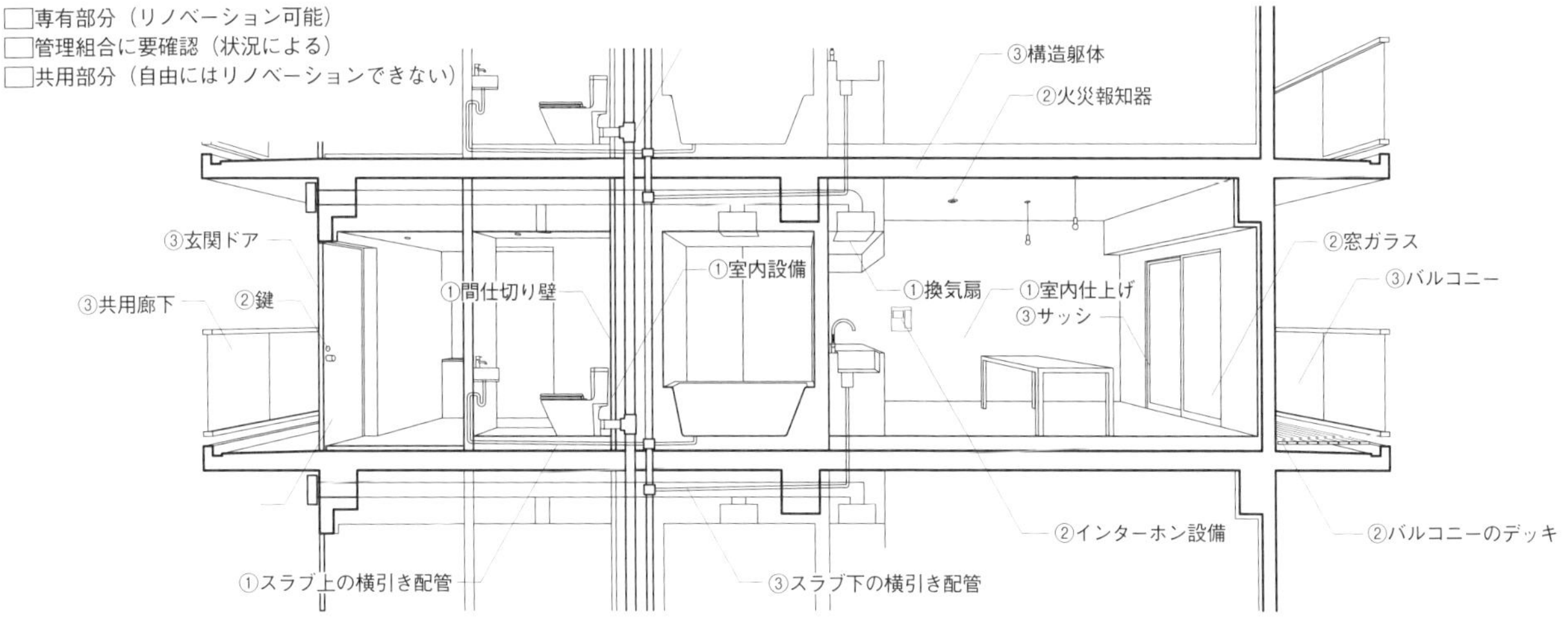

マンションリノベーションのBEFORE→AFTER

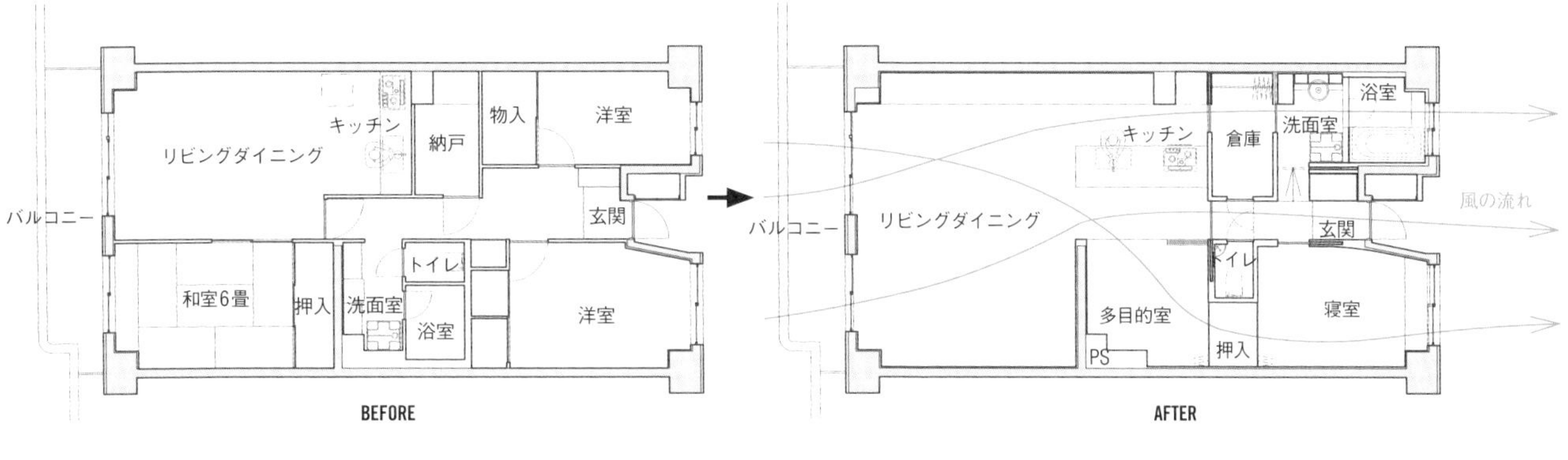

Living Room

リビング

家族が寛ぎ、団欒する場。居間や茶の間とも呼ばれます。テレビを見たり、音楽を聴いたり、お茶を楽しんだり、ときには応接間として接客の場になるなど、多目的に使われる空間でもあります

写真　溝の口のオークハウス

■配置

寛ぐ場であるとともにゲストを招き入れる場ですので、ダイニングと玄関の間に位置し、景色のよい方向に窓がとれるとよいでしょう。あまり隔離してしまうと、普段使わない「死に部屋」になる恐れがあるので、リビングダイニングにしたり、アクセスしやすく廊下や吹抜けを介して各個室の気配が感じられるような工夫も必要です。

■広さ

和室の場合は8畳程度ですが、洋室でソファセットを置く場合は10畳以上が多いでしょう。狭い部屋の場合、床座にした方が頭上の空間が広くなるので有効です。またリビングとダイニングに分けるより、一体化した方が広くなります。

■仕上げ

この部屋のインテリアが家全体の雰囲気につながります。しっとりと落ち着いた家にするのか、明るく爽やかな家にするのかなど、家のテーマを決めましょう。その際、所有している家具との調和も重要です。また、ダイニングとともに長時間居る部屋になるので、自然素材にするなど質感のよいものにしたいところ。ダイニングなど、隣り合う空間と仕上げをつなげると、より広がりが生まれます。無垢材のフローリングにオイル仕上げをしたものや、漆喰や珪藻土の左官の壁や天井など、自然な風合いのテイストが好まれています。

■家具

ソファセットや置き家具が中心になります。仕上げがチープなところに立派な家具を置いたり、仕上げが重厚なところに軽い家具を置いたりしても合わないので、内装との調和を考えて家具を選びましょう。相乗効果で空間が活きてきます。また、雑多なものが表に出ると家がうるさくなるので、収納は多く確保して、表に出すものを厳選しましょう。置き家具の場合は「見せる家具」と考え、デザインや質のよいものを置くと家がよく見えます。逆に、造付け家具は「見せない家具」と考え、壁面に見えるように工夫すると空間が落ち着きます。また、無理にソファセットを置いて使わないよりは、ダイニングテーブルの周囲を充実させたり、床座の生活を考えたりした方が実情に合うことも多いでしょう。

■設備

大画面テレビがステータスのようになっていますが、見ていないときの存在感も大きなものです。エアコンも同様ですが、普段は表に出ないよう収納に収めるなど工夫すると、より空間が落ち着くと思います。照明は、寛ぐ場なので電球色が好ましく、調光や間接照明を使うとより雰囲気がよくなります。暖房は、留守しがちな家でなければ床暖房も効果的なので検討しましょう。

■コスト

面積のわりに設備や収納、壁量が少なく、特にコストがかかる場所ではありませんが、メインの部屋なので仕上げの質は高めたいところです。ただ、テレビやオーディオなど、置かれる物にコストがかかりがちです。

リビング　参考プラン（約10畳）

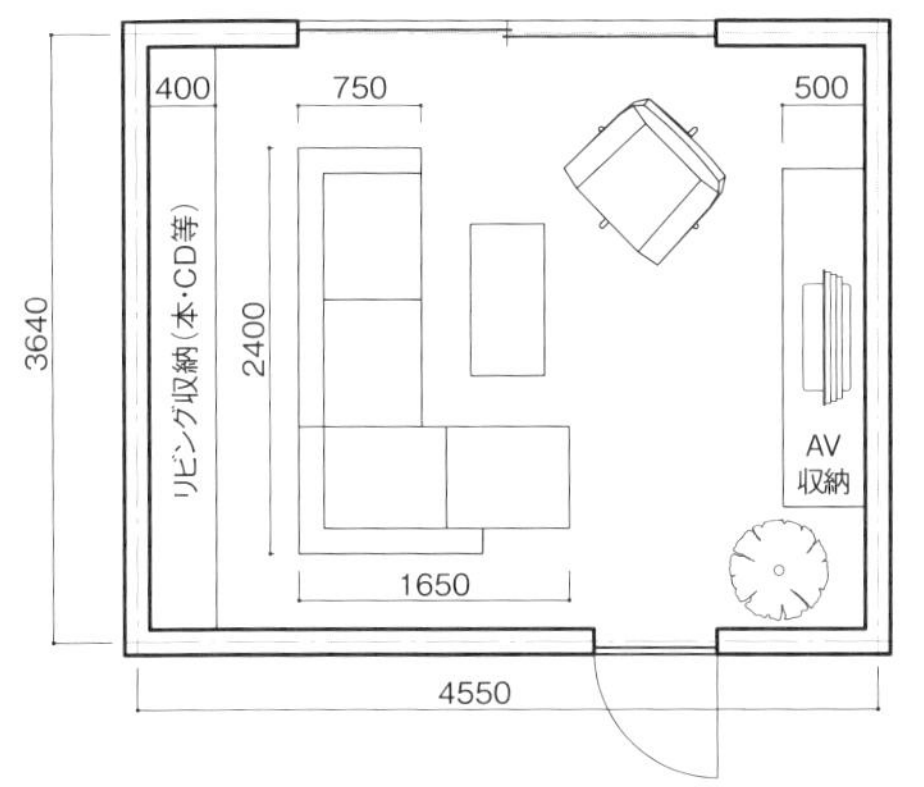

代表的な家具の大きさ

ソファ

LC2（1人掛）	W760×D700×H660
（2人掛）	W1300×D700×H660
（3人掛）	W1800×D700×H660
LC4（寝椅子）	W1600×D605
マラルンガ（1人掛）	W915×D895×H730～1030
（2人掛）	W1620×D895×H730～1030
（3人掛）	W2350×D895×H730～1030
スワンチェア	W740×D680×H750
エッグチェア	W860×D950×H1070
バルセロナチェア	W740×D760×H780
マッサージチェア	W1260×D820×H1170
（リクライニング時）	W1950×D820×H620

テーブル

LC6	W2250×D850×H700
ノグチテーブル	W1280×D930×H400
バルセロナコーヒーテーブル	W982×D982×H432
アイリーン・グレイアジャスタブルテーブル	φ510×H620～1010

一般的な液晶テレビの大きさ（例）

32インチ	W727×H455×D165
43インチ	W962×H602×D189
65インチ	W1451×H897×D257

和室とつながる座卓を置いた床座のリビング。タモのフローリングと漆喰塗りの壁により落ち着いた雰囲気を醸し出している。和室とは引き戸で仕切ることも可能

白をテーマに、家具・壁・天井のすべてを白く仕上げたリビング。あとから置かれる家具が映える。全体が白いので、夕陽や青空、人の服などの色に空間が染まる

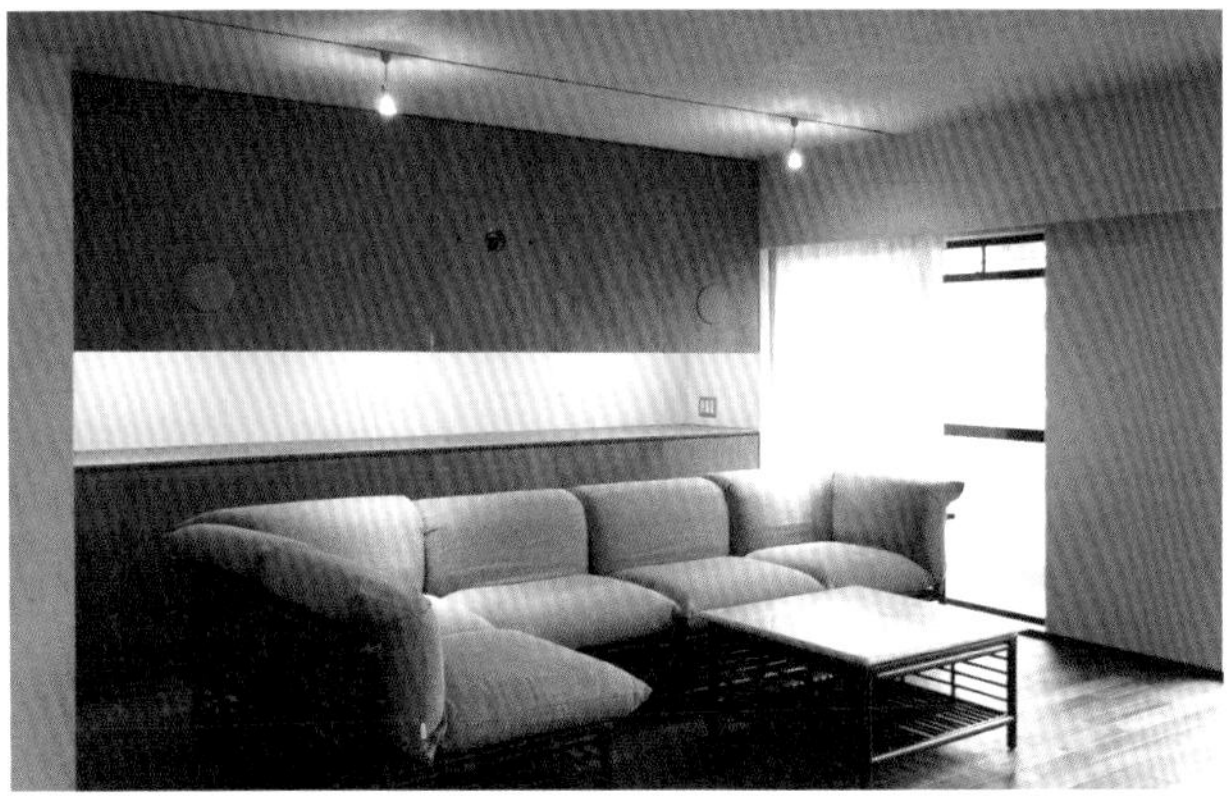
オーディオシステムを組み込んだ収納を備えたリビング。使用しないときもすっきり見せることができ、ゆったりとしたソファでくつろぐことができる

リビングに設けた長いカウンター収納。天井際に付けられたピクチャーレールにより壁を傷めずに絵画を飾れる。一番奥のガラリはエアコン置場

濃い色のフローリングに、クラシックな椅子やソファを合わせた例。ソファの背もたれの高さと合った横長の窓が空間を引き締めている

一段あがった床面に掘りごたつを設けた床座のできるリビング。ソファも馴染むようにフローリングで仕上げ、キッチンカウンターがテーブルとしても使える

つくり込み過ぎず、家族の成長を受け止める飽きのこないインテリア

写真　代官山のオークハウス

Dining Room

ダイニング

衣・食・住の「食」を行う場所。また、大きなテーブルが置かれることから、家族が集まり、寛いだり、接客したり、子供の勉強、家事など、多くの用途で使われる場でもあります

■配置

リビングとキッチンをつなぐ位置に配置するのが望ましいでしょう。また、家族の気配が感じられる家の中心となる位置に設けたいところです。日中は明るく気持ちのよい空間が望まれるので、食卓に座った場所から外の景色が楽しめたり、朝食を気持ちよくとれるよう朝日が入るようにしたりと、窓の設け方も検討しましょう。ダイニングが直接窓に面することができない場合は、リビングを介して外とつなげることも有効です。なお、一日を通して家族の動きが交錯する場なので、スムーズな動線の計画（幅のある通路など）が必要です。

■広さ

家族の人数にもよりますが、家族が寛ぐ住まいの中心の場として、また、ゲストとの会食や勉強、作業など多用途に使われることも考慮し、大きなダイニングテーブルが置ける、ゆとりある広さを確保したいところです。

■仕上げ

リビングやキッチンとのつながりを考慮して一緒に検討します。ただ、食事をする場なので、特に小さな子供がいる場合などは、床の耐汚性・清掃性を考慮しましょう。

■家具

ダイニングテーブルに家族が集うケースが多いので、質感がよく長持ちする大きなテーブルが好ましいでしょう。長さは一名につき幅60〜70㎝程度、奥行は70〜90㎝程度が必要です。円卓や座卓、掘りごたつは座れる人数が限定されず、来客時などに便利です。

そのほかに、食器類や日常的に使う雑多なものが多いので、多用途に対応できる収納計画が求められます。置き家具は収納量の割に存在感が大きく出てしまうので、「隠す収納」として壁面のように見える造付け家具を設けると、すっきりとたくさんのものを収納することができます。また収納物には細々したものも多いので、引出しも適宜設けましょう。なお地震の際に、中のものが飛び出したりしないよう、上部の扉にセイフキャッチを設けるなど、地震対策も考慮しましょう。

■設備

夜、ゆったりと寛ぎながら美味しい夕食がいただけるような、落ち着きのある雰囲気づくりが大切です。そのためには、温かみのある電球色の照明が望ましいでしょう。また、食べ物が美味しそうに見える演色性※の高い照明器具もおすすめです。なお、食事のほか食卓で作業することも多いので、テーブル面はある程度の照度が得られる照明とし、シチュエーションに応じ、明るくしたり暗めにしたりと調光できるとよいでしょう。卓上で焼肉や鍋をしたり、ノートパソコンやミシンを使ったり、卓上用テレビを置いたりするケースもあるので、ガスや電気のコンセント類の設置も十分検討しましょう。場合によっては、食卓にもコンロを設け、上に換気扇をつけることもあります。

■コスト

収納家具の量によりますが、設備は多くないので、コスト的には一般的な部屋といえるでしょう。

※演色性：人工光源を照明として使用する場合の色の再現性に関する指数のこと。数値が高いほど自然な見え方

ダイニング収納　参考展開図・断面図

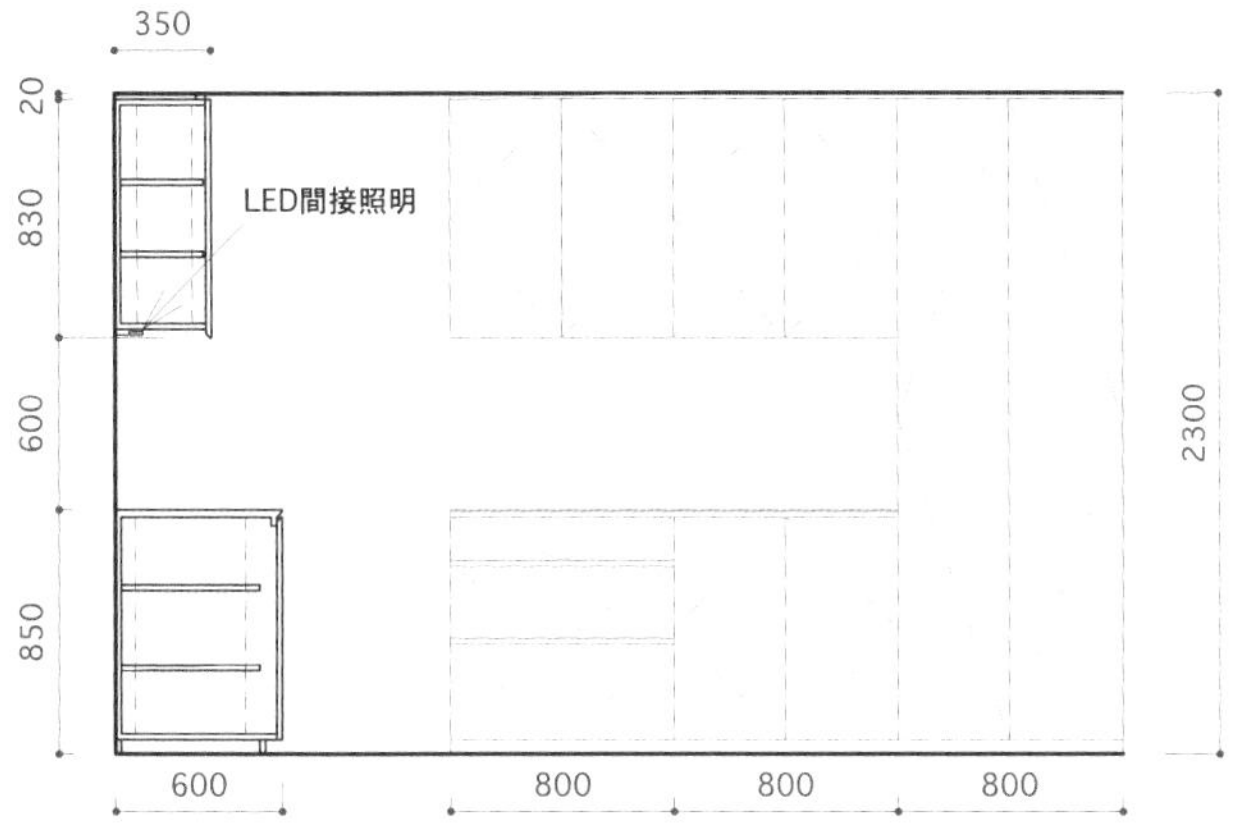

ダイニング　参考プラン（約8畳）

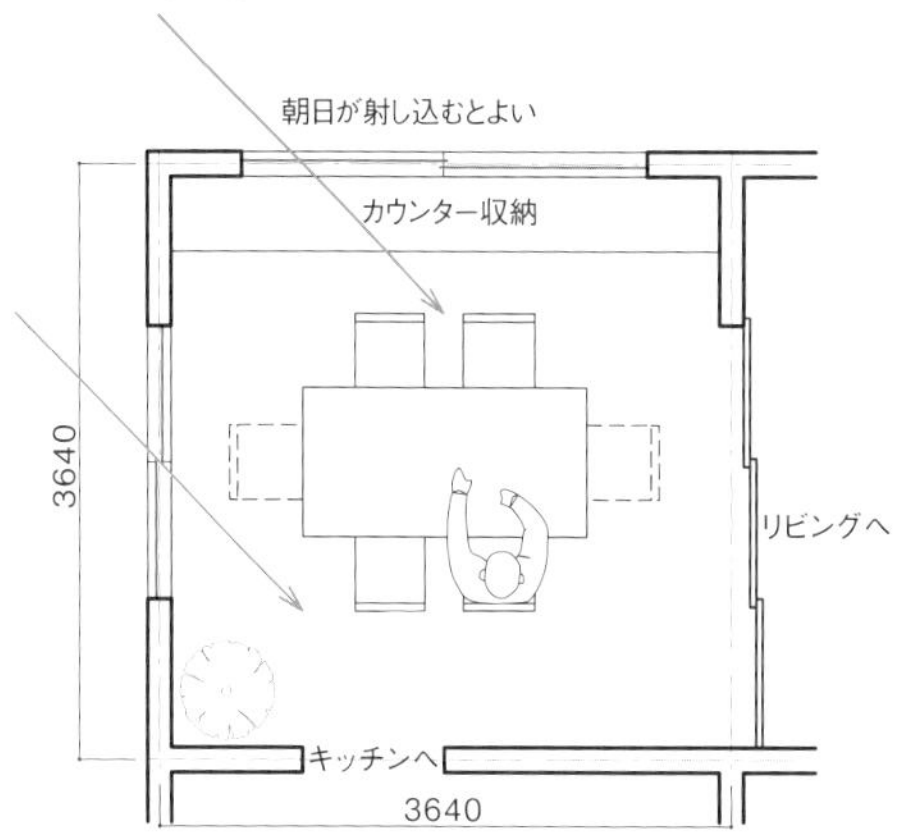

ダイニングセットの大きさの目安

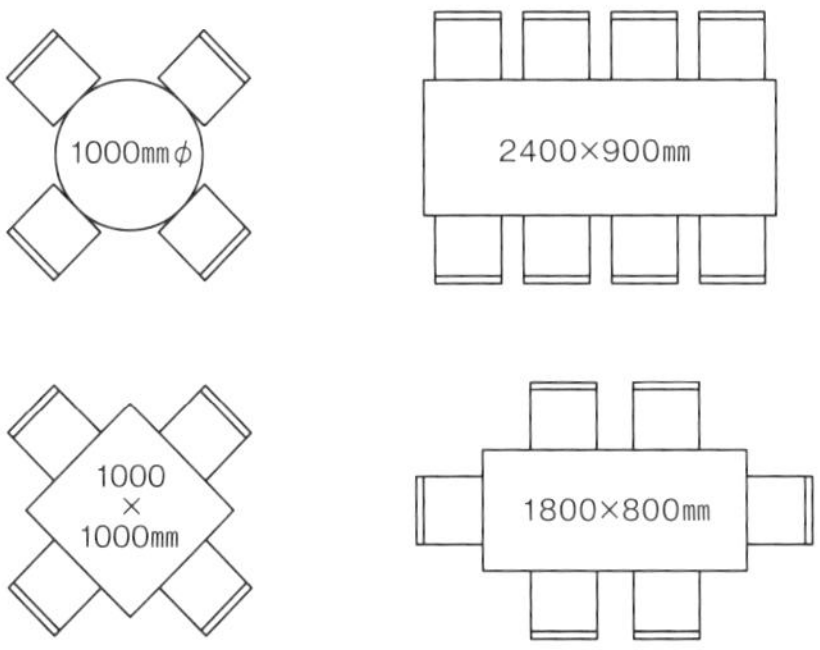

食器棚のポイント

寸法　日常的に使う食器はあまり大きいものではないため、浅めの食器棚も結構使いやすいもの。また、さまざまな高さの食器などに対応するよう、可動棚としておくと便利。収納量を確保したい場合には奥行の深い収納が有効だが、奥のものも取りやすいようにするには、引出しが有効。その場合、胸より低い位置でないと取り出せなくなるので注意が必要

扉・戸　胸より上にも収納を設ける場合は、開き扉が便利だが、地震時に中のものが飛び出さないように地震用のセイフキャッチもつけておくとよい。昔ながらの引違い戸は、半分しか開かず、閉めたときに面がずれた収まりとなってしまうが、地震時や開けたまま使用するには有効

カウンター　上部を作業台や配膳台に使えるカウンター収納にした場合、収納量は減るが、トースターや炊飯器などを置くスペースにもなるので便利。その場合は吊戸棚の設置も合わせて考慮する

材質　材質は、表面はほかの家具や建具と合わせたものとし、内部は拭きやすいようにポリ合板貼り、カウンターの天板はステンレスや人造大理石などキッチンと同様の仕上げとすることが多い

キッチンとダイニングの間に配置したカウンター収納。フローリングの床と合わせた色合いの仕上げで統一感のあるデザインにしている。開き戸のなかは、よく使う食器類が大体1列ずつ並ぶ奥行きなので、取り出しやすく使いやすい寸法（①）

ダイニングキッチンの一部に天井いっぱいのトールユニットを設けた例。隣にはキッチンとカウンターでつながった奥様用の書斎コーナーもある

温かみのあるムクの木の質感を生かしたダイニングテーブルを配置。空間のアクセントになっている（①）

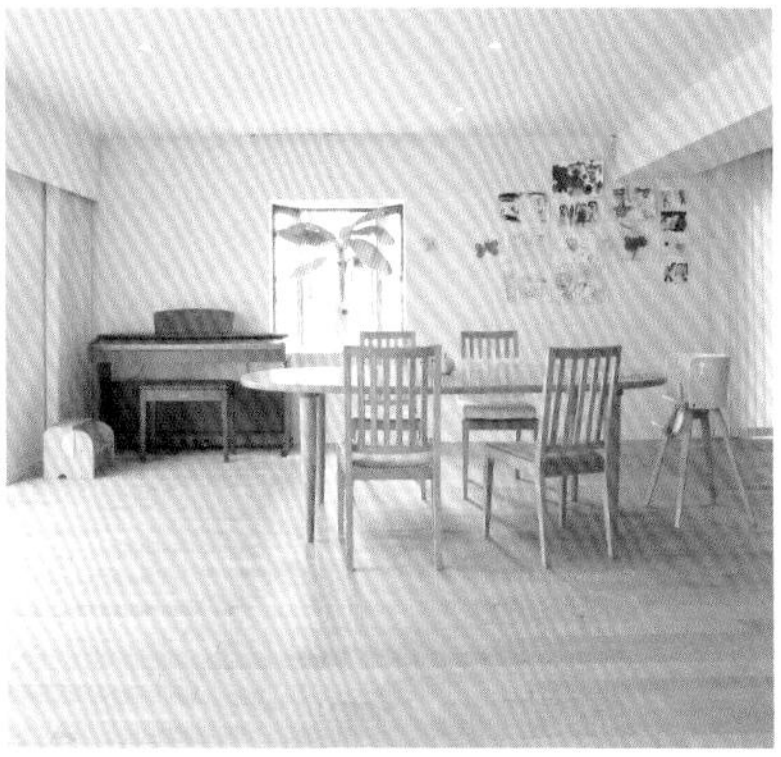

フローリングにあわせた色のダイニングテーブルを配置したダイニング。空間に対してテーブルのサイズはややコンパクトで広々としている（①）

オープンなキッチンカウンターとダイニングテーブル。来客とキッチンを囲んで料理をしながらその流れで食事もしやすい

写真　目白のishi-house

Kitchen space

キッチン

料理をし、食品や食器を保管する部屋。ゴミが沢山でやすい場所でもあります。システムキッチンを入れることが多いですが、造作家具［※］として製作するほかの家具などと面材やデザインを統一しやすり使いやすいキッチンをつくることが可能です

■配置

かつては北側に配された台所が、冷蔵庫や換気扇の出現で、明るく家族の集う場所に面して設けることが多くなりました。ただ、西側はキッチンが暑くなるので避けたほうが無難です。リビングやダイニングのつながりとともに、食品などの搬入経路を考慮することも大切で、駐車場や玄関・勝手口から食品庫を通じても入れると便利です。眺望や陽当たりのよい2階にダイニングを持ってくることも多く、その場合はキッチンも2階になります。買った食品を持って階段を昇り、ゴミを持って降りることになるので、昇降のしやすい階段とセットに考えましょう。レイアウトは、I型・二列型・L型・U型・アイランド型・ペニンシュラ型などがあります。一体感や広がりを得られるアイランド型は人気ですが、作業の手元を隠したいという人も多いので、どの程度ダイニングに対して開くかを考慮しながら計画しましょう。

■広さ

1畳ほどのミニキッチンもありますが、一般的には3～6畳程度。カウンターの奥行は60㎝以上、通路の幅はキッチンに立つ人数によりますが75～100㎝程度が目安となります。カウンターの高さは85㎝が基本ですが、身長だけでなく料理スタイル（よく使う鍋など）によっても使いやすい高さが異なるので、身長が低いから低いカウンターがいいとも限りません。十分に検討して高さを決めましょう。天井面の他室との境に垂れ壁があると、臭いや煙が拡散するのを防げて有効です。

■仕上げ

耐水性、防火性、耐汚性、清掃性などを十分に考慮する必要があります。特にカウンターやコンロまわりの壁は汚れやすいので、洗剤などで拭けるものが望まれます。材質は既成のキッチンパネル、ステンレス、タイル、石、人造大理石などが用いられますが、タイルの場合は目地があることを忘れずに。なお、火を使用する場所なので、万が一の火事に備えて、下地から燃えにくい材料で検討する必要があります。

■家具

食品や食器、調味料、調理器具などの収納のほか、電子レンジ置場や分別ゴミ置場も確保し、なるべく物が表に出ないようにしましょう。引出しはコストがかかりますが、細かい物やお皿などを収納するのに便利です。なお、キッチンを構成するパーツは、主に幅15㎝単位を基準につくられているので、15㎝の倍数でレイアウトしていきましょう。

■設備

コンロはガスか電気（IH）か、魚焼き器やオーブン・食洗機は必要か、浄水器は入るか、シンクの大きさや形状、炊飯器・トースター・電子レンジなどの置き場所、冷蔵庫の大きさ、レンジフードの形状などを検討します。食洗機は、大は小を兼ねるといわれ、容量が大きい方が鍋や換気扇のフィルターなどさまざまなものも洗えて便利です。

■コスト

収納家具や設備機器が多いので、かなり高価になるエリアです。

※既製品の置き家具とは異なり、主に大工さんや家具屋さんが空間に合わせて製作するオーダー家具のこと

キッチン　参考展開図・断面図

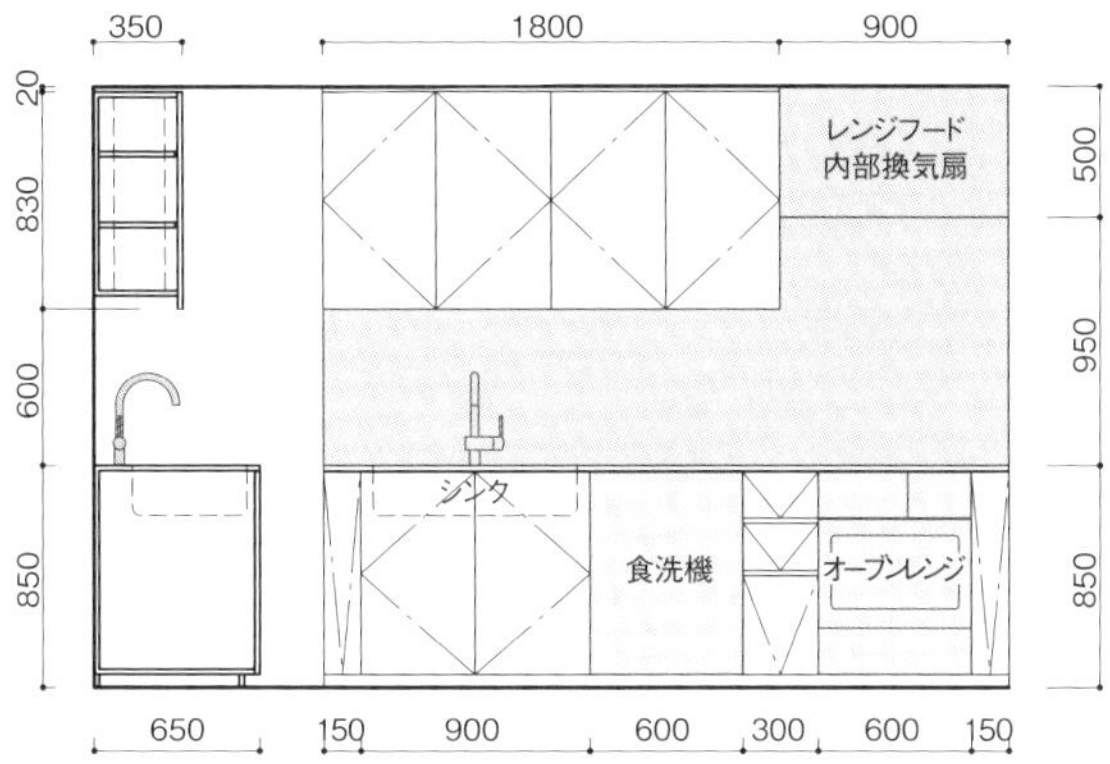

キッチン　参考プラン（約5畳）

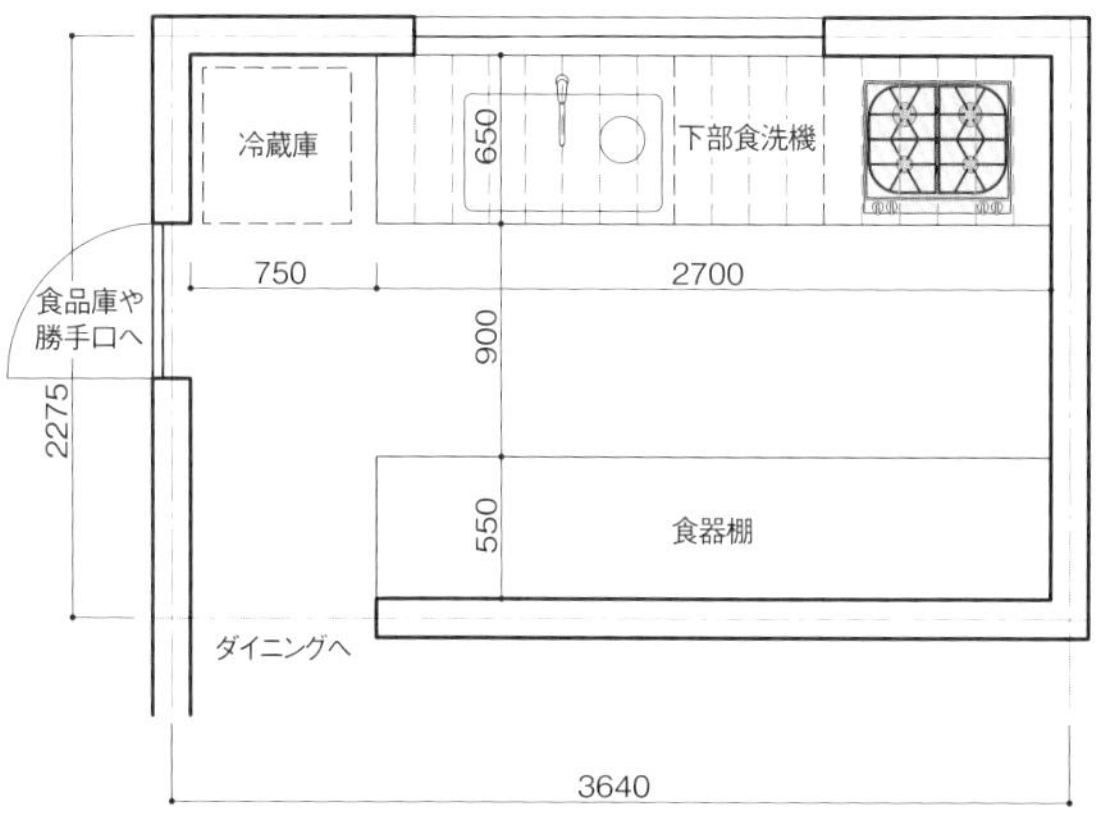

主なキッチンレイアウト

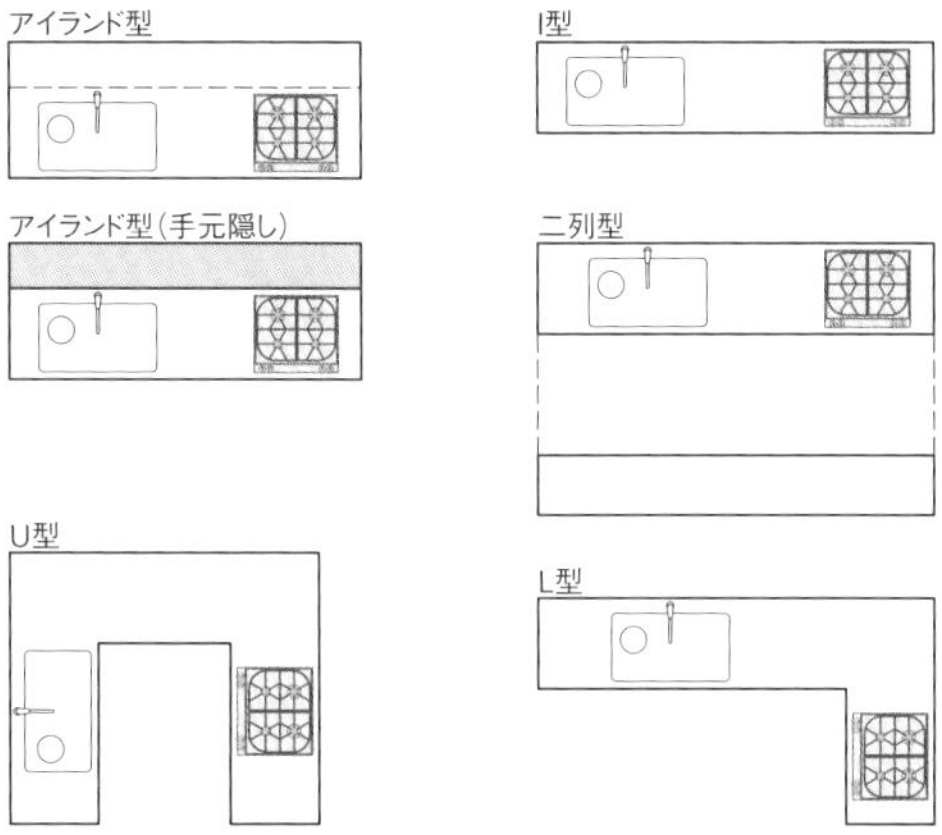

I型　カニ歩き（横移動）で料理でき、コンパクトなキッチンにも対応する

二列型　背面にもカウンターがあり、横移動が少なく済み、収納も確保しやすいタイプ。作業する人数によって、ちょうどよい通路幅を検討するとよい

U型　コの字型で、適度な通路幅とすれば体の向きをくるりと変えるだけで作業が可能なタイプ。カウンターがつながっているので、二列型に比べて作業性が高いレイアウト

L型　I型とU型の中間のようなタイプで、何人かで料理するキッチンにも向いている

アイランド型　LDとの一体感が得られ、配膳や後片付けも楽。料理しながらリビングにいる子供の様子がうかがえるので、小さな子供がいる家庭に喜ばれる。ただ、作業の手元がリビング側からよく見えるので、キッチンをきれいに保つ必要がある。換気扇は壁付タイプが使えないことが多いので、換気計画は要検討

ペニンシュラ型　アイランドキッチンの片側が壁に接しているタイプ。回遊性はとれないが、その分キッチンスペースを有効活用できる。また換気扇の排気ルートをすぐに壁側に確保できるため、天井懐が少ない／天井が高い場合は有効なレイアウト

I型キッチン　ダイニングの壁面に設けられているので、インテリアの一部として調和し、開放性が高いレイアウト。右側の壁面には可動棚を設け、前の壁には裏面を白塗装した強化ガラスを貼っている

二列型キッチン　専用の部屋なので、独立性が高い。奥側の扉からはユーティリティーへつながり、背面の収納には電子レンジ置場とゴミ置場が隠されているなど、すべてのものが表にでないように収納できる

L型キッチン　I型とU形の中間の性格。冷蔵庫置場と収納を囲うようにレイアウト。オーブンレンジは火力が強く質実剛健な業務用を採用。シンク前の壁にバーをつけると、小物がぶら下げられて便利

U型キッチン　片足を軸にして回ればよいので、少人数での作業にはとても便利。ステンレスと木の組合せによる仕上げで、冷蔵庫も合わせてステンレス。ステンレスは気軽に磨けて衛生的なのでお薦め。壁に貼る場合は1mm厚程度がベコベコしなくてよい

アイランドキッチン　空間の広がりやダイニングとの一体感は抜群で、配膳や後片付けもしやすい。回遊性があるので、動線が交錯しにくい。床か天井からしか配管や配線ができないので計画には要注意

手元隠しの壁に軽食がとれるカウンターを設けた事例。料理の下ごしらえや洗い物などキッチンの手元の雑多なものを隠しつつ、LDとの一体感がつくれる

Sanitary Room

洗面・脱衣室

洗顔や歯磨き、化粧をする部屋。また、浴室の隣に配置させて脱衣室としたり、洗濯機を置いて洗濯室を兼ねたりするケースも多くあります

写真　目白のishi-house

■設備

主に就寝前後の洗面・歯磨きや入浴時の利用、帰宅時の手洗いなどに使用されるので、玄関にも近いプライベートエリアが好ましいでしょう。脱衣室を兼ねる場合は浴室の隣に配置しますが、お風呂の蒸気で湿気がこもりやすいので、換気窓があるといいでしょう。東側だと、朝に顔を洗うときに朝陽を浴びて体内時計がリセットされるので、より好ましいと思います。ほかには、部屋とはせず廊下に洗面台を設けることで、日常動線のなかで気軽に広々と使えるというケースもあります。なお、洗濯室を兼ね、洗濯物を外干しする場合は、バルコニーや庭など外部とのスムーズな動線が重要です。

■広さ

1〜2畳程度が一般的ですが、洗濯機を置くか否か、衣類収納も設けるかなどで変わってきます。洗面台の高さは、低いと腰をかがめなければならず、高いと肘をつたって水が滴りやすいので、75〜85㎝程度の間で適宜選択します。洗面室で椅子に座って化粧する場合は、カウンターを70㎝程度にして、洗面器を置き型にすると高さ的に便利です。洗濯室としても使う場合、最近は大型全自動洗濯乾燥機が増え、設置寸法（高さや奥行）が大きくなってきているので、スペースや洗濯機用水栓の高さには注意しましょう。

■仕上げ

多少水に強く、カビが生えにくいものを中心に選びます。壁は、一般的にはタイルや塗装、ビニルクロスが多いですが、珪藻土などの左官材も吸放湿性が高く、最近は多少水に強い左官材も出てきました。床は水が垂れやすい場所なので、水がしみ込みにくく拭きやすい素材がよいでしょう。柔らかくて冷たくないコルクタイルも人気です。なお、狭い空間になりがちなので、窓を設けたり、脱衣室の場合はバスルームとの仕切りを強化ガラスにしたりするなど、ほかの部屋との仕切りを工夫して抜けをつくったりするとよいでしょう。

■家具

歯ブラシなどの細かなものからタオルや掃除道具など雑多なものをしまうので、奥行の浅い収納や深い収納、引出しなど、入れるものに応じて細かく計画したいところです。鏡の裏を収納とした三面鏡も細々したものがしまえて便利です。

■設備

湿気の多い部屋なので、換気計画は重要です。窓を設ける場合、脱衣室では裸になるので、外部からの視線に配慮しましょう。入口を引き戸にすると開けた状態での収まりがよいのでおすすめです。床暖房や浴室暖房乾燥機、オイルヒーターなどの暖房があると、乾きがよく、裸になっても寒くありません。なお、早く衣類が乾くと人気のガス衣類乾燥機を設置する場合は、あらかじめガス配管や排気筒を設ける必要があるのを忘れずに。

■コスト

水廻り全般にいえますが、面積のわりに設備や収納が多く、比較的コストのかかる場所です。

50mm角のタイルを貼った洗面室に、カウンターと一体になった壁掛けの洗面ボウルと、鏡の両サイドにリネストラランプを設置した例。一方向のみの光だと顔に影ができてしまうので、できれば左右から光を当てるようにするとよい

洗面ボウルの種類

アンダーカウンター型

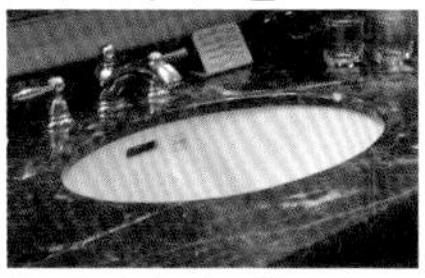

オーバーカウンター型

カウンター一体型

置き型

壁掛型

洗濯用流しを兼ねるケースも多く、一般に大きな洗面器が好まれる。カウンター面への水はねのしにくさにも配慮したい

アンダーカウンター型
カウンター面は拭きやすいが、カウンターと洗面器のつなぎ目が汚れやすい

オーバーカウンター型
洗面器は掃除しやすいが、カウンターにこぼれた水は洗面器に戻らない

カウンター一体型
カウンターとボウルを同一で成形するか、接着して継ぎ目をなくしたもの。掃除の面で楽だが、使用できる素材が限られる

置き型
カウンター面を低く抑えられ、椅子に座って化粧をする場合に便利。圧迫感も軽減するが、洗面器まわりの掃除に苦労する

壁掛型
圧迫感が少なく、コンパクトな洗面室向き。強度的には少々弱い物が多い

洗面室　参考プラン（3畳）

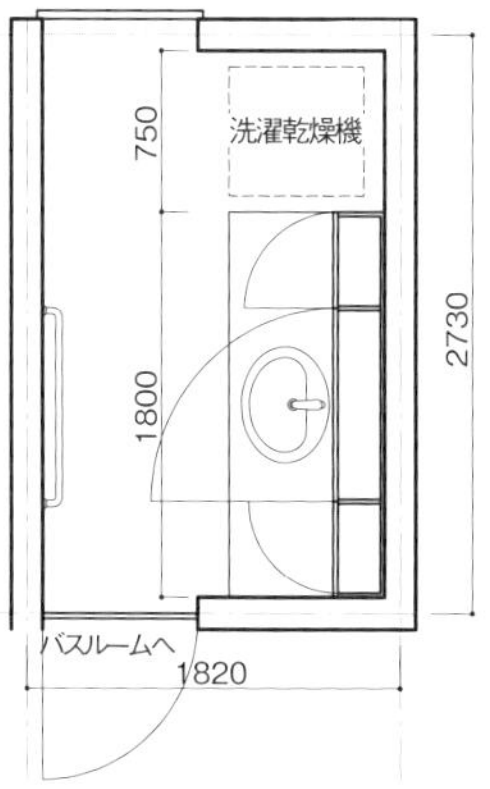

洗面室　参考プラン（2.5畳）

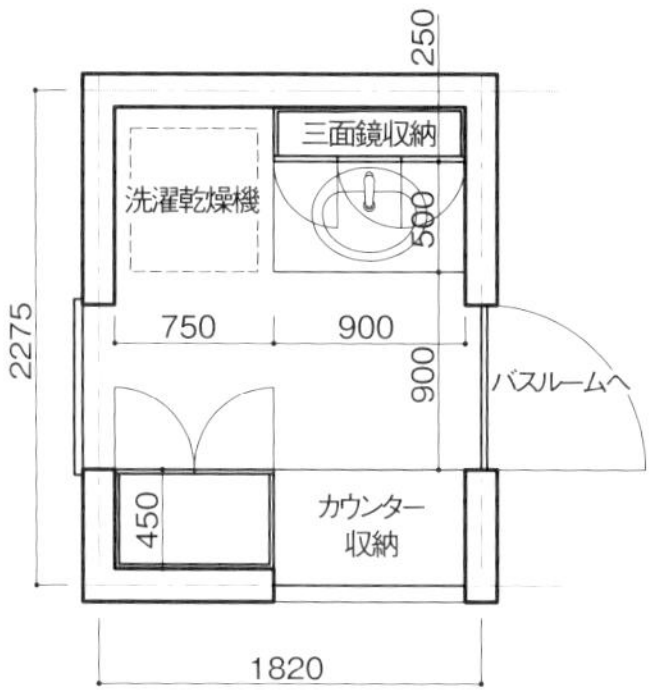

陶器でできた壁掛タイプの洗面台。カウンター面が広いので使いやすく、縁が少し立ち上がっているので、水垂れも安心

オーバーカウンター型の洗面器に、レトロなデザインの水栓金物。金物の握った感触や使用感も実際に試して自分に合ったものを選びたい

白でまとめられた洗面室。人造大理石のカウンター一体型洗面ボウルは足元がオープンになっていて、重さを感じさせない。カウンター正面は収納付きの三面鏡

珪藻土で壁を仕上げた例。収納付き三面鏡の上に設けた高窓は換気にも有効

陶器のカウンター一体型洗面器。鏡に映っているのは、タオルウォーマーと洗濯機収納上部に洗剤やタオルなどを収納できる棚

2人並んで使える四角い洗面ボウル。2ボウルを設けられるほどの広さを確保できない場合に有効な手法

Bath Room

バスルーム

体の汚れを落とし、湯船に入り体を温め、心の汚れも落としてリラックスする部屋。ときには洗濯物を干す部屋になることもあります。バスルームは裸で過ごす場所なので、なるべく質感の高い仕上げ材や設備を使用したいものです

写真　目白のishi-house

■配置

一般には寝室に近いプライベートエリアに設けることが多いですが、オブジェ的にリビングの一部としたり、外の景色優先で、露天風呂的につくる場合もあります。木造住宅の場合は、防水や地震時の揺れを考慮し、1階に設置した方が無難ですが、2階に設置する際は十分に検討しましょう。

■広さ

1坪前後で、主にバスタブと洗い場部分に分けられます。洗い場は腕を伸ばして体を洗うための幅が必要で、90㎝以上は確保したいところ。ただ、あまり広いと寒くなるというマイナス面もあります。バスタブは深く埋めると出入りするときに大変なので、立ったままで縁をまたげる高さに、バスタブの底と洗い場の床の高さが近くなるよう調整しましょう。閉じた空間になりがちなので、窓を設けると空間の広がりも生まれ、空気も流れやすく換気面でも有効です。外部の目線が気にならない立地では、眺めのよい方向に窓を設けるのも有効です。

■仕上げ

在来工法の場合、床には滑りにくく水に強い材質が求められ、表面に凹凸のある石やタイル、小さなタイルで目地が多いものなどが適しています。また、洗い場との段差を少なくするために、スノコを敷くケースもあります。浴室の床仕上げは冷たくなりがちですが、床暖房や冷たくなりにくいタイルを採用すると解消されます。浴室用のコルクタイルは足触りが柔らかくて冷たさもなく、意外と水にも強いので好評です。壁や天井は床に比べて掃除をする頻度が少なく、湿気によるカビが発生しやすいので、目地も含めてカビが発生しにくく洗剤で清掃できる仕上げが好ましいでしょう。

■設備

バスタブ、水栓金具、排水金具、照明器具、換気扇が必要です。場合によっては浴室暖房乾燥機や床暖房、ジェットバス、サウナ、テレビなどを設ける場合も。バスタブは、長くて浅く体が伸ばせる洋式バス、深くて短く肩まで浸かれる和式バス、その折衷や複数で入れるタイプ、置き型（スタンディング）もあります。カタログ上の写真や数値では体にフィットするか分からないので、できればショールームで実物に入ってみるとよいでしょう。材質は、ポリ、FRP、アクリル、ステンレス、ホーロー、木、石など。ポリやFRPは価格的に安めですが、質感や耐久性に劣る場合があります。水栓金具は、よく触れるところなので質感の高いものが好ましく、温度調整のしやすいサーモスタット付きの水栓が便利でしょう。照明には防湿型の器具を用いる必要があります。ジェットバスは、騒音や振動を発するので気をつけて設置しましょう。

■コスト

バスタブや水栓などの設備機器が多く、防水工事も必要なので高価になるエリアです。ユニットバスはコスト的に安価なものが多いですが、在来工法でつくる浴室に比べ質感が劣りがちです。

さまざまなタイプの浴槽

和式バス

オーダーメイド桧風呂（バイオリサーチ出雲）

洋式バス

リブラ（Villeroy & Boch/ノヴァエンターエンタープライズ）

スタンディング

アクリル製バスタブ（ヤスダプロモーション）

大勢で入れるタイプ

Scara（JAXSON）

バスルーム　参考断面図

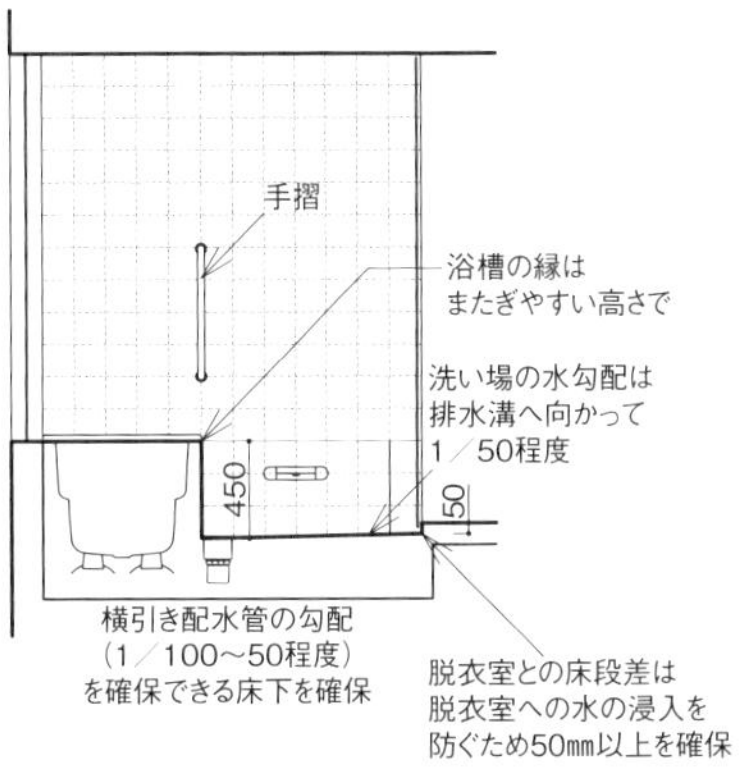

見た目はフラットにおさまると美しいが、バスタブの底と洗い場の床との高さの関係や、排水のための水勾配、漏水しないための立ち上がりなど、高さ関係に注意して計画する必要がある

バスルーム　参考プラン

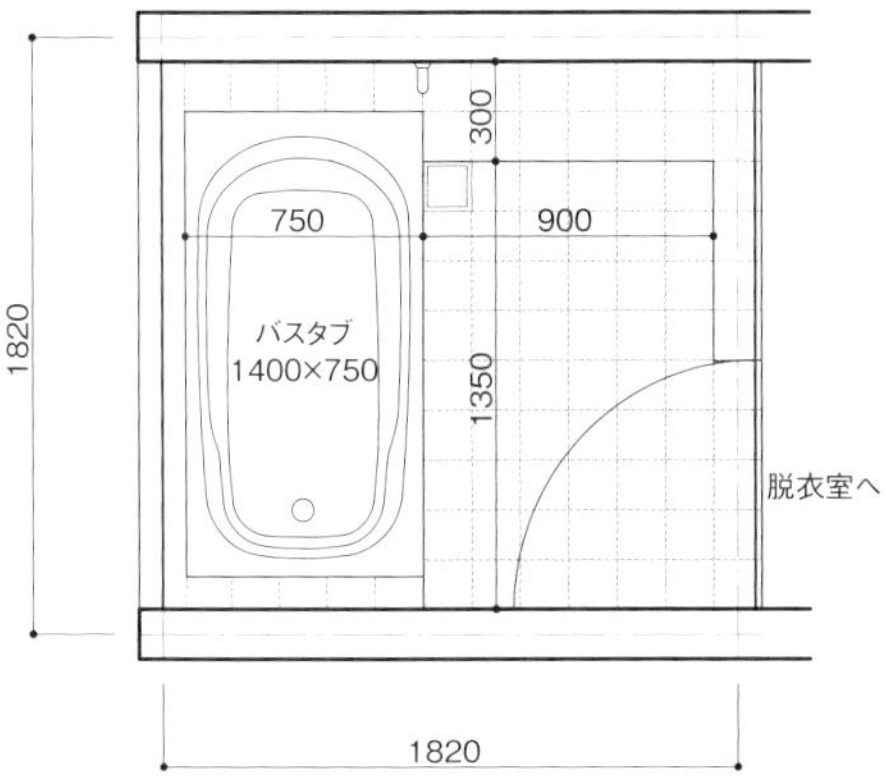

洗い場の幅は900㎜以上ほしい。バスタブのエプロンは薄い方がまたぎやすい。また、高さやバスタブの形状・サイズは個々人で感じ方がかなり異なるので、ショールームなどで実際に試してみるとよい

タイルの割付けの○と×

石やタイルを貼る場合は、半端がたくさん出たり、床と壁の目地の線が揃わなかったりすると、見た目にうるさく煩雑な印象になってしまう。すっきりと秩序のある空間となるよう、割付けに気を遣うことが必要。

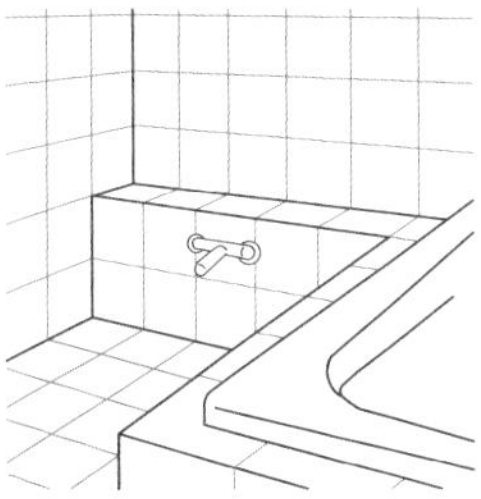

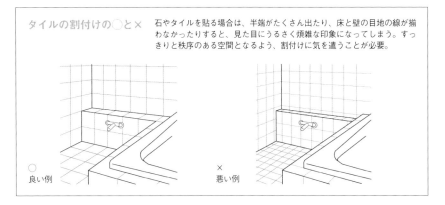

○
良い例

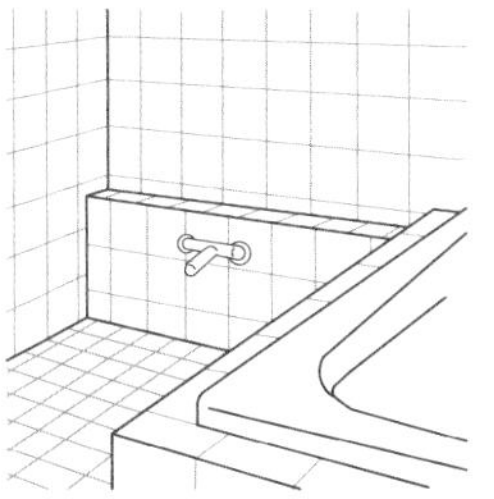

×
悪い例

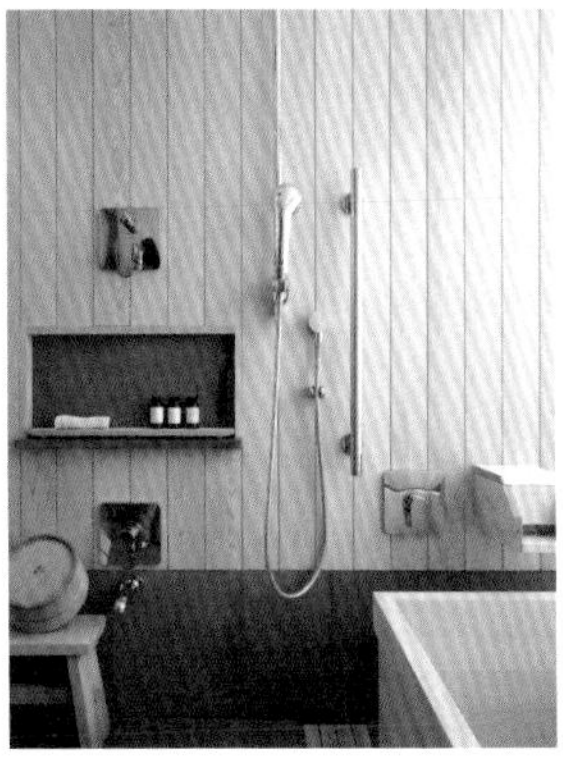

木の浴槽に合わせて、壁や吐水口にも木を用いているバスルーム

構造上窓が設けられない場合は、ガラスの間仕切りや、壁際に鏡を配置すると、広がりが生まれる

石でつくった質感の高い大きな浴槽

室内へ向けて窓を開けるだけでも風が抜けるので、特に外部に面していない浴室の換気に有効

浴室用の畳というのも売られている。足触りが柔らかく、冷たくなく、赤ちゃんやお年寄りにも安全

壁埋込のバス水栓。最近は給湯器による自動給湯で設置されることが少なくなってきた

一般的なシャワー水栓。サーモスタット付きのものが温度管理しやすく、安全で使いやすい

Toilet Room

トイレ

用を足す部屋。昔は3Kのイメージから、居室の外に追いやられていましたが、設備の進化によりインテリア化し、人によっては考え事や携帯電話をチェックしたり、読書をしたりと、落ち着いて一人きりになれる場所としても活用されるようになってきました

写真　代官山のオークハウス

■配置

来客にも対応できるよう、パブリックエリアに設けるのが好ましいですが、家族の誰もが頻繁に使用する部屋なので、各部屋からも近いことが望ましく、また家族の人数や建物の規模によってはトイレを複数設けることもあります。用を足す音がほかの部屋へ漏れることがあるので、トイレの入口を人の集まる場所に直接向けないなどの工夫も大切です。一戸建ての場合は、自然換気や採光もできるよう、外に面した位置にトイレを配置し、窓を設けたいです。

■広さ

便器や手洗器のサイズによりますが、基本は内寸（壁の内側の寸法）で90×180㎝程度の1畳サイズ。最近はタンクレスのコンパクトな便器が主流となりつつありますが、最低でも75×120㎝は確保しましょう。あとは手洗器の大きさやカウンターの形状、車いす使用を考慮するかどうかによって、広さを調整します。広い場所ではないので、鏡を上手く使うなどして圧迫感を出さない工夫も重要です。入口の扉は、なかで人が倒れてしまったときに救出できるよう、外開きが基本ですが、引き戸も有効です。

■仕上げ

汚れがつきにくく、落としやすいものが望まれます。ただ、機能性だけでなく、来客時にお客様が使うことも考慮し、デザイン性も十分配慮したいところです。壁や天井は、一般的にはビニルクロスが多いですが、質感の向上や臭い対策の面で珪藻土などの左官仕上げ、汚れたら上から塗れる塗装などもよいでしょう。また、小便の飛び散りを考慮し、腰高まで仕上げを変える場合もあります。床はタイルや石、安価なものでは長尺塩ビシートなどがよく張られます。汚れがつきにくく、落としやすい仕上げが望ましいですが、汚す心配が少ない家では、フローリングやコルクタイルなどをほかの部屋とつなげて張る場合もあります。

■家具

トイレットペーパーのストックをしまう収納があると便利です。JIS規格で大きさが決められているので、奥行は内寸120㎜以上あれば問題なく、掃除用具などが入れられるよう可動棚が便利です。

■設備

便器は、健康チェックができるよう、尿や便の色を識別しやすい白が望ましいでしょう。最近の便器は電源が必要で、別に補助暖房を設置する場合もあるのでコンセントは必要です。手洗器は小さなものでもよいですが、化粧直し程度の鏡もあると便利です。照明はスイッチの位置が分からない来客や消し忘れ対策として、人がいるときだけ点灯する人感センサースイッチがおすすめです。ドアには鍵が必要ですが、外からでもコインなどで開けられる非常開付表示錠が好ましいでしょう。また、換気扇が必要ですので給気ルートも検討しましょう。

■コスト

面積のわりに設備機器が多いので、割高になります。

トイレ　参考プラン（約1畳）

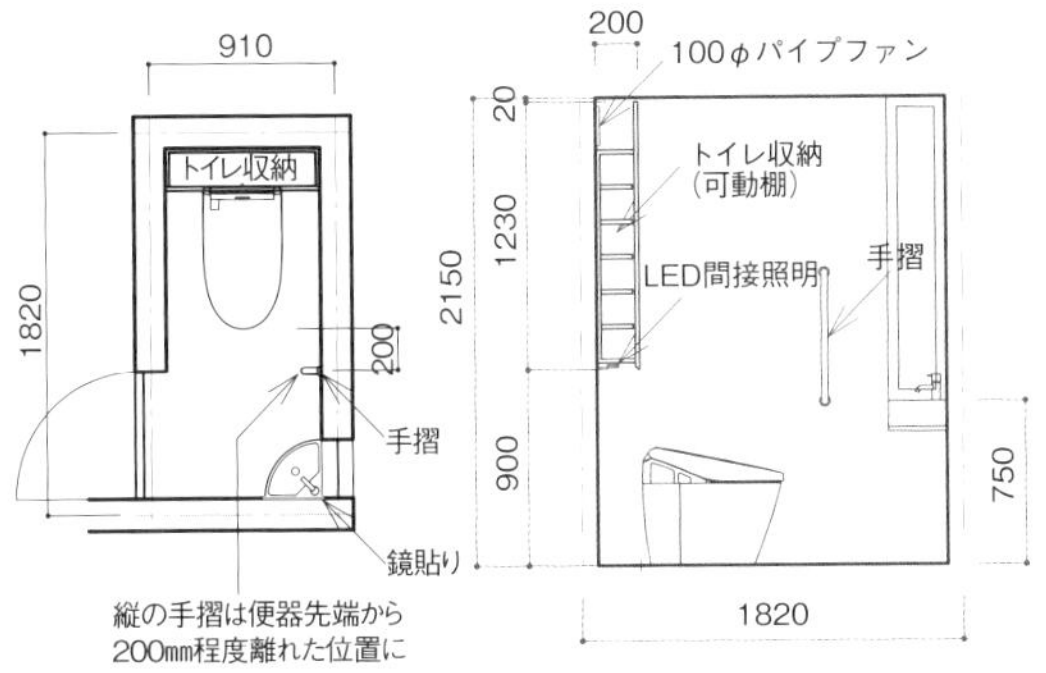

（約1.5畳）

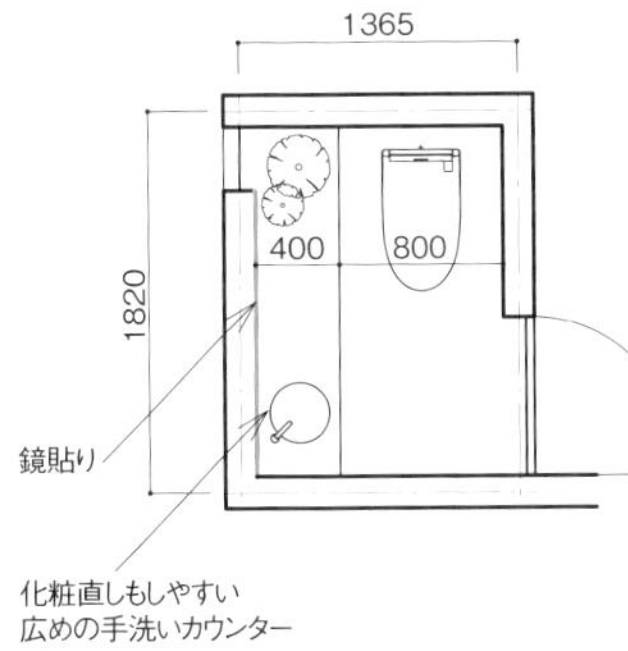

（約2畳）

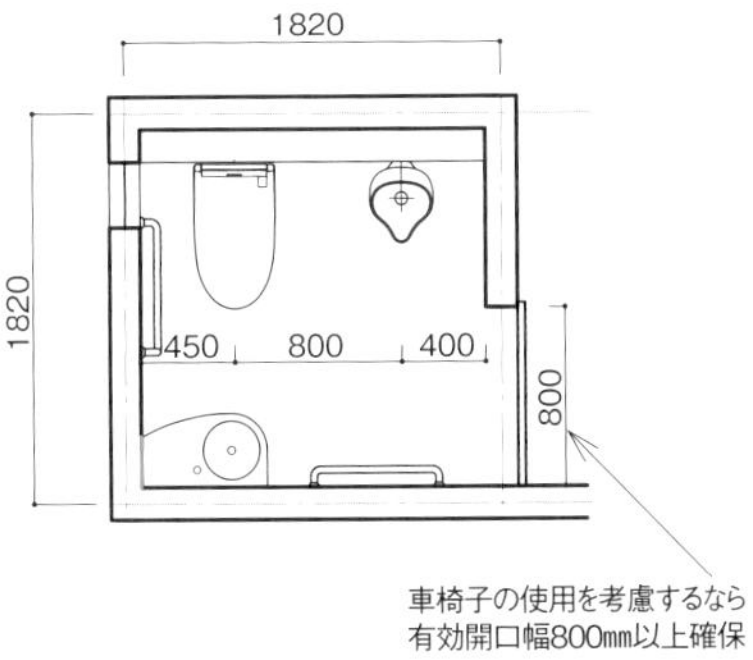

洋式便器と手洗器によるトイレ空間の場合、1畳を基本に考える。床をタイルや石などで仕上げる場合、半端が出ないよう、仕上げ材の1枚の大きさと部屋の内寸を一緒に考えられるとスッキリとしたおさまりになる。車椅子の使用を考慮する場合は十分な開口幅の出入り口とし、開閉しやすいように引き戸も検討する。また、人が中で倒れた場合も考慮して、開き戸の場合は外開きが基本

便器のタイプ

大便器
ハイタンク→ロータンク→タンクレスへと変遷、最近では温水洗浄をはじめとした多機能便座が主流

小便器
男性には使い勝手がよい面もあるが、掃除をする場所が増えてしまうので一長一短

和式便器
住宅では採用されなくなってきたが、便器に触れずに用が足せるので、公共施設では広く採用されている

トイレアクセサリー

トイレブラシ、ソープディスペンサー、チャームボックス

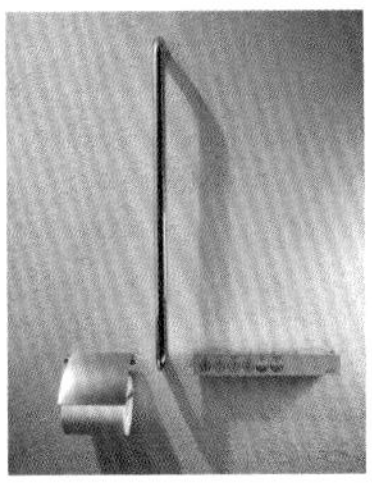

紙巻器、手摺（ニギリバー）、トイレリモコン

手洗器、水栓、タオル掛、鏡

これらのデザインや素材感もインテリアに与える影響は大きいので、使いやすさとともに慎重に選ぶとよい

狭いトイレ空間にカウンター付き手洗器を設けた例。小さいながらも脇に花などを飾るスペースを確保できる。漆喰で仕上げられたR状の壁面がやさしい表情

スペースの有効活用で階段の下を利用したトイレ。段を細かくして階段を感じさせないようにし、自然光が入るようにして圧迫感を軽減させている

便器の上部に設けた間接照明付きトイレットペーパー収納。扉により中身が見えず、換気扇も収納内に入れると空間がよりスッキリする

オスモ塗装のベイマツをルーバー状に組んだ手洗カウンターの例。上から見ると視線が下に抜けるため、圧迫感を感じさせない

小便器を併設した例。その分スペースをとられるが、特に年配の方に喜ばれることが多い

壁際に枠のない細い鏡をカウンターから天井まで張ると、壁がつながって見え、空間が広く感じられる。化粧直しもできる

ガラスでできた手洗器の裏に照明をつけることで、手洗器自体が照明器具のように光る

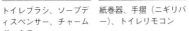

Bed Room

ベッドルーム

眠る部屋。音楽を聴いたり読書をしたり、お化粧や着替えをしたり、衣類を保管する部屋でもあります。家のなかで一番プライベートな空間といえるでしょう

写真　マホガニーハウス(①)

■配置

プライベートエリアに配置され、日中いることも少ないことから、1階や北側に設けられることも多くあります。しかし、ほこりが溜まりダニがわきやすい部屋なので、風通しをよく計画しましょう。また、体が弱ったときのためトイレに近いところがよいでしょう。ホテルのようにサニタリースペースとセットにする場合もあります。

■広さ

就寝スタイル（布団を敷くのかベッドか）、また人数やベッドのサイズにもよりますが、6畳から10畳程度。ベッドは、ヘッドボードが付いていたり大きめの布団がかかったり、下に引出しがあるものもあるので、周囲に余裕を持って配置しましょう。

■仕上げ

壁と天井は、できれば珪藻土や漆喰のような調湿機能のある自然素材が好ましいでしょう。紙や草などでつくられている自然素材の壁紙も風合いがよいので適しています。床はほこりやダニが溜まらないように、フローリングのような素材が好まれますが、朝起きてベッドから足を下ろしたときに冷たくないよう、その範囲にラグを敷く場合や桐の床材を張る場合もあります。直に布団を敷く場合は床座の生活であることが多いので、やはり畳敷が多いでしょう。

■家具

主なものはベッドとクローゼットです。デスクやサイドテーブル、化粧台、テレビを置くカウンターを設ける場合もあります。

クローゼットは、ハンガーパイプを2段にして上下に洋服をかけるところ、パイプを1段にして、コートをかけたり丈の短い服をかけたりして下に引出しなどを置くところ、可動棚にしてリネン類を収納するところなど、さまざまなパターンがあると便利です。しかし扉の枚数が多いとそれだけコスト高になるため、ある程度の広さの空間にパイプや棚を設けて、1枚のドアで閉じてしまうウォークインクローゼットも検討するとよいでしょう。タンスなどの置き家具は、地震時に倒れてきたり扉が開いて物が落下したりしてこないように、配置や固定方法に注意が必要です。

■設備

主に照明器具と空調ですが、テレビやオーディオを置く場合もあります。寝るとき以外はあまり長時間いない部屋なので、空調は冬期でもエアコンや電気毛布、すぐに暖まるガスファンヒーターあたりで問題ないと思います。ただ、床の上に直接布団を敷く場合は、床暖房にしておくと布団が暖かくフカフカになるので効果的です。リラックスする部屋なので、照明は日没の色や炎の色に近い暖色系の電球色が適しています。また、寝るときに上を向くため、光源が直接目に入らないように間接照明などの工夫もしましょう。

■コスト

設備が少ないので、それほどお金のかかるところではありませんが、収納家具のつくり方や収納量次第で異なってきます。

リビングルームの隣にベッドルームを配置した例。ベランダ側に面しており、明るく風通しもよい（①）

ベッドルーム　参考プラン（約8畳）

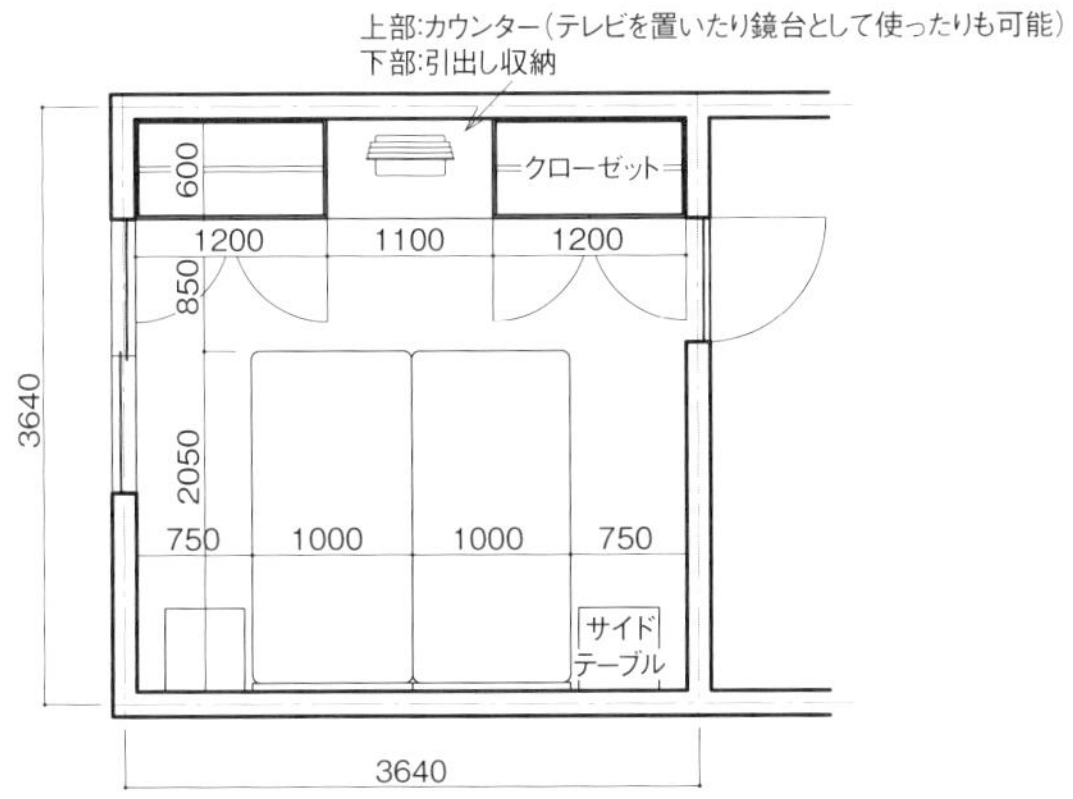

レイアウトの変化

子供部屋ほどではないが、寝室も時間の経過とともに変化していく可能性があるので、ある程度の可変性を考慮して計画したほうが望ましい

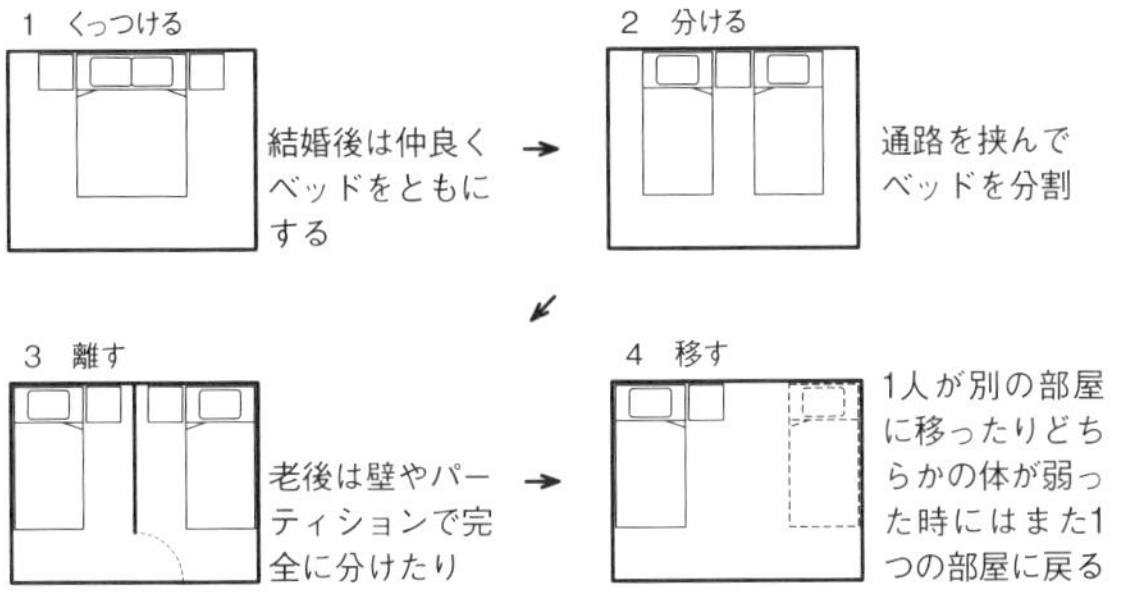

ベッドの種類と大きさ

マットレスの種類とおおよその大きさは以下のとおり。ベッドの寸法が寝室のレイアウトを大きく左右する

- シングル（1,000×2,000㎜）
- セミダブル（1,200×2,000㎜）
- ダブル（1,400×2,000㎜）
- クイーン（1,600～1,700×2,000㎜）
- キング（1,800～2,000×2,000㎜）

なお、床にシングルサイズの布団を敷くというレイアウトももちろんあるし、幅800㎜程度のコンパクトサイズを2台つなげるレイアウトもある

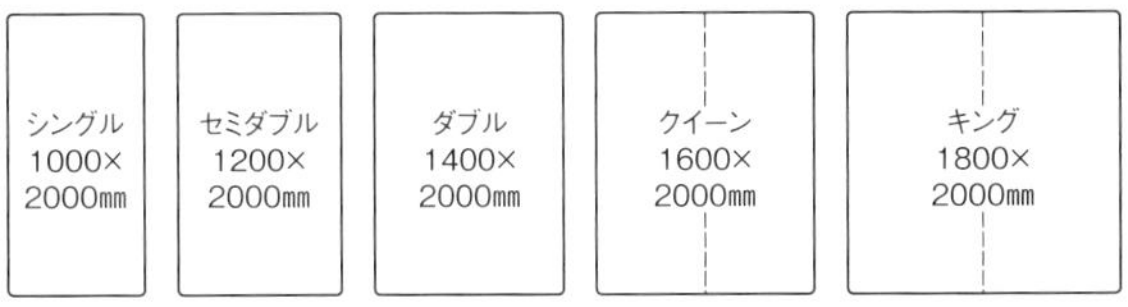

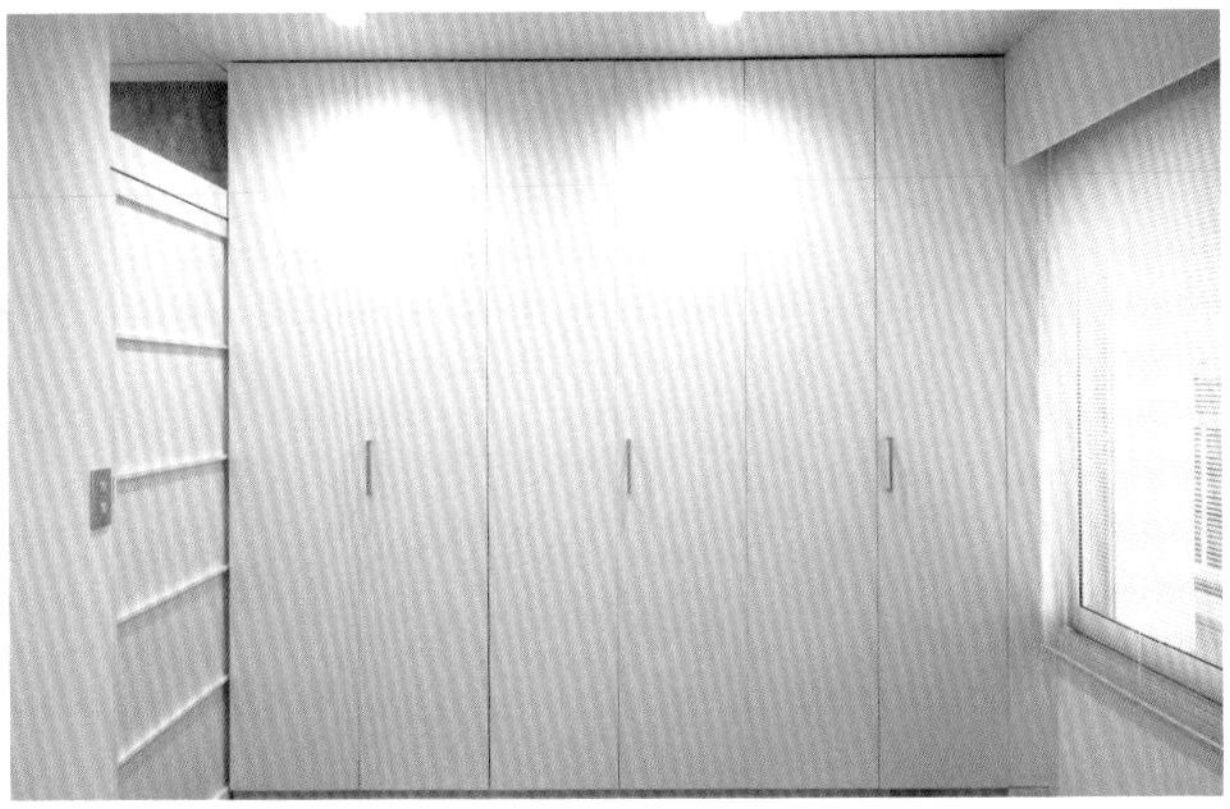

壁面のように見えるクローゼット。折れ戸は開閉スペースを小さくできるので狭い寝室に有効。少々指を挟みやすく、金物ががたつきやすい場合もある

クローゼット　参考展開図・断面図

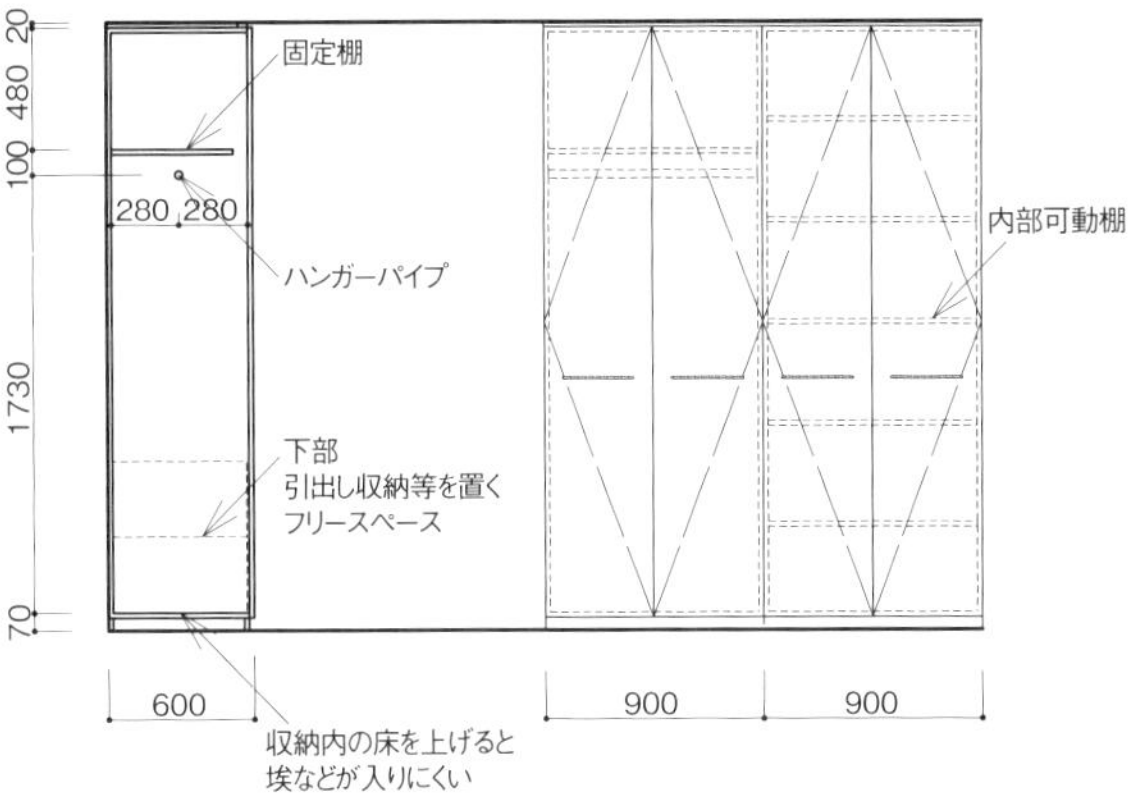

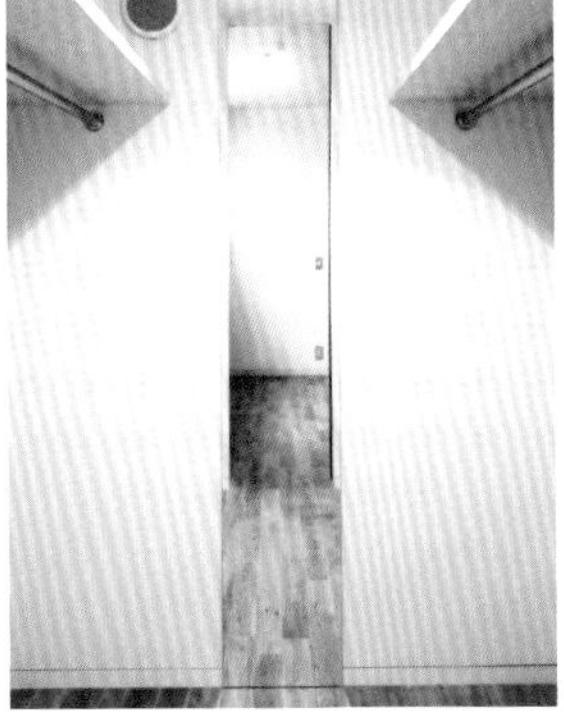

ウォークインクローゼット内部。鏡を設けると、姿見として使え、狭さも軽減できる

窓のある広めのウォークインクローゼット。大容量でフレキシブルに収納できる

ウォークインクローゼット　参考プラン（約3畳）・展開図

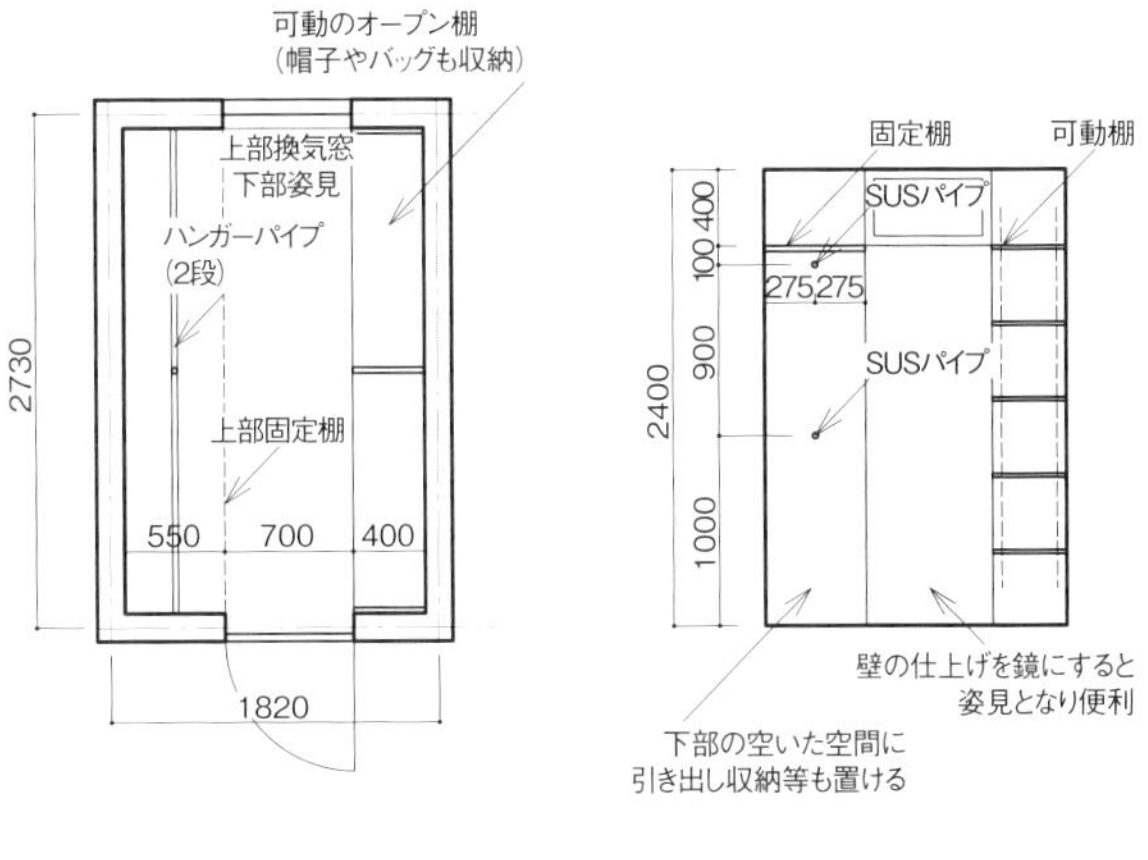

Home Theater

書斎・ホームシアター

百科事典が並ぶ書棚と重厚な机と椅子が置かれる主人の個室というイメージから、最近ではパソコンが置かれる部屋だったり、ホームシアターだったりして、大人のホビールームといったイメージになってきました

写真　光が丘のカリンハウス

書斎

スタディルームやDENとも呼ばれる、読書や書き物をしたり、パソコンをしたりする部屋。持ち帰った仕事をするときや、趣味の作業をするとき、音楽を聴きたいとき、1人になりたいときにも使用されます。

■配置

客を招き入れる場合は、リビングルームの隣などに設けたりしますが、最近は余ったスペースに設けることも多いため、屋根裏部屋や子供が独立したあとの部屋などのほか、LDの一角や寝室の片隅、倉庫の一部など、部屋の一部を間借りするケースも増えています。

■仕上げ

書籍が大量にある場合はかなりの荷重になるので、構造体も含めて、床下地の補強を検討しましょう。

■家具

主に本棚とデスクが置かれます。床から天井までの壁一面の本棚を設け、はしごをかけて本を選びたいというリクエストも多いですが、本をきちんと整理しないと空間が煩雑になるので注意しましょう。

■設備

コンセント、電話線、LAN配線など。狭く閉じた空間になることが多いので、暖房器具（ガスファンヒーターなど）を設ける際は十分な換気が大切です。

■コスト

仕上げや設備には特にかかりませんが、本棚のつくり方で高額の場合もあります。

ホームシアター

スクリーンや大型テレビで映画鑑賞や音楽を楽しむ、小さな劇場のような部屋。最近では書斎に代わり、ホームシアターが欲しいというケースも多くなりました。

■配置

リビングルームの隣などが好ましいですが、南側である必要はありません。音を気にする場合、コストはかかりますが地下に設けることもあります。音響を考え、なるべく部屋の奥行をとりましょう。

■仕上げ

壁や天井は、硬くてツルツルの素材より、吸音板やカーテンなどの柔らかいものが適します。また、遮光カーテンなどの設置も必要です。床は柔らかいと振動してしまうので、下地から丈夫につくる必要があります。

■家具

ソファのほか、AVラックが重要です。振動しないような丈夫さが求められます。

■設備

プロジェクター、スクリーン、5.1chのアンプ、DVDプレーヤー、フロント・センター・リアのスピーカー、ウーファー、遮光カーテンなど。配線が表に出ないように、下地の段階からCD管などを入れておくとよいでしょう。

■コスト

本格的なホームシアターにする場合は、床に補強や防音を施したり、高価な機器を入れたり、場合によっては地下に設けたりと、かなり高額になります。

本棚　参考断面図・展開図

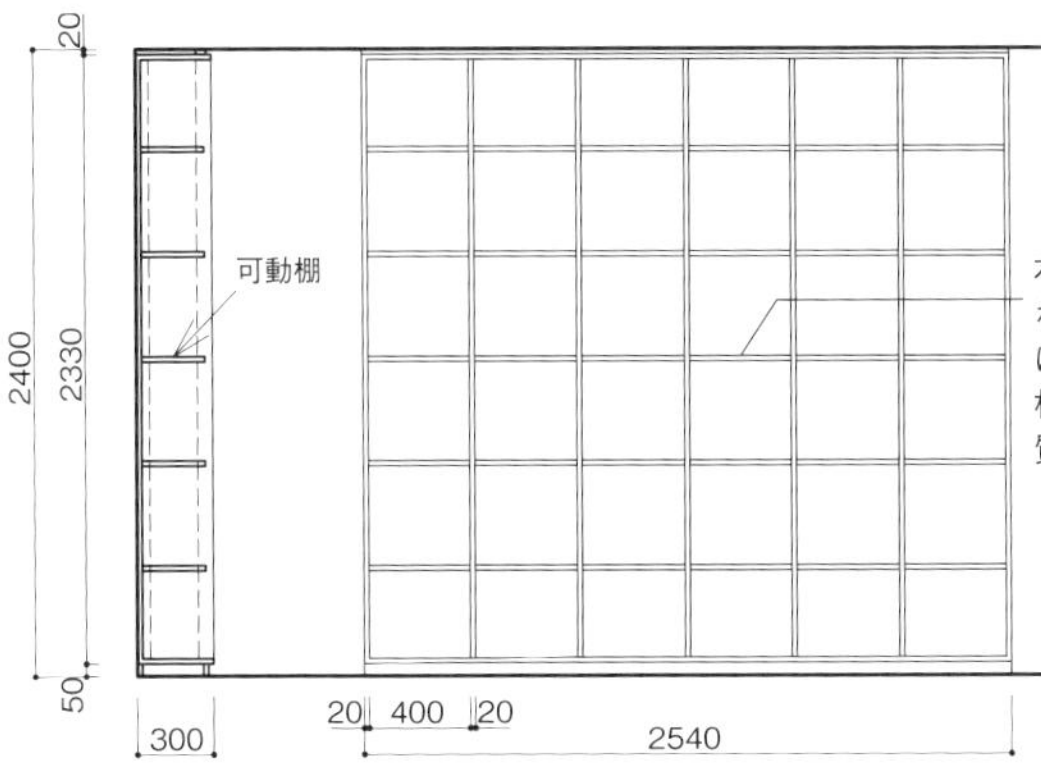
本の重さでたわまないように、方立と棚板の厚みや材質を検討する

書斎　参考プラン（約3畳）

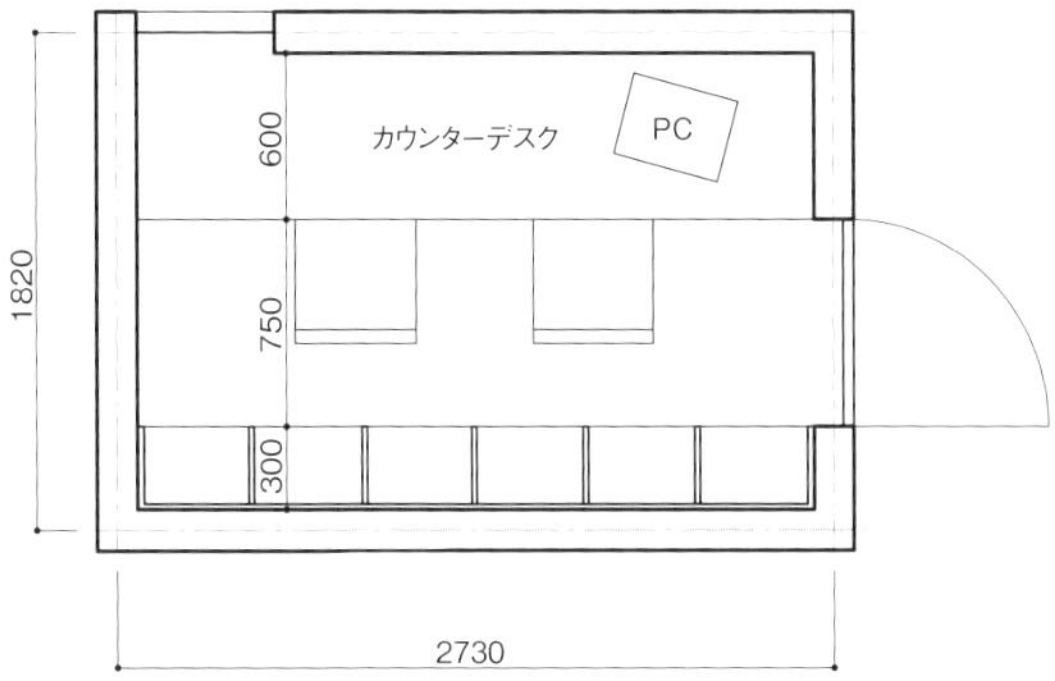

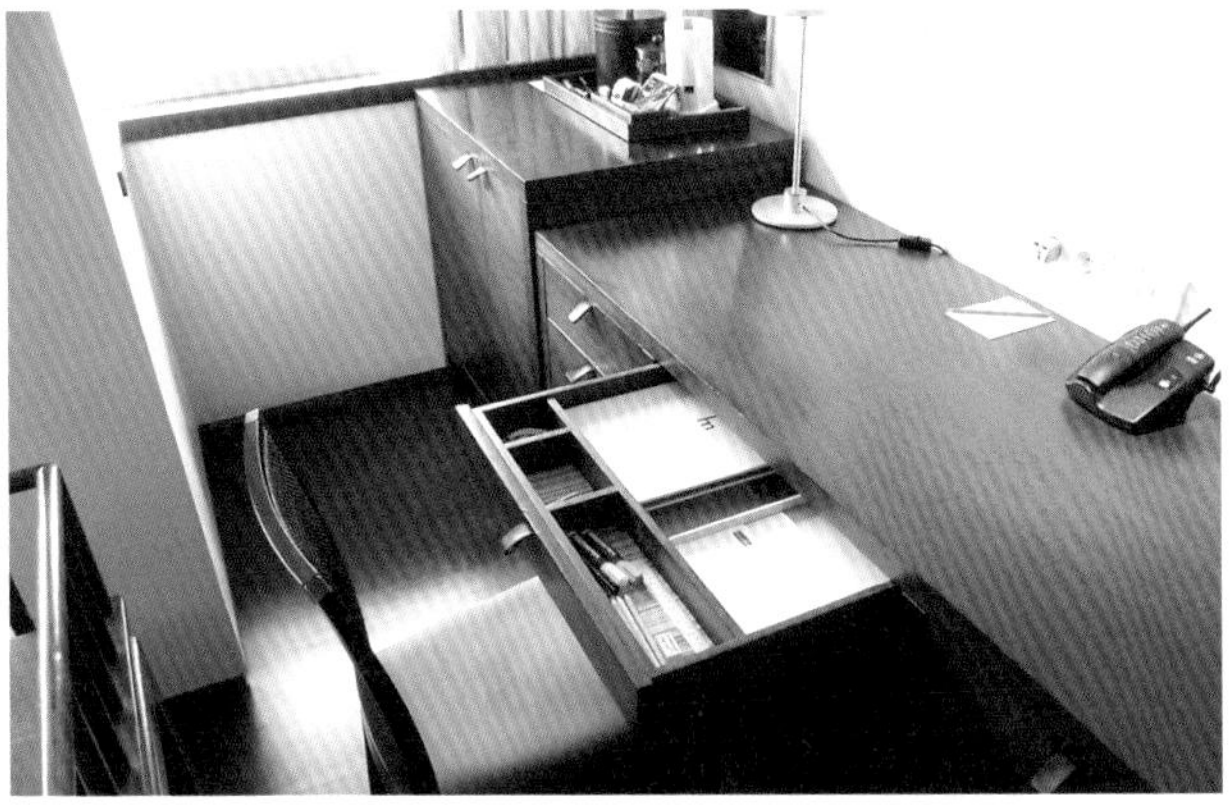

部屋の一角に設けられた書斎コーナー。クラシカルで落ち着いた色味とインテリアでまとめている

キッチンとの並びにある旦那さん用の書斎スペース。家具の立ち上がりでPCや手元をなるべく隠し、カウンターとしても使いやすい高さとした

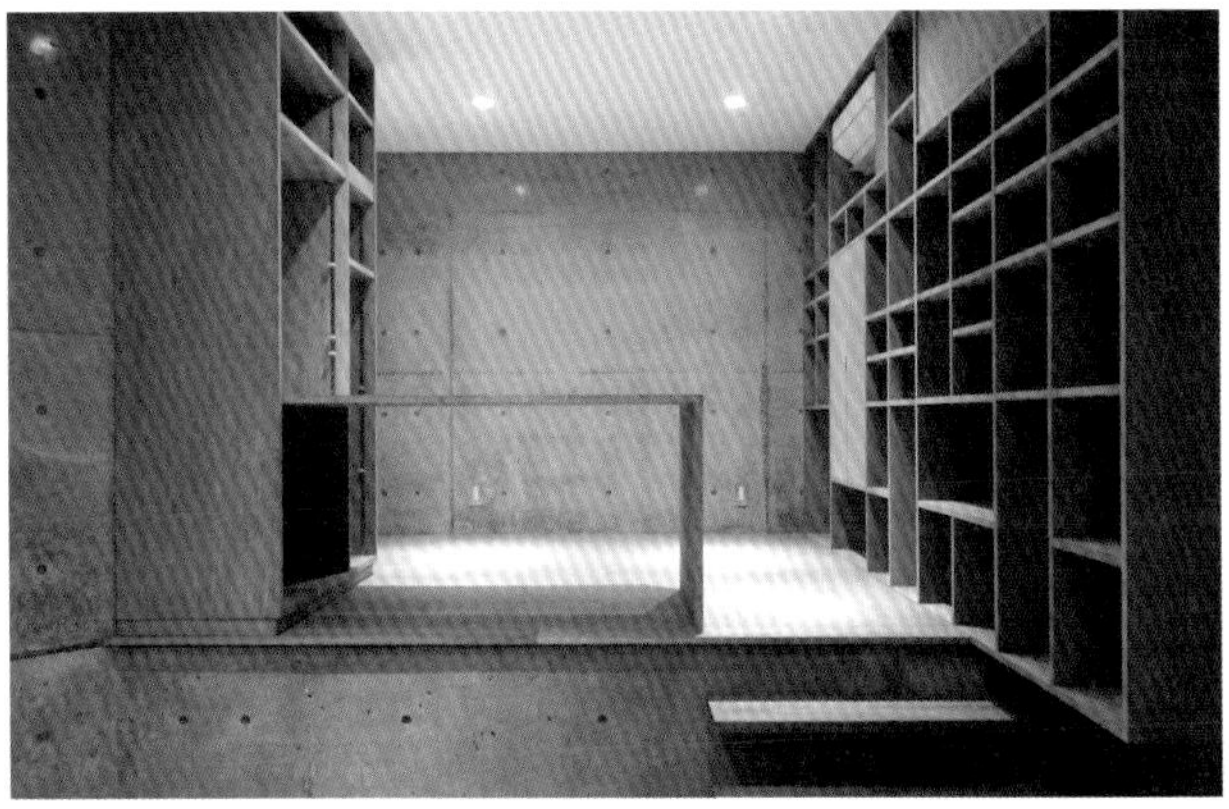

スクリーンを下ろせばホームシアターにもなる書斎の事例。写真はスクリーン側から書斎カウンターを見たところ。本棚も充実している

ホームシアターのレイアウト例（約10畳）

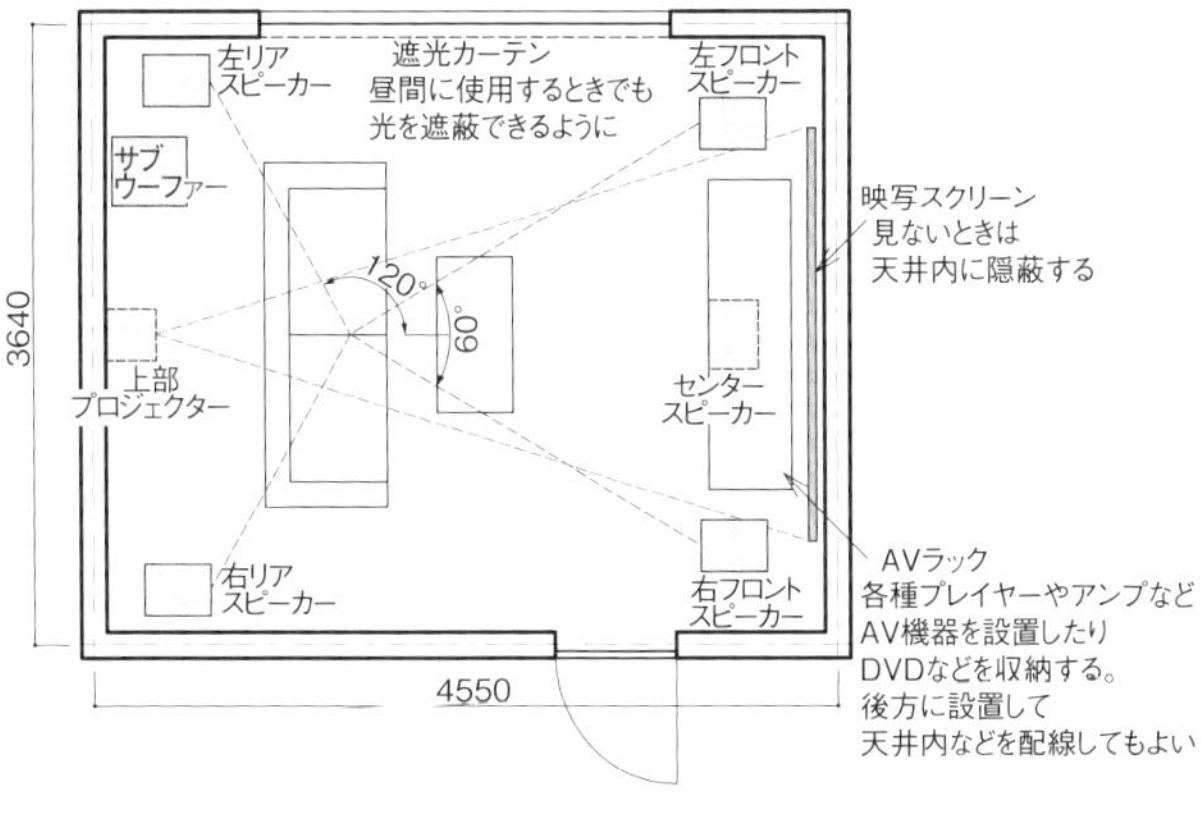

ホームシアターとして利用しないときも、プロジェクターやスピーカー、スクリーンが隠蔽されていれば、落ち着いた空間になるので、リビングルームとしても使用可能。写真の部屋は、ソファー前面の垂れ壁にフロントスピーカー×3台、電動スクリーン、リモコンの受信部が、ソファー背面の収納にプロジェクター、リアのスピーカー、ウーファー、DVD、アンプ類が隠蔽されている。ただし、ハイエンドの機器類は使用中にかなり熱を持つので、状況を見ながら適宜換気口を設けるようにする

Kid's Room

子供部屋

子供が寝たり、勉強をしたり、遊んだりする、子供のための個室。陽当たりがよく自然な暮らしができる環境が望まれます。ただし充実させすぎて引きこもってしまわないよう注意しましょう

写真　マホガニーハウス

■配置

子供部屋から直接玄関に出られると、家族との会話がなくなったり、親の目が行き届きにくいので、なるべく親の寝室やダイニング、キッチンなどの前を通過してアクセスするような配置にしましょう。子供が小さいうちは日中家にいることが多いので、南側に面しているとよいでしょう。

■広さ

一般的には4畳半～6畳程度ですが、あまり広く快適にすると、家族団らんの時間が減ったり、引きこもりの原因になったりするので、最低限の機能にとどめるのがよいと思います。一般に、子供部屋は幼児までは親の寝室で就寝を共にして子供部屋は遊び場として使われ、小学生頃は男女共用の部屋に。思春期になると性別による個室に分けられ、勉強部屋として使われ（ダイニングでの勉強がお薦めですが）、独立後は実家に戻ったときの宿泊部屋になるなど、成長過程に応じて使われ方が変化します。無駄な使われ方をしないよう、先を見越して計画しておきましょう。

なお、子供の居場所（テリトリー）は大切ですが、必ずしも個室とする必要はなく、どこかのスペースの一部などのコーナー的なつくり方もあります。スペースを節約する場合、部屋を立体的に活用する方法もあります。たとえば、上部をベッドにし、下部を勉強机やクローゼットにした家具をつくると、だいぶコンパクトに収まります。同性の子供の場合は、二段ベッドを置くことも。そういった意味で、広さだけでなく、天井高が高いと融通が利きます。

■仕上げ

床は汚れても拭け、ダニや埃も溜まらないフローリングのようなものが好ましいですが、下の階に人がいる場合は防音対策が必要です。壁は落書きをされたり汚されたりする心配があるので、上から塗り直せる塗装や自然素材の壁紙などが適していると思います。また、ポスターや予定表が貼れるよう、壁面の下地を合板などにしたり、コルクボードを設けたりするのも有効です。なかには建材によるアレルギーを起こす子供もいるので、事前に臭いを嗅いだり、触ったりして確かめるとよいでしょう。

■家具

おもちゃ箱、本棚、デスク、ベッド、クローゼットなど、子供の成長に応じて変化できるように考えるとよいでしょう。

■設備

就寝前は温かみのある光を浴びると体が休まるので、電球色の照明が好ましいでしょう。ただ、勉強や作業をする場合は、脳を活性化させる必要があるので、昼白色の照明を併用することも考えられます。最近はタブレットなどでネット学習を行うことも多いので、コンセントのほか、ネット環境を整えることも検討するとよいでしょう。

■コスト

設備が少なく、豪華な仕上げも必要ないので、造付け家具の量によりますが、比較的安価な部屋といえます。

開放性のある部屋に

子供が個室にひきこもってしまわないよう、またほかの家族が気軽になかの様子をうかがえるよう、部屋の入口は開放しやすいものがよい。一般的なドア（開き戸）は、閉まっている状態の納まりはよいが、開いたときは邪魔になったり、風で急に閉まったりすることも多いので、開けた状態の納まりがよい引き戸がおすすめ。リビングや廊下、吹抜けなどのパブリックな空間に向かって大きく開け放てる複数枚の引き戸もよいが、子供がプライバシーを保ちたいときにはきちんと空間を仕切れるような配慮も大切

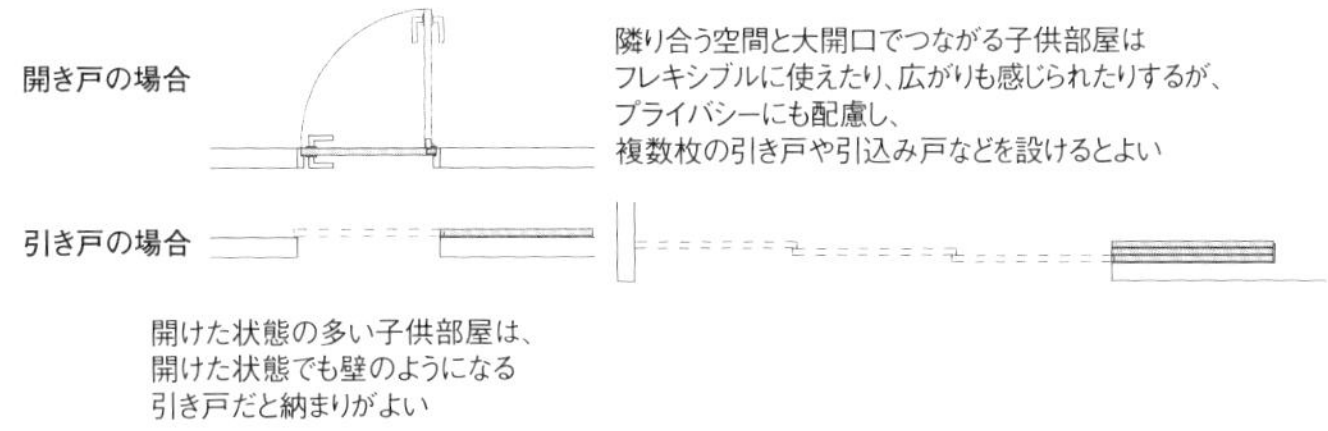

子供部屋　参考プラン（約5畳×2）

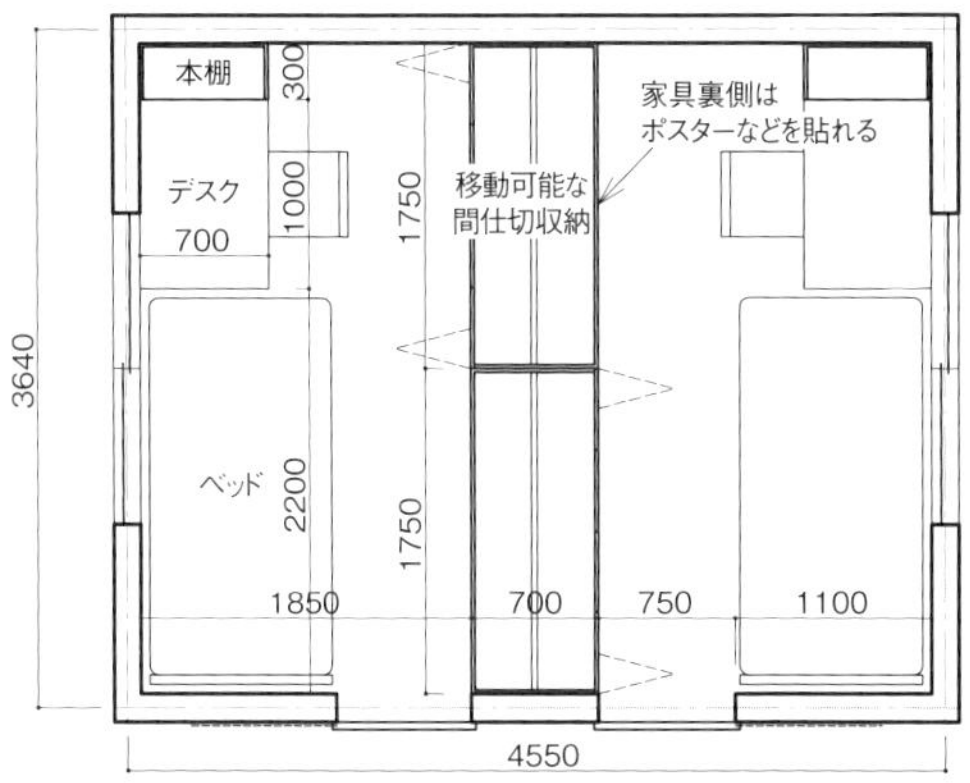

子供の成長による部屋の使われ方の変化

子供部屋の間仕切壁や収納　将来の変化に対応できるよう、最初からつくり込みすぎないことが肝心。なるべく構造壁などの動かせない壁で他室と区切らず、固定の造作家具の設置は考えない方がよい。間仕切壁を兼ねる造作家具を設ける場合は、床材をあらかじめ家具の下まで張り伸ばしておき、家具も可変性をもたせたつくりにしておくと、将来部屋の使われ方が変わっても簡易なリフォームで移動が可能。なお、本棚やタンスなどの背の高い置き家具は、地震時や子供が遊んでいるときに倒れてこないよう、壁や天井に倒れ止めを施しておくことも忘れずに

幼児までは、親の寝室内に乳幼児ベッドなどで就寝。日中は子供部屋で遊んだりする

小学生の頃は、なるべく広い空間を兄弟で共有する使い方が多い

洋服など子供の持ち物が増えてくる時期で、プライバシーも求められ、個室化する。子供の人数分の個室がない場合は、部屋をパーティションや家具で仕切ったりする。分割する可能性がある場合は、あらかじめスイッチや照明、出入り口の位置を想定しておくこと。個室でなくても勉強はできるので、あまり重視する必要はないが、書籍が増える時期。勉強に集中できる雰囲気づくりをすることもある

子供の独立後は、宿泊部屋や多目的室へ
子供が実家に戻ったときの泊まる部屋になったり、親の書斎など多目的に使われたりする

高さ方向を生かした収納&ベッド&デスク

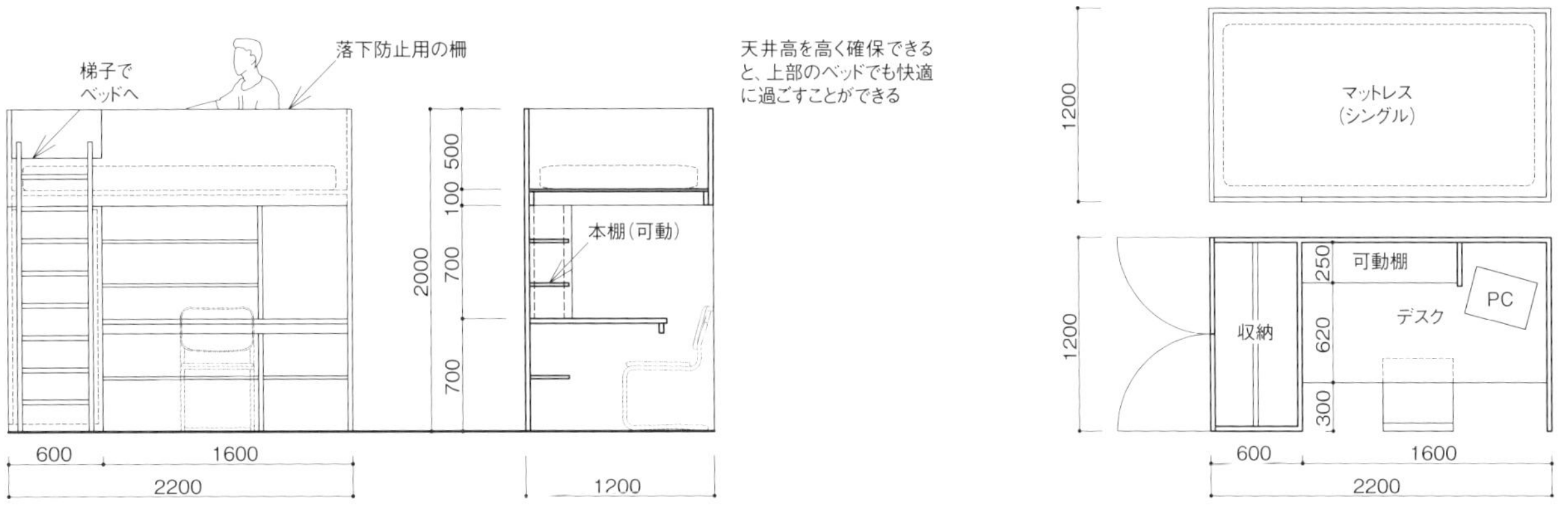

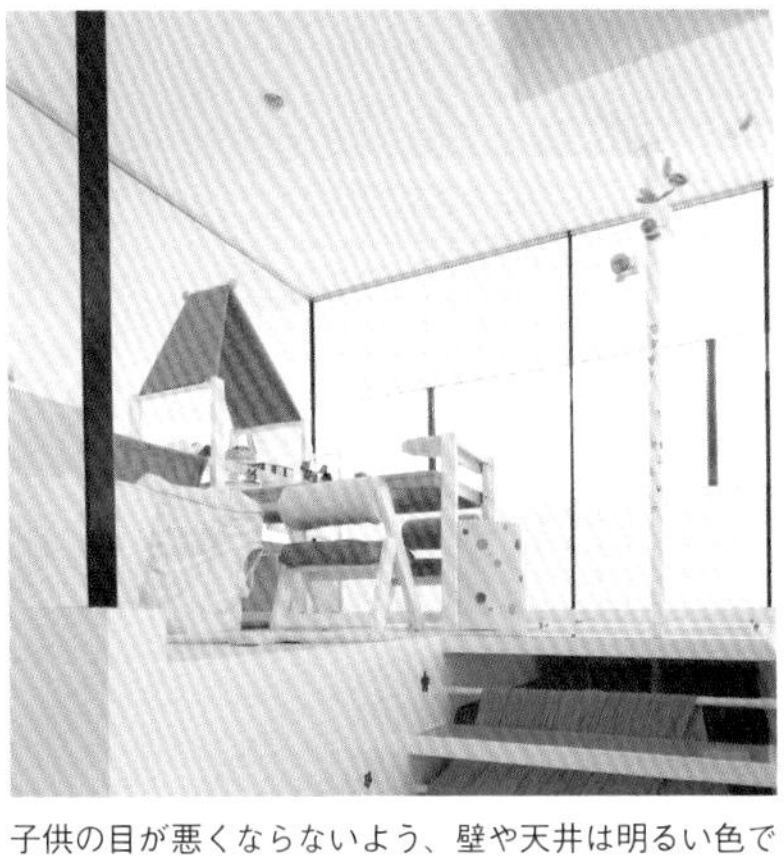

子供の目が悪くならないよう、壁や天井は明るい色で仕上げるとよい（KRE[no.555一級建築士事務所]）

天井の高い空間の上部にロフトベッド、下部に机を造り付けた半地下の子供室。ロフトベッドへは階段でアクセスできるスキップフロアの構成

将来、子供室への転用を想定したオープンな空間。窓辺に勉強机を造り付けているほか、子供が小さいうちは間仕切り壁を設けず、主寝室と一体的に広く使える

写真　上野毛のウールハウス

Entrance Hall

玄関

住まいの出[illegible]、日本の場合は靴を脱ぐ場所。来客時に[illegible]を行う場所でもあるので、表の顔と[illegible]ます。そのほか、防犯性やバリアフリー[illegible]しょう

■配置

道路や駐車場からのアプローチや、リビングダイニングへの動線、キッチンや個室への裏動線を考慮して、検討しましょう。

■広さ

1坪程度を目安に、間口は家の風格や規模に応じた幅が求められます。靴を脱ぐ部分である土間の奥行は通常1m程度ですが、玄関扉の開き勝手（内開きは広いスペースが必要）、ベビーカーや自転車を置くかなどによって決まります。天井高は、玄関に対しリビングが低くなるよりも、玄関を低く抑えてリビングを高くした方が効果的です。広い玄関は立派な家に見えますが、肝心の居室が狭くなるので、バランスに注意しましょう。

■仕上げ

壁や天井はリビングなどと大差ありませんが、土間仕上げには水に強く汚れが目立たない素材が適し、石やタイル、玉砂利洗い出しあたりが質感よく、好まれます。また、壁に水がしみたり土足の汚れが付いたりすることのないよう、幅木を設けた方が安心です。また、壁の一部に靴をはいた状態で外出前のチェックができる全身鏡があると喜ばれます。なお、土間から室内への段差は低い方が容易に上がれますが、砂埃が室内へ入り込みやすいという欠点もあります。立ったり座ったりする場所なので、手摺やベンチの設置も検討しましょう。

■家具

主に下駄箱です。コート掛けや物入れを設けることもあります。下駄箱は、ブーツが多い場合は、意外と高さが必要ですし、傘などの長い物も入れたりするので、高さが変えられる可動棚にすると便利です。奥行は靴箱サイズ（約35㎝）かコート掛けを兼ねて60㎝程度を目安にするといいでしょう。下駄箱の圧迫感を減らすために、下部にオープンな空間を設けて間接照明を仕込むと、軽い印象に仕上がり、普段履きの靴の一時置きにも利用できます。また、玄関先に鍵などを置いたり、花や小物を飾る照明付きのカウンターや、来客時にコートが掛けられるフックを設けると便利です。

土間の横に、靴、ゴルフバッグ、庭用具、ビール瓶、食材などを土足のまま入れられる土間収納を併設するのも大変便利です。外気温に近くしておくと冬期は冷蔵庫代わりにもなりますし、土間収納とキッチンをつなげると、裏動線も確保できます。

■設備

鍵の安全性が重要です。複数の補助錠や珍しいメーカーの防犯錠をつけると、ピッキングされにくいようです。郵便受けは、外に出ずに室内側から取り出せるようにすると便利です。照明は、荷物を持ったまま暗い所でも点灯する人感センサー付きが喜ばれますが、ワンルーム的なプランでは点滅がうるさく感じる場合があります。

■コスト

とくに特殊な設備はありませんが、下駄箱などの収納が必要なので、コスト面では一般的な部屋といえます。

玄関収納　参考断面図・展開図

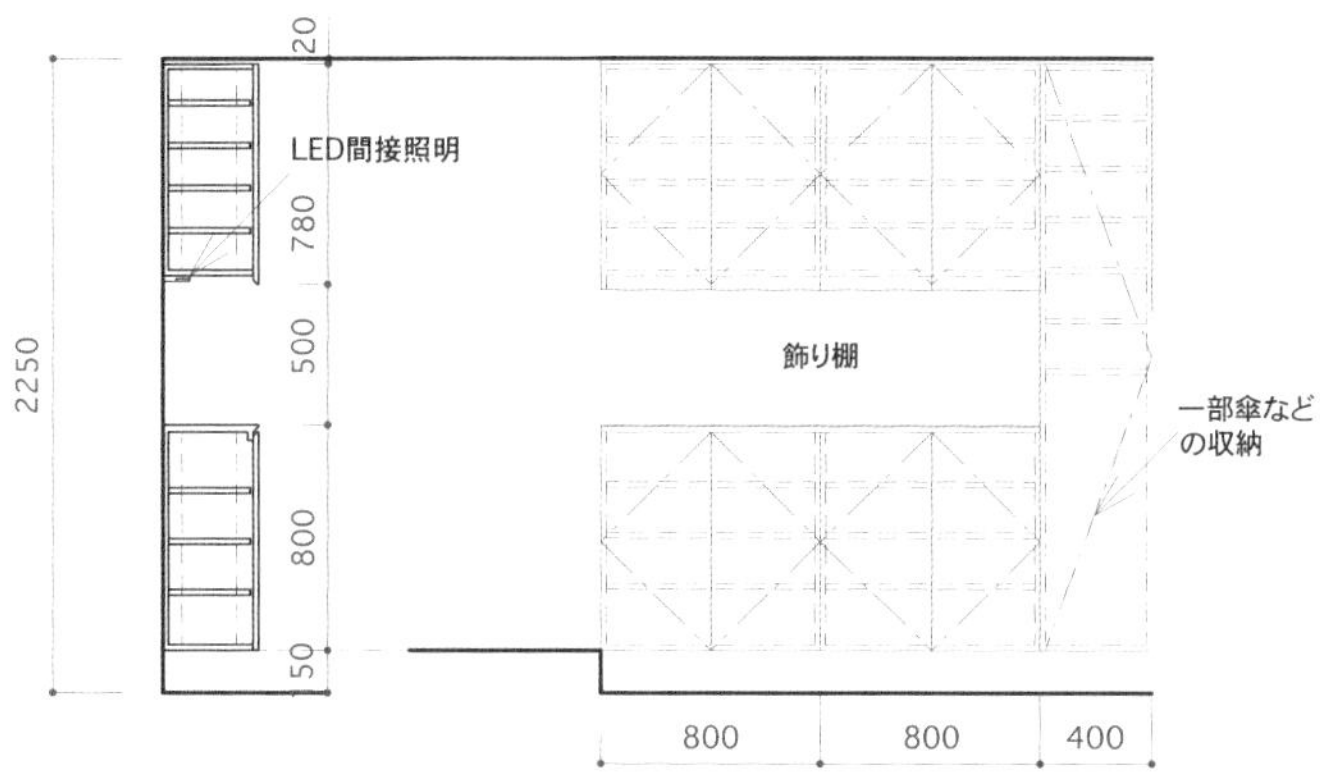

玄関　参考プラン（約3畳）

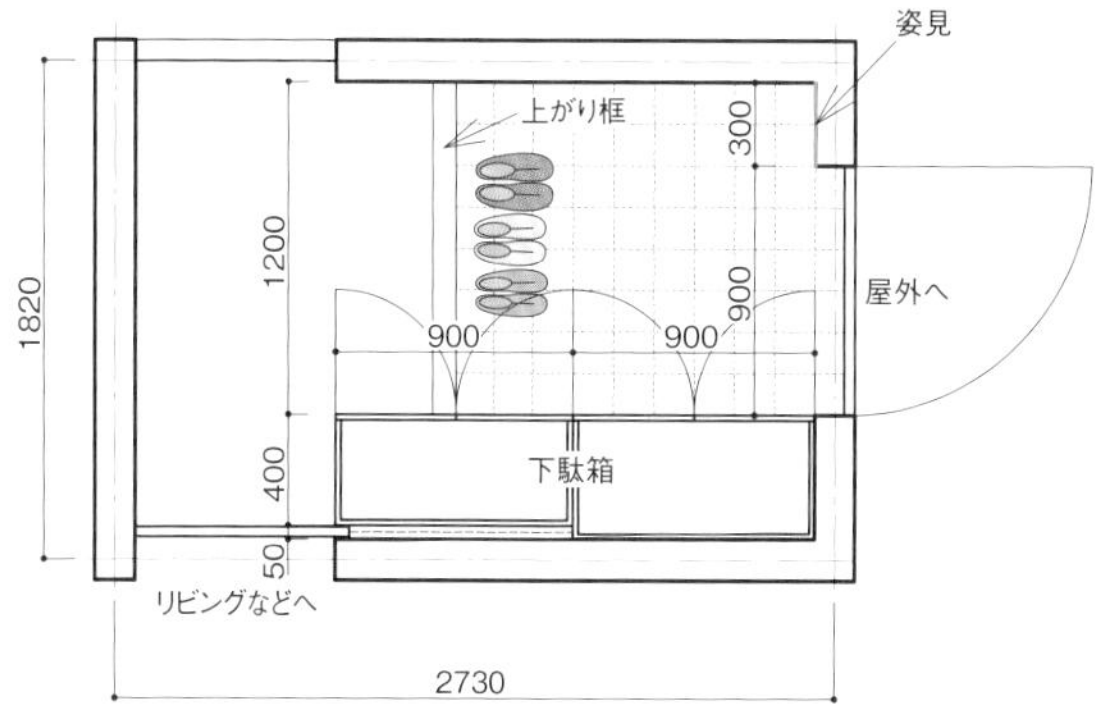

玄関に至るアプローチも、塀や門で閉ざしてしまうより、植栽を植えたり、歩道に少し開放したりする方が、明るく豊かな空間になる

土間収納のレイアウト例（約4畳）

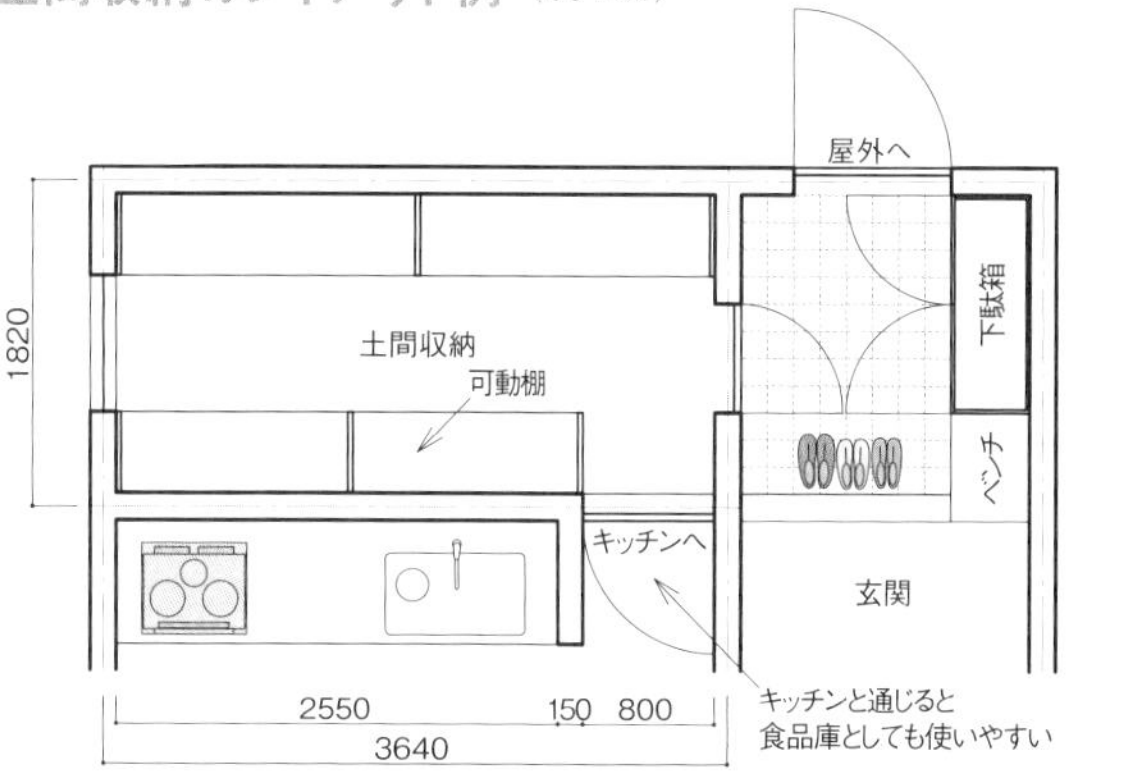

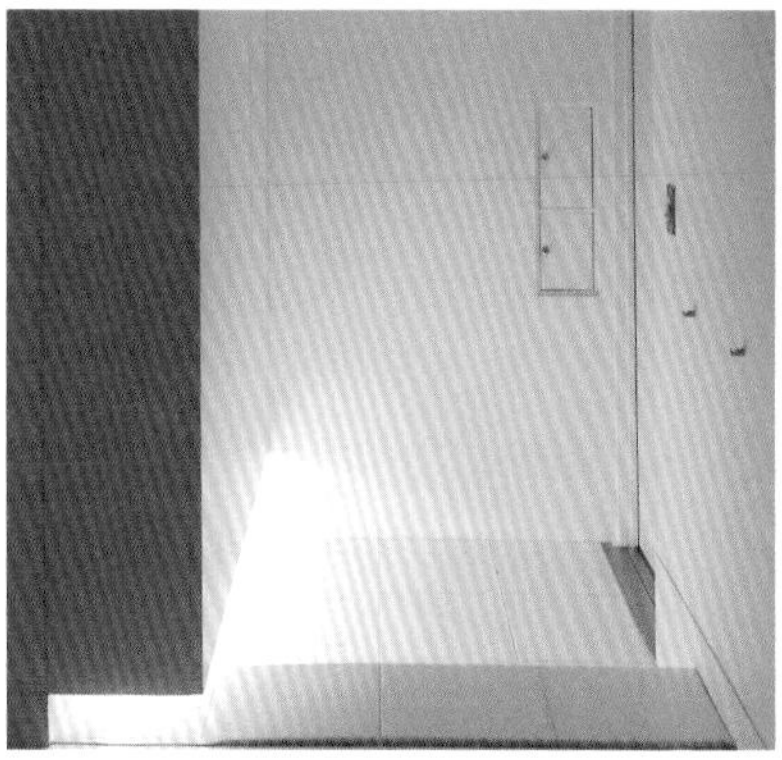

下駄箱の上や下を抜いて照明を仕込むと、圧迫感が減り、広がりも生まれる。壁にフックがあると来客時にコートや帽子を掛けられる。照明は人の動きで自動点灯する人感センサー付きスイッチが便利

アンティークな雰囲気の石貼りを模様貼りにした玄関の土間。石を眠り目地とし、目地材を入れずにざっくりと仕上げている

玄関廻りに窓を設ける場合は、外から中が見えないように注意が必要。また簡単に侵入されないように防犯面も考慮する。写真は玄関ドアの上に横長にガラスを入れた例

ベビーカーも置けるよう床面をフラットにつなぎつつ、目線は引き戸で仕切られる土間収納。靴だけでなくコートや掃除道具など多様な物をしまえる

玄関とキッチンの間に設けられた土間収納の例。大きな荷物を収納しておくだけでなく、ゴミ出しの裏動線、食品庫としても使えて便利

配置によっては暗くなりがちな玄関だが、室内空間との境にある戸を曇りガラスにすると、間接的に玄関を明るくすることも可能

Garage

ガレージ

自動車を駐車し、整備をするところ。バイクや自転車を駐輪したり、庭道具を収納したり、日曜大工を行ったりと、土足で使える室内空間として多目的に使われることも多い場所です。ここでは屋内駐車場について説明します

写真　ミモザハウス

■配置

道路に出やすい場所であると同時に、ガレージから外に出ずに玄関や勝手口に直接アクセスできると便利です。歩道や車道からは少し引きがとれると安全ですが、引きや見通しが確保できない場合は、ミラーの設置も検討しましょう。

■広さ

車の大きさや台数によりますが、できれば1台につき幅2.5m（1台のみの場合は3m）、長さ5m以上、車いす利用の場合は幅を3.5m以上確保しておきたいです。高さは、背の高い車だと2mくらいあるので、梁やシャッター、照明などに車が当たらないよう注意しましょう。2台以上並列して駐車する場合は、柱の間隔が開くので、梁を補強したり、車の間に柱を入れるなどの構造的な検討が必要です。なお、各階の床面積の合計から1/5以内の駐車場面積は、容積率算定の面積からは除外されます。

■仕上げ

水や油、摩擦に強いものが好ましく、滑りやすい素材は避けた方がよいでしょう。一般的にはコンクリートコテ押さえや、セメント系の硬質仕上げ材、骨材の入ったエポキシ樹脂系などの塗料を用いることが多いです。床面に水が溜ると汚くなり、建物によくないので、1/50程度を目安に、屋外や排水口に向けて水勾配を取りましょう。また、重量のある自動車が載るので、床の強度は十分に確保しなければなりません。柱や壁のコーナー、車のドアを開閉する壁付近に車をぶつけることもあるので、ガードしておくことも検討しましょう。

■家具

工具やオイル類、洗車道具や庭仕事の道具などが置ける、水や油に強い棚があると便利です。

■設備

洗車用の水栓や照明器具のほかに、シャッターを設ける場合もあります。電動シャッター用の電源、電動工具の使用、状況によっては電気自動車の充電にも対応できるようにコンセントがあるといいでしょう。シャッターを設ける際は、取付け下地の補強や格納スペースの確保、音や振動にも注意が必要です。また、排気ガスが室内に回り込まないよう室内側の壁や出入口の気密性を高くし、換気が十分にできるようにしておくことが重要です。駐車場まわりの照明は、防犯のために人感センサー付きのものを検討するとよいでしょう。

車をより生活に取り入れたい場合は、リビングとガレージの間仕切壁をガラスにしたり、駐車場をリビングスペースにする場合もあります。また、外にむけてショールームのようにすることもあります。ガレージを居室と同一とする場合は、マフラーに直接つなぐ排気ダクトも検討しましょう。

■コスト

通常のガレージであれば、仕上げや断熱、設備があまりいらず、かなり安くつくところです。広い屋内駐車場のある家は、全体工事費の坪単価が安くなりがちです。

主な乗用車の寸法

一般乗用車	長さ (mm)	幅 (mm)	高さ (mm)	ミニバン、SUVなど	長さ (mm)	幅 (mm)	高さ (mm)
N-BOX (HONDA)	3,395	1,475	1,815	エルグランド (NISSAN)	4,975	1,850	1,815
プリウス (TOYOTA)	4,575	1,760	1,470	ランドクルーザー (TOYOTA)	4,985	1,980	1,925
CX-5 (MAZDA)	4,575	1,845	1,690	ゲレンデ (Mercedes-Benz)	4,665	1,985	1,975
レヴォーグ (スバル)	4,755	1,795	1,500	カイエン (PORSCHE)	4,926	1,983	1,673
FIAT 500 (FIAT)	3,570	1,625	1,515	**バイク、自転車など**	長さ (mm)	幅 (mm)	高さ (mm)
Golf (Volkswagen)	4,295	1,790	1,475	400ccバイク [*1]	1,990	710	1,120
911 (PORSCHE)	4,520	1,850	1,300	スクーター [*2]	1,650	670	1,015
3シリーズ (BMW)	4,720	1,825	1,440	自転車 [*3]	1,770	560	990
A4 (Audi)	4,770	1,845	1,410	子ども乗せ電動自転車 (3人乗り) [*4]	1,785	580	1,270
Cクラス (Mercedes-Benz)	4,793	1,820	1,440	ベビーカー	830	425	910

*1 Ninja参考、*2 ビーノ参考、*3 クロスバイク (26インチ) 参考、*4 ヤマハPAS (リアチャイルド装着時) 参考

ガレージのレイアウト (約15畳)

広さは、駐車される車 (将来の買い替えも見越して) の大きさにより検討する。また、電気自動車の可能性も考慮して、車に充電するための電源を確保しておくとよい。

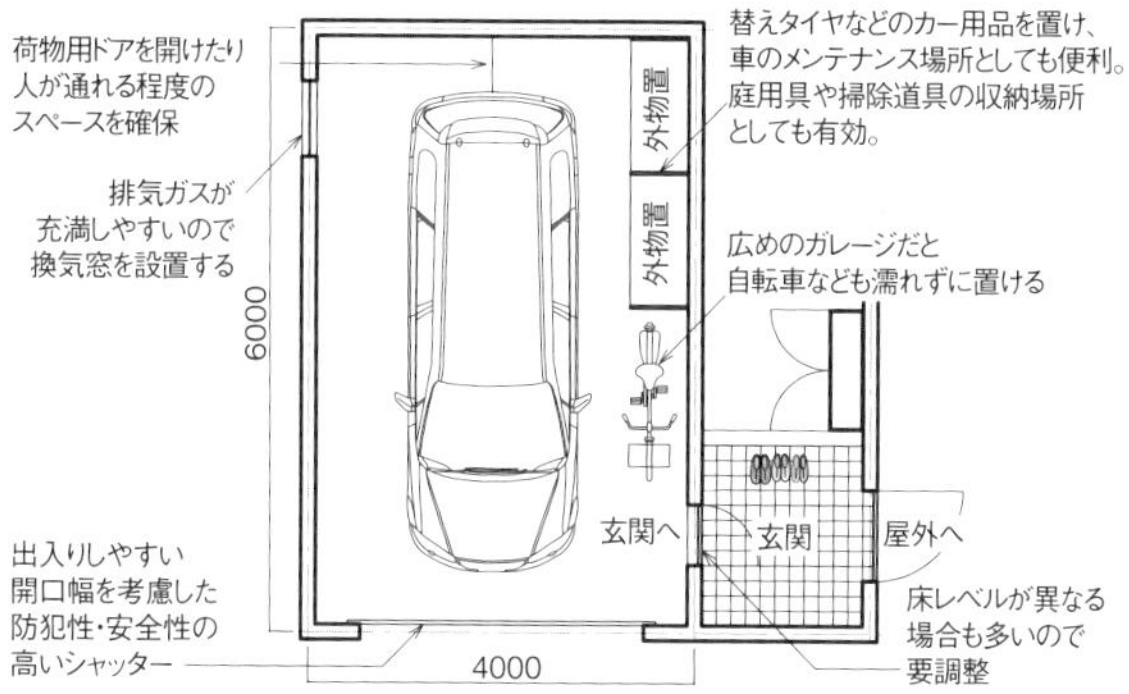
荷物用ドアを開けたり人が通れる程度のスペースを確保
排気ガスが充満しやすいので換気窓を設置する
替えタイヤなどのカー用品を置け、車のメンテナンス場所としても便利。庭用具や掃除道具の収納場所としても有効。
外物置
外物置
広めのガレージだと自転車なども濡れずに置ける
6000
玄関へ
玄関
屋外へ
出入りしやすい開口幅を考慮した防犯性・安全性の高いシャッター
4000
床レベルが異なる場合も多いので要調整

どこからでも愛車を見たいため、地下に無柱のガレージを設け1階に愛車をリフトアップさせている (KRE[no.555一級建築士事務所]①)

シャッターの種類

巻き上げ 上へ巻き上げるタイプ。巻いた部分はコンパクトですが、出入口の天井部分に格納スペースが必要
オーバーヘッド 天井に引き上げるタイプで、開閉が早いのが特徴です。天井にフラットな格納スペースが必要
横引き 上から吊られたものを横に引くタイプ。足元のレールが邪魔になる場合があります。袖壁に格納スペースが必要

COLUMN

家を豊かにするアイテム 暖炉・ストーブ

日没後の満天の星空の下、我々の先祖は闇のなかで獣などに怯えながら夜を過ごしていたことでしょう。それから人類は「火」を手に入れました。闇を照らし、獣を追い払い、肉や穀物を焼き、暖をとり、安心して生活できるようになって、そうして文化を築いていくことになりました。

ゆらぐ炎、パチパチという音、薪の燃える香り、体の芯から温かくなる熱、暖炉でできる美味しい料理…暖炉や薪ストーブは、室内で焚火が楽しめる設備です。年に一度の煙突掃除、薪の確保や保管、火の管理など、気を遣わなければならない面はありますが、五感を刺激し、日常生活をとても豊かにしてくれます。当初は炎を楽しむために計画していた暖炉も、料理にも使ってみたら意外と美味しくできて、結果的にはキッチンのように一年中使うといったケースもあります。


炎を直に楽しみたいなら暖炉が適していますが、暖房器具として使うには、熱効率がよく火の粉や煙が室内に入りにくい薪ストーブが適しています。メンテナンスをしたくない人にはガスの暖炉もあります。暖炉の偽物のようなものだけでなく、炎の絵画のように見えるシンプルなガス暖炉もでてきているので、洗練されたインテリアにも合うのではないでしょうか (写真右)。

暖炉をつくる際には、給気と排気の計画を十分にすること、給気で部屋を冷やさず排気で煙を室内に回さないこと、夏にテレビや荷物置き場にならないようにすることなどに注意しましょう。また、存在していても邪魔にならないデザインが重要です。機能や安全性ばかりの空間では味気ないので、ときには「暖炉」のような刺激的な要素を取り入れることも検討されてはいかがでしょうか。

大谷石によるオーソドックスなスタイルの暖炉

薪ストーブ (平真知子一級建築士事務所)

デザインの美しいガスストーブやメチルアルコールのストーブ

Living Room + Terrace

リビング テラス・デッキ

リビングとテラスをつなげることで、本来屋外であるテラスがインテリア化し、室内空間の広がりに大きく貢献します。インテリア化したテラスは、時には雨や雪が降りますが、天井がものすごく高い部屋と考えられますし、七輪で焼肉をしたり、流れる雲や星空を眺めながら寝転がったりと、室内ではなかなか味わえないことができる豊かな空間になります

写真　ミモザハウス

■デザイン面で考えること

違和感なく室内と屋外をつなげることが重要です。

・大きな開口がとれる窓にする

ガラス面が大きい方が効果的です。ただし、窓は熱が抜けやすいので、ペアガラスやカーテンなどで断熱性能は十分確保しましょう。なお、全開放できる折れ戸は、閉じたときにサッシ枠だらけになるので、日常的な開放感は味わいにくくなります。

・枠や網を消す

サッシの桟や網戸の網は、暗い色にすると背景と同化して目立たなくなります。開放時は壁に引き込めるとよいでしょう。

・屋内外の床材を調和させる

石と石、タイルとタイル、フローリングとデッキ材など、似た質感の仕上げをすると、内外が違和感なくつながります。できれば裸足や室内履きのまま気軽に出られるような床の仕上げがよいでしょう。

・室内外の床レベルをフラットにする

同じ高さでつながる方が、外と内の境界が意識されにくくなります。また、バリアフリーの面でも段差がない方が安全に出入りできます。なお、サッシの下枠は外側へ斜めになっているものが多いですが、この場合はフラットな形状が適しています。

・張り方向を同じ向きにする

室内の床がフローリングの場合、テラスの床のデッキ材と張り方向を同じ向きにすると、見た目にも違和感なく床面がつながります。

■機能面で考えること

・雨が室内に入らないようにする

開口部の外は防湿も考慮して土間コンクリートを打ち、室内に近い側を水上にして水勾配を取り、防水の立ち上がりも土間から15㎝以上は確保しておきたいところです。上部は庇を出すと、多少雨が降っても大丈夫ですし、夏場の直射日光を遮ることもできます。外が中庭の場合は、雨水が溜まらないよう、排水やオーバーフローを十分に考慮しましょう。デッキを張る場合はきちんと隙間を開けて水が下に落ちるようにします。デッキを室内とフラットに収める場合、防水の立ち上がり寸法を確保した上で、床面を基準に下地を調整していきます。

・虫が室内に入らないようにする

窓を開け放したいところですが、実際には虫が室内に入るのを防ぐために、網戸の設置が必要となります。防虫効果のある照明や窓フィルム、植栽なども合わせて考えるとよいでしょう。

・デッキ材

デッキ材は木製が多く、場合によっては数年で朽ちてしまいます。頻繁にメンテナンスをしない場合は、耐久性の高い材を採用しましょう。ただ、耐久性のあるデッキ材には乾燥してササクレが出るものもあります。できれば室内と同じく裸足で過ごせるササクレにくいものを選びましょう。最近では、ササクレや退色、経年変化がおきにくい、木粉とプラスチックの混合物を押出し成型した再生木材も多く利用されます。

リビング～テラスをフラットに納めた例

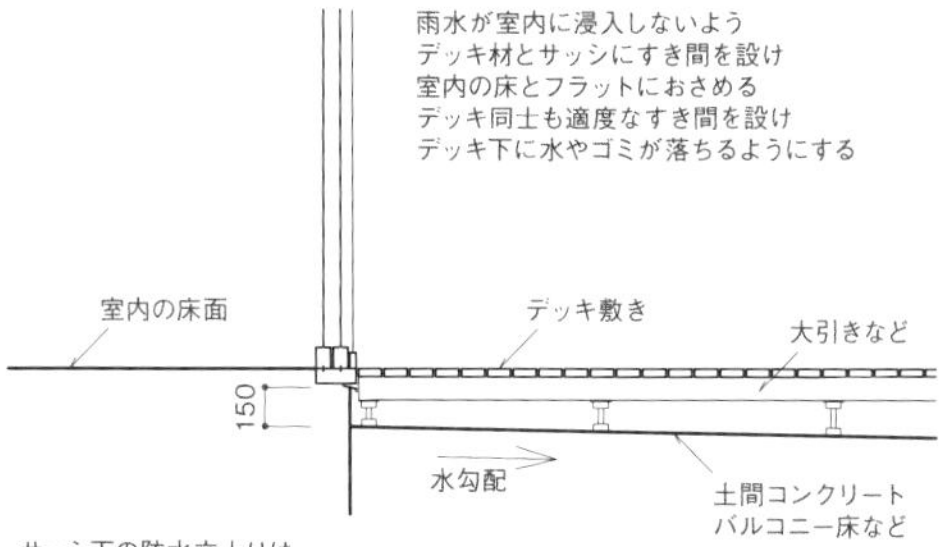
サッシ下の防水立上りは
150㎜程度確保する

室内のフローリングとデッキをフラットに張っている例。床から天井までの掃出し窓は、見た目にも断熱性にも優れている木製サッシとしている。窓の下枠も床とフラットにして、室内外を違和感なくつなげている

リビング+デッキ　参考プラン

庭へつながる視界を重視し
中央のガラスをはめ殺しにした例
網戸や雨戸は両側に引き込めるようになっている

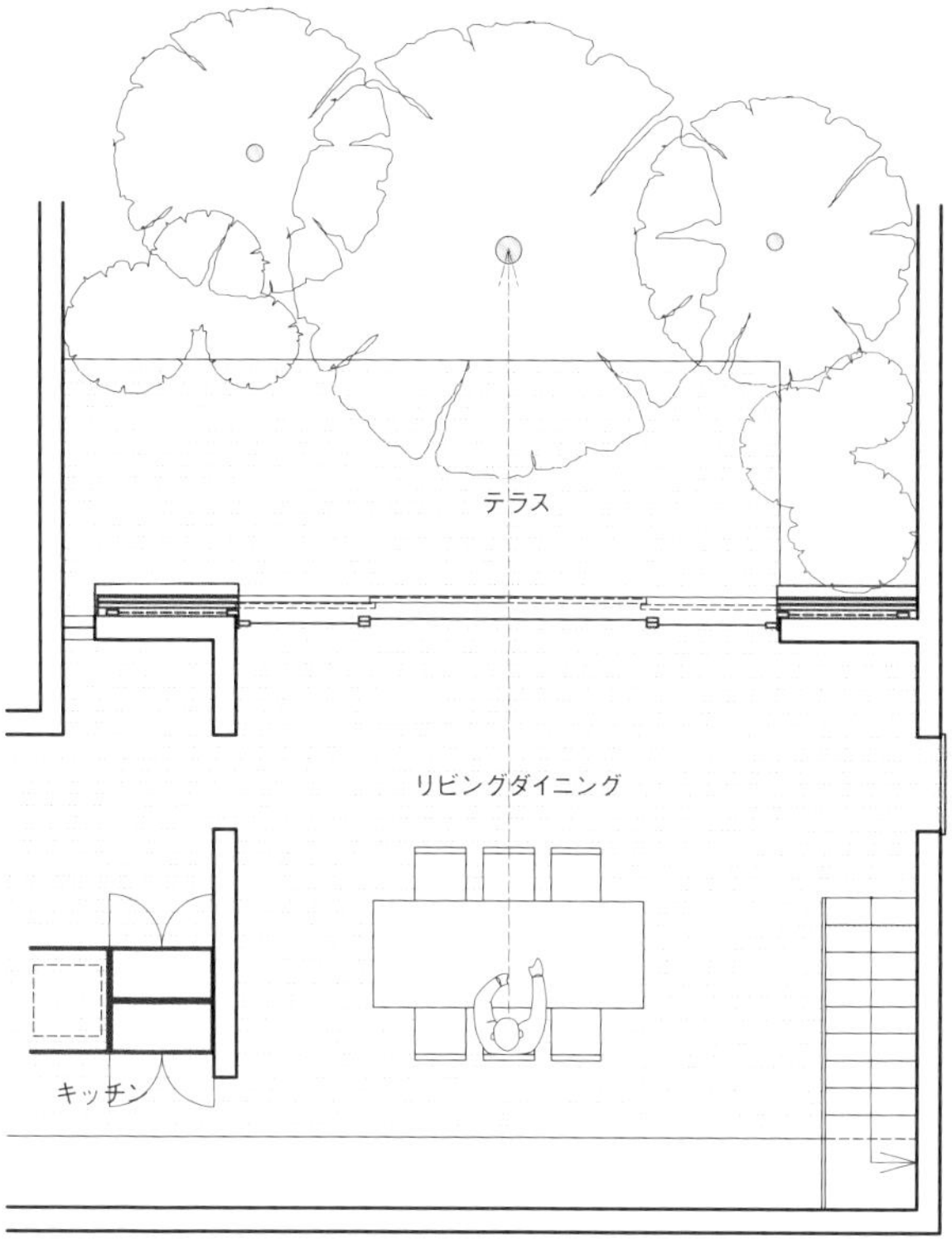

北側斜線によりできた大きなバルコニーにデッキを敷き、リビングとテラスをつなげている例。テラスにはテーブルが置かれ、天気のよい日は気軽に食事をとることができる

和室の板の間とデッキをつなげた例。室内側の松の板張に塗装をして、デッキと色を合わせている。これにより小さな和室空間が広く感じられる

雨戸や網戸は戸袋に引き込まれている。サッシを開けたときにも段差が目立たないように納めると、すっきりして室内とテラスの一体感が出る

一部、和室があるリビング空間からデッキを介して庭につなげている例。窓はできる限りの大開口としている

シロアリ被害の多い沖縄という立地のため、屋内外の床、壁ともコンクリート打放しで統一

室内のフローリングとバルコニーのデッキ、手摺の面材の木を同じ方向に張った例

Living Room + Japanese-style Room

リビン　室

最近は、畳がない　ためだけでなく、床座の生活　す。また、逆輸入的に「和」のインテリアとして和室を設けるケースもあります。和室は来客時の宿泊部屋や応接間として求められるケースも多いようですが、リビングの隣に配置して寛ぎの空間として積極的に利用するとお互いの空間の広がりにつながります

写真　大倉山の俳人の家

■デザイン面で考えること

・モジュールを整える

たとえば尺貫モジュールとメーターモジュールなど、基準寸法が混在する場合があり、それを整える必要があります。長押・鴨居などを設けた和室をつくる場合は、開口部の高さにも配慮が必要です。

・和室と洋室に座る人の目線を合わせる

椅子に座る人と座布団に座る人とでは、目線の高さが35㎝ほど違ってきますが、和室の床を少し高くすることで、その違いがだいぶ解消されます。また、和室に布団を敷く場合、リビングと床の高さが同じだと心理的・衛生的に気になる人も多いので、その点でも効果的です。ただ、和室の床を上げると、その分天井が低くなるので、天井高を確認する必要があります。10～35㎝程度の範囲で適切な寸法を検討しましょう。

・洋室と和室の仕上げを合わせる場合

洋室と和室の仕上げは異なることが多いですが、部屋をつなげるのであれば調和させたいところです。通常は床材が畳とフローリングなどで異なるため、天井や壁面をどちらにも合う左官塗りや板張りとして、仕上げを統一させるとよいでしょう。畳を採用する場合でも、縁のない琉球畳を使うと、畳の縁が強調されないので、比較的洋室とも合わせやすくなります。

・洋室と和室の仕上げを変える場合

せっかく和室をつくるのだから、ちゃんと和室らしくしたいという場合、たとえば欄間を御簾などで透かせると、和室が別世界であっても境界が違和感なくつながり、広がり感も出ます。また、和室の床面をあげることでも、象徴的な部屋として見えて面白いと思います。

・洋室の一部を和室にする場合

ソファ代わりに畳を敷くケースがあります。その場合、やはり琉球畳が多く、下にキャスター付きの収納ボックスを設ける場合もあります。

・ブラインド類

窓に設けるブラインド類が部屋や場所ごとに異なると、外観がバラバラしてきます。和室にも洋室にも合うよう、和紙などのブラインドにしたり、洋風にも合う障子にしたりして工夫しましょう。

■機能面で考えること

・畳の面積と畳割を調整する

広い面積に畳を敷く場合は、布団を敷けば寝室に、ちゃぶ台を出せばダイニングに、綺麗な座布団を敷けば応接間にというように、同一空間でさまざまな用途に対応することが可能です。目的に合った畳の広さを検討しましょう。なお、和室に畳の寸法が合わず、畳割りが上手くできない場合は、畳割りの必要ない籐などを敷く方法も検討するとよいでしょう。

・琉球畳にする場合

モダンな空間にも合わせやすい琉球畳は、縁がない分、畳の角が痛みやすいので、畳表には強いい草を使用しましょう。半畳サイズにすると畳の枚数が増えるため、通常の畳敷きに比べてコストが高くなります。

リビング～和室に段差を設けた例

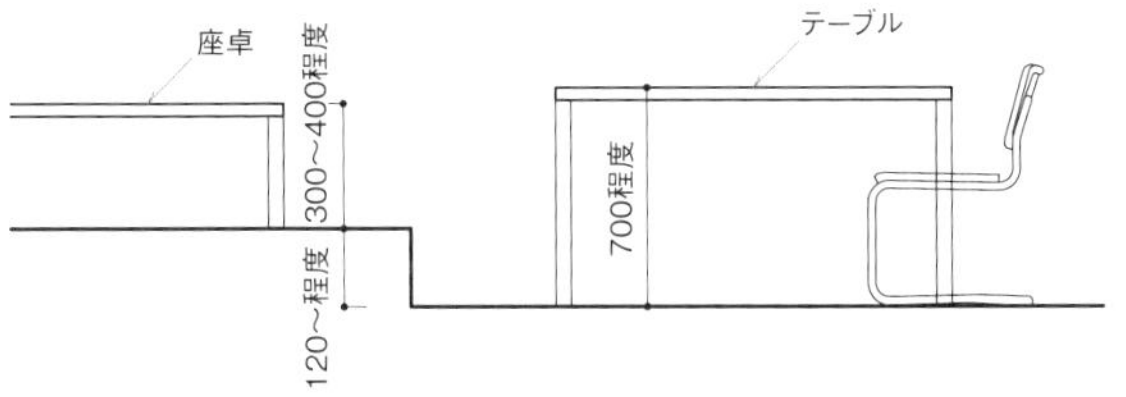

床に段差を設けることで、一体の空間としながらも
和室とリビングに緩やかな境界が生まれる

また、和室の床に座っている人とテーブルに座っている人の
目線が近くなるというメリットもある

リビング＋和室　参考プラン

和室とリビングのあいだの戸を
引き込めるようにすると
より部屋のつながりを確保できる

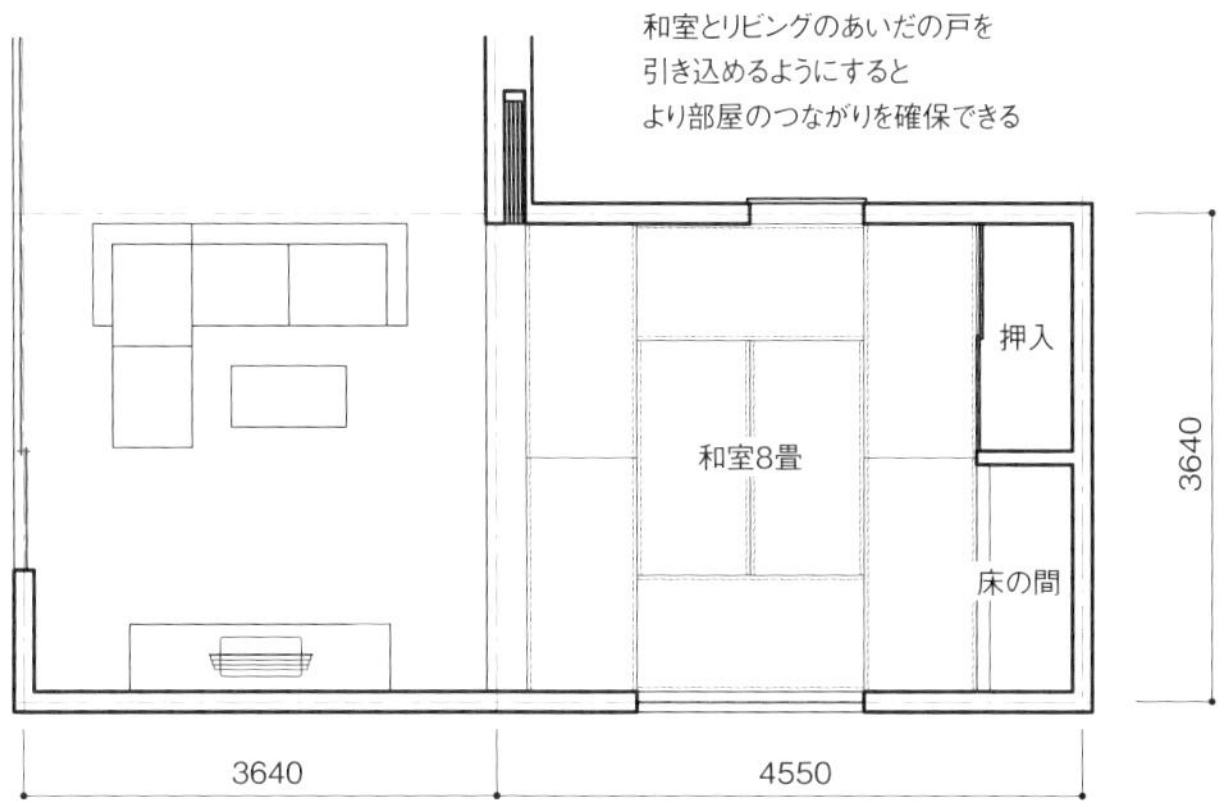

LD、寝室となる茶の間とキッチンをつなげた例。板戸を介してつながる。25cmほどある床の段差は、アイランドキッチンで飲み食いする時はベンチになったり子供のお遊戯の舞台になったりと大活躍

ダイニングからつながる、ごろ寝ができる小上がりの畳敷きリビング。来客時に布団を敷いて寝泊まりできるように下部に布団収納を設けている

リビングルームに琉球畳を敷いた例。畳はただ置いてあるだけなので、不要なときは座布団のように積んでおくことができる

和室を4枚の襖戸で仕切っている例。リビングと隣り合う8畳の和室は、和紙を太鼓張りした4枚の襖戸で仕切られる。普段は戸を戸袋に引き込んで開け放ち、リビングの一部として開放的に利用し、夜は戸を閉めて寝室となる。和室の床はリビングより12cm高くなっていて、空間の性格を緩やかに切り替えている。フラットに続く天井面は、鴨居上部に下げられた御簾越しに透けて見えている

モダンなリビングと床の間のある和室をつなげた例。色調や質感、格子のサイズやピッチなどを揃えることで、和洋の2室を違和感なくつなげている

COLUMN

仏壇は家族が集まる賑やかな場所に

仏壇の向きや配置についてよく質問されますが、地方や宗派によってさまざまな考え方があります。とくにこれといった決まりはないので、基本的にはお世話になっているお寺に意見をうかがうのがよいでしょう。ただ、トイレの横や陽当たりの悪い場所は生きている人間でも嫌でしょうし、人気のない仏間や客間も寂しいものです。西日が当たりすぎる場所では仏壇が痛んでしまうので、陽当たりが穏やかなリビングルームの一部など、家族がいつも居る賑やかな場所が適しているでしょう。また、神棚などとの混在も避けましょう。そのうえで造作家具などに組み込むなど、リビングとの調和も考慮するとよいでしょう。

和室の一部に設けられた、銀紙を貼った仏壇置き場。庭に向いた、陽当たりの穏やかな位置にしている

リビング＋ダイニング＋オープンキッチン

リビング[illegible]ル[illegible]キッチンの3つの部屋をまとめたLDKは、まとまった広い床面積を確保できるため、家全体の広がりに[illegible]だけでなく、より家族の一体感も得られます。ただし、[illegible]集まる場所なので、生活動線や物の置かれ方が煩[illegible]注意する必要があります

写真　一の橋のyas-house

■デザイン面で考えること

・仕上げをつなげる

落ち着いた一体の空間となるよう、なるべく同じ仕上げでまとめたいところです。食器棚やキッチンの面材は、既成の仕上げより、建具やリビングの家具と同じ仕上げにした方が空間に統一感が生まれます。ただ、キッチンやダイニングは床が汚れやすい場所でもあるので、全体的にある程度水に強くて拭きやすい床材が好ましいでしょう。コンロ前のパネルなど、ほかの部分と違う仕上げが出てくる場合がありますが、ほかの仕上げのクオリティーを下げないよう注意したいところです。壁にステンレス板を貼る場合は、下地を平滑にした上で1㎜厚程度のものを張るとベコベコしません。

・見せたくないものは隠す

LDKともなると、調理機器や食器、冷蔵庫やゴミ箱、テレビやオーディオ、本や書類など、あらゆるものが一つの空間に混在してきます。それらが表に出てくると煩雑になるので、適した場所に収納をしっかり確保し、見せたくないものは死角に置けるようにしましょう。

・キッチンとダイニングテーブル

一般にキッチンカウンターの高さは85㎝、ダイニングテーブルは70㎝なので、15㎝の差が生じます。それぞれが独立している分には問題ありませんが、キッチンカウンターがダイニングテーブルを兼ねる場合には注意が必要です。カウンター用の座面が高いスツールなどを置くことも多いですが、できれば普通の椅子で食事をしたいところです。そういった場合には、配管ルートに注意しながら、キッチン内部の床だけを15㎝下げて、床に段差やスロープをつけるとうまく収まります。

・キッチンの見え方を考える

人気の高いオープンなアイランドキッチンは、空間に広がりが生まれ、調理や片付けも皆でできたりと一体感が出ます。しかし、下ごしらえや生ゴミなども丸見えになってしまうので、キッチンを綺麗に保つのに神経を使います。一方、キッチンをオープンにしたいけれど汚くなるところを隠したいというケースも多くあります。その場合は手元や足元などが一部隠れるよう、収納などを使って工夫しましょう。

■機能面で考えること

・換気を考える

キッチンの煙や臭いがダイニングやリビングに広がっていかないよう、換気計画には十分に配慮する必要があります。とくに上昇気流の起きにくいIHコンロや、コンロの周りに壁のないアイランドキッチンは、給気ルートも含めて十分に検討しましょう。キッチンとリビングやダイニングとの境に垂れ壁を設けることによって、煙が広がりにくくすることも有効です。

・動線を考える

人が多く集まる部屋なので、動線が交錯しないように整理します。キッチンには玄関などから直接アプローチできる裏動線があると便利です。

LDKと寝室が一体となったマンションリフォームの事例。ワンルームでありつつも、床や天井の段差、梁などで各々の場がゆるく仕切られている

リビング+ダイニング+キッチン　参考プラン

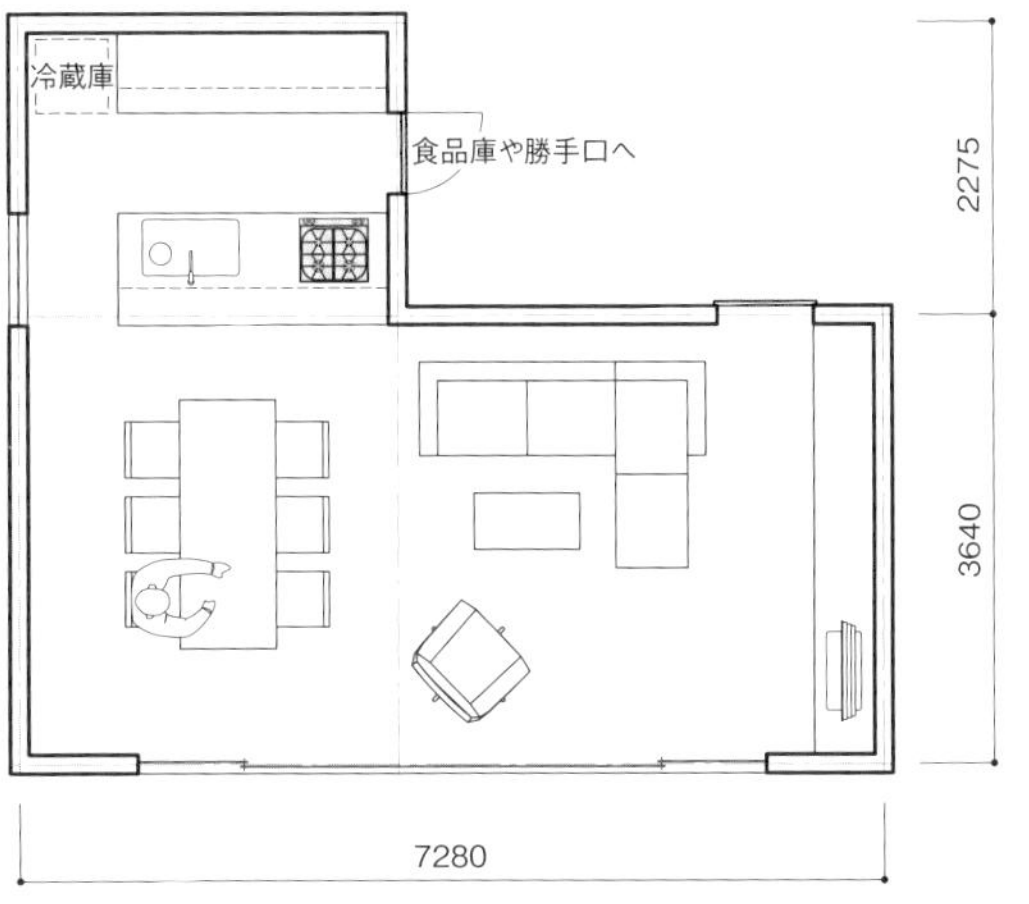

LDK断面図　キッチンとダイニングの床レベルが違う例

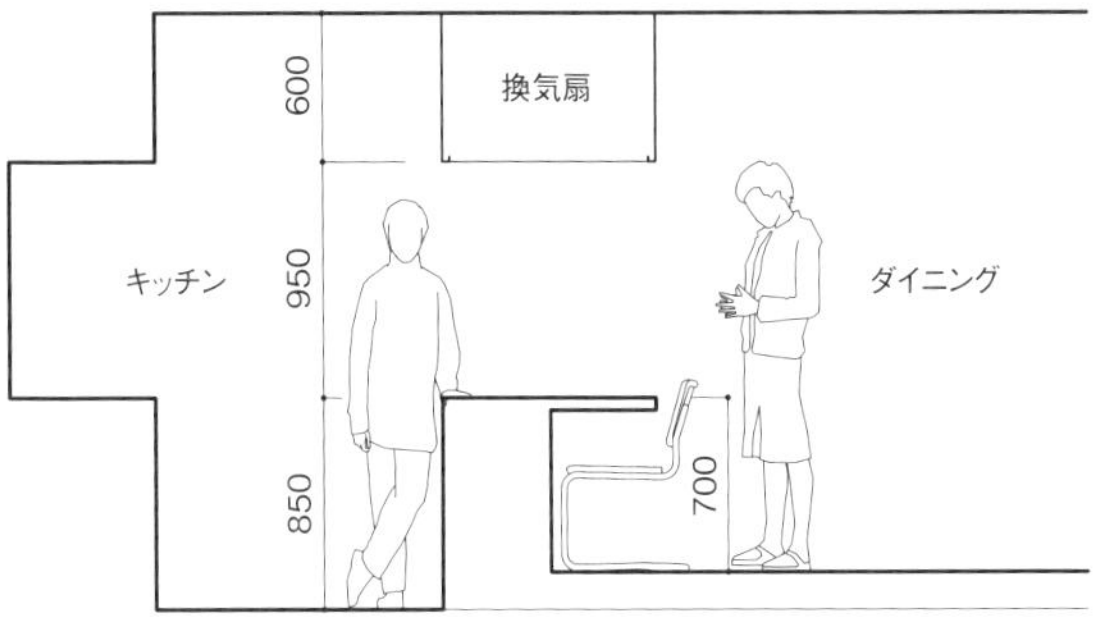

配管スペースを確保しつつキッチン側の床を150㎜下げると両室から使いやすいカウンター高さとなる

右と同じ間取りのマンションリフォームの事例。冷蔵庫置場とキッチンの手元が隠れる収納で、キッチンを少し隠している

左と同じ間取りのマンションリフォームの事例。こちらはオープンなアイランドキッチンになっている

キッチンとリビングダイニングの天井の高さにメリハリをつけ、家族が集う場を開放的で気持ちのよい空間とした

広くて開放的なリビングルーム。長い大理石のカウンター収納の先にキッチンがある。天井までの収納の奥には玄関やトイレもある

ひとつながりのLDK空間だが、中央に配置された階段室により、それとなくリビング、ダイニング、キッチンの各コーナーに区切られている

ng Room + Staircase

リビング＋階段・吹抜け

階段や吹抜けには、空間を立体的につなぐ効果があります。階段や吹抜けを階段室に閉じ込めず、リビングと一体化して、立体的な空間を楽しみ、上下階にいる家族の気配を感じましょう。階段は、見せ方次第でオブジェにもなるし邪魔者にもなります。木や鉄、コンクリート、ガラスなどを組み合わせて、降しやすく美しい階段づくりに挑戦しましょう

写真　つくよみの家

階段

■デザイン面で考えること

・透かせる

階段をリビングに取り込む場合、階段が透けていると、階段自体もリビングの空間として感じることができます。その際、階段をあまり厚ぼったく見せないことが圧迫感を減らすポイントです。

・上昇感や見下ろす感じを楽しむ

人が上る姿や天井や壁に吸い込まれていく様子、昇降する人の視界の変化が魅力的な階段にしましょう。

■機能面で考えること

・昇降しやすくする

蹴上・踏面の変化や、曲がる部分に段があると転びやすいので、階段のピッチは一定にし、無理に曲げないよう計画します。寸法は蹴上180㎜程度、踏面240㎜程度を基準に考えましょう。

・手摺を設ける

手摺がないと見た目は綺麗ですが、やはり危険です。しっかり握ることができ、かつ綺麗な手摺を考えましょう。手摺桟の形状やピッチもデザイン・安全面で重要です。

・段板を滑りにくくする

スリップして転倒すると危ないので、滑りにくい床材としたり、段板に溝を付けたりしましょう。

・音が出にくくする

鉄骨階段の場合、そのままだと歩く音がガンガン響いてしまうので、木を張るなどして吸音を考えましょう。

吹抜け

■デザイン面で考えること

・高さのメリハリをつける

すべての天井が高いと落ち着かない空間に、逆にすべてが低いと圧迫感が出てしまいます。吹抜けを設ける場合は、あえて低いところもつくり、落ち着きと開放感のあるバランスのとれた空間にしましょう。

・空を眺める窓を設ける

吹抜けがあると見上げるので、ハイサイドライトを設けると空の眺めが楽しめます。トップライトは、雨漏りしやすく、夏に暑くなるので、注意が必要です。

・立体的な面白さを作る

上部に読書コーナーを設けるなど、立体的に家族が集えると楽しいでしょう。

■機能面で考えること

・夏の熱を逃がす

吹抜けのある空間は、上階がとても暑くなります。天井際に熱抜きのための窓を設けましょう。

・冬は床暖房をする

吹抜けのある空間でエアコンの暖房をしても、暖かい空気は上昇して、下階が寒くなってしまいがちです。吹抜けを設ける空間の暖房には、輻射熱により上下の温度変化が少なくなる床暖房が適しています。

・電球の交換ができるようにする

高いところに照明をつけてしまうと、メンテナンスがしにくくなります。照明器具は手の届く範囲につけたり、交換が長期間不要なLED照明としましょう。

大屋根が架けられた大らかな内部空間。透けたデザインの階段を中心に、玄関・キッチン・階段のスペースをコンパクトに共有している。2階の引き戸を開けると、大屋根が連続した個室ともつながり、広がりが増す

片持ち階段の断面詳細

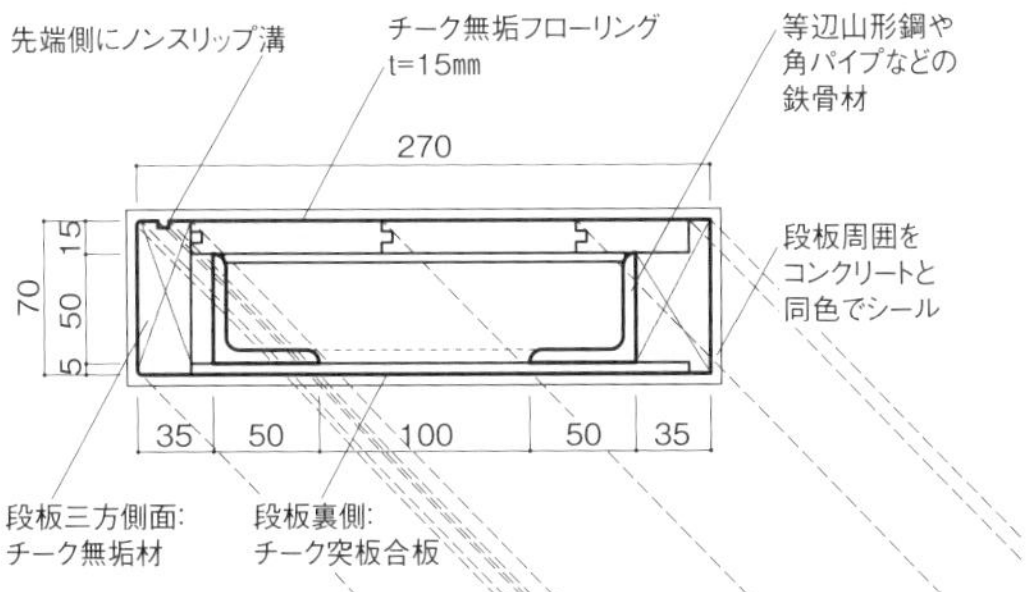

RC打放しの壁に設置された片持ち階段。鉄骨の芯材をRCの躯体にアンカー止めし、リビングの床材と同じチーク材で四方を包んで仕上げている。
階段手摺は細い鉄骨の笠木にステンレスワイヤーの横桟とし、なるべくその存在が見えないようにして、木の塊が宙に浮いているようなイメージで考えられている。
段板が厚いと重たく見えて宙に浮いている感じが損なわれるので注意が必要

リビングルームにある片持ち階段。階段スペースもリビングルームに取り込むため、片持ちの段板にして透けた感じを出している。壁のなかに入っていくような感じが上り降りを楽しくさせてくれる

天井のスリットへ吸い込まれるように上っていく片持ち階段。段板は室内の床材と同じもので仕上げ、一体感を保っている

特徴的なタイル張りの変わった階段。踊り場をはさんでカーブを切り替えている

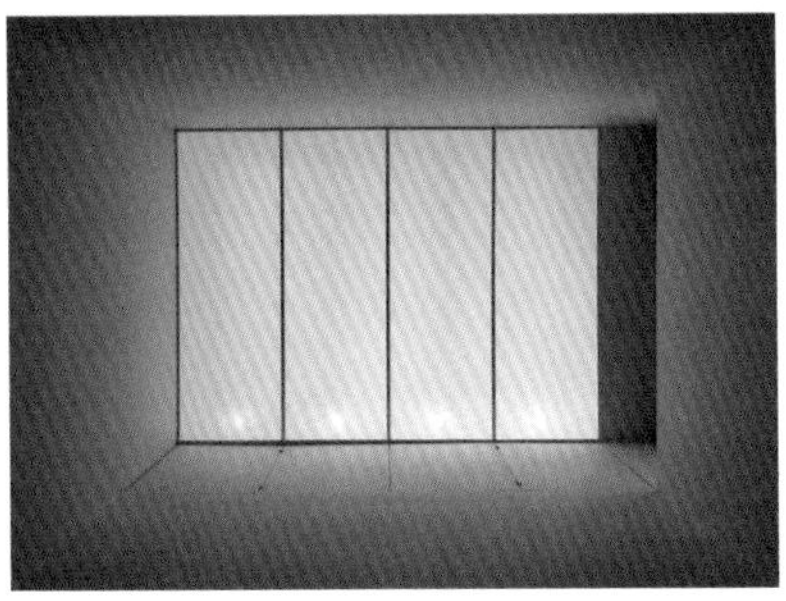

リビングルーム上部にあるトップライトを下から見たところ。上階は寝室やバルコニーとつながっている。天井は2重になっていて、あいだには照明が入れられている

コンクリート打放しの建物と一体化したシンプルな片持ち階段。段板の隙間から視線が抜け、重さと共に軽さも感じさせる

2階のリビングから、その上部の寝室につなぐ階段と吹抜け。階段横の縦長の大きな窓は街路樹を借景する

Toilet Room + Sanitary Room

トイレ＋洗面室

トイレのそばに洗面室を設けるタイプです。多くの場合は洗面室がトイレの前室となるため、落ち着いたトイレ空間になります。住宅のほかにも、レストランや公共施設などでこのパターンが多く採用されています。

写真　マホガニーハウス

■メリット

トイレの手洗いを洗面室の洗面台で兼用することができます。脱衣などの要素がない場合は、ゲストの化粧直しも落ち着いてできるので、パブリックゾーンに適した空間といえます。洗面室がトイレの前室となる場合は、トイレの気配がほかの部屋まで漏れにくく、プライバシーが守られやすくなるレイアウトです。トイレと洗面室を一体化して、洗面台のある広いトイレとする場合は、広々としたトイレになり、車椅子を使用する際にも便利です。

■デメリット

洗面室に人がいる場合、トイレが使いづらくなります。また、洗面台の前を通過してトイレに入るため、ほかにプライベート用の洗面室がない場合は、来客時などにゲストに生活感の漂うプライベートな場所を見られてしまいます。

■デザイン面で考えること

・質を高める

ゲスト用のトイレとして使う場合、ゲストは慣れない場所で緊張感を強いられ、周囲に目を配るので、デザインや質感にはこだわりたいところです。一般の部屋に比べると面積が狭いので、このような部分に多少高い建材を使っても全体のコストには大きく影響しませんし、壁との距離が近く、仕上げを身近に感じる場所なので、よい仕上げ材を使う効果が大きくなります。間接照明などの演出照明や花や小物を飾る場所を設けるのもよいでしょう。

・狭さを活かす

脱衣や洗濯などの機能が求められない場合、あえて狭く落ち着いた空間をつくるのに適しています。一般の部屋や廊下から洗面室、そしてトイレへと、扉を開けながらの場面展開を楽しむことができます。

・生活感を消す

普段使用しているとあまり気が付きませんが、洗剤や雑巾、トイレブラシやゴミ箱、昔よく見かけた布製の便座カバーやペーパーホルダーカバーなど生活感のあるものが置かれています。これらはゲストから見るとあまり気持ちのよいものではありません。隠せる物は収納のなかに収め、見えるところに置かれる物は綺麗な物にしたいものです。欲をいうと、換気扇やウォシュレットのコンセントプレート、コードなどもできるだけ隠して、スッキリさせましょう。

■機能面で考えること

・多少水に強い素材にする

仕上げは、トイレや洗面室に準じますが、尿や水の飛び散りがあるので、多少水に強く、拭き掃除にも耐え、それでいて質感のよいものを選びたいところです。

・スイッチに触らなくても明るくする

普段使い慣れていないゲストが使用する際、スイッチの場所を探して壁をべたべた触りがちです。ゲスト用にあらかじめ間接照明をつけておき、明るさを保った上で雰囲気よく迎えたり、人感センサーを使って自動的に照明がつくようにしたりすると、ゲストも迷わずにすみます。

トイレ＋洗面室　参考プラン1

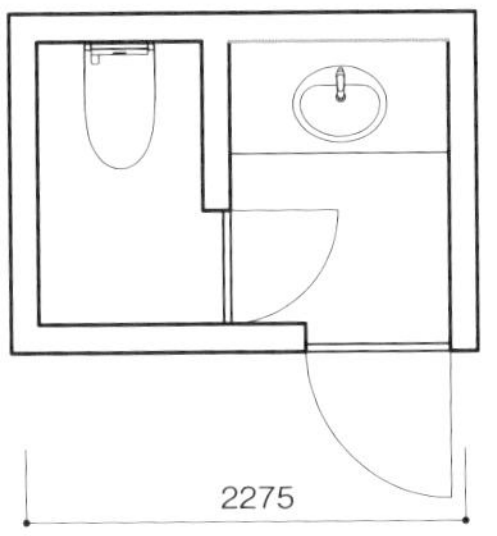

洗面スペースを通ってトイレに入るケース。同時使用が可能な、店舗などでよく見られるレイアウト。トイレを使用中でも洗面や手洗いを行えるが、用を済ませた後にドアノブを触ってから手洗いすることになるので、人によっては好まないこともある

トイレ＋洗面室　参考プラン2

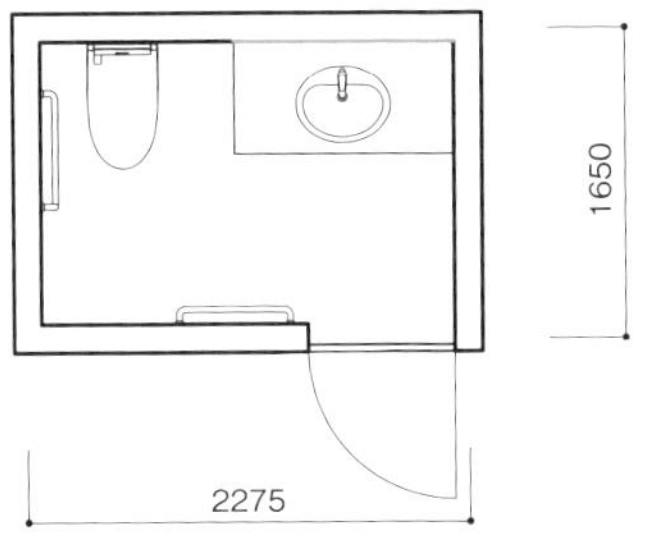

トイレと洗面スペースが一体となったケース。手洗い器の付いたトイレより、洗面もできる大きめのボウルや室内を広く確保しやすいため、車椅子の使用などバリアフリーのトイレにも有効なレイアウト

トイレ＋洗面室　参考プラン3

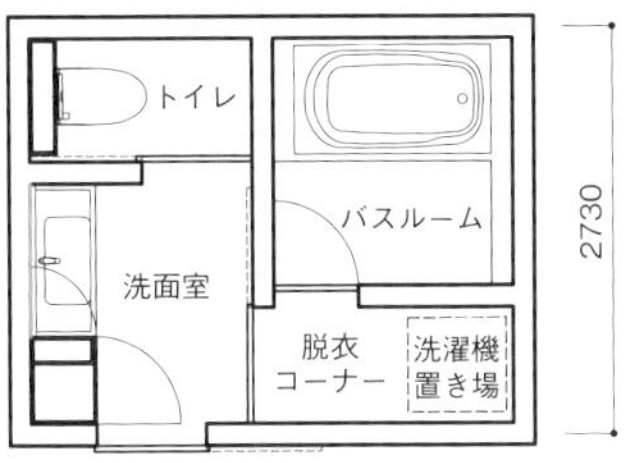

日常使いの洗面室の奥にトイレがあり、バスルーム～脱衣スペースを戸で分離したレイアウト。洗面室は生活感が出やすく、ゲストに見られたくない部分だが、収納をきちんと確保し、洗濯や脱衣スペースを分離することで、スッキリさせることができる。また、誰かがお風呂に入っていても、トイレや洗面を使える

洗面室の奥にトイレが配置された、飲食店などでも多く見られるレイアウト。
住宅の場合、パブリック用であればよいが、バスルームや洗濯スペースと兼ねる場合は収納を充実させるなどして美しさを保ちたい。写真左は、洗面ボウルが2つあり、同時使用が可能な広めの洗面室、写真右はボウルは1つだが、カウンターが広いため、2人並んでの使用も可能

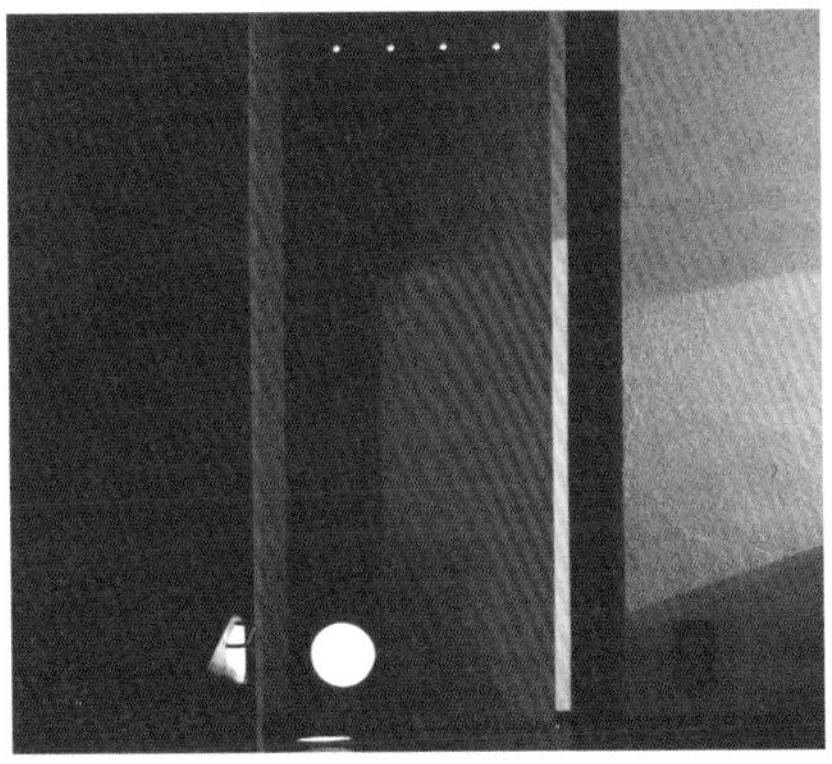

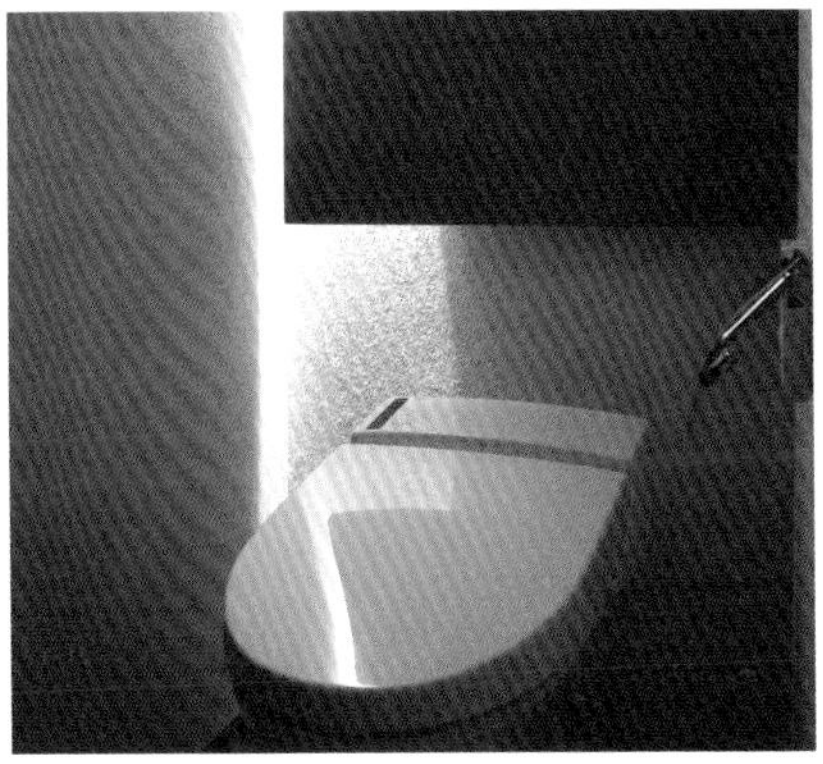

トイレの音や気配が直接ほかの部屋に伝わらないよう、洗面室を通ってトイレに入る動線。
バスルームへつながる脱衣スペースとの境にも引き戸を設け、お風呂に入る人とトイレに入る人とのバッティングを解消できる。写真は、廊下側から見た洗面室の入口（左）、壁掛タイプの洗面台とトイレへの引き戸（中）、間接照明により珪藻土の壁を照らしたトイレ(右)

トイレの気配がほかの部屋に伝わらないよう、水廻りの最も奥にトイレを配置。
バスルームと一体となった洗面室なので、バスルームまでゲストの目に入るが、壁面収納を設けて雑多なものがしまえるようになっている。写真は、洗面室の入口をダイニング側から見た様子（左）、細かなものがしまえる、三面鏡になる収納（中）、デザイン性の高い木製便座のトイレスペース(右)

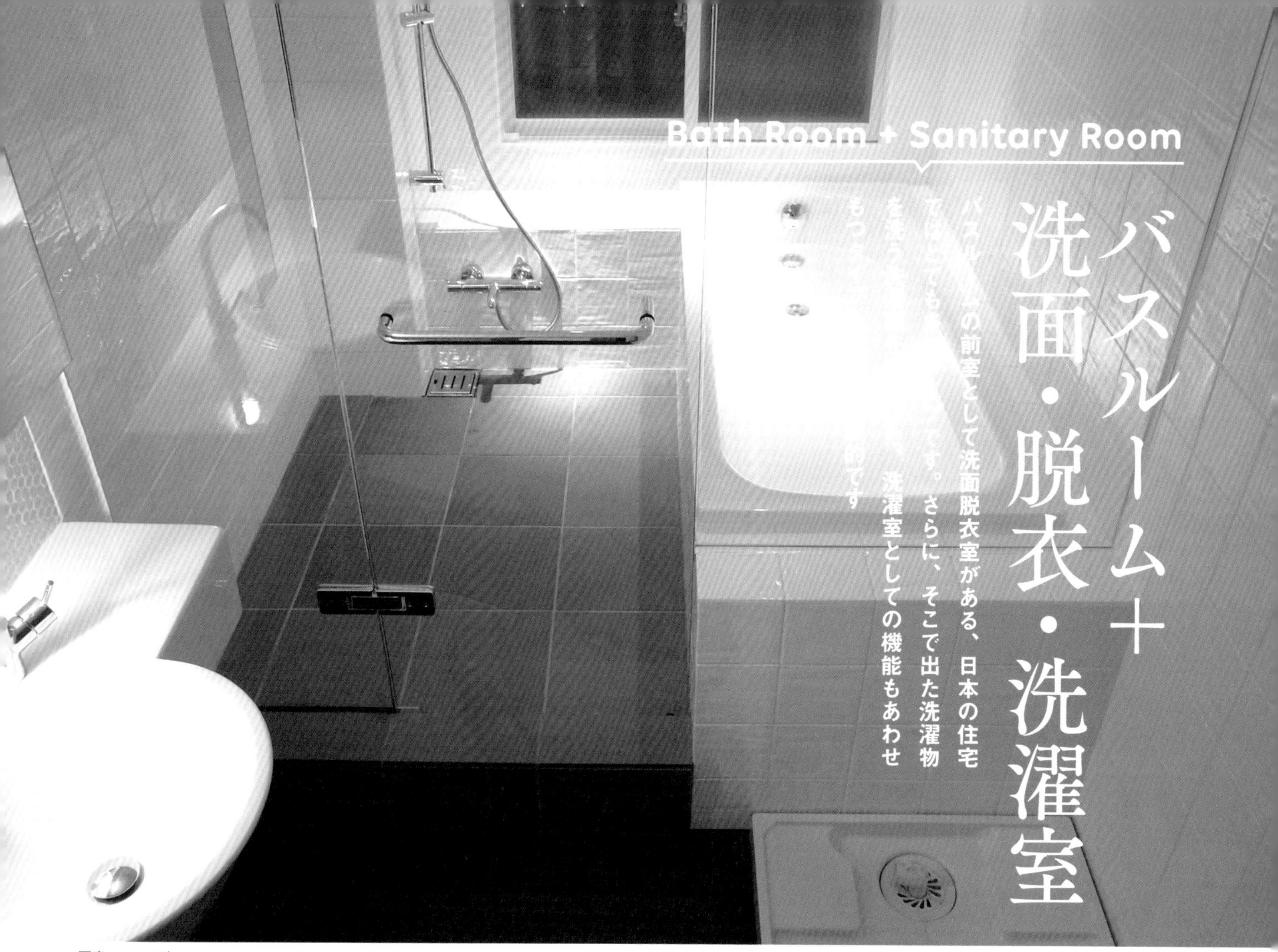

Bath Room + Sanitary Room

バスルーム＋洗面・脱衣・洗濯室

バスルームの前室として洗面脱衣室がある、日本の住宅ではとても[illegible]です。さらに、そこで出た洗濯物を洗う[illegible]洗濯室としての機能もあわせもつ[illegible]的です

写真　ニコハウス

■メリット

1つのエリアに浴室・洗面・脱衣・洗濯（場合によってはトイレも）の機能がまとめられるので、省スペースに貢献し、水廻りの施工範囲も集約され、コスト的にも、漏水対策的にも有効です。また、脱衣をして入浴するという人の動線と、脱いだ洗濯物をその場で洗うという衣類の動線が、非常に短くて効率的です。

■デメリット

家族の人数が多い場合、洗面する人や入浴する人、洗濯する人が鉢合わせする割合が増えてしまいます。朝の忙しい時間帯や夜のお風呂時間などは、譲り合いながら使用しなければなりません。

■デザイン面で考えること

・間仕切り壁を透過させる

洗面室との間仕切りを全面強化ガラスにしたり腰壁にすることで視線が抜け、実際以上の広がりを感じられます。強化ガラスにした場合は、120㎜厚程度必要な壁が10㎜程度で収まるので、物理的にも広くなります。なお、万が一ガラスが割れても破片が飛び散らないよう、強化ガラスの洗面室側に飛散防止フィルムを貼ることもあります。

・仕上げをつなげる

仕上げを同じ素材にすると一体感が出ます。そういった場合には、床はタイル張りになることが多いのですが、冬場は冷たいので、浴室にも使用可能なコルクタイルやサーモタイル張りとしたり、床暖房を入れると、冷たさが軽減されます。

■機能面で考えること

・排水計画

浴室の水が洗面室の床を濡らさないよう、浴室の洗い場と洗面室の間に排水溝を設けたり、段差を5㎝以上確保しましょう。また、床下に洗面や洗濯などの配管もくるので、床下の空間を十分確保しましょう。

・換気を十分に考える

入浴、洗面、洗濯と、非常に湿気が出やすい空間なので、換気をしっかりする必要があります。換気扇をつけるのはもちろんのこと、窓を介した自然換気も積極的に考えましょう。屋外に向かって窓が取れない場合でも、出入口のほかにもう1カ所窓を設けると、空気の流れが発生して、換気の効果が高まり早く乾きます。

・収納をしっかり確保する

歯ブラシや化粧品、洗剤や雑巾、タオルやバスタオルなど、多くの物をしまう必要があります。汚れた洗濯物を入れるためのカゴや洗った洗濯物を置く場所も必要です。習慣によっては、入浴後に着替えるための下着やパジャマをしまう収納場所も検討しましょう。

・浴室暖房乾燥機を使う

バスルームを乾燥機代わりにして物干し場とすることが多くあります。シーツのような大きな物も干しやすく、浴室内も乾燥するので、使う人にとっては便利な設備です。ステンレスの物干ポールなどをあらかじめ計画しておくと、見た目も悪くならず、スッキリ見せることができます。

バスルーム＋洗面・脱衣・洗濯室　参考断面図

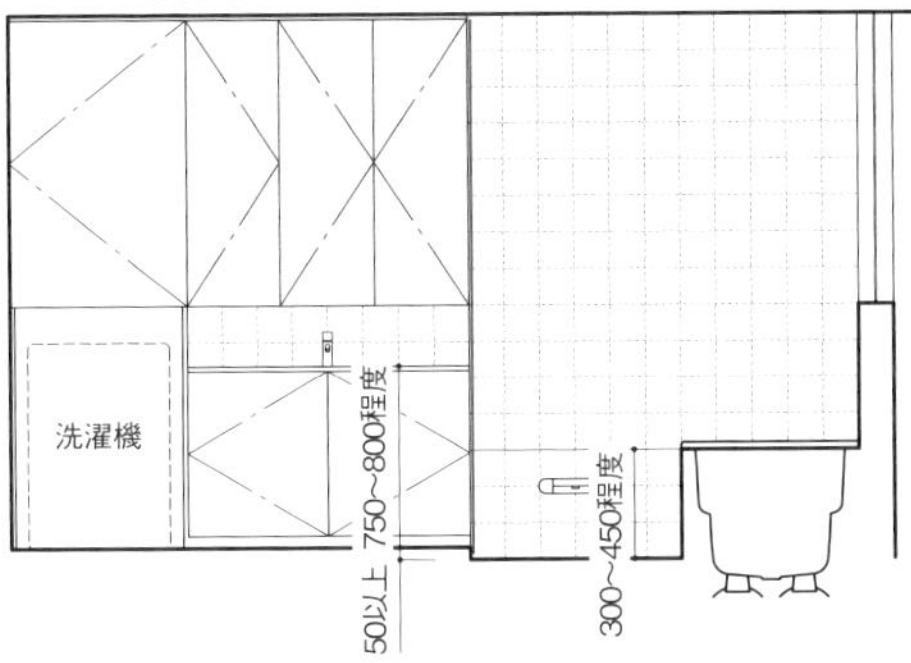

バスタブのエプロン高さ・洗い場の水栓高さ・洗面台の高さなど、使う人の身長に応じて 使いやすい高さが異なる。それぞれの使いやすい高さを押さえつつ、見た目がばらばらしないよう検討する

バスルーム＋洗面・脱衣・洗濯室　レイアウト例

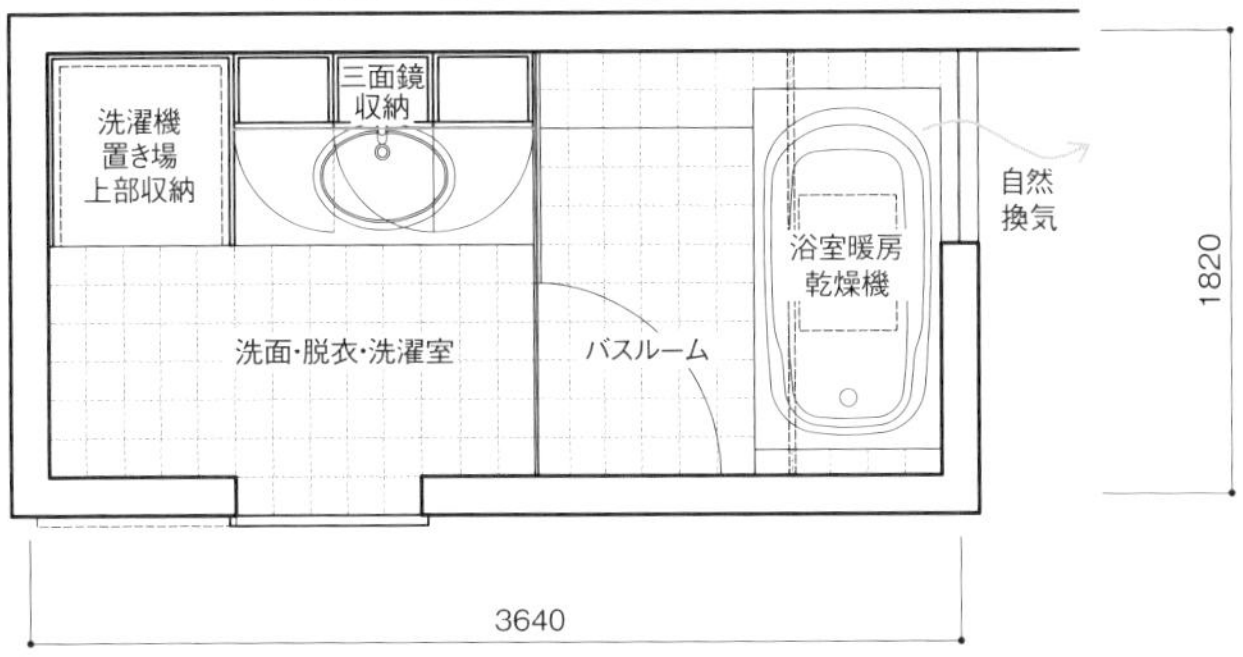

多くの用途が1つの空間にまとめられ狭くなりがちなので、ガラスなどの目線の通る間仕切りとしたり、仕上げを統一したりして実際以上の広がりが感じられるようにするとよい。また、必要に応じた収納量を確保し、ものがあふれないようにすることも大切

マンション内の浴室に設けられた換気用の窓と浴室暖房乾燥機。窓を開けることにより空気の流れが生まれる。暖房乾燥機を付けると大きな乾燥室になる

洗濯機置き場の寸法

以前は洗濯機の上に乾燥機を設置するスタイルが一般的だったが、最近は洗濯と乾燥が1台で行える洗濯乾燥機が主流となってきている。これにより洗濯機の上部を有効に使えるようになったが、洗濯機が大型化してきているので、設置寸法に余裕を見ておく必要がある。特に洗濯機用水栓は洗濯機とぶつかる可能性があるので、床から1,200㎜程度を目安に、少し高い位置に洗濯機用水栓を取り付けるようにするとよい

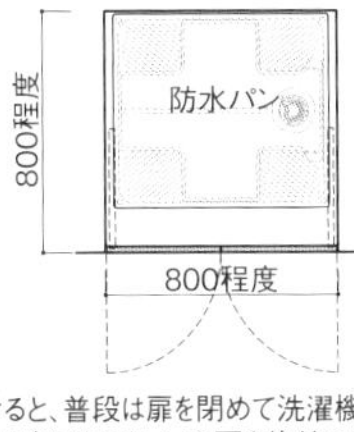

引込み戸を設けると、普段は扉を閉めて洗濯機を隠せ、洗濯するときは邪魔にならないよう扉を格納できる。ただし扉の厚みや将来の洗濯機の買い替えなどを見越して、なるべく余裕のある設置寸法を確保する

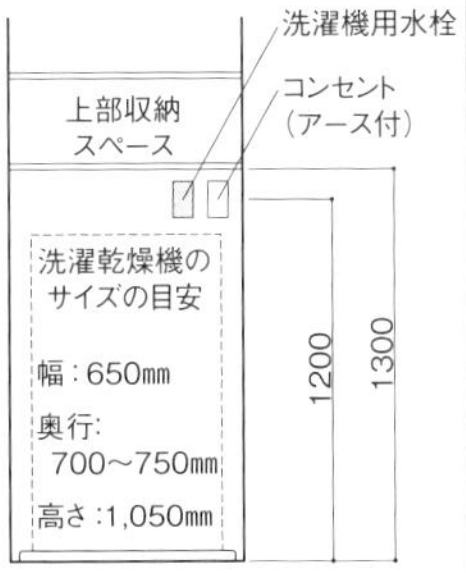

バスルームの内外の仕上げをつなげることで空間に一体感が生まれる。タイルもピッチを変えずに張ると違和感なく納まる

上は全面に鏡を貼って広がりを出している洗面室。下の洗面室は、鏡裏に収納を設け、その上は換気窓を設けて抜けをつくった例

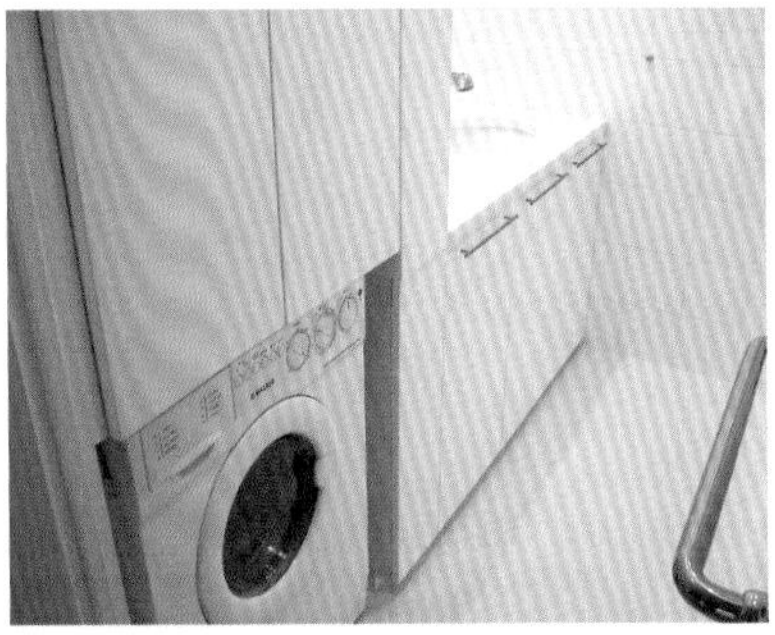

日本のドラム式洗濯機の場合、高さが洗面カウンターより高くなるので、家具に納める際は注意が必要。上部は収納スペースに使えるので便利

サニタリー＋寝室

Sanitary Room + Bed Room

トイレ・洗面脱衣・バスルームが一体になった空間と、寝室（個室）がつながったレイアウトは、シティホテルによく見られるタイプです。最近、住宅を設計する際にも、クライアントから「ホテルのスイートルームのようにしたい」とリクエストされることが多くなりました

■メリット

完全にプライベートゾーンに位置するため、お風呂につかって体を温めたあと、寒い廊下などに出て体を冷やすことなく、裸や下着、バスローブのまま寝室でリラックスすることができます。また、ベッドからトイレも近く、洗面台も気兼ねなく使うことができます。外出前や帰宅後の身支度がひとつながりの空間で行えるので、一連の動作がコンパクトになり、とても便利です。

なお、このタイプは同居型二世帯住宅で世帯間の生活時間帯が異なる場合でも、バスルームや洗面台を遠慮なく使えるので、有効な手段といえます。また、バリアフリーの観点から親世帯の寝室にミニキッチンやトイレを併設することもあります。

■デメリット

個室の快適性が増すので、リビングやダイニングでの家族の団らんが取りにくくなるといえます。また、トイレやバスルームが個室の一部に属するので、音が気になることもあります。ほかにもトイレなどの水廻りが必要になる可能性が高く、その分コストがかかり、掃除をする場所も増えてしまいます。家族が複数人いる場合、すべての個室にホテルのような水廻りを設けるのは、コストの面でも、掃除の面でも現実的ではありません。そのため、実際には個室に洗面台とトイレ、そして必要に応じてシャワーブースを設け、バスルームは家族が共有するものを1カ所つくるというレイアウトに落ち着くことも多いようです。

■デザイン面で考えること

プライベート性が高く、ほかに使用する人もいないので、水廻りと部屋との間仕切りをガラスにしたり、室内に開放したりすることで、水廻りも一体となった広がりのある寝室にできます。バスルームにいながら寝室のテレビを見たり、音楽を楽しんだりするなど、バスタイムの過ごし方もより充実したものにできるかもしれません。

また、趣味的な要素が強くなりますが、置き型のバスタブを寝室に置いて、部屋のインテリアの一部に取り込むスタイルもあります。洗い場で体を洗い、湯船につかる日本人にはなじみにくいかもしれませんが、輸入品にはデザイン性の高いバスタブも多く、個性的なインテリアとして活躍すると思います。なお、バスルームをインテリアの一部にする場合は、水廻りの景色がそのまま寝室のインテリアになるので、シャンプーやタオルなどのバスグッズにもデザイン性の高いものを選びたいところです。

■機能面で考えること

通常の水廻りに関する注意点のほか、ほかに寝ている人がいる可能性がある場合は、ドアに防音性をもたせましょう。また、開放的なバスルームとする場合には、水や湿気が寝室へ入り込みやすいため、より防水性や換気能力に配慮する必要があると同時に、寝室も湿気に弱い仕上げは避けた方が無難です。寝室にはクローゼットも置かれるため、自然換気でも空気が流れるように、適切な位置に窓を計画しましょう。

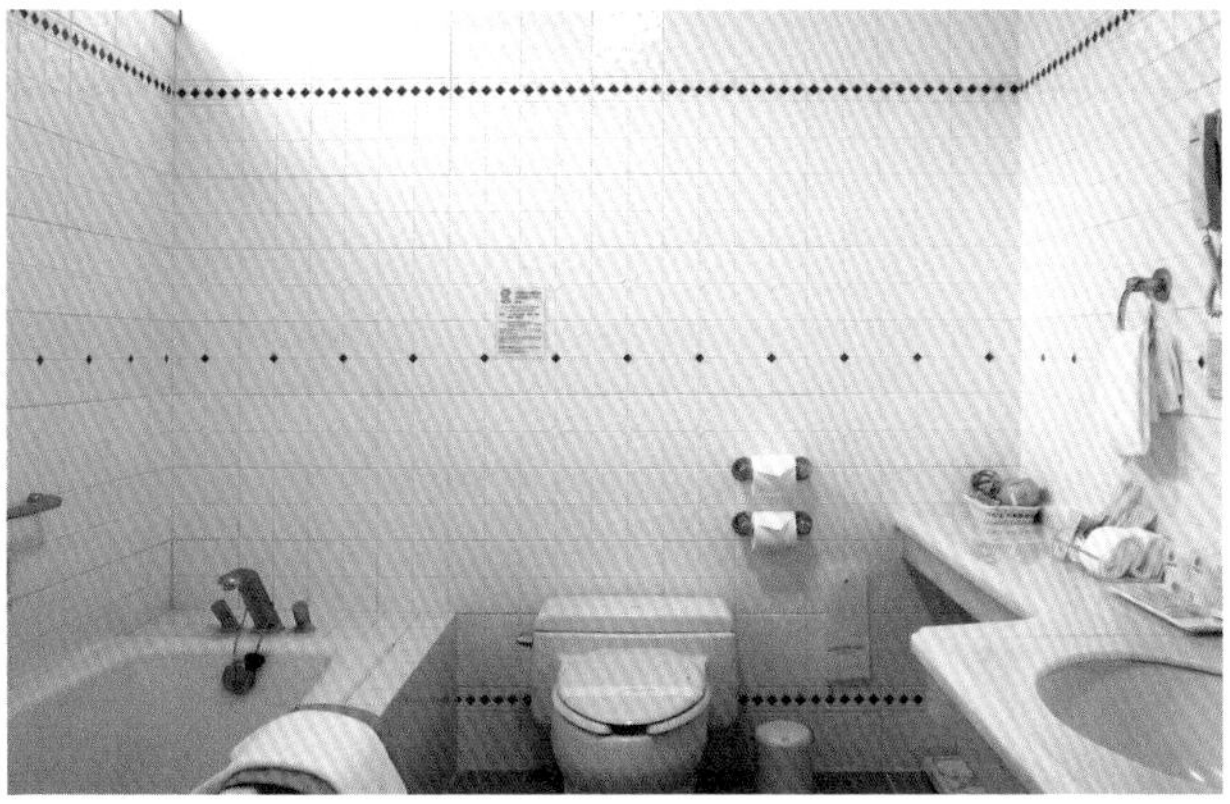

寝室の横に位置する、洗面、バス、トイレ、シャワー室が一体になった空間。ハイサイドライトから自然光が入り、バス水栓からは温泉が出る（箱根富士屋ホテル）

サニタリー＋寝室　レイアウト例

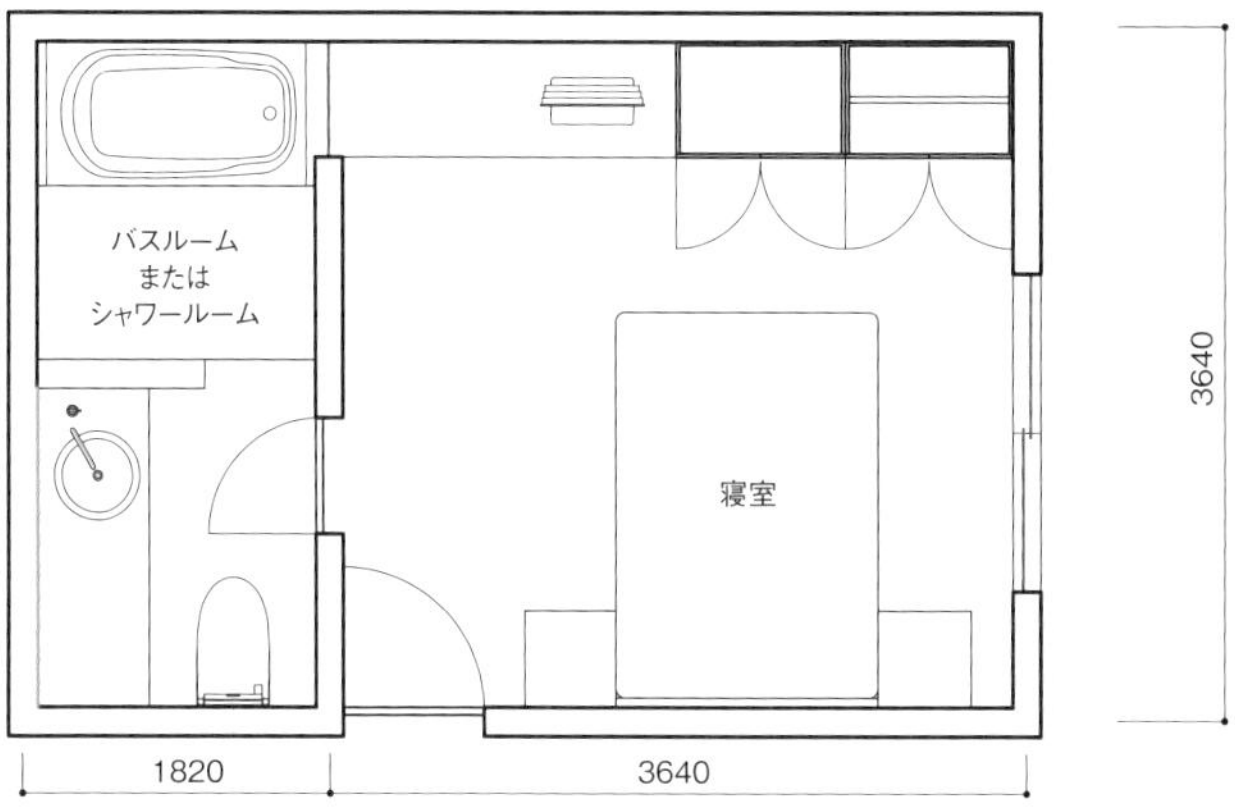

寝室のなかに木の箱のサニタリースペースが入れ子になっていて、ベッドのヘッドボードを兼ねているデザイン（POUSADA DE SANTA MARIA DO BOURO）

左写真の木の箱の内部は白い大理石がふんだんに用いられた、贅沢なサニタリースペースになっている（POUSADA DE SANTA MARIA DO BOURO）

スイートルームにあるスタンディングタイプのバスタブ。奥側は床から一面の窓で、外には夜景が広がるため、バスタブに浸かりながら空に浮いている感じが楽しめる。このタイプは周囲に掃除をするためのスペースが必要（メトロポリタン バンコク）

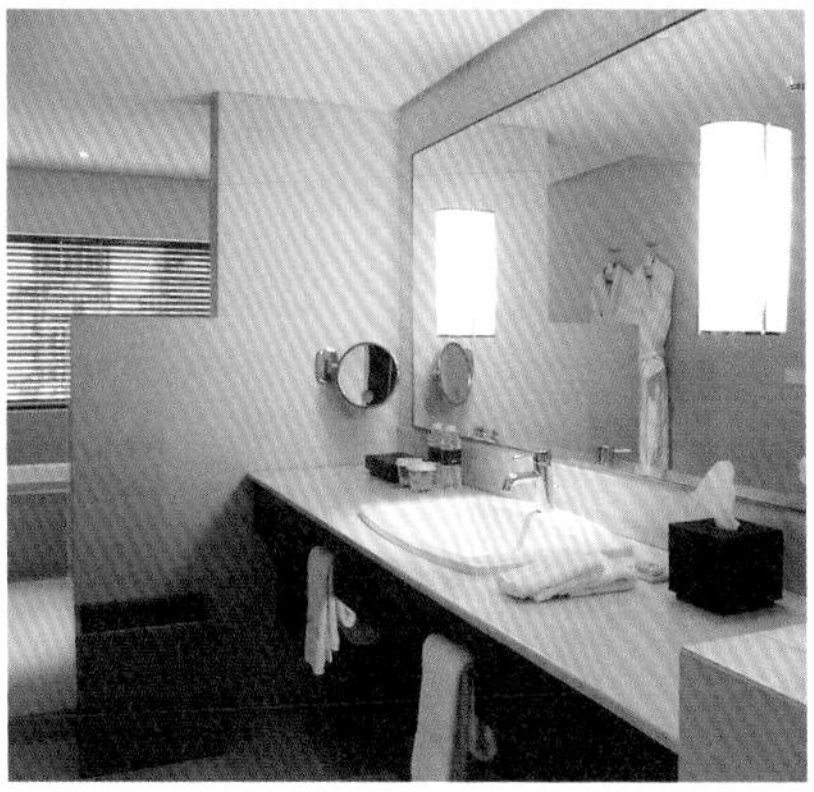

寝室の横にあるライムストーンで仕上げられた水廻りスペース。シャワーやトイレなどを絶妙な高さの腰壁でうまく隠し、天井付近は開放しているため圧迫感がなく、外の光も部屋の奥まで届く（メトロポリタン バンコク）

寝室と水廻りの境はガラスで、ブラインドを開ければ視線が通る。寝室のインテリアの一部としている（コンラッド東京）

寝室に隣接した洗面空間にトイレがオープンに置かれた住宅の事例。ガラスの右側はバスルーム

寝室から、扉を介して別空間の水廻りがつながっている。寝室天井は伝統的な石のドーム（Residencial Riviera）

寝室の横にあるシャワールーム＋洗面・脱衣・洗濯室。枠のないガラスで仕切られ、すっきりとしたデザイン

Sanitary Room + Terrace & Spot Garden

サニタリー＋テラス・坪庭

サニタリースペース（洗面脱衣・バスルームなど）とテラスや坪庭をつなげて屋外へ開くレイアウトです。「サニタリー＋寝室」がシティホテルタイプだとしたら、こちらはリゾートホテルタイプのレイアウトといえるでしょう。湯船につかりながら屋外の自然が感じられ、よりリラックスできる水廻り空間ができます。

写真　もみじの家

■メリット

半露天風呂が可能なので、湯船につかりながら窓を開けると風が吹き抜け、空には流れる雲が楽しめます。夜はお月見、のぼせたら夕涼みもできます。わざわざ露天風呂をつくらなくてもそれに近い感覚が得られる、とても贅沢なレイアウトです。風が抜けるので湿気がたまりにくく、すぐに乾くというのも魅力です。

サニタリーとテラスがつながるもう1つの利点として、入浴する際に出た洗濯物を洗面脱衣室の洗濯機で洗濯し、そのままテラスで干せるので、天日干しする際の動線が非常にコンパクトになります。

■デメリット

窓を大きくとると、浴室内が寒くなりがちで、結露も発生しやすくなるでしょう。また、防犯性に劣る可能性があるので、防犯ガラスを入れるなど、防犯対策を考える必要も出てきます。

■デザイン面で考えること

外とのつながりが大切なので、できるだけ景色のよい方向へ開きたいものです。窓を大きくすると、風通しもよく、露天感覚も増します。また、バスタブに浸かった状態の目線でよい景色が眺められるよう、効果的に開口部を設けるようにしましょう。

ただ、覗かれてはリラックスできないので、ほかからの視線を遮る必要があります。周りの目線が多い場合でも、空はたいてい開けているので、坪庭にして上方向へ空間を開くという手もあります。

■機能面で考えること

外は見たいけれど、外からは見られたくない。開くことと閉じることを同時に要求される難しい場所です。外部からの視線をイメージし、塀や建物、格子や植栽などをうまく配置して計画しましょう。意外と忘れがちなのが自分の建物のほかの部屋からの目線です。こちらも忘れずに検討しましょう。

坪庭を設ける場合は植栽も植えたいところですが、ただ壁で囲うだけではなく、日当りや通風、水はけも考慮しましょう。

テラスへつなぐ場合は、違和感なく出られるよう配慮したいものです。内外の床はなるべくフラットにし、洗濯カゴを抱えてテラスに出る場合もあるため、出入り口はある程度の幅も必要です。

洗面脱衣室に家事室（ユーティリティ）としての機能を充実させ、洗濯物をたたんだりアイロンがけのできるカウンターを設けたり、乾いた洗濯物をしまう収納棚を設けたりすると、より洗濯の動線がシンプルにまとまります。

温暖な気候の地域にあるリゾートホテルと違い、日本にはいろいろな季節があるので、寒い季節や虫の多い時期などのことも考慮する必要があります。たいていはサッシと網戸が入ることになると思いますが、サッシの桟がたくさん入ったり、枠が太かったりすると視界を邪魔して意外と気になるので、窓を開けた状態と閉めた状態、そして網戸の状態を考慮しながら、サッシの形状を検討しましょう。

サニタリー＋坪庭　断面図

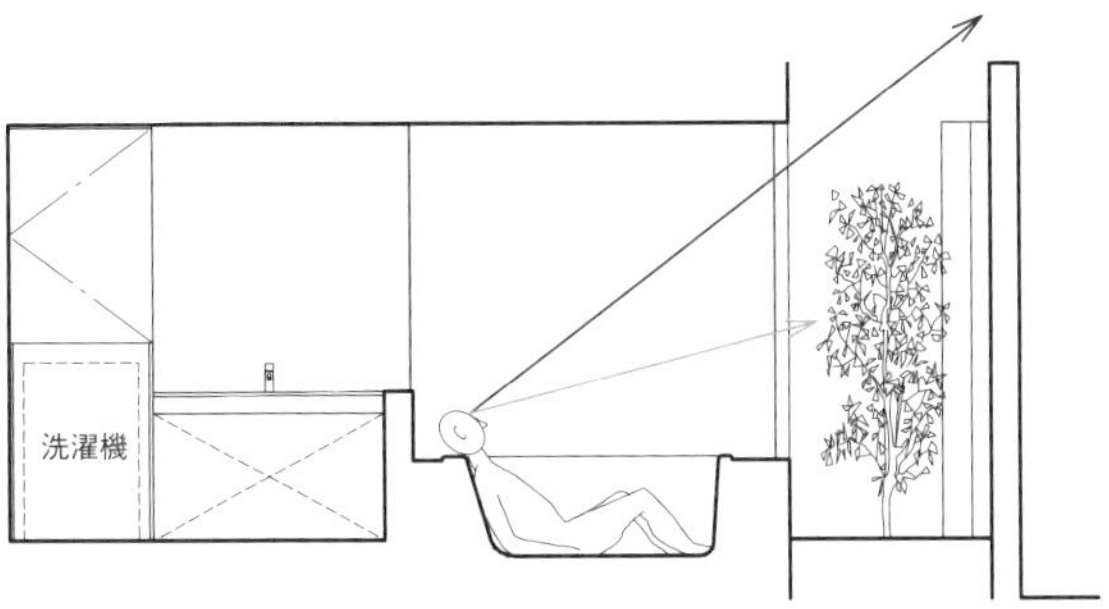

バスルームに面した専用の坪庭を設けると屋外へ大きな開口を開くことができる。植栽を眺めたり、月や夜空を眺めたりしながらのバスタイムも格別

サニタリー＋坪庭　レイアウト例

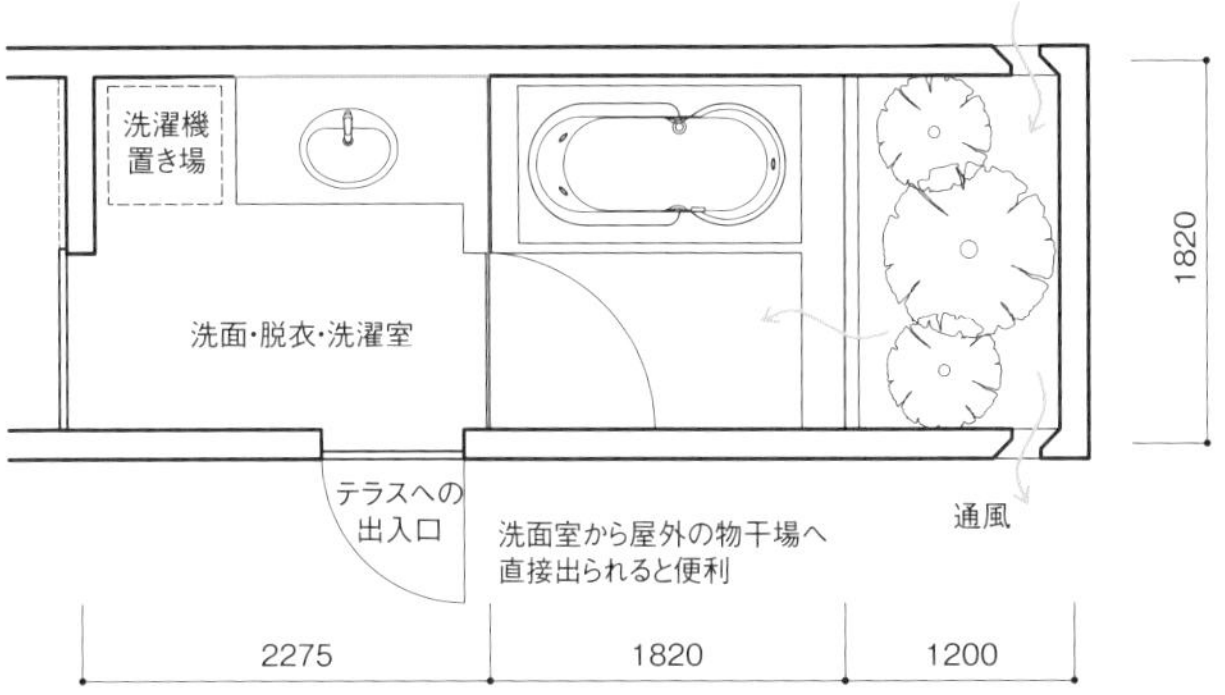

外から覗かれないよう目隠し壁で覆いつつ、風の通り道や植栽の日当たりを考える。坪庭の雨水の排水も忘れずに検討すること

ゆったりとしたサイズのバスタブをテラスに面してレイアウトした例（KRE[no.555一級建築士事務所]）

壁に囲まれ外からの目線が遮られた中庭に面するバスルーム。サーファーのご主人が、海から帰って外でシャワーを浴び、その足でお風呂に入れる

天井と浴槽、洗い場が窓を介して外に伸びていて、中にいても外を感じられて気持ちがいい。旅館の例だが、住宅にも生かせるヒントが沢山ころがっている

外部の水盤に面したバスタブ。体を沈めたときに水盤の高さに目線がくる（サイアムヘリテージホテル／渡辺慎一）

置き型のバスタブを設置したバスルーム。木製建具を解放すると外部と一体となる（フォーシーズンサムイ／渡辺慎一）

サニタリースペースとつながるバスタブ。周囲の環境を堪能できるリゾート（シーラ・エバソン・ハイダウェイ／渡辺慎一）

COLUMN

家庭用のサウナ

最近は家庭用の機器も増え、自宅にサウナを設けるケースも多くなってきました。

乾式のサウナ　フィンランド発祥のお馴染みのサウナ。熱した石で100℃程度まで空気を温める、高温で湿度が低いタイプです。どちらかというと男性好みで、サウナと水風呂をセットで計画される人もいます。石がかなり高温になり、低湿度のなかで汗を流すので、ヤケドと、脱水症状に注意が必要です。家庭用のサイズも販売されていて、1人用からありますが、2、3人用程度が使いやすいと思います。熱した石に水を掛けて蒸気を出す「ロウリュ」というタイプ（行為）もあり、ミストサウナに少し近くなります。

ミストサウナ　天井などに設置された機器から、細かい霧状の湯が噴射され、高湿度のなか、汗を流すタイプです。一般に、在来工法のバスルームにはあまり向かないようですが、ユニットバスには簡単に取り付けられる製品が出回り、気軽に付けられるようになりました。汗が蒸発しないため結構蒸し暑いのですが、湿度が高く肌が乾燥しないので女性に好まれます。ただし、部屋中がじっとり濡れ、カビが好む環境になるため、使い終わった後はしっかり換気をして乾かしておきましょう。

最新版！

照明設計ベーシック講座

住宅の昼の顔は自然光の入り具合に左右されますが、夜の顔をつくるのは照明です。夜間は家で過ごす時間が長く、心地よい照明でリラックスできる空間を演出したいところ。ここでは、機能的でくつろげる空間をつくる照明設計の基本をご紹介します。

■照明計画の基本

私たちは普段、光に照らされた物を視覚で認識しています。家で過ごすのは夜の時間帯がメインという人も多いと思いますが、日光のない夜間は人工照明に頼ることになるので、魅力的な空間になるよう照明計画を工夫しましょう。

LED 省電力かつ長寿命、安価になって演色性も向上し、照明の主流となりました。電球が重い、熱に弱い、調光器の相性に気を遣うなどの点に注意し、LEDをメインに照明計画をするとよいでしょう。

照明器具 器具を見せる場合はデザインや質感に配慮し、見せない場合は極力光源を目立たせず、光だけを感じさせるように工夫します。

明るさ（lm・lx） 電球の光の量はlm（ルーメン）で表し、60W形では810lm以上が目安です。照らされる面の明るさはlx（ルクス）で表し、数値は照明器具との距離や照射角度などにより異なります。

色温度（K） 炎や夕日のような暖色系の光は落ち着く色とされ、白熱灯は2700K程度で住宅の照明に適しています。日中の寒色系の光は仕事や勉強など活動的な状態に適しています。ちなみに、昼の太陽光は5500K程度です。

演色性（Ra） 100を最高とする光源の性質を示す数値です。数値が高いほど食べ物はおいしそうに、顔は綺麗に見えるので、暮らす場がより素敵になるよう、極力演色性の高い照明を選ぶとよいでしょう。

3 / 4 | 2 | 1

1　テープライトを用いてガラスのショーケースに浮遊感をもたせた。下段はお酒のボトルが置かれる予定で、バーのようにボトルを後ろから照らし、浮かび上がらせる(七里ガ浜のリップルハウス)

2　傾斜天井のLDKにLEDのダウンライトを設置した例。造作家具上下の間接照明と組み合わせ、部屋の雰囲気を変えられるようにしている(ミモザハウス)

3　飾り棚のニッチ上部の光源から壁面を照らした間接照明。周囲の白い壁面とガラスの天板に光が反射し、置かれた物を引き立たせる(目白のishi-house)

4　屋外照明にLEDを用いた例。電球の寿命が長く消費電力も少ないことから電球交換の手間が省け、夜間に長時間つける屋外照明にも適している(七里が浜のリップルハウス)

■照らし方

全体的に照らす　一般的なシーリングライトのような、光源はまぶしくなく、照らされる面にはフラット感が出る方法です。隅々までよく見えるので、見せたくない物まで見えてしまうかもしれません。

部分的に照らす　ダウンライトやスポットライトのように、物に陰影がついて立体的に見え、空間に奥行き感が出ます。光源がまぶしく見えないよう設置しましょう。

ピンポイントで照らす　視線が集中します。物を飾るニッチや飾り棚に適しています。

複数の方向から照らす　影や手暗がりができにくく、洗面やキッチンに適しています。

壁際から照らす　壁の凹凸を拾うので、テクスチャが際立ちます。余計な物まで照らされないようにしましょう。

光壁にして背面から照らす　多くの物は影に見え、透明感のあるものが透けて見えます。グラスやボトルが綺麗に見えます。

反射させて照らす　壁や天井、床に反射させると間接照明になります。水盤に反射させると揺らぎが映ります。

下から照らす　下に影が出ないので浮遊感が出ます。玄関や廊下などに適しています。

透かせて照らす　照明のフードや障子などが素材感を出しながら光ります。

極端に照度を上げる　ホワイトアウトして質感や雑多な印象を消します。

光源からの距離　遠くなるほど暗くなります。光が分散しないように狭角の照明を使用したり、照度を上げる必要があります。

部屋別解説 1

リビングの照明計画

リビングはリラックスや団らんを目的とする部屋なので、
夕日や炎の色に近い暖色系で柔らかい光が好ましいでしょう。
1つの照明で全体を明るく照らすより、間接照明やダウンライト、
スタンドライトなどを要所に配すると空間に自然な明暗ができ、奥行感も生まれます。
明るさだけでなく、暗さを楽しむことも意識した計画を心がけるとよいでしょう。
テレビを見るとき、お酒を飲むとき、接客時など、状況に応じて明るさが調節できるよう、
照明ごとの入切や調光ができると便利です

4	1	
	3	2

1 多灯分散照明によるライティング。
リビングとつながる手前のワークスペースが暗く落ちることで、夜間には存在を感じさせない(パインハウス)

2 夕方の様子。自然光と照明の光が混じり合い、ゆるやかなグラデーションを付ける(パインハウス)

3 午前中の様子。部屋全体にまんべんなく光がまわり、さわやかな雰囲気(パインハウス)

4 ホームシアターを備えたリビング。
画面前の照明のみ消灯できるようになっている(カリンハウス)

リビングにおける照明の注意点

設置場所	目的	適した器具	設置上の注意点	その他
天井	落ち着いた感じで 部屋の要所を明るくする	・ダウンライト	・天井裏に照明が入るスペースが必要 ・天井面がうるさくならないよう、位置を整理してレイアウトする ・吹抜けなど、天井が高い場合は向かない ・外の夜景を見せたい時はグレアレスにする	・煙感知器などとも配置を揃えたい ・天井に照明を設けないのも手である ・防犯のために留守番用スイッチとLED照明を設けることもある
壁際	空間を広く明るく見せる 絵画などを照らす	・間接照明 ・ウォールウォッシャーのダウンライト	・間接照明は、表から壁の隅や照明器具を見せず、ランプイメージが出ないよう配慮し、電球交換しやすい納まりとする ・壁の不陸やテクスチュアが際立つので、壁の施工を丁寧に	・風合いのある左官壁など、質感の高い仕上げほど照らしがいがある ・調光があると、明るさや雰囲気を調節できる
床	気分に応じて部屋の雰囲気を変える	・フロアスタンドライト	・あらかじめ照明を置く場所を想定し、コンセントを設けておく ・天井を照らして間接照明とすることもある	・器具自体をインテリアの一部として楽しむこともできる
テーブル上 ソファ付近	手元や顔を照らす	・テーブルスタンドライト ・スポットライト	・設計時に家具の配置を読み込んでおく ・付近に壁がない場合は、フロアコンセントや家具用コンセントを検討する	・調光があると、さまざまな場面に応じた雰囲気がつくれて便利 ・目立つのでデザインに配慮する

部屋別解説2

ダイニング・キッチンの照明計画

ダイニングは家族が集う部屋で、
食事のほか、勉強や作業をすることから、
暖かみと明るさのある照明が好ましいでしょう。
主にテーブル上を照らす演色性の高い照明があると、料理が美味しそうに見えます。
キッチンは調理作業をするため、一般の居室より明るさが求められる部屋です

ダイニングにおける照明の注意点

設置場所	目的	適した器具	設置上の注意点	その他
天井	器具の存在を 感じさせずに 空間を明るくする	・ダウンライト	・天井裏に照明が入るスペースがあること ・吹抜けなど、天井が高い場合は向かない	・リビングやキッチンと空間がつながる 場合は連続感を大切にする
テーブル上	料理や顔を照らす	・ペンダントライト ・スポットライト	・設計時にテーブルの配置を読み込んでおく ・ペンダントは照明とテーブルの相性を考え、 大きさや設置高さ、形状のバランスを図る ・重量のあるシャンデリアなどを 設置する場合は、天井の下地を補強する	・料理が美味しそうに見える 演色性の高い照明は食卓上におすすめ

4 / 5	3	2	1

1 ダイニングテーブルの上にペンダントライトを吊るし、吊り戸棚の上下とブラインドボックス上に間接照明を設けている例（溝の口のオークハウス）

2 L型キッチンの照明例。食事スペースを兼ねているので演色性のよいハロゲンランプを用いている（パインハウス）

3 ダウンライトを整列させたオープンキッチンの照明例。手元灯としても機能するよう、カウンター面までしっかり明るさが届く器具を選定。背面収納のニッチにはテープライトをおさめている（等々力のkent-house）

4 カウンター上のスポットライトと折り上げ天井の間接照明で照らした例（元麻布のウォールナットハウス）

5 ペンダント照明、ダウンライト、蛍光灯を使い分けたダイニング・キッチンの事例（K邸、設計：創建舎）

キッチンにおける照明の注意点

設置場所	目的	適した器具	設置上の注意点	その他
天井	手元や食器棚の中など、明るさの必要な場所を照らす	・ダウンライト ・シーリングライト ・スポットライト	・まな板の上で手暗がりにならないようにする ・シーリングライトなど天井面から突出する器具は、家具の扉があたらないよう注意する ・食器棚の内部にも光が届くよう、配置を工夫する	・ダウンライトは収納扉のピッチに合わせて配灯すると、空間がすっきり納まりやすい
吊戸棚の下 作業台の壁	手元を照らす	・手元灯	・器具の存在が目立たないよう、スリムな器具を選び、吊戸棚の扉の裏側に隠すようにする	・吊戸棚の下の手元灯は、調理をする手元が明るくなるよう、手前側に設置するとよい
換気フード内	コンロ上の調理中の食材を照らす	・防湿形ダウンライト	・熱に弱い器具や、汚れが落としにくい器具は避ける	・既製のレンジフードには照明が内蔵されていることが多いが、演色性が低いものが多い

部屋別解説3

洗面・浴室の照明計画

洗面／脱衣室では、鏡を見ながら、化粧をしたり顔や髪型をチェックするので、主に鏡の前が明るくなるように配灯します。洗面ボウルの両側に照明をつけ、2方向から顔を照らすと、顔に陰が出にくくなります。その際、顔色が悪く見える青白い色の照明は避けたほうがよいでしょう。浴室は防湿形の照明器具を使う必要があります。光源は蛍光灯、LEDなどさまざまですが、リラックスして入浴できる暖かみのある光が望ましいでしょう

浴室における照明の注意点

設置場所	目的	適した器具	設置上の注意点	その他
天井	器具の存在を感じさせずに空間を明るくする	・防湿形ダウンライト	・天井裏に照明が入るスペースがあること ・換気扇や浴室暖房乾燥機などの設備と位置を調整する ・体を洗う際に明るく見えるようにする	・バスタブの真上に高演色性で狭角の照明を設けると、ゆらいだ光が美しく見える
壁	顔や身体を照らし、空間を明るくする	・防湿形ブラケット	・タイル割に照明の位置を合わせると、空間がすっきり納まりやすい ・シャワーや扉にあたらないように注意する	・バスルームでひげを剃ったり体型をチェックする人には、鏡と共に設置すると喜ばれる

4	3	2	1

1 三面鏡の上下に間接照明を設置。顔を上下から照らし、三面鏡を軽やかに見せている（大倉山の俳人の家）

2 鏡に映った照明のラインが整っていると、天井や光がうるさくならない（七里ガ浜のリップルハウス）

3 浴槽の真上から演色性が高く角度の狭い照明を当てると、水が美しく見える（七里ガ浜のリップルハウス）

4 ダウンライトと三面鏡の上下の間接照明、拡大鏡で照らしている（鷹番の交代浴の家）

洗面／脱衣室における照明の注意点

設置場所	目的	適した器具	設置上の注意点	その他
天井	収納や洗濯機の中など、明るさの必要な場所を照らす	・ダウンライト ・シーリングライト	・換気扇の位置と調整する ・後から設置される乾燥機などと位置がかぶらないようにする	・洗濯機の内部も見やすいよう、照明の位置に配慮する
鏡の両側	顔を照らす	・ブラケット（電球色〜昼白色） ・間接照明	・鏡とのバランスを見ながら、顔に陰が出にくいよう位置や数を検討する ・昼白色だけでは顔が青白く見えてしまう	・女優鏡のように、両側から複数の照明で照らすと顔が綺麗に見えるが、白熱灯だとかなり暑くなるので演色性の高いLEDを採用したい
吊戸棚の下	顔や手元を照らす	・家具用ダウンライト ・直付け照明 ・手元灯	・吊戸棚の下に隠すように器具を設置したつもりでも、鏡に映って見えてしまうことがあるので、実際の目線を考えながら検討する	―

部屋別解説4

トイレの照明計画

**トイレはリラックスして用を足せるよう、
落ち着きのある照明が好ましいでしょう。
来客時に人目につきやすい部屋なので、
もてなしの場となるような照明も計画しておきたいところです。
長時間使用する部屋ではないので、蛍光灯は避けたほうがよいでしょう**

トイレ収納の下部に間接照明を組み込んで柔らかく照らしている（代官山のオークハウス）

鏡の裏側に間接照明をしこんだ手洗い照明。モザイクタイルの凹凸により陰影のある光が生まれる（目白のishi-house）

トイレにおける照明の注意点

設置場所	目的	適した器具	設置上の注意点	その他
天井	器具の存在を感じさせずに空間を明るくする	・ダウンライト	・天井裏に照明が入るスペースがあること ・換気扇の位置と調整する ・深夜に明るすぎると目が覚めてしまう ・掃除の際に部屋の隅まで見えるよう配慮する	・手洗カウンター付近は、化粧直しができる程度の明るさを確保する ・新聞や本を読んだりする場合は照度を確保する ・自動的に入切する人感センサースイッチにするケースもある
壁	空間を広く明るく見せる、絵画などを照らす	・ブラケット	・狭い部屋なので、人の頭にぶつからないか、扉があたらないかなどを確認する	・天井面に照明が設置できない場合は、壁に設けることを検討する
造作収納など	来客時や、夜間の常夜灯として、長時間ほのかに灯す	・間接照明（電球色LED）	・トイレットペーパー収納と合わせて計画するとよい ・間違えて入切しないよう、主照明とは別の位置にスイッチを設ける	・主照明の他に常時つけておける補助照明があると、来客時、スイッチの位置が分からず壁をベタベタ触られるのを防げる

部屋別解説 5

寝室の照明計画

**寝室で必要になるのは主に就寝前に灯す照明なので、
身体が休まる暖色系の照明が望ましく、
光がきつい照明は避けたほうがいいでしょう。
ベッドサイドにスタンドを置いたり、
間接照明で柔らかい光を演出するのもおすすめです。
常夜灯の必要性も検討します**

1 リラックスして過ごすために、極力光源が目に入らず、落ち着いた電球色のものを選びたい

2 間接照明とスポットライトで最小限の灯りをとる計画。背景の板張りの壁がくつろぎ感を強調する（K邸、設計：寛建築工房 溝部公寛）

3 カーテンボックスの上に間接照明を設けて寝ている目に直射光が入らないようにしている（溝の口のオークハウス）

寝室における照明の注意点

設置場所	目的	適した器具	設置上の注意点	その他
天井	器具の存在を感じさせずに部屋の要所を明るくする	・ダウンライト	・天井裏に照明が入るスペースがあること ・天井面がうるさくならないよう、位置を整理してレイアウトする ・ベッドに横たわった状態で光源が目に入らないよう配慮する	・天井に照明を設けないのも手である ・クローゼットがある場合は、その付近に洋服を選べるだけの明るさを確保しておく
壁	空間のアクセントとする	・ブラケット	・設計時にベッドやタンスなどの家具の配置を読み込んでおく	・常夜灯など、ほのかにつけておく補助照明としても有効
床	気分に応じて部屋の雰囲気を変える	・フロアスタンドライト	・あらかじめ照明を置く場所を想定し、コンセントを設けておく	・器具自体をインテリアの一部として楽しむこともできる
ベッド付近	手元を照らす 常夜灯として使う	・テーブルスタンドライト ・ブラケット	・設計時にベッドの配置を読み込んでおく ・ベッド付近で入切できるようにする	・常夜灯とするほか、ベッドで本を読む時などにも対応できると便利

部屋別解説 6

書斎・玄関 / 廊下の照明計画

書斎では細かい字を読み書きすることから、
コントラストが強すぎない柔らかい光で、デスク上を照らすようにします。
事務的な作業が多い場合は昼白色の蛍光灯が適しています。
玄関や廊下は滞在時間が短いので、
照度が出るまでに時間がかかる蛍光灯よりLEDが適しています。
人感センサー付きにすると両手に荷物を持っていても点灯し、
消し忘れの心配もないので安心です

書斎における照明の注意点

設置場所	目的	適した器具	設置上の注意点	その他
天井	デスク上など部屋の要所を照らす	・ダウンライト ・スポットライト	・本棚から本を出す際に邪魔にならない位置に設置する	・スポットライトは必要箇所を適宜照らすことができて便利
デスク上	手元を照らす	・デスクスタンド	・必要箇所にコンセントを設け、そこからの配線が邪魔にならないよう配慮する	・事務作業が多い場合は、活動時の日光の色に近い昼白色が適している
吊戸棚の下	手元を照らす	・手元灯	・まぶしくないように、扉などで光源が見えないようにする	・暗がりができないようにする

4	3	2	1

1 玄関の照明例。ダウンライトのほか、靴箱収納の下部と中段のカウンター、上部にそれぞれ間接照明を設けている（つくよみの家）

2 書斎の例。ダウンライトとカーテンボックスに仕込まれた間接照明でカーテンを照らしている（つくよみの家）

3 廊下照明の事例。廊下の奥に鏡張りの引き戸があり、空間の広がりを与えるとともに、ダウンライトが等ピッチでつながるように見せている（等々力のkent-house）

4 玄関の収納カウンター上に横から照らす間接照明を設けた例（溝の口のオークハウス）

玄関／廊下における照明の注意点

設置場所	目的	適した器具	設置上の注意点	その他
天井	器具の存在を感じさせずに空間を明るくする	・ダウンライト	・天井裏に照明が入るスペースがあること ない場合はシーリングライトなどになるが収納扉とあたらないようにする ・吹抜けなど、天井が高い場合は向かない	・階段の吹抜けにペンダントライトを吊るす場合もあるが、地震時に大きく揺れやすいので注意
壁	足下を照らす	・フットライト	・壁に照明が入るスペースがあること	・省電力のLEDで常夜灯にする場合もある
下駄箱などの造作収納	置物などを照らす	・家具用ダウンライト ・間接照明	・玄関では床の段差によって目線の高さが変わるので、吊戸棚の下などに照明を隠す場合、見えてしまうことがあるので注意が必要	・玄関収納などのカウンター上に花や物を飾る場合、ライトアップ用の照明があるとよい ・家具の扉を開けると内部を照らす照明もある

ハードウェア解説 1

住宅で用いられる照明器具

**住宅に用いる照明器具は実用的な要素が強い傾向があります。
空間全体を照らす照明器具と狙った部分のみを照らす
照明器具を組み合わせつつ、不足部分を自由に増減でき、動かすことのできるスタンドライトで補うのが基本になります**

ダウンライト

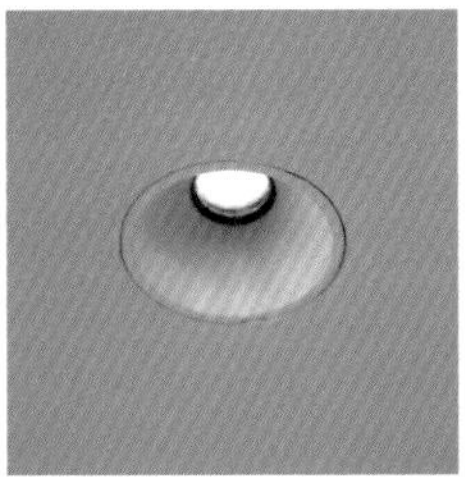

最近はφ50などの小径で演色性が高いものが増えており、調光のほか調色ができるものも多い

スポットライト

角度や向きが変えられるものが多い。明るさや照射角は電球による

シーリングライト

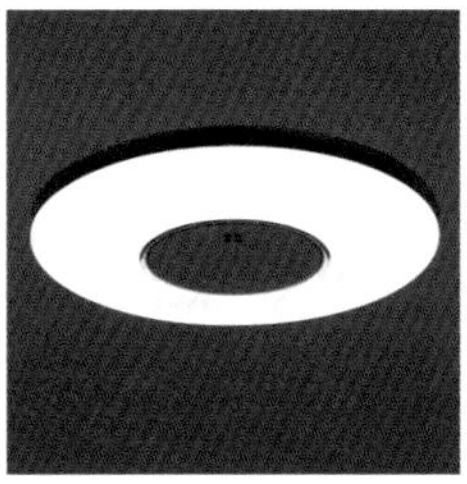

大きなものが多いので、シンプルなデザインをベースに選びたい

ペンダントライト

非常に目立つので、インテリアの主役となるようなものを選びたい

ブラケット

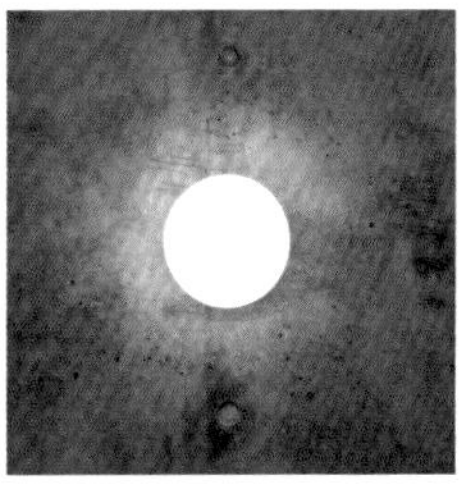

デザインに配慮しながらぶつからないようにも注意する

フットライト

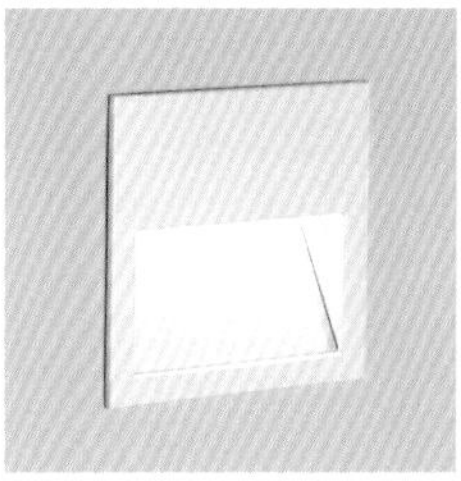

夜間に長時間つけるので、明るさセンサー付きのLEDがよい

スタンドライト

照明は少なめにしてスタンドライトで光を補うと、インテリアの深みも増す

建築化照明（間接照明など）

照らす場所に配慮すると共に光源が見えないようにもする

調光器

ロータリー式やタッチパネル式などの種類がある。器具のLEDに対応した調光スイッチを選ぶ

■ダウンライト
天井に埋め込まれ、下方を照らす照明。天井裏にスペースがある場所で、落ち着いた雰囲気を出したいときに用いられる。器具が表に出ないので、扉と干渉しない利点がある。向きを変えて照らせるユニバーサルタイプもある。

■スポットライト
部分的に照らす場合に多く用いられる。器具自体が露出していて首を振るものが多く、ライティングダクトと共に使うことで、照明の数や明るさを簡単に変えられたり、照らしたい場所の変化にも対応しやすい。

■シーリングライト
天井面に直接つける照明。部屋が均一に明るくなる。風情に欠けるが、作業をする場所に適している。引掛けシーリングに直接つけられる薄くて大きなタイプが多いが、筒型のダウンライト的なものなどもある。

■ペンダントライト
天井面からヒモなどでぶら下げる照明。天井の高いところやテーブルの上など、人の邪魔にならないところが適している。目立つために器具選びもこだわりたい。

■ブラケット
壁面につけ天井や床、壁を間接的に照らす照明。玄関やトイレ、浴室に用いることが多いが、居室でも部屋の補助照明として使われる。人にぶつからないよう、取付高さや壁からの出の寸法に注意。

■フットライト
廊下などの壁面下方に埋め込んで床面を照

照明器具の特徴

設置場所	目的	光の特徴	適用場所	値段	採用上の注意点	その他
ダウンライト	・落ち着いた雰囲気の空間にする ・床面を部分的に照らす ・天井から突起物を出さない	・天井から下方に照らされる ・天井面は暗くなる	・ほぼ全室 （ただし、天井裏にスペースがあるところ）	1千円〜 2万円程度	・天井に並べた際のバランスもデザインする ・夜景を見る場所はグレアレスにする	・照射角度が広角のものから狭角のものまで各種ある
スポットライト	・対象を部分的に照らす ・照明の向きを変える	・部分的に明るくなる	・キッチン、リビング・ダイニングの壁や天井	3千円〜 3万円程度	・照明の数を気軽に変更したい場合は、ライティングダクトを併用する	・直につけるフレンジタイプ、ライティングダクトにつけるプラグタイプ、クリップタイプがある
シーリングライト	・天井面から部屋全体を照らす	・部屋全体が明るくなり、陰影ができにくくなる	・キッチン、洗面脱衣室の天井	2千円〜 20万円程度	・風情は出にくい ・ドアがぶつからないところに設置する	・引掛けシーリングに直接つけられる器具が多い ・高価なものもある
ペンダントライト	・テーブル上を照らす ・インテリアの一部として見せる照明とする	・器具の材質や形状などにより、さまざまな光のものがある	・天井の高い部屋 ・ダイニングテーブルの上	千円程度の裸電球〜数百万円のシャンデリアまで	・人やドアがぶつからないところに設置する	・器具の形状と光の陰影がインテリアに与える影響が大きい
ブラケット	・補助照明として	・形状によって、天井を照らす、壁を照らす、床面を照らすなど、各種ある	・玄関や廊下、居室の壁 ・洗面室の鏡まわり ・バスルーム	照明のカバーにより千円〜数万円程度	・人やドアがぶつからないところに設置する ・光源が眩しくないようにする	・器具の形状と光の陰影がインテリアに与える影響が大きい
フットライト	・足下を照らす ・常夜灯として	・床付近を柔らかく照らす	・玄関や廊下、階段	2千円〜 2万円程度	・壁に埋め込めるスペースがあるか確認 ・明るすぎない方がよい	・停電時にも点灯する器具もある
スタンドライト	・補助照明として ・インテリアの一部として見せる照明とする	・器具の材質や形状などにより、さまざまな光のものがある	・リビングの床やサイドテーブルの上 ・ベッドサイド ・デスクの上	千円〜 数十万円程度	・器具が目立つので、インテリアに合うデザインのものを選ぶ ・明るすぎない方がよい	・設計段階からコンセントの位置と数を想定して設けておくとよい ・状況に応じて、後から気軽に設置できる
建築化照明	・主に間接照明として	・反射光で空間が柔らかく明るくなる ・半透明の素材を使い、壁や天井自体を光らせることもある	・リビングの壁や天井 ・壁面のニッチ ・玄関収納など	照明器具＋建築・家具工事費	・光源がなるべく見えないようにする ・電球が取り替えやすいように配慮する ・照らす面はきれいにする	・電球と共に部屋の隅も見せないように配慮すると、空間の広がりにつながる

写真提供―遠藤照明（間接照明以外）

らす照明。明るさセンサー付LEDや人感センサー付、停電感知タイプなど、各機能と合わせて使うことが多い。

■スタンドライト

フロアスタンドとデスクスタンドがある。手元などを部分的に照らしたい時や、照明器具自体をインテリアの一部として楽しむ時に用いられる。天井や壁などを照らして間接照明として用いる場合もある。

■建築化照明（間接照明など）

壁や天井、カーテンボックス、造作家具といった、建築や家具に設置される照明。間接照明でよく用いられ、柔らかい光が特徴。半透明の素材を用いて内部に光源を入れ、壁や天井面自体を光らせることもある。

■ライティングダクト

主に天井に設置し、照明器具を接続する器具。引掛けシーリングに対し、レール状なので器具の増設が容易で、照明の数や設置場所が一定でない場合に便利。コンセントプラグをとることも可能。施工時には、仕上げ面と同面に納めると目立たない。

■調光機能

作業中は明るく、就寝時は薄暗くなど、状況に応じて明るさが変えられ、省エネにも貢献する。対応する電球と器具、スイッチが必要になる。

■スイッチの配置

部屋の扉の手先側を基本とし、高さは1〜1.2m、家具などの陰にならない場所に設ける。ドアノブなどとの高さや足元のコンセントとの縦の位置を揃えると統一感が出る。

ハードウェア解説2

住宅で用いられる照明器具

**同じ用途の照明器具であっても、
光源の違いで色温度や演色性、光の角度、価格、効率、寿命などが変わってきます。
それぞれの特徴を踏まえたうえで適したものを選びましょう**

LED

ダウンライト用LED

性能も向上し、かなり安くなっている。特殊な径でなければ器具交換を検討したい

電球形LED

演色性や発光効率が向上し、物を選べば白熱灯に負けない上に省エネなので、交換を検討したい

テープライト

最近では光源のツブツブ感がなく、演色性が高いものも出てきている。変圧器置場が必要になるので要注意

蛍光灯系

直管形蛍光管

光量が大きいので、LEDに変えるメリットが白熱灯よりは少なく、まだしばらくは残ると思われる

環径型蛍光管

シーリングライトがLEDになってきたので器具と共になくなっていくと思うが、意外とお店の看板で需要がある

電球型蛍光灯

より効率や演色性のよいLEDに置き換えられていくと思われる

白熱灯系

普通電球

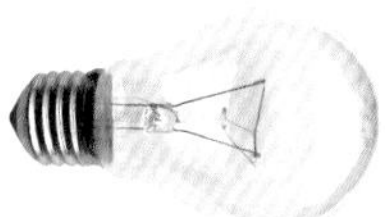

透明なものや白色のものなどあり形状もさまざま。趣味的な電球として残っていくと思われる

ハロゲンランプ（ダイクロイックミラーなし）

綺麗な光だが、電球がむき出しのタイプは素手で触ると電球がすぐに切れる。また点灯時は非常に熱い

ローボルトハロゲンランプ（ダイクロイックミラー付き）

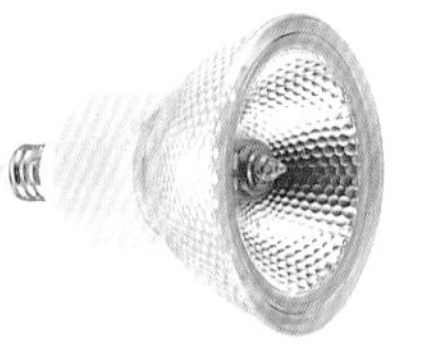

通常のハロゲンランプより小さいものが多いが、トランスが必要になる

■LED

ダイオードに電圧をかけて発光させる光源。衝撃に強く、蛍光灯より寿命が長く、ランニングコストも安く、瞬時に最大光量が得られる。紫外線や赤外線を含まない光のため、あまり熱くならず、家具や絵画などを傷める心配も少ない。ただし、熱に弱いため密閉したところや熱いところでは大幅に寿命が縮むことがあるので注意。最近では演色性がRa90を超える商品も増え、調光・調色の技術も日々進化している。

■蛍光灯系

放電して出た紫外線をガラス管に塗った蛍光体に当てて発光する光源。少々ざらついた光の印象で演色性が高いとはいえないが、ランニングコストが安く、電球の寿命も長い。調光には適さないが、広い範囲を均一に照らすのに適している。ベースが日中の光の色に近いことから事務作業に向く。点灯してから照度が安定するまでに時間がかかり、点滅を繰り返すと寿命が減りやすいため、短時間使用する部屋には向かない。

■白熱系

フィラメントを熱して光を放つ、炎に近い光源。調光が得意なため、スイッチの交換で容易に調光が可能になる。電球や器具が安価で、寝る前やリラックスしたいときに適した照明であるが、他の電球に比べ、寿命が短く熱を発生し、消費電力も多いため、生産されなくなってきている。今後住宅では、裸電球など趣味的な使われ方が多くなっていくだろう。

LEDの特徴

種類	適用器具	主な口金	色温度	演色性	効率（白熱灯比）	価格	寿命	その他
ダウンライト用LED	・専用器具	–	・昼光色・昼白色・電球色相当など	○〜◎	7〜10倍	1,500円程度〜	約40,000時間〜	・標準的な取付穴の器具にしておけば、後の交換時に器具の選択肢が増える
電球系LED	・白熱電球用の既存照明器具	E17 E26	・昼光色・昼白色・電球色相当など	○〜◎	7〜10倍	500円程度〜	約40,000時間〜	・白熱電球よりも重いため、スポットライトなど重量のバランスを取るものには注意が必要。白熱灯からの交換の際には電球の形状にも注意する
蛍光灯型LED	・専用器具・または既存照明器具	G13	・昼光色・昼白色・電球色相当など	○〜◎	2倍（蛍光灯比）	1,500円程度〜	約40,000時間〜	・既存照明器具を使用する場合、そのままでは効率が悪かったり、安定器などの取り外し工事が必要なこともあり、メリットがあるとは限らない
テープライト	・そのものが発光	–	・昼光色・昼白色・電球色相当など	△〜◎	–	300円程度〜／m	約30,000時間〜	・圧力や衝撃に弱い場合があるので注意。電球のツブが目立つので、カバーなどを考慮する必要がある。変圧器が別途必要なことが多い

蛍光灯の特徴

種類	適用器具	主な口金	色温度	演色性	効率（白熱灯比）	価格	寿命	その他
直管形蛍光管	・シーリングライト ・ブラケット ・手元灯 ・間接照明	G13	・昼白色相当、電球色相当など	△〜◎	5倍	200〜2,000円程度	6,000〜15,000時間	・住宅の間接照明には、電球色のものが適している ・流通量が減少中
環形蛍光管	・シーリングライト ・ペンダントライト	G10q GZ10q GU10q	・昼白色相当、電球色相当など	△〜○	5倍	1,000〜3,000円程度	6,000〜15,000時間	・2重のものもある ・流通量が減少中
電球形蛍光灯	・白熱電球を使用していた既存照明器具	E17 E26	・昼白色相当、電球色相当など	△〜○	5倍	1,500円程度	10,000時間	・調光器対応のものもある ・流通量が減少中

白熱球の特徴

種類	適用器具	主な口金	色温度	演色性	効率（白熱灯比）	価格	寿命	その他
普通電球	・普通電球用器具（スタンドライト・ダウンライトなど）	E26	2,800K	◎	1倍	100円程度	1,000〜1,500時間	・一部を鏡面にしたレフランプもある ・点灯時は熱い ・流通量が減少中
ミニクリプトン球	・ミニクリプトン用器具（ダウンライト・ペンダントライトなど）	E17	2,800K	◎	1倍	150円程度	2,000時間	
ハロゲンランプ（ダイクロハロゲン※）	・ハロゲンランプ用器具（ダウンライト・スポットライト・ペンダントライトなど）	E11	3,000K	◎	1.5倍	1,000円程度（ネットで買うと安い）	2,500〜3,000時間	・点灯時は熱い ・光源が眩しい ・狭角、中角、広角がある ・流通量が減少中
ローボルトハロゲンランプ（12Vダイクロハロゲン※）	・ローボルトハロゲン用器具（ダウンライト・スポットライト・ペンダントライトなど）	EZ10 GU5.3	3,000K	◎	1.5倍	1,500円程度（ネットで買うと安い）	3,000〜4,000時間	・12Vにするには別途変圧器が必要 ・点灯時は熱い ・光源が眩しい ・狭角、中角、広角がある ・流通量が減少中

※熱を後方に逃がすためのダイクロイックミラー付

建築と一体で考える造作でつくる家具の要点

収納やキッチン周り、テーブルやベンチなどの家具を造作でつくることがあります。それらを設置する場所の広さや内装のテイストを踏まえて、素材や形状を検討するとよいでしょう

町田の住宅（写真：川辺明伸）

造作で家具をつくる方法

■造作家具をつくる職方と特徴

木製の造作家具は、大工工事、建具工事、家具工事の範疇で製作することになります。

大工工事の場合は、建築現場で大工さんが製作します。現場に持ち込める道具の範囲でつくる家具になりますが、建物との取合いや大きさの自由度が高いというポイントがあります。また、建物とは別につくり、後から取り付ける場合と、壁の中に補強材を隠蔽するなど建物と一体でつくる場合があります。

建具工事の場合は、各部位を建具工場でつくり、それを建築現場で建付けの調整をします。これらは多くの場合、大工工事でつくった家具の建具や引出し部分を担っています。

家具工事の場合は、大部分を家具工場でつくってから現場に搬入します。大きな家具は搬入しやすいように分割してつくり、現場で連結します。この場合、据付のクリアランスが必要となります。さまざまな加工機械を用いた製作ができるため、形状の自由度や精度が高いものをつくる場合に適した方法です。

■造作家具の接合方法

木材料の接合方法には「組む」「ビス留め」「接着」などがあります（図1）。高性能な置き家具は、最も緻密な方法の「組む」という方法が用いられます。そして、造作家具は「ビス留め」や「接着」の方法により接合することが一般的です。また、建具工事や家具工事の場合は、製作工場で「接着」によって接合することが多くなります。

図1　造作家具の接合方法

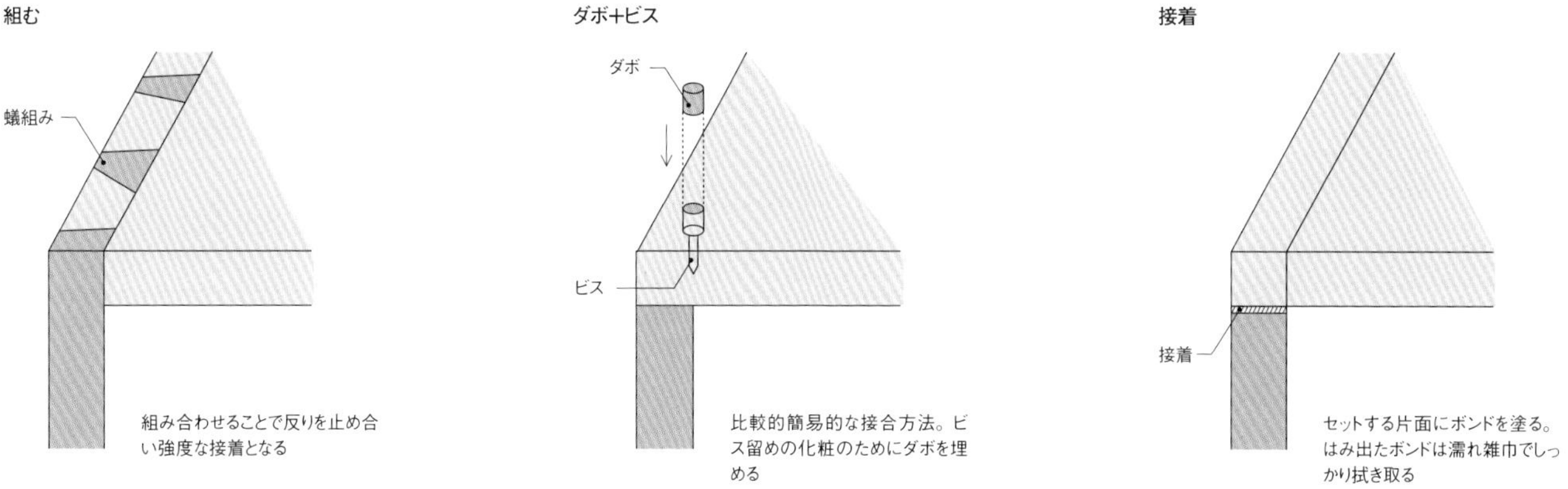

組み合わせることで反りを止め合い強度な接着となる

比較的簡易的な接合方法。ビス留めの化粧のためにダボを埋める

セットする片面にボンドを塗る。はみ出たボンドは濡れ雑巾でしっかり拭き取る

造作家具に使われる板材

写真1　シナランバーコア 集成材にシナを張ったもの。棚板や箱に適している

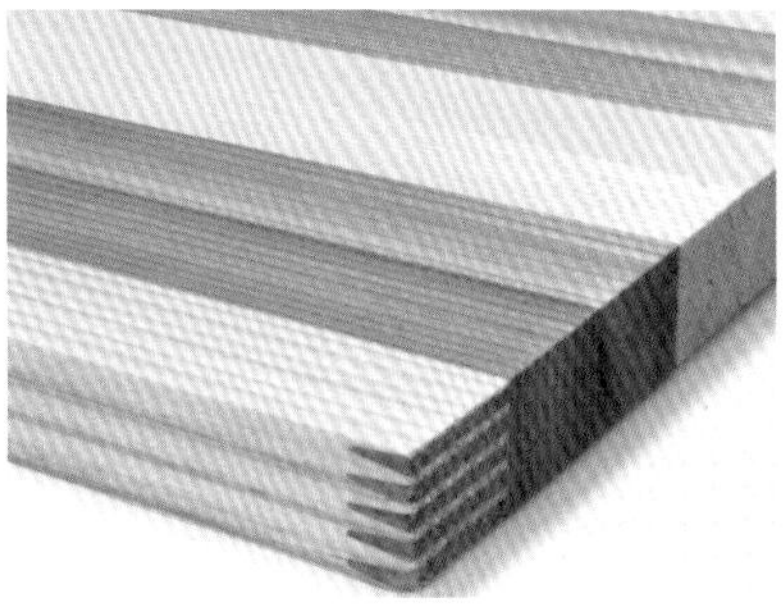

写真2　集成材 ひき板や小角材を接着で組み合せたもの。割れや狂いが少ない

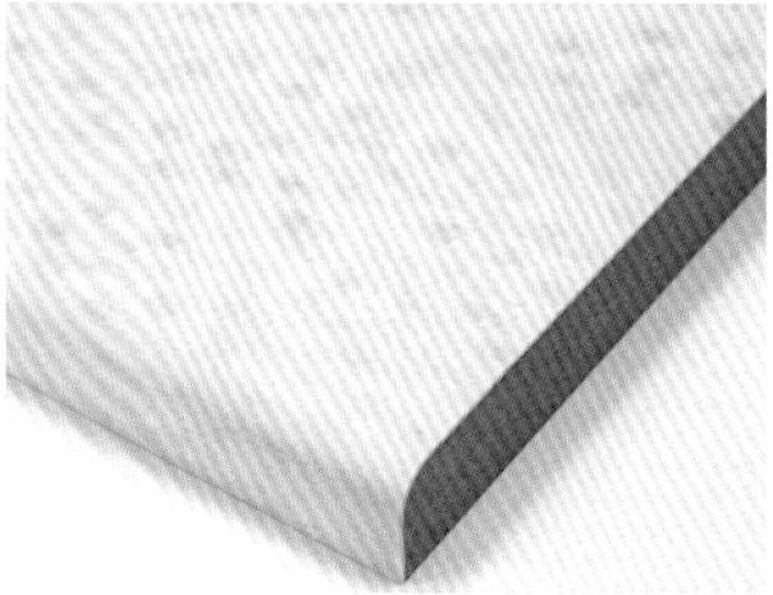

写真3　練付け合板 心材に突板を貼ったもの。銘木など天然木の風合いを楽しむことができる

造作家具の塗装方法

写真4　オイル 塗膜をつくらず木目に浸透させる。木目や質感を強調する

写真5　染色 水溶性の着色剤を用いる塗装。浸透性が高く透明度がある

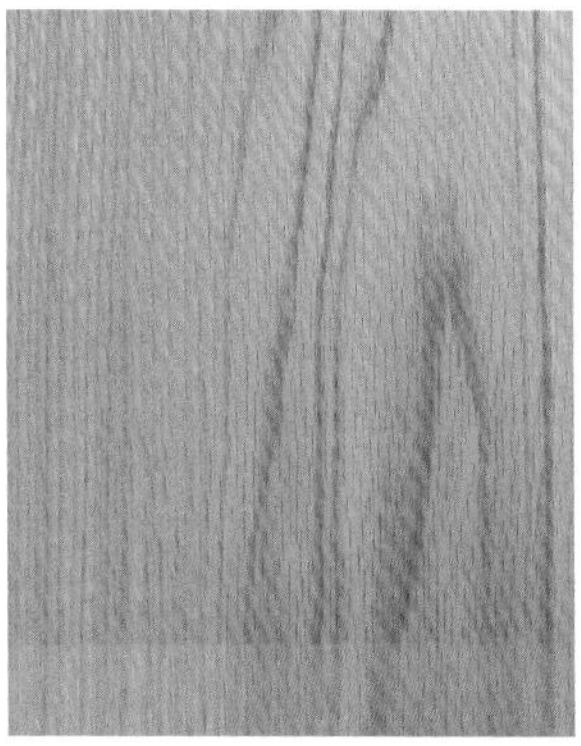

写真6　ウレタンクリア 着色をせず透明塗料で塗装する方法。濡色に仕上がる

写真7　塗りつぶし 不透明塗料で覆う。白色のポリエステル+エナメル仕上げ

■造作家具の材料

大工工事でつくる場合は、シナランバーコア（写真1）と集成材（写真2）が多用されます。これらは寸法が安定しているうえ、ビスがきくので使いやすい素材です。それぞれの特徴として、シナランバーコアは規格サイズのものが多く流通していること、集成材は材種や大きさを指定してつくることもできるという点があります。そのほか、練付け合板（写真3）も用いられますが、価格がやや高く、強度を上げるために厚い心材に接着するため、材に厚みがでる傾向にあります。また、無垢材を用いる場合には、反り止めのために、裏面に仕組みを設ける必要があります。

建具工事でつくる場合は、重量を軽くするために、心材の上に合板や無垢板材を張ったり、框の中に無垢板などを落としこんだりする工夫を施します。無垢板材は軽量化のため8㎜厚程度の薄いものを用います。材料の仕入れ経路が建築工事と異なるので、建築工事面と隣接して造り付けて同様の板材に見せたい場合は発注の際に注意が必要です。

家具工事でつくる場合は固定部に関しては大工工事と同じ、可動部に関しては建具工事と同じ材料を用いることが一般的です。

■造作家具の塗装方法

一般に、大工工事と建具工事でつくる家具は現場で塗装を施します。家具工事でつくる場合は、現場や工場いずれでも塗装が可能です。そして、現場塗装の場合は、刷毛やローラーを用いるか、塗料を吹き付け

図2　造作する家具の種類

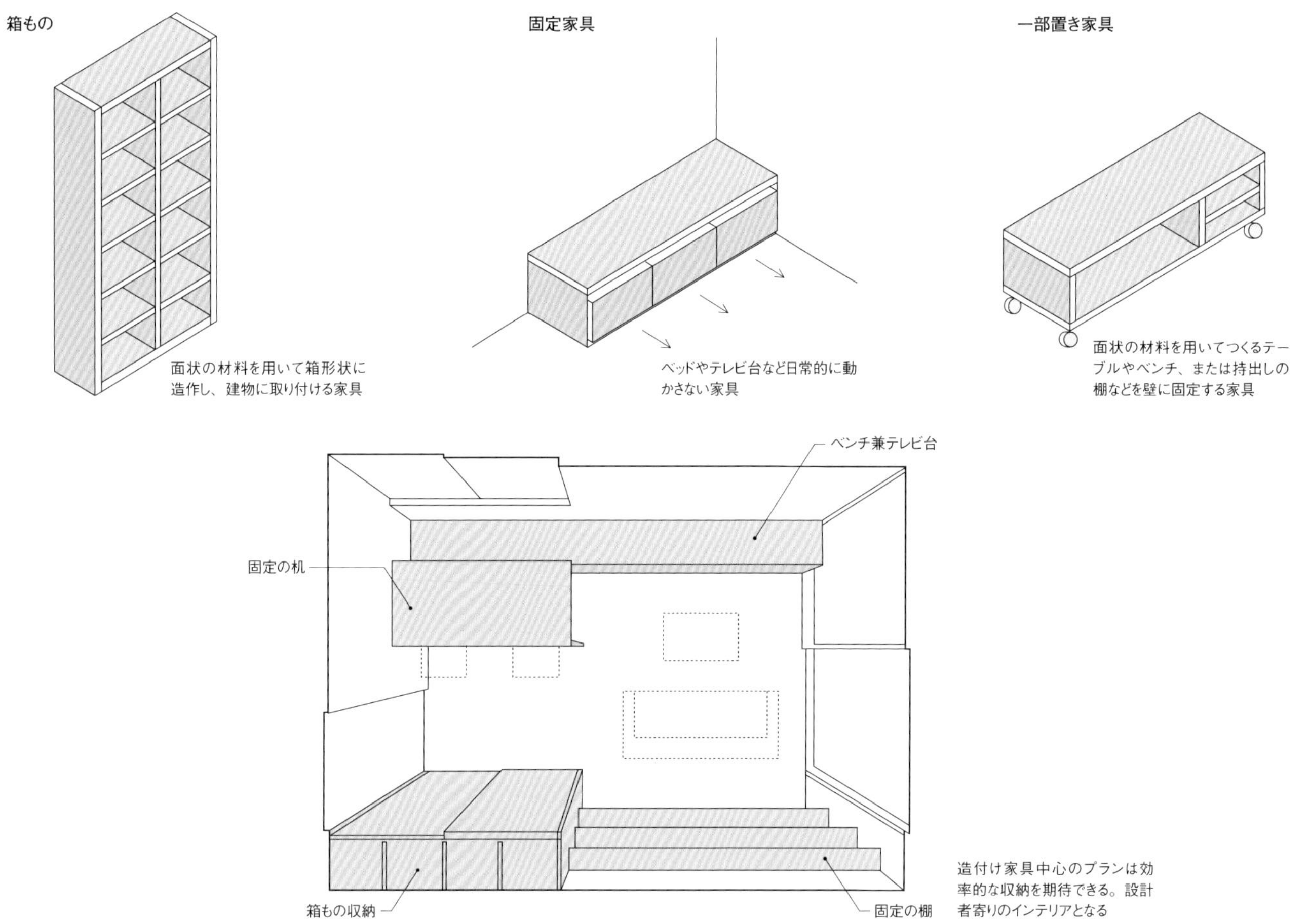

造付け家具中心のプランは効率的な収納を期待できる。設計者寄りのインテリアとなる

るかによっても仕上がりが異なります。現場で吹き付ける場合は、周囲に塗料が散布しないように、念入りに養生を行う必要があります。

着色には、オイル浸透（写真4）や染色（写真5）、クリアー（写真6）、塗りつぶしの塗膜など（写真7）の種類があり、これらとの相性は材料によって異なります。たとえば、オイル浸透はチークやナラなどの広葉樹無垢材や集成材と馴染みがよく、現場塗装でもきれいに仕上げることができます。染色の場合は、用いる材種によって仕上がりの差が大きく、材質によっては染色剤の吸込みムラが発生することがあります。こういったことから、材料選びは慎重に行い、サンプルで仕上がりを確認するとよいでしょう。

また、現場で塗装を施す場合は、色がムラになりやすいので、注意が必要です。

造作家具のコスト

造作家具を用いる際のコストの考え方について述べます。まず、大工工事によって製作する造作家具は、請け負う工務店や製作量、形状や用途などによってコストが異なります。材料代のほかに手間代や据付け代を加算する場合としない場合があるためです。大工工事の場合は材料代のみなので、建具の付かない造作家具は、比較的安価に製作することができます。ただし、塗装工事は別途費用が掛かります。

建具工事の場合は材料費、手間代、吊込み代は含まれますが、塗装費は別途となります。建具で同じ面積を覆う場合は、合板の規格サイズ以上の特寸でなければ、枚数を少なく割り付ける方が低コストで製作することができます。

家具工事の場合は、建具工事と同様に材料代、手間代、吊込み代は含まれて、塗装は別途費用となります。ただし、工場塗装であれば塗装まで含まれた金額となります。家具工事でつくる建具の料金は、家具の製作代一式に含まれるため、枚数の多少によるコストの変動は、建具工事でつくる場合よりも少なくなります。

また、人造大理石やステンレスのカウンターなど木質系でない材料を用いる場合は、専門の業者や職方に発注するため、費用が別途掛かり、高価になる傾向があります。

なお、同じ形状の造作家具であれば、大工工事と建具工事でつくる方が家具工事でつくるよりも安くなります。大工工事と建具工事でつくる場合は、関わる細目が見積書のなかに分散しているので、価格を比較する際に見落としがないように注意しましょう。

造作に適した家具の種類

■形状と納まりの特徴

造作でつくる家具は、大きく分けて「箱もの家具」「固定する家具」「置き家具」といった種類があります（図2）。

まず、「箱もの」とは、寸法の安定した面状の材料を用いて、箱形状に造作してから建物に取り付ける造作家具のことを指し

収納家具における建具の工夫

写真8　大工製作のクローゼットに天井までの建具をつけて壁面のように見せている（写真：川辺明伸）

写真9　階段下の収納建具を壁面のように見せて存在を隠している。引手は建具上端に彫り込んだ

内部を見せる収納家具

写真10　建具に透明ガラスやすりガラスを用いているので、なかが見える壁面収納。本やボトルを収納しつつディスプレイのように見せている

図3　棚を可動式にする

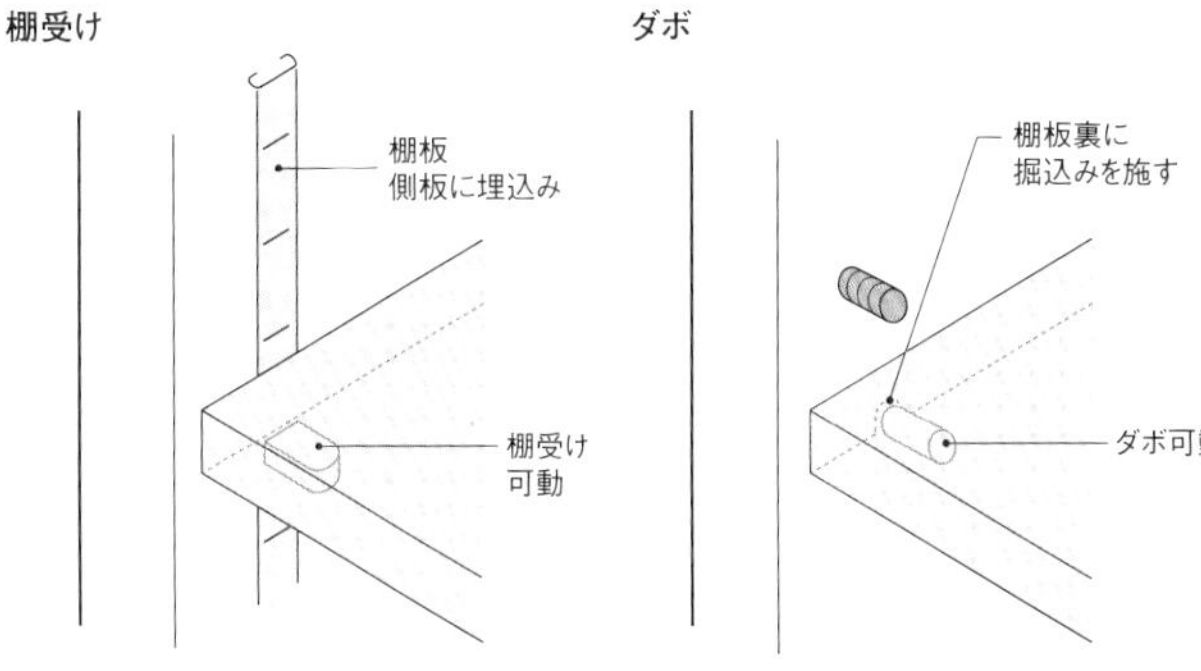

棚柱・棚受は棚板を細かいピッチで可動させる際便利。棚柱を側板に埋め込むと棚板の納まりがよい

ダボ穴・ダボは側板を見せる意匠にする際便利。棚板のダボが当たる位置に掘込みを施すと棚板がずれない

ます。これには建具付きのものも含まれます。一面の本棚や、建具をリズミカルに取り付けた収納など、表情のある壁面のように見せることの多い種類です。

　これらの建具を納めるにはポイントがあります。まず、建具をスライド丁番で面一《つらいち》フラットに納める方法があります。この場合、開閉のしやすさとスライド丁番の性能を生かすために建具寸法が小さくなるので、多数枚建ての込み入った意匠にならないよう注意が必要です。また、建具を引違い戸にする場合は、一方の陰影が深く見えるので、面一の納まりよりも割付けに注意が必要となります。

■固定する家具

　建物に固定する家具とは、面状の材料を用いてテーブルやベンチをつくったり、持出しの棚などを壁に固定したりするものです。きっちり固定するので、反りや狂いの心配がある材料も比較的使いやすいつくり方といえます。ただし、自由な3次曲面をつくるのは難しくなるので、つくり方にあわせた設計が求められます。たとえば、ベンチに座り心地のよい窪みを設けたり、背板に反りを加える代わりにクッションで覆うなどして補うことができます。また、テーブルの脚には面材や直線的なデザインなどで対応することも必要となります。

■置き家具

　一般的な置き家具も、寸法が安定した面状の材料を用いれば、造作でつくることが可能になります。ただし、簡素な接合方法

キッチンカウンターの見せ方

写真12　コンロとフードを隠したセミクローズドの対面式キッチン。食卓側はインテリアに合わせて収納を造作している

写真13　六角形の部屋の壁に沿って造作したキッチン。コストを抑えるためにカウンターを木製にしている（写真：川辺明伸）

写真11　リビングと一体の空間にI型のカウンターキッチンを造作で設置した例

で強固なつくりにするために、材は厚く重くなりがちです。3次曲面のものや、無垢の素材感を感じさせるもの、重量を軽くしたい置き家具は造作には不向きです。この場合、ベッドやテレビ台など、日常的に動かさない家具に適した方法といえます。また、脚にキャスターを用いることもあります。

造作でつくる箱もの家具

■箱もの収納家具の役割

まず、面積をあまり割かずにまとまった収納量を得たい場合に、箱もの収納を設けます。内部に細かい棚をつけない押入れやクローゼットは、箱もので造作するのではなく、壁で囲んだ収納スペースに建具を取り付けることが多くなります（写真8）。

一方、棚板を可動式にすると便利な靴収納や本棚、食器棚は、側板にダボや棚柱を取り付けやすい箱もので造作します。

■箱もの収納に用いる素材

収納物を隠す建具には、主に安価なシナランバーコアを用います。材厚は、用途と縦材のスパンによって決まりますが、一般に15～30㎜厚のものを用います。

建具がなく、箱もの家具が露出する場合には、シナランバーコアや、練付け板、無垢板材、ガラス板、そのほか意匠に合わせた材料を用います。ただし住まい手が、建材に含まれる化学物質の空気中への放散を最小限に抑えることを望む場合は、多少の狂いや反りを許容して接着剤などが使用されていない無垢材でつくることもあります。

箱もの収納家具の見せ方

箱もの収納家具に建具が付く場合は、インテリアに合わせて見せ方の方向性を考えます。たとえば、建具の存在感をなくして壁面のように見せる、建具らしく見せる、家具らしく見せるなどの方法があります。壁面のように見せる場合は、建具自体は目立たなくなりますが、壁としての存在感は保てるように、ディテールの検討が大切となります（写真9）。

数枚建ての建具のように見せる場合は、可動の軽やかさや可変性を生かしたインテリアに仕上げる方向で考えます。建具を家具のように見せる場合は、置き家具が一緒に視界に入るのであれば、素材感やボリュームのバランスをとることが大切になります。

建具がない場合は、収納物が目立ってくるので、住まい手の個性を生かす場として、積極的に箱もの収納をインテリアに取り入れるとよいでしょう。このときのポイントは、見せる収納物の量をコントロールすることと、収納物と相性のよいデザインと材料選びをすることです（写真10）。また、可動式の棚板を設置する場合は、金物の見え方にも注意が必要です（図3）。

造作でつくるキッチン家具

■キッチン家具の役割

カウンターやコンロ廻りといったキッチン家具を造作する場合はまず、キッチンをどれくらいオープンに見せるか、または隠

図4　カウンターの形状

I型

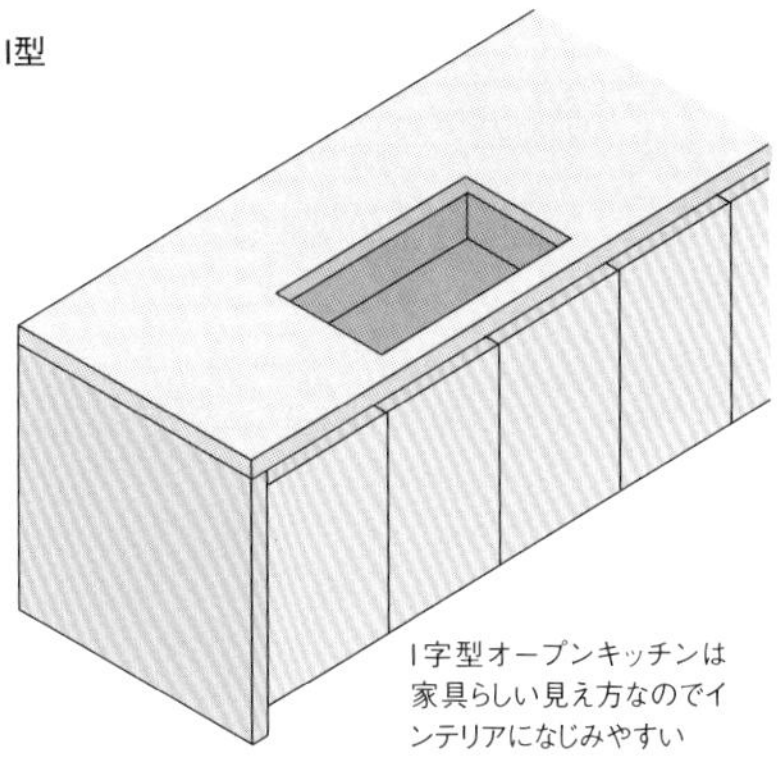

I字型オープンキッチンは
家具らしい見え方なのでイ
ンテリアになじみやすい

立上りのあるタイプ

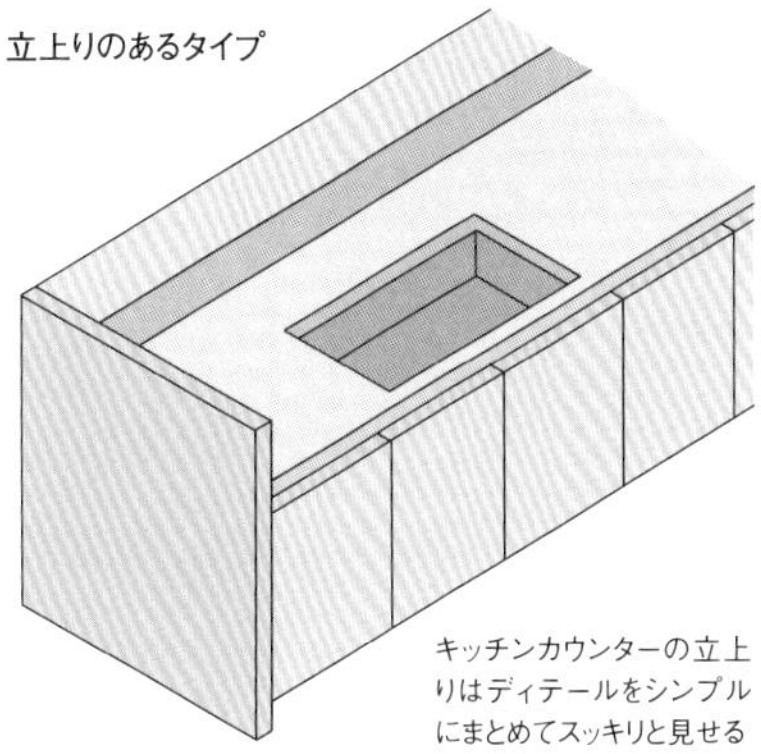

キッチンカウンターの立上
りはディテールをシンプル
にまとめてスッキリと見せる

L字型にみえる対面式キッチン

写真14　素材をステンレスと人工大理石の2種類のみに抑えてすっきり見せている

レンジフードの形状

写真15　フードが深いブーツ型。壁と同じ白色にしてすっきり見せている

写真16　独立型のレンジフード。サイズも大きく存在感がある

小口の処理

写真17　引き手をステンレスなどの金物でカバーしている

すかがポイントになります。このとき、ほかのスペースにいる家族との距離感や、料理をつくる人数、汚れを気にする度合いや、掃除の頻度などとの兼ね合いに配慮します。

　一般に、キッチンがリビングなどほかのスペースと連続して見える場合に、空間と馴染ませるために、キッチン家具を造作でつくることが多くなります（写真11）。

　キッチンがクローズドタイプであったり、小さな開口越しに見える程度のセミクローズドタイプの場合は、造作でつくることには、あまりこだわりません（写真12）。ただし、扉を設けたくない場合や、特殊な素材を用いる場合、規格寸法外の形状にしたい場合は、メーカーに特注で依頼すると高価になってしまうので、造作でつくることもあります（写真13）。

■キッチン家具に用いる素材

　カウンターを造作する場合によく用いられる素材は、ステンレスや人工大理石、木の集成材などです。そのほか天然大理石や御影石、タイル、研出しなどが用いられることもあります。ステンレスを用いると、シンクと一体成形にすることも可能になります。このとき、シンクを溶接するのであれば、カウンター材もシンクの材も1㎜以上の厚みが必要となります。また、カウンター材は平板のままではなく、折曲げ加工することで強度を出しています。

　木の集成材は水に弱いため、水栓はシンクから立ち上がらせた方がよいでしょう。木口面がとくに弱いので、露出させないように注意が必要です。

　下台と呼ばれるカウンターの下の部分は、箱もの収納と同様のつくりにすることが一般的です。また、金属の素材を枠などに用いて下台をフルオープンにし、キャスター付の収納を格納する方法もあります。ただし、金属を用いて細やかなつくりにすると、コストが掛かるという点も含めて、検討した方がよいでしょう。

■キッチン家具の見せ方

　カウンターは、端に立上げ部分がないI字型のようなカウンターと、立上げ部分を設けるタイプに分かれます（図4）。前者は、シンプルなディテールで家具らしい表情がつくりやすいタイプです。このとき、下台に食洗機を組み込まないのであれば、洗い桶の処理方法に注意が必要となります。

　後者の立上げ部分がある対面式カウンターの場合は、その立上げ部分のディテールが煩雑にならないように注意が必要です。また、対面式でコンロとフード廻りを壁で隠すこともあります（写真14）。その場合、下台と壁面がL字型になって見えるので、キッチン側も食卓側も素材使いや収納の建具のリズム感などで全体のプロポーションを整える工夫をします。

　また、レンジフードの形状と排気方向も重要です。一般的なブーツ型は、上引きと横引き方向の排気が可能ですが（写真15）、アイランド型は上引き方向のみの排気となります（写真16）。そのほか、下引きの換気扇にすればフードは目立ちませんが、対

ベンチで場をつくる

写真19　窓枠を広げたベンチ。下に市販のブックケースを並べている

写真20　キッチン家具にカウンターを固定し、畳敷きの床を腰掛けとして使えるようにしている

造作でつくるテーブル

写真18　片側をキッチン家具に固定し、もう片側を面材の脚で支えている造作のテーブル

面式カウンターの場合は、カウンター面から150㎜の立上げが必要となります。

■キッチン家具をつくる工種

キッチン家具を造作でつくるには、複数の工種の取合いを検討することになります。

たとえば、カウンター板と下台の取合いに逃げがない場合には、カウンター板を製作した後に大工の職方が下台を造作するか、または大工の職方が下台を造作した後にカウンター業者がウンター板を載せる寸法を採寸するといった方法をとると確実です。

また、グリル付きコンロや食洗機と下台のクリアランス寸法は数㎜程度とし、隙間が目立たないよう注意します。給排水、ガス、電気の配管や配線をスッキリと納めるには、位置出しをしっかり行う必要があります。

■キッチン家具の注意点

カウンターの下台に取り付ける扉や引出前板上の木口は、水がかりで汚れやすいので、引手などの金物で覆うと安心です（写真17）。また、カウンターとシンク、カウンターと壁などの取合い部にコーキングを用いる場合は、ラインが太いと汚れが目立ってしまうので、最小幅にした方がよいでしょう。そのほか、引き出しレールは自閉機能付きにすると、物の出し入れを楽に行うことができます。

造作でつくる家具テーブル・ベンチ

■テーブル・ベンチに用いる素材

テーブルやベンチ、ベッドなどのシンプルな家具を造作する場合は、面材、角材、円柱材を用います（写真18）。面材においては、広葉樹の集成材が多く用いられます。素材が硬いため傷が付きにくく、無垢材なので磨り減っても表情の変化が小さいという特徴があります。材種を選べば比較的安価で使いやすい素材といえます。また、狂いが少ないので、ある程度寸法の大きなものを注文制作することができます。オイル仕上げにも適しています。ただし、集成接着面の縞模様が目立つので、テーブルクロスやクッション、ベッドスプリングなどで一部を覆う使い方がおすすめです。

また、練付け合板も用いられますが、表面が磨り減ると下地が露出してしまう特徴があります。ベンチの座面など磨耗しやすい部分での使用は避けた方がよいでしょう。色味は均一で、木目模様のあっさりとした表情になります。無垢板材を用いることもありますが、裏面で反り止めの処理ができる形状の家具に限定されます。

■テーブル・ベンチで「場」をつくる

一枚の板を壁に固定するだけで、そこには「場」が生まれます。たとえば、窓際のベンチ（写真19）や、壁に向かう作業机や壁やキッチン家具に一部を固定した食卓（写真20）などがあります。

これらのコストは、簡易な固定方法であれば材料代だけで済ませることができます。固定方法は、壁のなかに補強材を入れたり、見えない位置で持出し金物を取り付けるなどの工夫をするとよいでしょう。

写真21　幕板を天板の中心部に取り付けたテーブル。奥行は2タイプ、幅は全て同じテーブルを合計4つつくり、目的に合わせて組み合わせて使っている。右のシンク付の造り付け家具もデザインを合わせている

図5　面のとり方

糸面（いとめん）

大きめに面を取ると
重量感が軽減される
R状に面を取ると

猿頬面（えてめん）
細身に見える

図7　テーブル面の補強方法

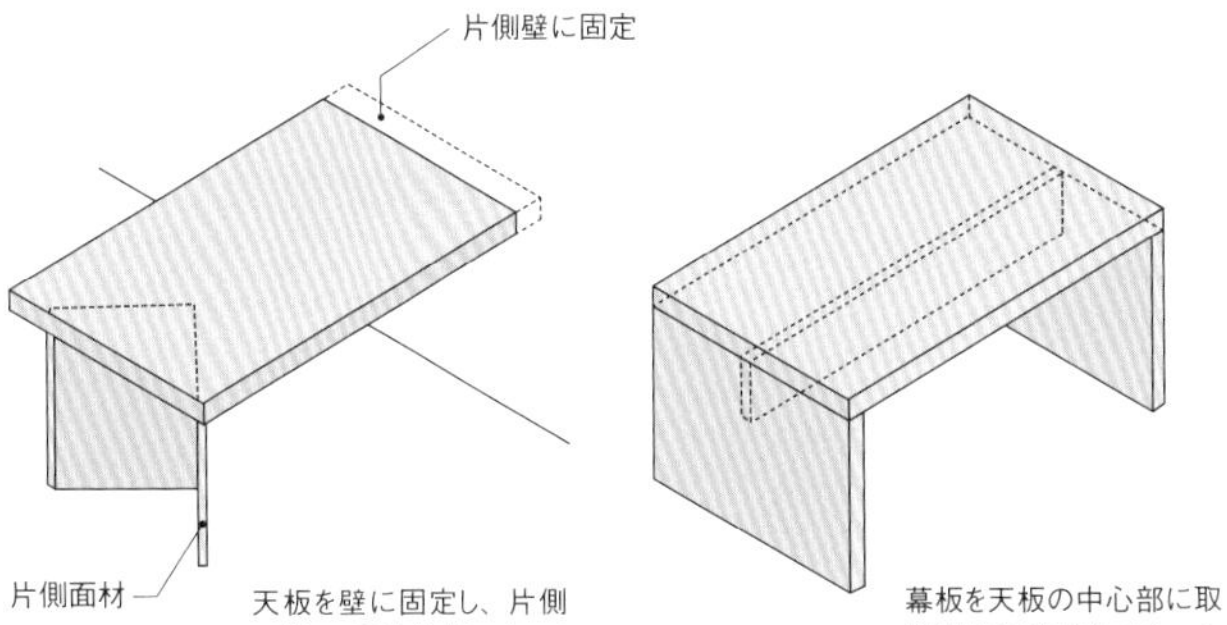
片側壁に固定
天板を壁に固定し、片側の脚には面材を用いる。2枚用いるとより安定感が増す
幕板を天板の中心部に取り付けると覗き込まないかぎり幕板は見えない。すっきりした印象になる

図6　金属製の脚を取り付ける

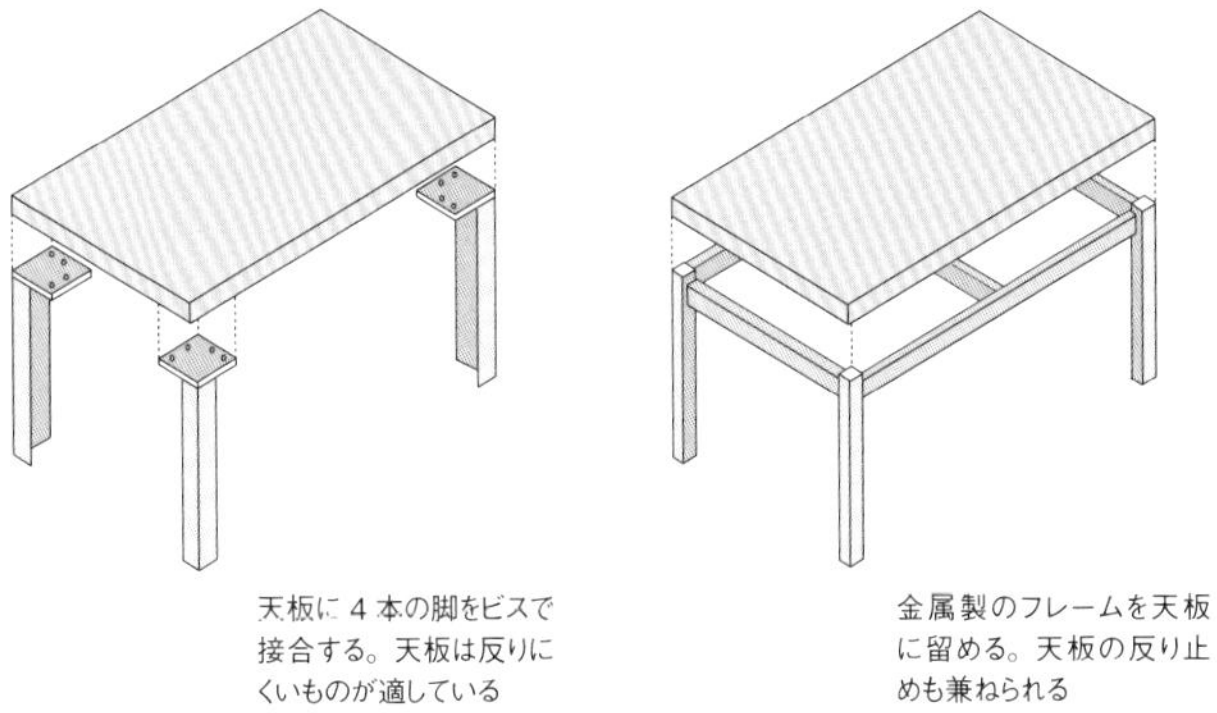

天板に4本の脚をビスで接合する。天板は反りにくいものが適している
金属製のフレームを天板に留める。天板の反り止めも兼ねられる

置き家具も造作でつくる

置き家具も造作でつくることが可能です。この場合の特長は、キッチンのカウンターや飾り棚と同じ集成材を用いたり、建具と同じ練付け合板を用いるなど、内装やほかの造作家具との素材感を揃えられることです。また、家具を置くスペースにきっちりと合う寸法にしたり、手持ちのマットレスや機器に合わせたデザインにするなど、フレキシブルな対応が可能となります。

ただし、置き家具が造作でつくった物だけだとインテリアが単調になりやすいので、市販されている家具や、さまざま小物を取り混ぜることをおすすめします。

■設計のポイント

テーブル面や座面は、材厚の見せ方を調整するとすっきり見せることができます。たとえば、素材感、幕板の設置、面の取り方など細かい調整を検討するとよいでしょう（写真21）。練付け合板を用いる場合は、木口の表現もポイントになります（図5）。

テーブルやイスの脚を角材や円柱材でつくる場合は、脚先を細くしたり、脚間をつなぐ補強材を入れるなどの繊細で複雑な加工を現場で施すことは難しい作業です。この場合は、太く直線的な脚にするか、金属製の既製品の脚を用いるとよいでしょう（図6）。そのほか、テーブル面や座面を簡単なつくりですっきりと見せるには、壁に固定したり、脚を面材でつくるなどの方法があります（図7）。

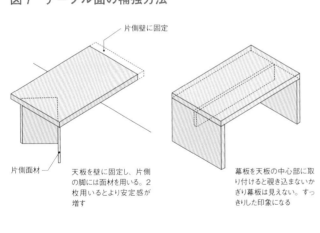

住宅インテリア
究極ガイド
2023-2024

Part 2

マテリアル別に学ぶ仕上げの基本

インテリアの大きな構成要素である床・壁・天井。これらの部位を彩る多彩なマテリアルについて、機能やデザインバリエーションを中心に解説します

村上太一・村上春奈（村上建築設計室）
吉田昌弘（KAMITOPEN）／P111～P119コラム

床に使用できるマテリアル

床材はインテリアの骨格を決める重要な要素です。壁や天井の質感と調和させることだけでなく、調度品と合わせることも大切です

床と段板に同じアメリカンブラックチェリーのフローリングを張った例（ミモザハウス）

床材はインテリアの骨格を決める重要な要素なので、空間の性格に合った色・幅・長さを選択し、窓の開き方や空間の広がる方向と張り方向を合わせたり、建具や家具との相性も考慮するとよいでしょう。

■強度・耐久性

床は人や家具の荷重を支えられる強度と、将来に渡って滑る・つまずくなどの危険が少ない安全性が求められます。また、痛みが生じやすい部分なので、磨耗しにくい・壊れにくいなどの耐久性も重要です。特に素足で生活する部屋は、ササクレや割れが生じにくい素材がよいでしょう。

キッチンやダイニングでは水や食べ物を、トイレでは尿をこぼすことが考えられるので、水や汚れにある程度強い素材が好まれます。バスルームはより耐水性や滑りにくさが求められるので、注意して素材選びをする必要があります。

住宅の床には、硬すぎず軟らかすぎず、人が心地よいと感じる適度な歩行感が求められます。日本の住宅のように素足が基本の生活では、床が硬すぎると足への衝撃が強く、足首や膝を痛める危険性もあるので、仕上げ材だけでなく、下地材の性質・構造も総合的に考えることが大切です。

■メンテナンス性

キッチンやダイニング、トイレでは、汚れがしみ込みにくく変色しにくい素材を、バスルームでは、目地も含めた防カビ性や洗剤を使用して掃除することを考慮して選びましょう。一般居室のフローリングは、メンテナンスをあまりしない場合はウレタンなどでコーティングし、木の質感を楽しむ場合はオイルやワックスを年に1度程度塗ります。塩ビ系の床材も定期的にワックスを塗ると綺麗に保てます。石や素焼きのタイルは、初めに汚れ止めを塗布すると、あとのメンテナンスが楽になります。カーペットは毛羽立ちにくく、汚れが目立たない色が無難でしょう。部分的に張り替えができるタイルカーペットも好まれます。畳は、畳表に強度のあるい草を使うと長持ちします。

■デザイン

住宅の床材には、木のフローリング、石、タイル、塩ビ系の新建材、カーペット、畳などがよく用いられます。壁や天井の質感と違和感がないように選ぶことはもちろんですが、ソファなどの調度品と合わせることも重要です。裸足で歩く機会も多いので、同じ木目でも、木目調の物と本物の木では質感が大きく異なります。また同じ木でも、ウレタンでコーティングした物とオイルフィニッシュの物、15㎜厚の物と30㎜厚の物では感じ方が異なるので、実際に裸足になって建材に触れてみるとよいでしょう。

■その他

下階への音の配慮がとても重要です。石やタイル、硬い木のような材は音が下階に抜けやすいですし、分譲マンションでリフォームする際は、管理組合で遮音等級（L値）を規定している場合が多いので、それを踏まえた計画が必要です。

畳
目積表（めせきおもて）の縁なし畳を敷いた和室。畳寄せには無垢のヒノキを張っている

カーペット
10色のパイル糸が綿密に織り込まれたカーペット（ニューマジェスティックホテル①）

タイル
400mm角のテラコッタタイルを使用した玄関床（①）

タタキ（三和土）
土や砂利に消石灰とにがりを混ぜて、叩き棒で固めた土間

お店の床に使用するマテリアル

店舗や事務所にはたくさんの人・荷物が出入りするため、床のマテリアルには特に高い耐久性が求められます。選択肢にはさまざまなものがありますが、特別な空間が必要でない場合、塩ビタイルなどがコスト・性能面で優れており、有力な選択肢となるでしょう。またイスと机の利用が想定される場面では、床はテーブルの背景としての役割ももつことになるので、食器（飲食店の場合）やテーブルのデザインも含めてマテリアルを検討すべきです（吉田昌弘）

1
2 | 3

1 「ペンローズ・タイル」のタイルカーペットと菱形のテーブルを組み合わせたフリーアドレスのオフィス。床に合わせて2種類の菱形でつくったテーブルを動かせば膨大な数のレイアウトパターンが作成でき、自由に平面プランを変更できる（ブループリント④）

2 一部が青色に光るカフェの床。排水ルートを確保するために底上げした床の一部を、塩ビタイルの割り付けに合わせて掘り込み、青色のガラスと照明を仕込んだ。通路を彩ることで、店内で過ごす時間がより特別なものになる（nana's green tea 横須賀モアーズ店④）

3 床と壁に3色の異なる磁器タイルを張ったカフェの店内。磁器タイルは塩ビタイルに比べて初期費用が高くなるが、定期的なワックス掛けが不要になるためメンテナンスが容易で、長期的にはコストパフォーマンスに優れる（nana's green tea ノースポートモール店④）

壁に使用できるマテリアル

壁材はインテリアのなかで最も多くの面積を占めることが多く、長時間見ていても飽きないことが重要です。またメンテナンス性も考慮しましょう

杉板を合板に打ち付けて型枠を取った杉板コンクリート打放し。杉の木の色味も残り、味わい深い表情となる（オーキッドハウス）

インテリアを構成するうえで、多くの面積を占めるのが壁です。壁は床材とともにインテリアの印象を決める重要な要素であり、コストに大きく関わります。

■強度・耐久性

壁仕上げには人や家具が載ることはないので床ほどの強度は必要ありませんが、人がぶつかったり物をぶつけたりしやすい部位なので、凹んだり、欠けたり、摩耗しにくいよう、下地を含めてそれなりの強度が求められます。とくに、柱の角などの出隅の部分や、掃除機の先端や足が当たりやすい壁の下側は注意が必要で、出隅にはコーナー材を、壁の下には幅木を設置して補強する場合が多くあります。車椅子で走行する場合は、より壁の強度を高めるため、床から腰の高さだけ板を張ったりもします。バスルームにガラスを用いる際は、破損しても危険が少ないよう強化ガラスを用いたり、飛散防止フィルムを貼ります。また、吊戸棚を留めたり、絵画を掛けたり、手摺や小物を設置する可能性がある場合は、石膏ボード下地のままでは弱いので、下地に合板を入れるなどしておきましょう。

■メンテナンス性

壁は、部屋の明るさを確保するため明るめの色とすることが多いですが、人の手が触れて汚れが付きやすいので、汚れにくさ、または汚れても目立たない、掃除がしやすいといったメンテナンス性も要求されます。とくに子供のいる家ではたいてい落書きをされるので、汚れたらペンキで塗り替えたり、壁紙を張り替えたりできるようにしておくとよいでしょう。またキッチン、トイレ廻りは水跳ねがしやすいので、拭き掃除がしやすい素材にしましょう。バスルームの壁は、目地を含め水や湿気に強く、汚れやカビが落としやすい素材を選ぶことが望まれます。

■デザイン

壁材は見飽きないことが重要で、あとは家具や好みに合う色や素材が好ましいと思います。広い面で見ると、小さいサンプルとは違って見えてくるので、なるべく大きなサンプルでイメージするとよいでしょう。また、壁材の凹凸や照明で見え方も変わるので、実際の状況を考慮して判断するとよいでしょう。床と壁の間の幅木や、壁と天井の間のモール（廻り縁）は、見た目にうるさく圧迫感が出ることがあるので、存在の有無や見せ方を工夫しましょう。

■その他

建物の高気密化にともない、結露やカビが発生しやすくなってきており、リフォームでビニルクロスを剥がすと裏がカビだらけになっている家をよく見ます。劣化しにくく吸放湿性の高い材料が好ましいでしょう。部屋の性格によっては、遮音性や吸音性が求められます。躯体と仕上げの間に中間層を設けると、逆に音が抜ける場合があるので注意しましょう。

また、建物の条件によって、壁と天井は建築基準法における内装制限を受け、防火性能を要求されることがあります。

和紙張り
奉書紙による腰貼り（雙徽第［OCM一級建築士事務所］）

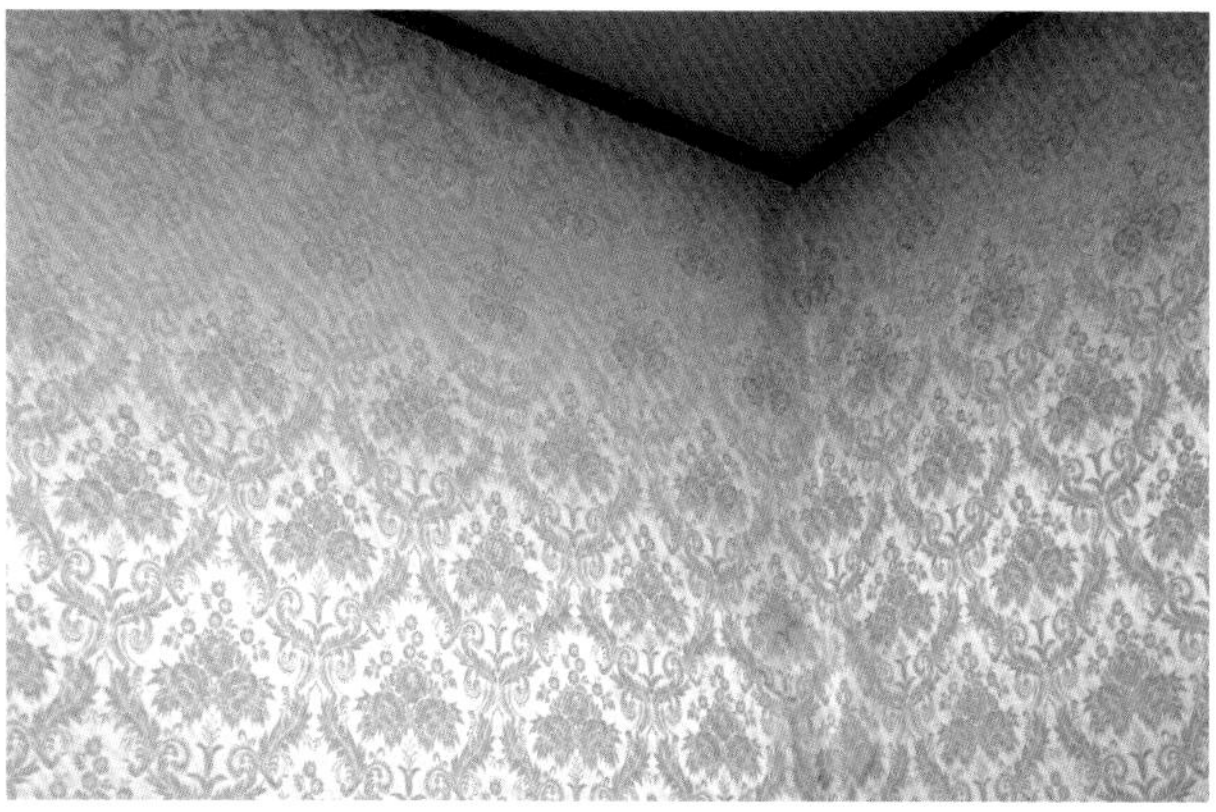

布クロス 西陣織
西陣織の布クロス仕上げ。見る角度によって光沢感が強調される

ガラス
裏面を塗装した強化ガラスのキッチン壁面

タイル
1つひとつにムラがあり変化のあるタイル張り仕上げの浴室（上海イン）

お店の壁に使用するマテリアル

内壁は最も目に入りやすいため、空間の印象に大きな影響を与えます。予算の制約上、床・壁・天井のいずれかのみ改修するといったケースでは、壁に手を加えるのがもっとも費用対効果が高いと言えるでしょう。マテリアル選びは什器などがぶつかることを想定し、やはり耐久性を重視することになります。特に腰より下の壁は傷や汚れが付きやすいため、メラミン化粧板など耐久性・メンテナンス性に優れた素材が適しています（吉田昌弘）

1
2 | 3

1 ブランド品を扱う店舗の通路。左官仕上げの白い壁面は、飲食店の客席などでは汚れなどが目立つが、通路であれば問題は起こりにくい。壁の一部には商材であるバッグやアクセサリーの鏝絵があしらわれており、来訪客の期待感を高めてくれる（NANBOYA 渋谷246通り店④）

2 組子に見立てた鉄板を取り付けたカフェの壁面。組子を木で製作すると大幅なコストアップになるため、レーザーカットしたスチールを塗装して背後から光を当てることで模様の美しさを強調している。スチールなので耐久性も高い（nana's green tea 京都祇園店④）

3 美容室の壁面。3面をミラー張り、残りの1面を白い塗装で仕上げ、この白い壁面にプロジェクターの映像を投影する仕組みになっている。映像を切り替えれば、着せ替えのように施術前と後で違った風景が楽しめる（ANTHEM美容室④）

階段室から見上げたヨシボードの大きな天井（ミモザハウス）

天井に使用できるマテリアル

天井はあまり意識されずに計画されることも多いようですが、仕上げ方によって部屋を特徴付けることもできます。照明器具や設備も考慮しましょう

天井はあまり意識されずに計画されることも多い部分ですが、人の視線がいきやすいところです。とくに上階の天井面は、窓を通じて外からよく見えるので、外観を構成する要素にもなります。色や質感とともに照明や天井面に付く設備類などの配置も含めて、十分に意識して設計しましょう。

■強度・耐久性

天井は、人や物が載る床や、ぶつかりやすい壁と違い、衝撃に対する強度はあまり重要ではありません。しかし、地震時などに落下しないよう、下地とともに揺れにくく、長期間に渡ってしっかり固定されている必要があります。そのため剥がれやすい材や、重量のある材は避けた方がよいでしょう。特に、タイルや石は剥離して落下する恐れがあるので、広い天井面には適しません。木材を張る場合は、フローリングのように厚い材でなくても大丈夫です。

■メンテナンス性

天井は床や壁と違い、あまり汚れることがなく、また手が届きにくいことから、メンテナンスされる機会が少ないところです。頻繁にメンテナンスを必要とする材や、劣化しやすい材は避けましょう。とくに吹抜けなどの高い天井面は足場を組まないとメンテナンスできないことがあるので、照明器具や設備も含めて注意しましょう。

■デザイン

天井は壁と同じ仕上げにすることで部屋を構成する要素が少なくなり、シンプルかつ包まれる感じが出ます。しかしインテリアの見せ方次第では、あえて天井面を違う素材にすることで、天井を高く感じさせたり、部屋の印象を特徴付けたり、部屋の方向性を生むなどの効果が期待できます。天井面は明るい方が部屋は明るく感じますが、天井面に設けられるさまざまなものが見えてくるので意外と圧迫感にもつながります。落ち着いた雰囲気を出すために、あえて暗い色を選択して天井の存在感を消すのも1つの手法です。また、天井は身体が触れる壁や床に比べて質感を感じにくい部分なので、色や見た目を重視して検討してよいと思いますが、天井面が低くなるほど質感を気にした方がよいでしょう。

■その他

万が一火災が発生した場合、火は天井面を伝って広がろうとするので、キッチンなど火が発生しやすい場所の天井は燃えにくい材で仕上げる必要があります。また、煙や炎が広がらないために設ける垂れ壁もインテリアに与える影響が大きいので、違和感なく仕上げるようにしましょう。

バスルームや洗面室では湿気が天井面へ上がるので、下地とともに湿気に強く、カビにくい素材が望まれます。また天井裏に湿気がまわって建物を傷めないように、施工する際は防湿に十分注意しましょう。

漆喰や珪藻土などで調湿したり、空気を綺麗にしたりする場合は、壁面より空気が溜まりやすい天井面の方が有効です。なお、壁と同様に建物の条件により内装制限を受け、防火性能を要求されることがあります。

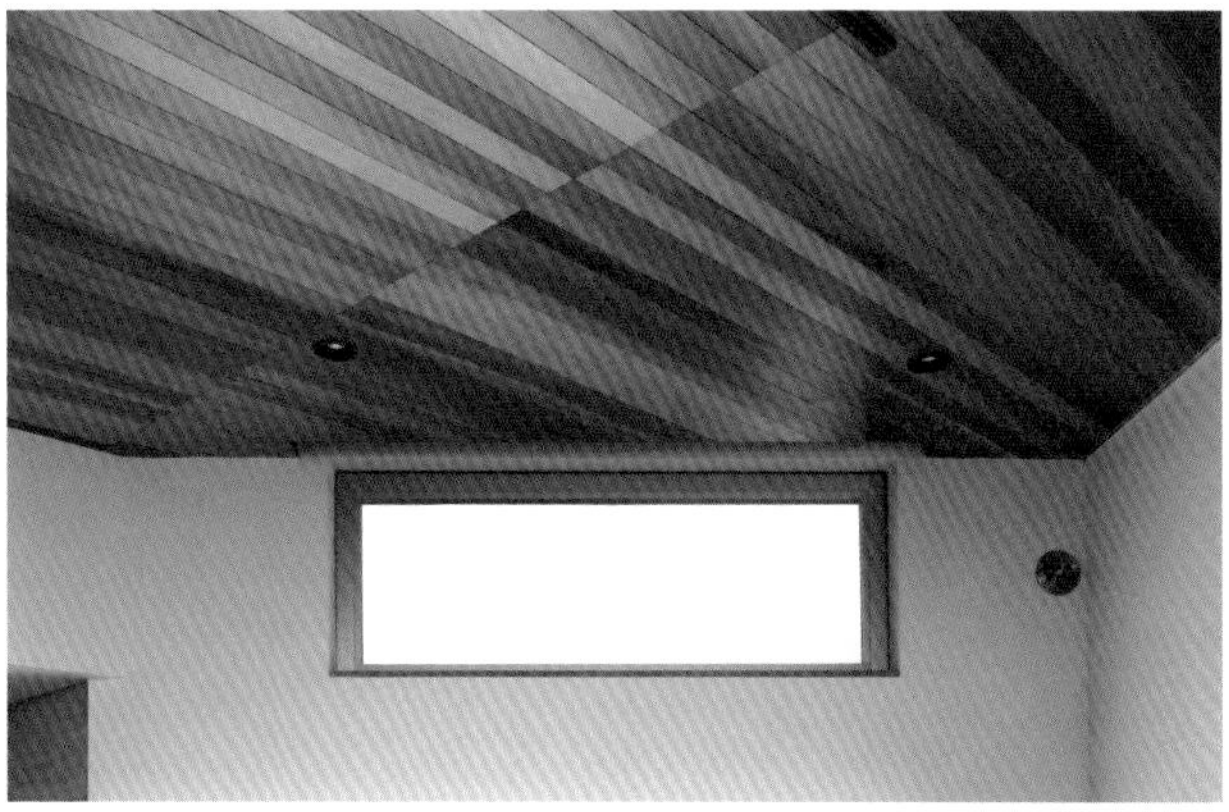

板張り
レッドシダーの天井とハイサイドライト。他の天井よりも一段と高い場所に木質感のあるレッドシダーを用い、しっとりとした空気感を出している(七里ガ浜のリップルハウス)

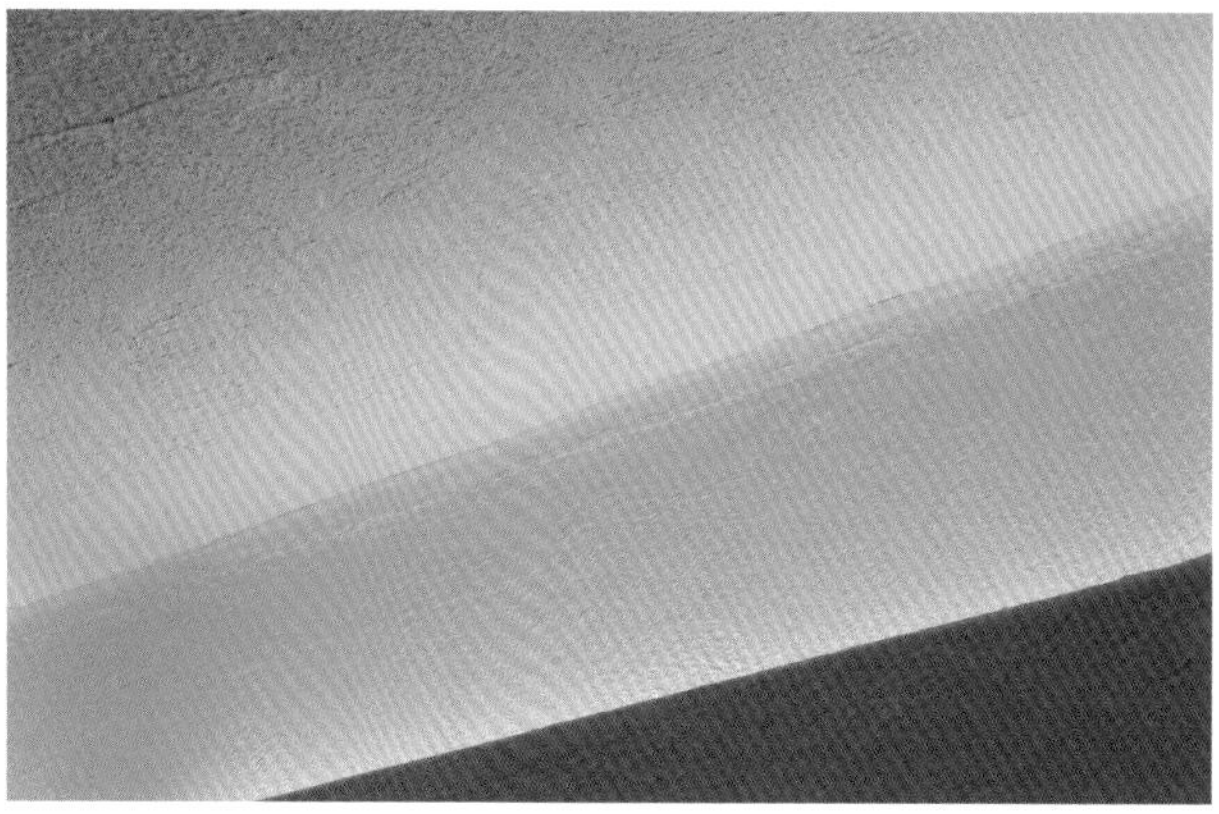

左官仕上げ
壁面から一体に仕上げた天井。間接照明の効果が高い

シナ合板張り
壁面コンクリートと対比させたシナ合板目透かし張りの天井

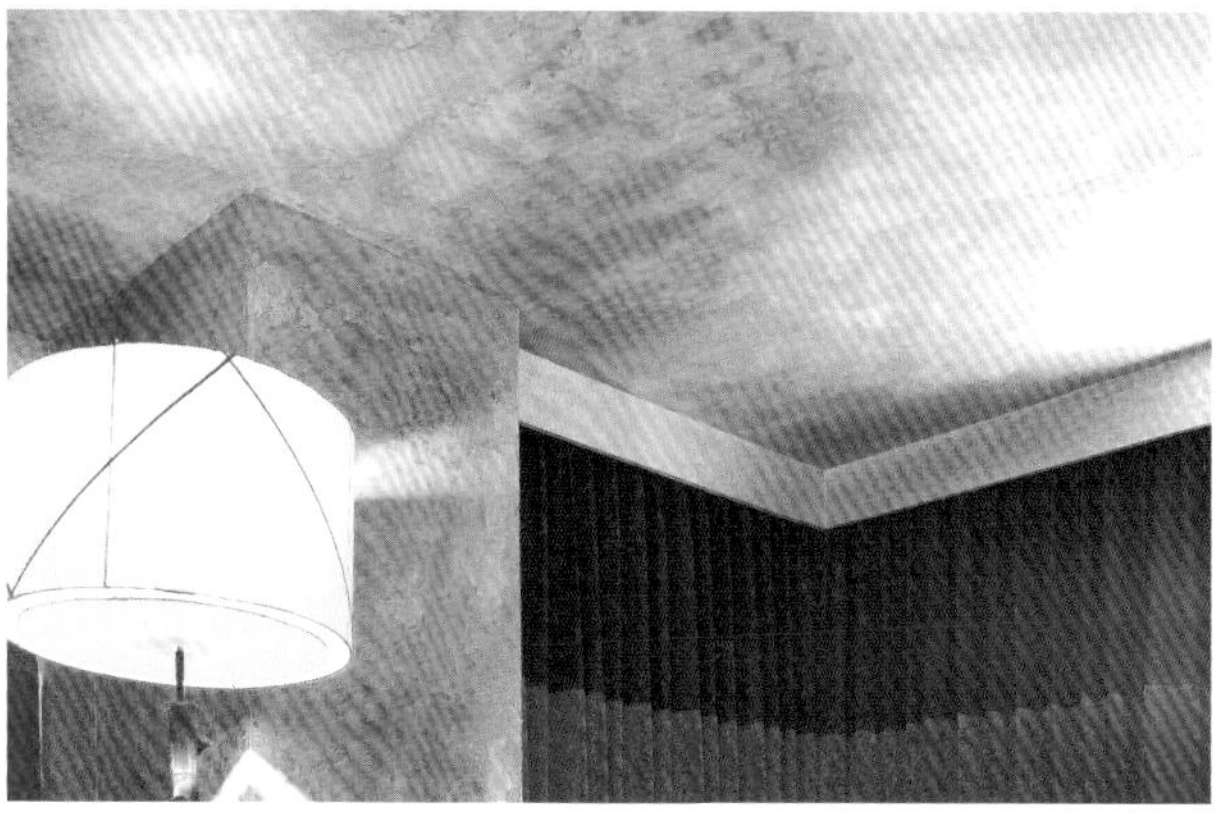

モルタル
塗りムラを生かした仕上げ。ファブリックの色が映える(サイアム@サイアム)

お店の天井に使用するマテリアル

店舗の天井、特にショッピングモールや百貨店といったインショップ型の店舗における天井は、人の目線から遠いうえ、照明の陰となって見えにくいため、床や壁に比べてデザインの優先度は高くありません。一方、美容室や歯科医院などでは仰向けで施術を受けることになるので天井の役割は壁に近くなり、デザインにも工夫が求められます。マテリアルの選定は、こうした照明の状況や天井高、オペレーションなどを加味して行うとよいでしょう(吉田昌弘)

1
2 | 3

1 天井高の低いカフェ&バーの店内。鉄筋を現場溶接して木の枝のように見立て、配線ダクトの代わりとした。電球には球面内の半分が反射鏡になっているシルバーランプを使用し、上部のクリア部分に木の葉形のシールを張ることで天井面に影を落としている(C's fort④)

2 1つながりの空間で構成されたカフェ。スペースに限りがあり、間仕切りを設けることができなかったため、等間隔に並べた鉄骨のアーチで客席を視覚的に区切っている。その結果、天井もリズミカルな印象となり空間全体に奥行きが生まれた(nana's green tea 志木店④)

3 美容室のシャンプー台上部に設けた下がり天井。美容室ではシャンプーの前後に必ず天井に目が行くため、モザイクタイルをグラデーション状に張って特別感のある天井を演出した(PRODUCE 古淵店④)

ランタン型のタイル張りの壁と、ステンドグラスをはめ込んだ引き戸（ニコハウス）

建具に使用できるマテリアル

建具は目的や使用場所によって、適した材質や構成があります。玄関や外壁に設けるものは高い耐候性や防犯性、屋内ではほかの仕上げとの調和が大切です

建具は、目的や使用場所によって、木製・アルミ・鋼（スチール）・ステンレス・ガラス・紙などの材質や、それらの混合によって骨組や面材がつくられます。

■外壁に設ける建具

雨や外気、虫などが室内に入り込まないようにする必要があり、内外の温度変化が激しく、雨がかかったり陽が当たったりする条件の厳しい場所でもあるので、高い性能が求められます。

木製の建具は、防音、断熱性能に優れ、見た目にもよいものですが反りやすく、耐久性や雨仕舞を考慮した既製品はコストも掛かりがちです。アルミ製などのハーフオーダー品は、防音、断熱性能、質感はそれほど高くはありませんが、耐久性も価格面も無難に落ち着きます。鋼製のものは板の厚さによっては防火設備としても使え、枠も細くできて意匠的にも好まれますが、錆びには注意が必要です。ステンレスやコールテン鋼などの錆が進行しにくい素材は耐久性もありますが、コストがかなり掛かります。ガラスは見た目に綺麗ですが、住宅の場合は気密性も必要なので、枠とともに設けられるケースがほとんどです。

外壁に設ける建具は防犯性も必要なので、最近は防犯ガラスを使用するケースが多くなりました。また、断熱や遮熱のためにペアガラスや熱反射ガラスにしたり、窓が拭きにくいところは自浄作用のある光触媒ガラスを用いたりと、ガラス面の性能にも気を遣うとよいでしょう。

■玄関の建具

防犯性のほか、質感や重厚感も求められるため、雨がかりに注意した上で、無垢の板を張ったドアが好まれます。その際、なるべく反りの少ない乾燥した材を使い、ハンドルの質感にも気を遣うとよいでしょう。場所によっては防火性能を必要とし、その場合は鋼製建具になることが多いです。

■屋内に設ける建具

耐久性などが屋外ほどシビアではないため、一般的には木下地でつくり、そこに合板を張って塗装をしたり、紙、ガラス、鏡、布や革など好みの面材を張ったりはめたりすることがあります。家の床材や家具と合わせてつくるのもよいでしょう。その際、反りにくい材であることが好ましく、裏も表も同じ材で仕上げた方が間違いありません。屋内の場合は色々な素材が使えるので、建具に左官材を塗って壁と同じように仕上げたり、木の一枚板や厚い鉄板を吊ることもできます。重い素材で建具をつくる場合は、引き戸の場合は吊り金物を使うことで、床に溝を設ける必要もなく、重い建具も比較的ストレスなく動きます。

■バスルームに設ける建具

水や湿気に強い素材である必要があります。よく使われるアルミの折戸のような建具は、質感はあまりよくありませんが、なかで人が倒れた場合に救出しやすいというメリットがあります。強化ガラスを用いた建具は、見た目が綺麗で、空間の広がりも生まれますが、コストが掛かりがちです。

アルミサッシ
リビングと繋がるテラスに出るための大きなアルミサッシと天井際のハイサイドライト

木製サッシ
断熱性能などが高く風合いもよい木製サッシ

障子
強化和紙のワーロンにも強度を負担させて桟を少なくした障子

無垢板の玄関ドア
チークの無垢板による玄関ドア。把手も同材をノミで彫ったもの

お店の建具・間仕切りに使用するマテリアル

住宅の場合、部屋と部屋は建具や壁でしっかりと区切るのが基本です。しかし店舗の場合、「客」と「従業員」という異なる立場の2者が互いに目配せできる空間が必要なので、「切れているようでつながっている」あいまいな仕切り方が求められます。たとえば「座っていると見えないが立てば見える高さ」の間仕切りや、透過性の高い素材を使った間仕切りなどです。またそれぞれの客席をゆるやかに区切り、目線を遮る仕組みも重要です（吉田昌弘）

1 ／ 2 ｜ 3

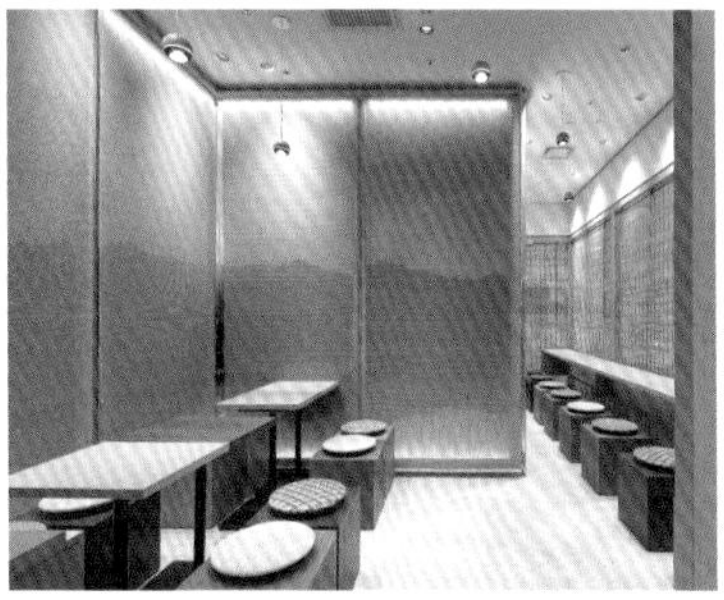

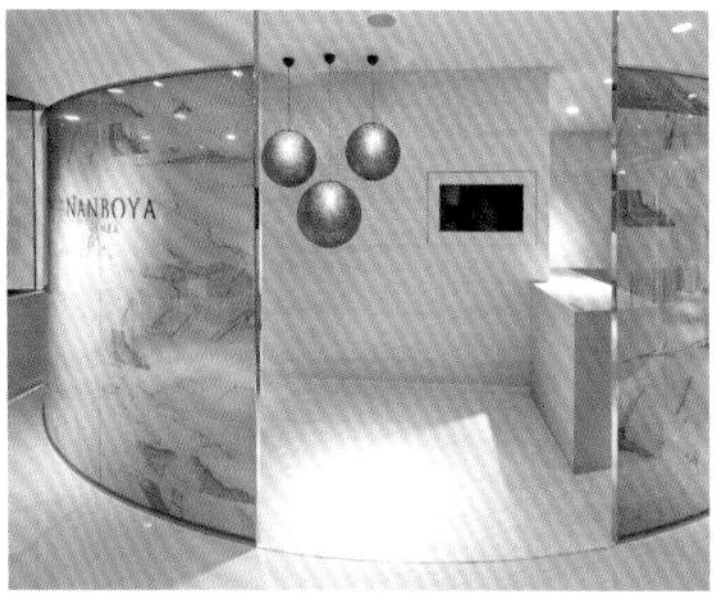

1　ショッピングモール内にあるカフェ。区画の境界に鏡面仕上げを施したステンレスを配置している。壁面のない島型配置のテナントはともすると素通りされがちであるため、屏風状の鏡で周囲や通行人の姿を映し出し、独自の世界観を創り出した（nana's green tea 京都桂川店④）

2　喫茶スペースを併設するインショップ型の菓子店。限られた広さの喫茶スペースに閉塞感を与えないよう、日本の田園風景を印刷した壁面にすだれをかけて間仕切りとした。すだれのわずかな隙間から覗く風景画によって、奥行きが感じられる（あおざしからり④）

3　店舗の待合室。曲面のガラスでつくられた間仕切りには特殊なドットによる柄がプリントされたシートが張られており、外側からは石のように、内側からは木目のように見える（NANBOYA 銀座店④）

造作家具・キッチンに使用できるマテリアル

造作家具はインテリアに合わせて製作できるので既製品よりも一体感が出ます。さらにキッチンはデザインだけでなく、使い勝手を考慮して設計することができます

人工大理石を用いた大きなキッチンと背面の収納（ニコハウス）

造作家具は既製品と違い、インテリアに合わせて設計・製作することができるので、壁や天井、床と同じような素材で調和を図り、一体感をもたせることが可能です。テーブル、ソファ、ベッドなどのポイント的なものはインテリアに合う既製品を選び、食器棚やリビング収納、下駄箱、洗面カウンターなどの箱物は、インテリアに合わせて造作家具とすることが多くあります。

■造作家具のつくり方

一般的にはシナ合板のフラッシュパネルやシナランバーを組み合わせて箱をつくり、そのなかに引出しや棚板を入れ、扉をつけて家具をつくります。それを台輪という台に載せたり、吊り戸棚の場合は壁や天井に固定したりします。カウンター面がある場合は、箱にカウンター材を載せます。

■造作家具に適した面材

下地となるシナ合板をオスモなどの自然系塗料で拭き取った仕上げや、ウレタンでツヤツヤに塗装した仕上げなどのほか、メラミン化粧板や好みの木材の突き板を張ったり、無垢の木でつくったりする場合があります。なかが見えるようにガラスにしたり、カウンター材と合わせてステンレスや人造大理石でつくる場合もあります。

■造作家具に適したカウンター材

家具用の面材のほか、無垢の一枚板やフローリング材、大理石、花崗岩、タイル、ステンレスやガラスなど、用途に合えば比較的多くの材料が使えます。一般的にキッチンはシステムキッチンを採用するケースも多いですが、自分（施主）なりの使い勝手を考慮して、好みや家のデザインに合うものを製作することも可能です。

■キッチンのつくり方

キッチンを配置する床に、設備業者が電源、給排水や給湯の配管などを設け、家具業者がつくった箱を置き、天板をかぶせ、シンク、水栓金具、食洗機などの必要な設備をつなぎ、上部に換気扇を設け、壁を仕上げていきます。元の設計を詰めるほか、現場での各職人さんの調整、連携が重要です。

■キッチンに適した面材

キッチンは水が跳ねたり汚れたりするので、水に比較的強く、汚れを拭き取りやすい材が好まれます。木にオスモなどの自然系塗料を施したものやウレタン塗装をしたもの、メラミン化粧板や天板と合わせてステンレスや人造大理石あたりが多く使われます。

■キッチンに適したカウンター材

水、衝撃に強く、汚れがつきにくく、熱いやかんを置いても変質しない素材が適します。ステンレス、人工大理石、花崗岩、タイルあたりが多く使われます。コンロやシンク廻り以外では、木や大理石、ガラスなども用いられます。

■その他

壁の水跳ねや汚れを考慮して既製品のパネル材などにすると、リビングやダイニングの仕上げと質感が異なってしまうことがあるので、なるべく色や質感に注意し、違和感のない素材を選びましょう。

ステンレスのキッチンカウンター
ステンレスのL型キッチン。レンジフードもステンレスで製作した

自然石のカウンター
大理石のカウンター天板。腰部分は木材を使用している(Yong Foo Elite①)

フラッシュパネルとランバーコアパネル

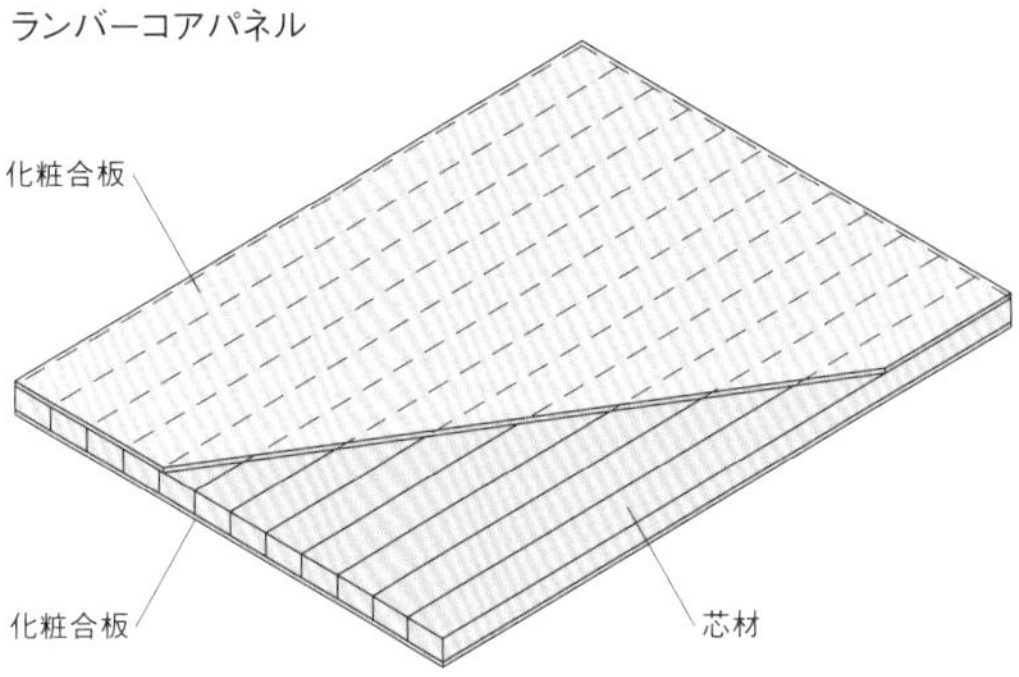

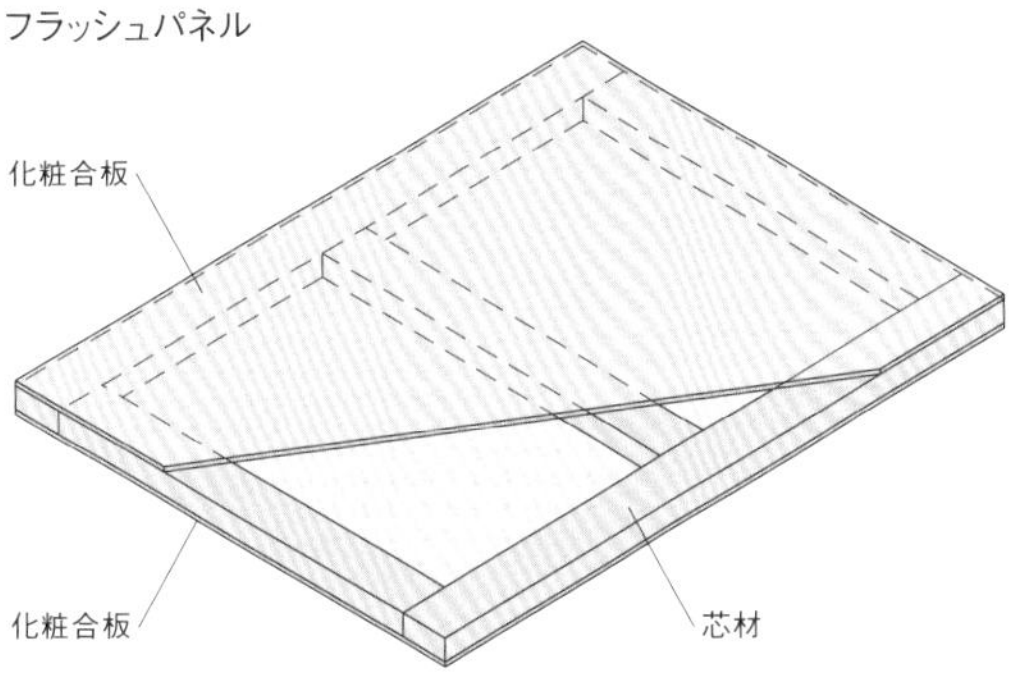

フラッシュとは、骨組の表面に合板などを貼って平らに仕上げ、表面に組子や桟などが見えないようにつくる工法。ほかの構造に比べて軽量で、部材が少なくてすむ。大量生産の既製品ではコストダウンできるのでよく使われている。逆に特注でつくる場合はランバーコアパネルより高くなることが多い。ランバーコアパネルは、パネルの状態で素材として出回っているので、安く入手することができる

お店の家具・什器に使用するマテリアル

無垢材のテーブルやイスは手触りがよい一方、耐久性やメンテナンスの問題が常につきまといます。性能を重視するのであれば、材の狂いが少なく安価な集成材やメラミン化粧板が有力な選択肢となるでしょう。特にメラミン化粧板は色や柄の選択肢も多く軽量で、使い勝手に優れています。テーブルの天板に使用する場合は、小口に突き板を回して端部を隠すなどの工夫をすることで質感を高めることもできます（吉田昌弘）

1 / 2 | 3

1　メラミン化粧板で製作した応接室のテーブル。ここでは3人以上での利用を想定し、ひょうたんのような形に加工した。これにより互いの視線や距離感が微妙にずれることとなり、リラックスした雰囲気の中で商談を進めることができる(NANBOYA 大宮店④)

2　「普段交流の少ないスタッフ間にコミュニケーションの機会や一体感を与えたい」との要望を受けて製作したオフィスのテーブル。メラミン化粧板をつなぎ合わせて巨大な1枚板のように見せている。ジョイント部が目立たないのもこの材の長所の1つ（yudo office④)

3　床とイス、テーブルに木紋石を使用したカフェ。すべての目地に光ファイバーを廻し、空間全体に浮遊感を与えている（七叶和茶　南京東路店④)

木質系❶

無垢フローリング

一枚の無垢材でつくられている無垢フローリングは、単層フローリングとも呼ばれ、木の質感を味わえる床材の代表格です。木材ならではの温もりや高級感、重厚感が感じられます

墨入りモルタルの土間とタモの無垢フローリング（レイハウス）

■特性

無垢材という性質上、温度や湿度の変化によって伸縮し、反りや隙き間を生じやすいという特徴がありますが、無垢ならではの厚みや温もり、高級感、重厚感が感じられます。

■種類

樹種によって多くの種類があり、針葉樹系（スギ、マツ、ヒノキなど）と広葉樹系（チーク、カリン、ナラ、ブナ、タモ、メープル、ウォルナットなど）に大別されます。針葉樹系は一般に軟らかいものが多く、足触りがよく温かみがありますが、表面強度が低めで傷が付きやすく、年数が経つと赤く焼けてきます。柾目・板目・杢目といった木目や節の状態により見た目が異なり、価格もかなり幅があります。一方、広葉樹系は一般に堅いものが多く、強度があり、足触りも硬めです。東南アジアなど海外からの製品も豊富で、ラワンのような一般的な材からチークやウォルナットのような高級材までさまざまです。近年、床暖房対応のフローリングの需要が高く、無垢フローリングでも対応する製品がかなり増えました。ただし、伸縮の少ない高級材が多く、針葉樹系は基本的に床暖房に不向きです。

■表面の質感

表面はフラットなものがほとんどですが、あえてチョウナやノコ目などで凹凸を見せ、風合いと足触りを出す場合もあります。仕上げは塗装をしたものがほとんどですが、塗料の種類によってかなり質感が変わるので十分検討しましょう。塗膜をつくらないオイルフィニッシュなどは、定期的なメンテナンスが必要ですが、木の肌触りが残って無垢ならではのよさを堪能できます。メンテナンスが面倒な人にはウレタン塗装が向いていますが、ツヤ消しの方が本来の木の風合いに近く仕上がります。もしくはまったく趣向を変えて、厚いウレタン塗装で深いつやを楽しむこともあります。

■サイズ

一般に幅は75〜200㎜程度、長さは針葉樹系では1800〜4000㎜程度の長いものが多いですが、広葉樹系は短いものが多く、短い材をつないだ安価なユニタイプもあります。厚さは15㎜程度が多いですが、スギなどは30㎜程度の厚板も人気です。

■デザイン

無垢フローリングは、年月を経て深みや風合いが増していくので、住宅のような長年使用する建物に適しています。また本物の質感で住まいを統一したい場合や素足での自然な生活を楽しみたい場合などにも有効でしょう。張り方には一方向に張る以外に、ヘリンボーンなどのパーケットがあります。張り方や張り方向でインテリアの印象が大きく変わるので、全体の調和を考えながら検討しましょう。

■メンテナンス

普段はモップなどで乾拭きする程度で、ワックスやオイルフィニッシュの場合は、モップがけの延長で1年に1回程度オイルなどをつけて拭きます。

無垢フローリングの主な樹種

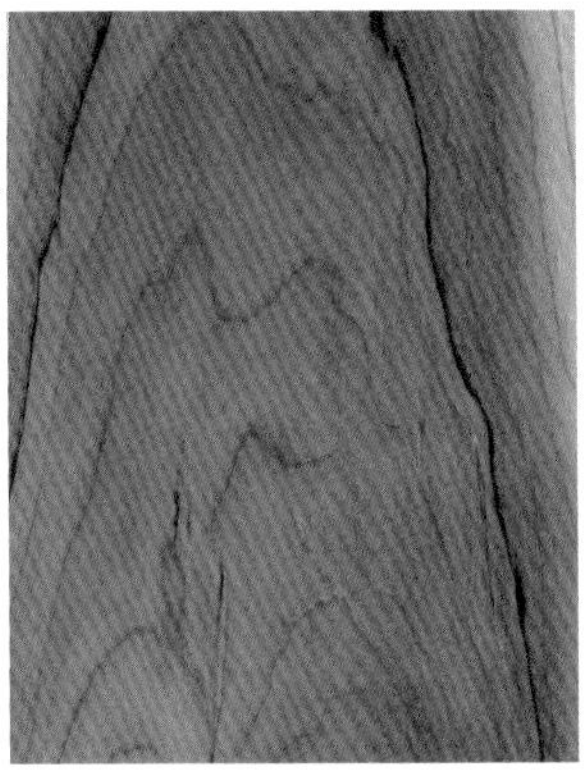

サクラ（チェリー）　赤みを帯びたものから白いものまである

チーク　やや黄味を帯びた色味。時を経ると赤っぽくなる

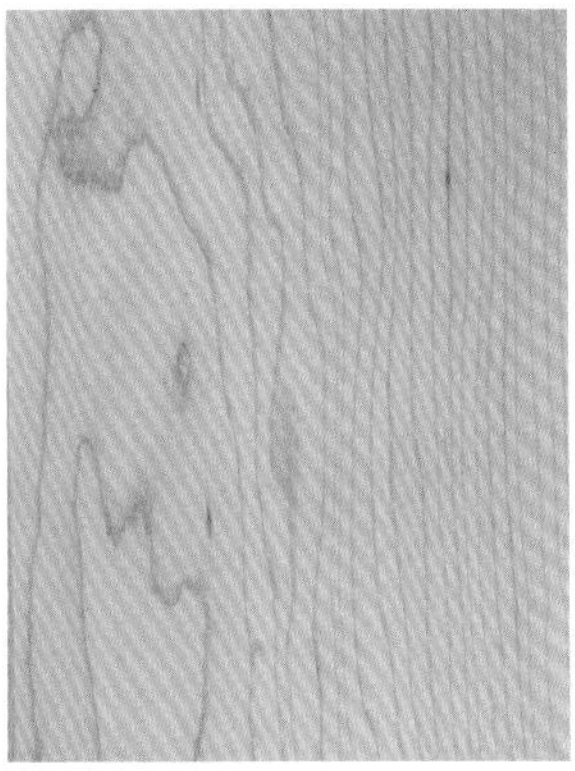

メープル　光沢があり波状の杢などがでることもある

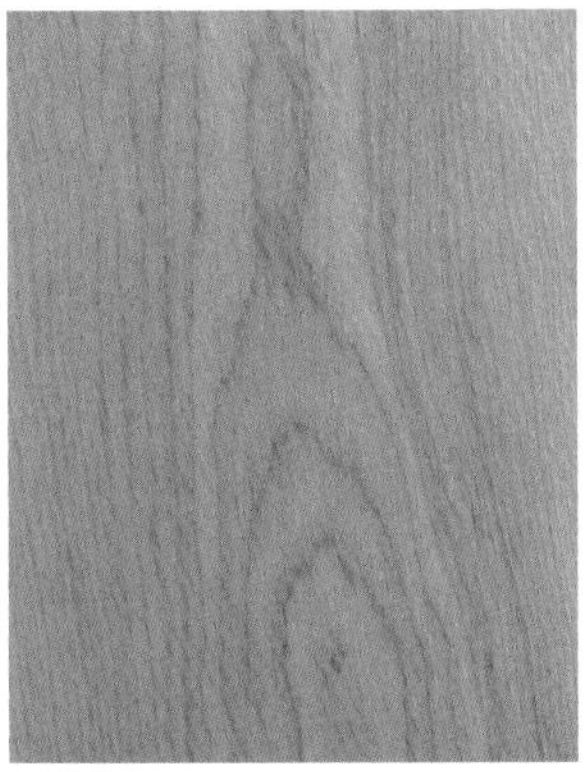

バーチ　北米産のカバ（広葉樹）系。北欧の家具にもよく用いられる

ウォルナット　赤っぽい色目の高級なフローリング材

オーク　ナラと似た種類で、ヨーロッパ産のものはやや硬め

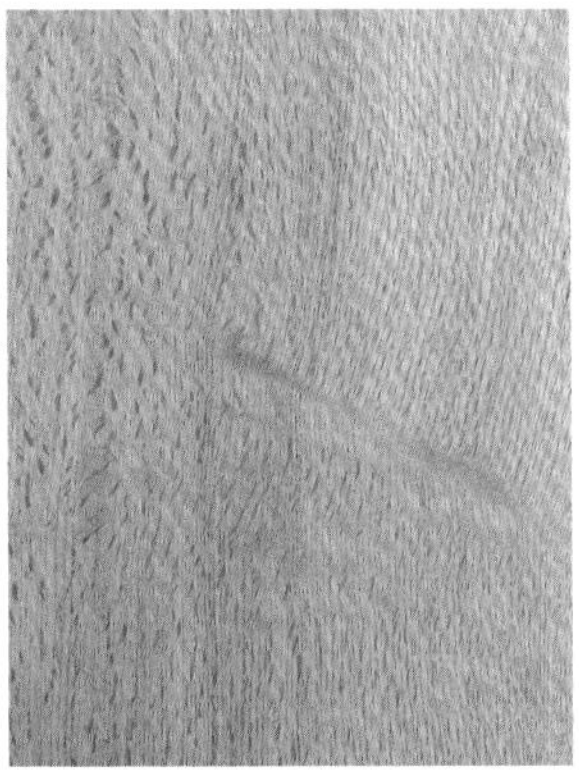

ナラ　硬くはっきりした木目で、北海道産のものが有名

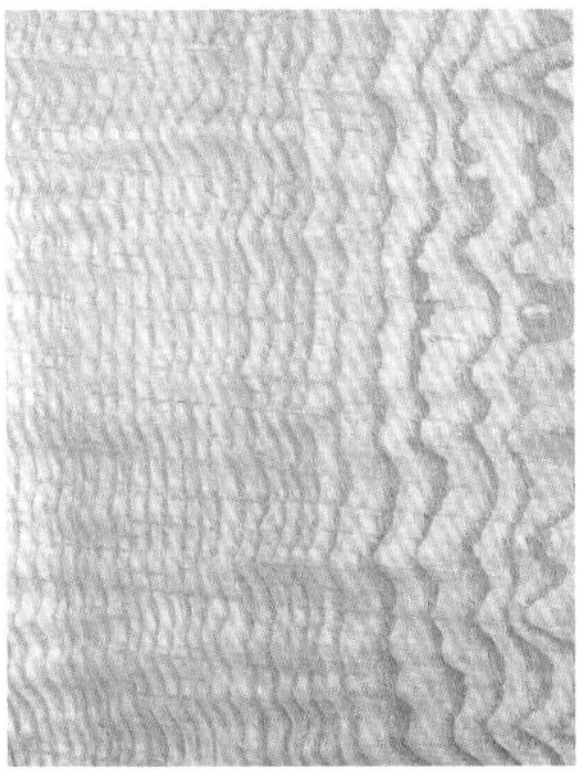

タモ　肌目はやや粗いが、硬くて狂いが少ない

カリン　赤みのある力強い表情が特徴

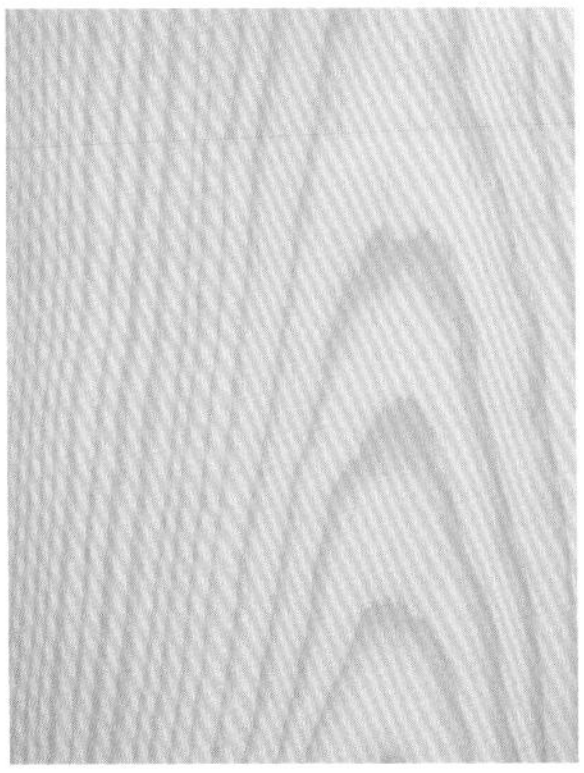

マツ　はっきりした木目で変化に富む表情

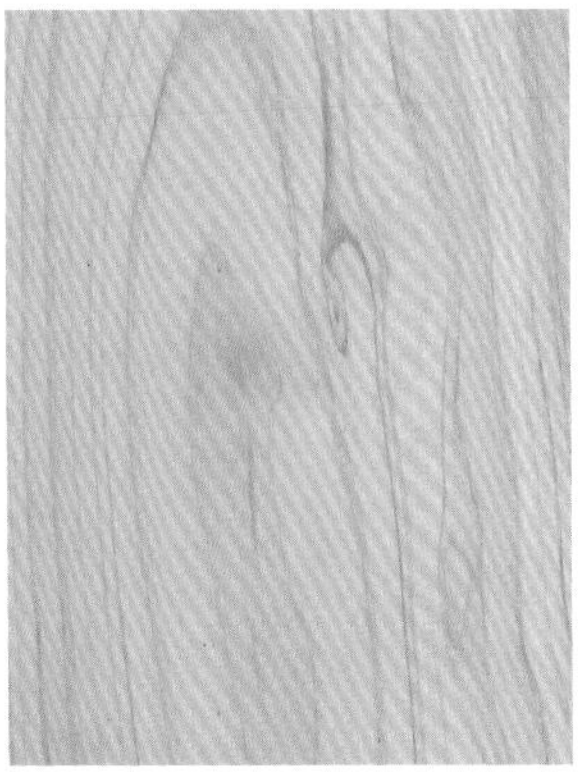

ヒノキ　スギと似た仕上がりで、耐久性がより高く、香りがよい

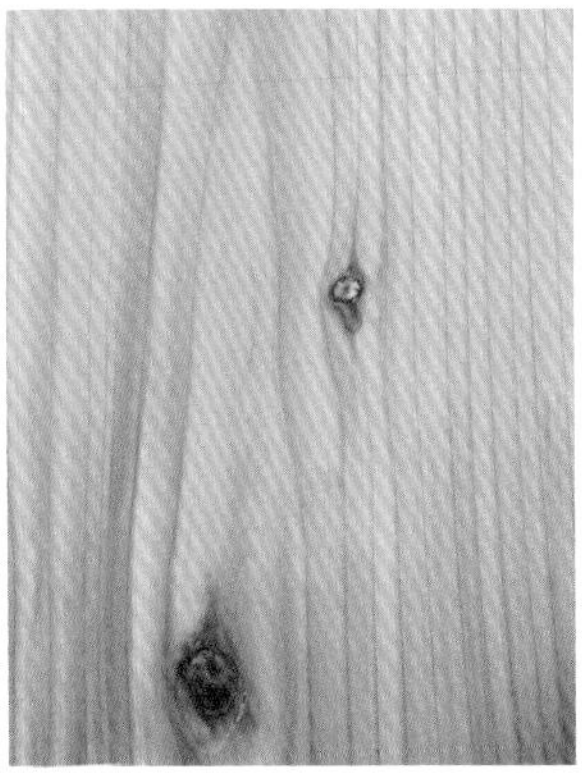

スギ　やわらかく軽い。赤味、白太、節など表情が豊か

無垢フローリングの使用事例

ナイフカットが施されたオーク無垢フローリングの上がり框。合決りで噛み合わせて無垢の厚板のように見せている

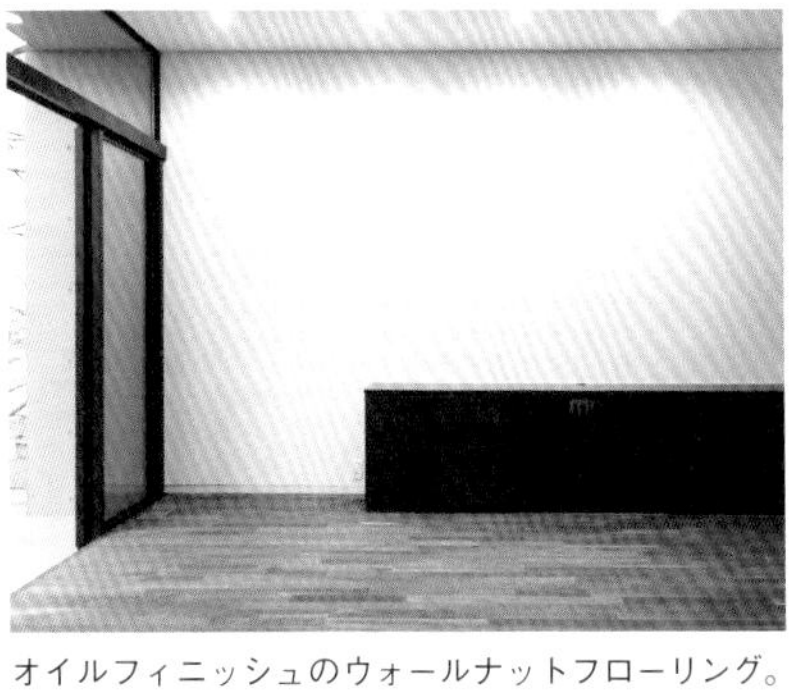

オイルフィニッシュのウォールナットフローリング。塗膜がないため木の質感が足裏で感じられる

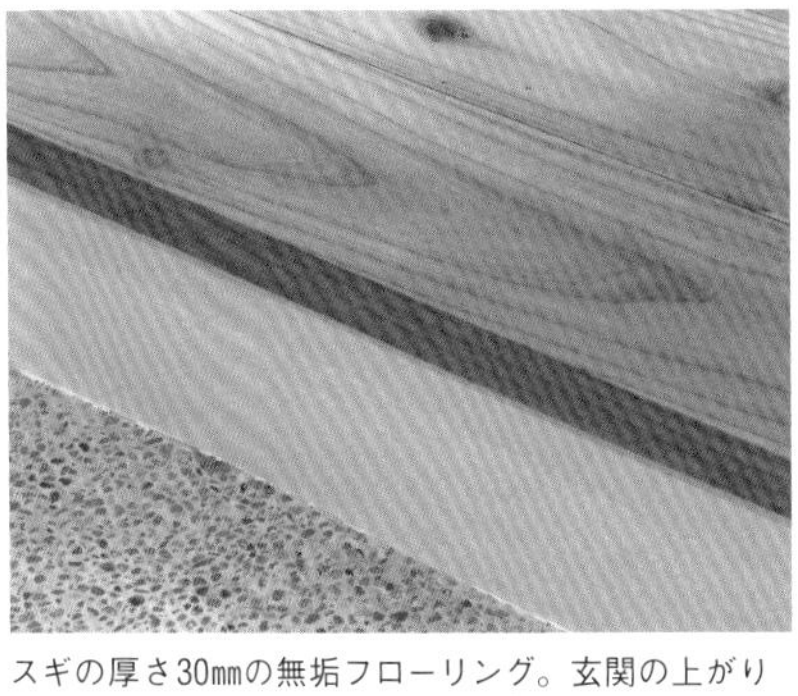

スギの厚さ30㎜の無垢フローリング。玄関の上がり框として、その厚みを見せた事例（①）

塀で囲われた中庭に敷かれたデッキ。外部の視線が入らないのでリビングルームの延長として使える（ミモザハウス）

木質系❷ デッキ材

耐候性・耐水性の高い、屋外に使える木質系床材です。バルコニーやテラスの床に敷かれ、木質ならではの温かみのある質感が得られます。最近では、無垢の木材のほか、再生木材を材料としたデッキ材も増えてきました

■特性

無垢材と、木粉とプラスチックを混合して成形した再生木材に大別されます。無垢材タイプは木本来の風合いを味わえますが、ささくれや反りが出やすく、変色したり腐りやすい樹種もあります。再生木材タイプは公共施設の屋外床などに多く使われていましたが、最近では住宅用も増えてきました。木の質感は劣りますが、年数を経ても腐ったりささくれたりせず、色合いの変化も少ないため、メンテナンスを最小限にしたい場合に向いています。

■種類

無垢材の代表的なものには、ウリン、イペ、サイプレス、ピンカド、セランガンバツー、レッドシダーなどがあります。価格はイペなどの高級材から安価なレッドシダーなどまで幅広くあります。イペやセランガンバツーなどの南洋材は一般に硬くて重いものが多く、油を多く含み腐りにくく、防腐処理なしで20年以上もつものもあります。レッドシダーは柔らかく軽量、釘打ちも容易なので、施工者に好まれ、住宅に気軽に使われる材種ですが、イペやウリンに比べると耐久性が劣ります。耐久年数は5～10年程度で、定期的に塗装をしないと比較的早く腐るので、施工性のよさや足触りの柔らかさを優先したい場合に適しているといえます。再生木材のデッキ材は、色や形状の違うものが各メーカーから発売されています。全体に価格が高めの傾向にあるので、無垢材と比較しながら検討しましょう。

■表面の質感

滑りにくい凹凸加工のタイプもありますが、住宅では掃除のしやすさから平滑なものが好まれます。なお、南洋材は表面にささくれを生じやすいものも多いので、裸足で歩く場合には問題がない材か確認する必要があります。

■サイズ

幅は100㎜前後、厚さは20～30㎜程度のものが多く、長さはさまざまです。

■デザイン

テラス床はモルタルやタイル張り、バルコニー床は防水仕上げのままということもよくありますが、デッキ材を張ることで屋内外の中間領域となり、フローリング張りの部屋とつなげると、室内に広がりを与えることができます。なお、デッキ材の施工では、排水口の掃除や防水層のメンテナンスなども考慮し、一部をふた状にしたりすのこ状にして外せるようにしておくと便利です。無垢材の場合は反りや伸縮が大きいので、伸縮目地を設け、パッキンやアジャスターなどで高さ調整ができるようにするなど配慮しましょう。

■メンテナンス

レッドシダーなどは定期的に防虫防腐効果のある塗装を施しましょう。南洋材は基本的に塗装しなくても問題が起きにくいようですが、経年変化により徐々にグレーに変化していくものが多いので、最初の状態を長く維持したい場合は、含浸するタイプのオイルを定期的に塗るとよいでしょう。

デッキ材の主な樹種

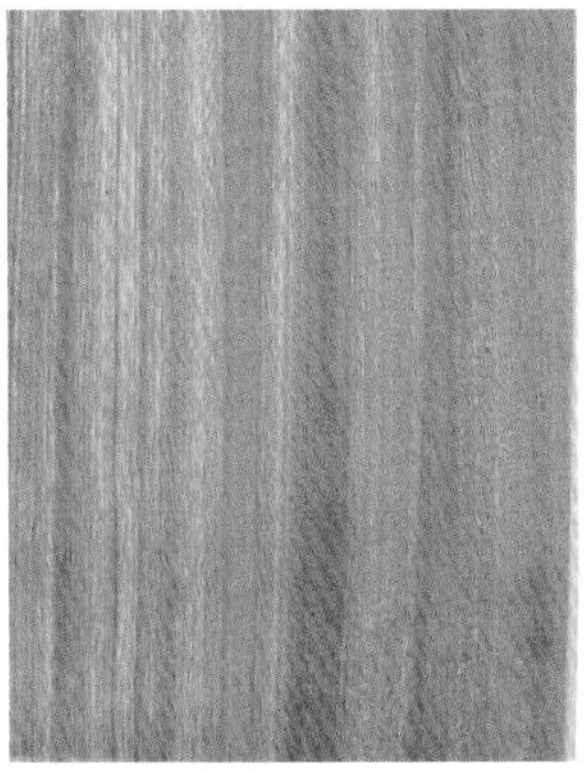

セランガンバツ　広葉樹。耐久性と強度に優れ、土台や梁にも使用される

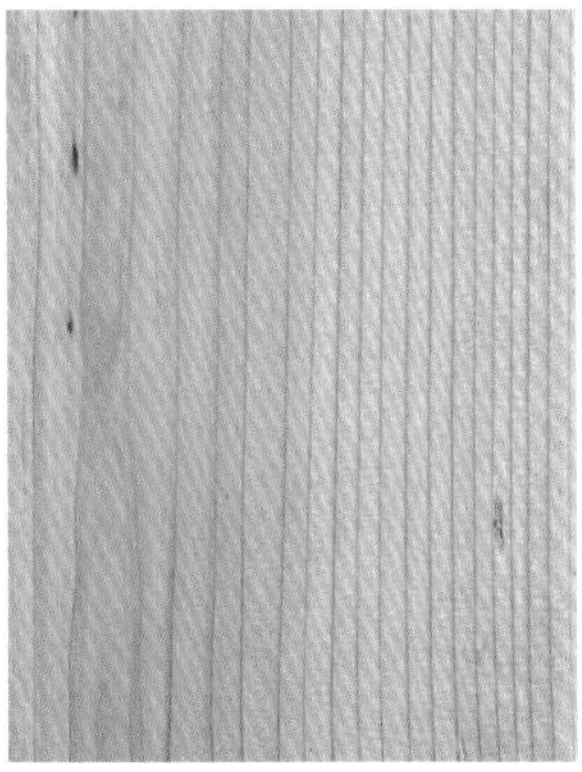

ウェスタンレッドシダー　針葉樹。比重は軽いが、耐朽性が高く、反りや割れも少ない

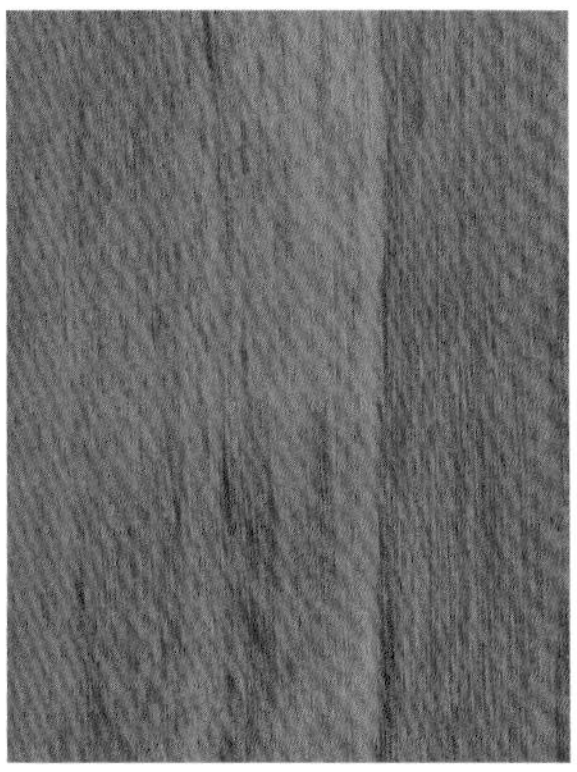

ウリン(アイアンウッド)　広葉樹。反りや狂いが少なく、耐朽性が非常に高い

クマル　広葉樹。赤系、黄色系といくつかの色合いが混在

パープルハート　広葉樹。紫色が特徴で、だんだんグレーに変化

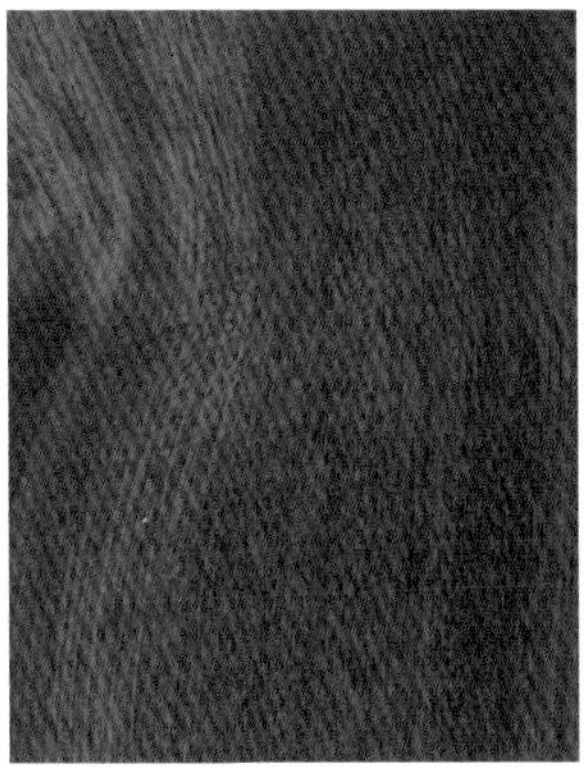

ピンカド　広葉樹。樹脂分が多く腐りにくく、耐水性が高い

イペ　広葉樹。耐久性が高く、反りや狂いも少ない

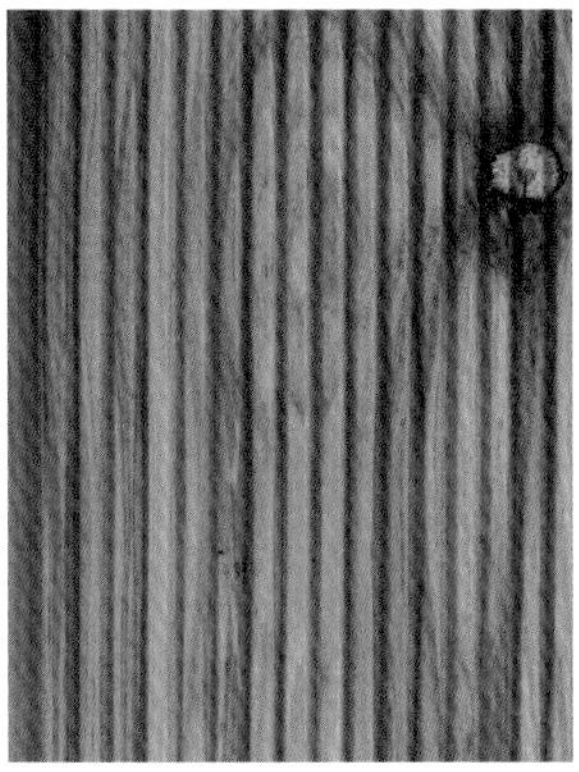

サイプレス(豪州ヒノキ)　リブ加工を施したもの

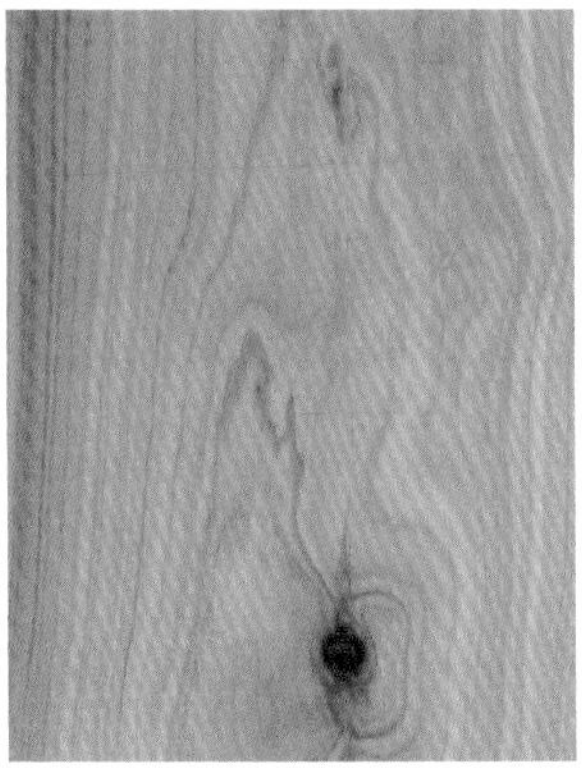

サイプレス(豪州ヒノキ)　針葉樹のなかでは硬い材で、防虫性が高い

マニルカラ(アマゾンジャラ)　広葉樹。ジャラに似ており、表面が滑らか

ジャラ　広葉樹。木目も緻密で、防虫性、防腐性が高い

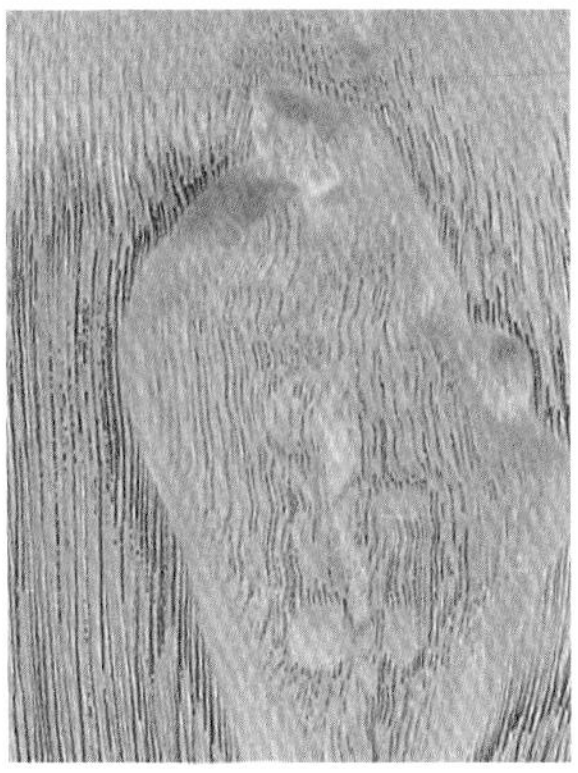

クリ　耐久性・耐候性に優れている。無塗装で使用した場合、雨に当たると茶黒いシミが出るので注意

デッキ材の使用事例

室内の床と同じ高さに敷かれたバルコニーのデッキ材。耐久性が高くささくれもおきにくいイペを使用している

床に張ったデッキ材と、ステンレスの手摺にも目隠しとしてデッキ材を張った例

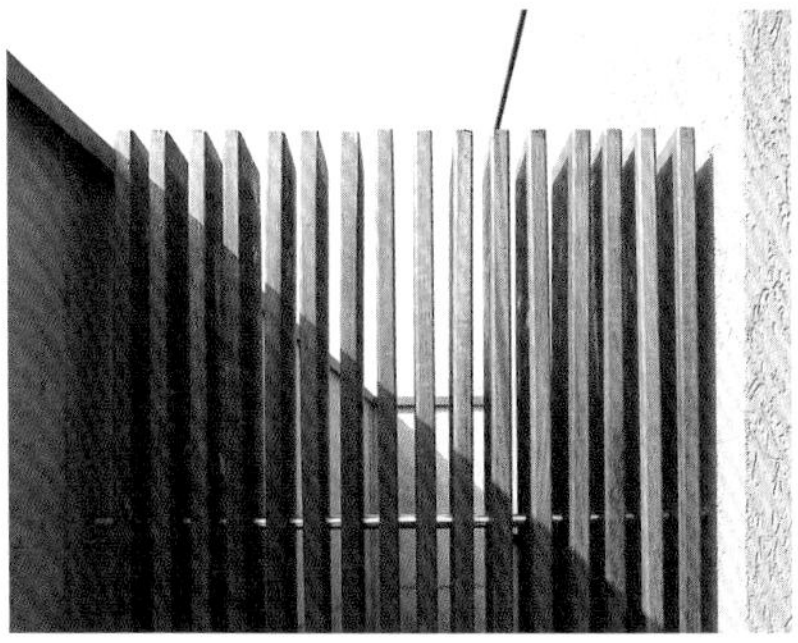

デッキ材は耐久性が高いので、屋外の繊細な格子にも使え、とくに変形の少ない再生木材は適した材といえる

木質系③

壁・天井材

壁や天井に張る天然木を使った板材は、無垢の本物感が感じられ、時間の経過とともに風合いが増していく、耐久性の高い仕上げ材料です。メンテナンス性が高く、長期間使い続ける住宅に適しています

表面に「なぐり」の加工を施した板材で仕上げた壁面（四季彩／KAMITOPEN ④）

■特性

耐久性・強度が高く、壁面の保護材としても有効です。調湿性に優れ、室内環境を快適に整える効果も期待できます。クロス貼りと違って張り替えが不要で、メンテナンス性が高く、長期間使い続ける住宅に適した材料といえます。

■種類

長い材のとれるスギ、マツ（パイン）、ヒノキ、ヒバなど針葉樹系が多いようですが、メープル、タモなどの広葉樹系もあります。無垢フローリング同様、幅はあまり大きくないので、継ぎ目のない広い面はつくれませんが、逆に長尺材の方向性を生かしたインテリアを楽しめます。材種を選ぶ際は節がポイントです。節によってインテリアの性格が変わるので、節の有無、節の大きさや数を確認しましょう。バスルームなどの水廻りではレッドシダー、ヒノキ、ヒバ、サワラなど耐水性があり、なるべく含水率を低くした材を使いましょう。

■表面の質感

壁は汚れやすいため塗装することが一般的ですが、天井は手が触れる場所ではなく汚れがつきにくいため、塗装を省くことも可能です。塗装する場合でも、塗膜をつくらない塗料の方が、木が呼吸しやすく、塗膜が剥げてくる心配も少ないでしょう。

■サイズ

幅は90～180㎜程度、厚みは9～18㎜程度、長さは針葉樹系では2間（3600～4000㎜程度）の長いものが多く製品化されています。また、細い材を並べたリブ材による天井もあります。

■デザイン

床材や建物に使われる構造材と違和感のない材にするとよいでしょう。壁に張る場合、縦に張ると高さ方向が強調され、横に張ると床や天井と調和した落ち着いた雰囲気になりやすいので、部屋の性格を考慮しながら張り方を選択します。天井に張る場合も、視線の抜ける方向に沿って天井材を張ると抜けを感じやすく、直交して張ると水平面からの連続感が生まれると思います。全体に木を張るとウッディになり過ぎる場合は、天井だけ木を張り、壁は別の仕上げにしたり、一面の壁だけ木を張る方法もあります。

■メンテナンス

塗装が弱くなった部分は定期的に塗り直しますが、床ほど手間はかからないでしょう。

■その他

和室の床の間によく使われる網代天井など昔ながらのもののほか、リビングなどの一般の部屋にも張りやすいものとしてヨシボードがあります。畳1枚分の大きさ（900×1800㎜）で製品化され、種類も豊富です。比較的安価なものもあり、和室とつながったリビングや和モダンの空間などに向きます。なお、ボードの継ぎ目部分は、竹などの押縁（ジョイナー）を設けず、目透し張りで収めた方がさらっとした雰囲気に仕上がります。

壁・天井材の主な樹種

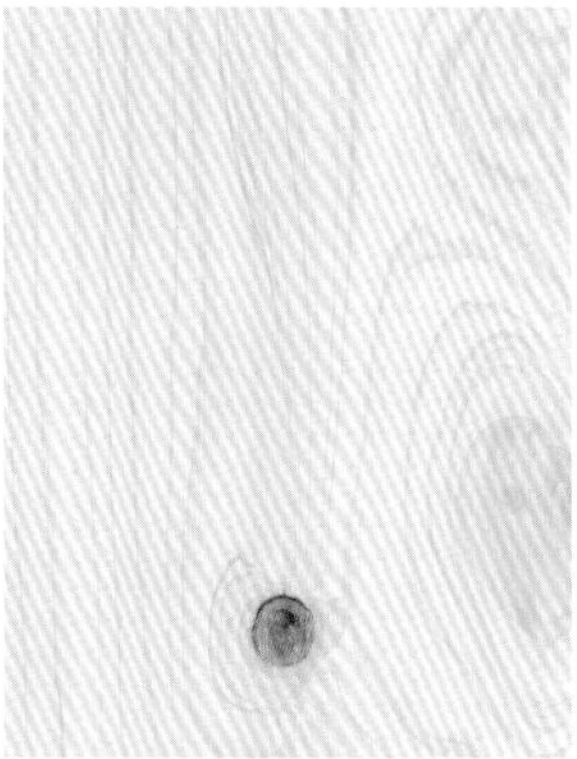

ヒノキ(節あり)　節が多いと強い印象を与える空間になる

ヒノキ(ヒノキ無節)　揮発性の香りがあり、水廻りの利用も多い

スギ(節あり)　心材の赤っぽい部分を含んだもの

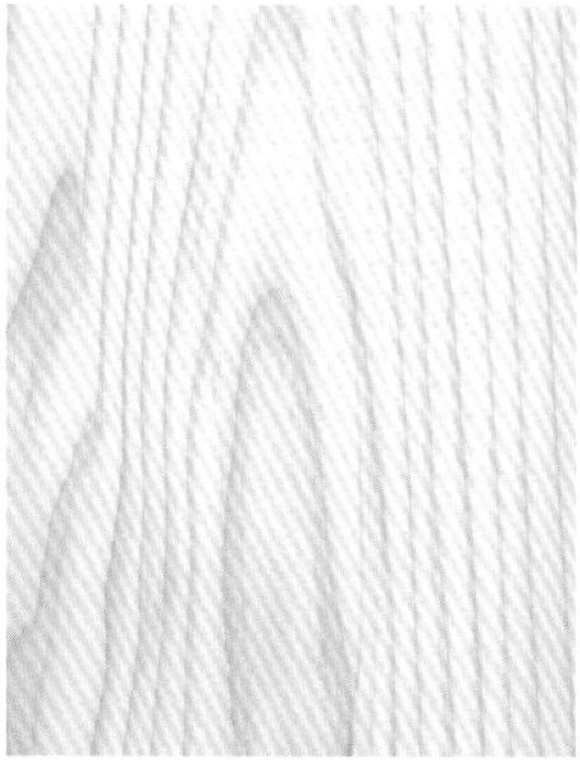

スギ(節なし)　辺材の白っぽい部分。白太ともいう

ヒバ　耐久性・耐湿性に優れ、独特の香りがある

ホワイトウッド　清潔感のある白木。耐水性は弱く水廻りには不向き

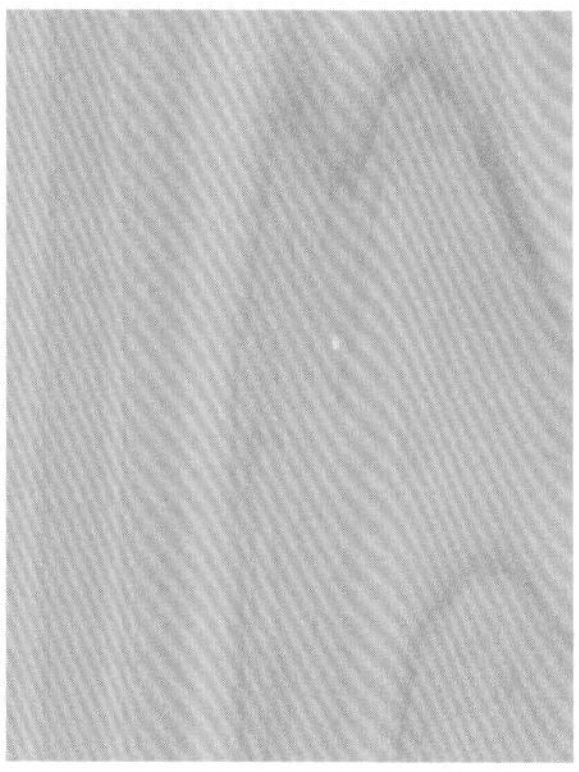

サワラ　耐水性・耐湿性に優れ、水廻りにも使用される

キリ　軽くてやわらかく、断熱保温効果に優れる

マツ　あたたかい色合い。はっきりとした力強い木目が特徴

コペンハーゲンリブ　装飾と音響効果を兼ね備えるリブ材(FURUKAWA)

二次曲面壁装材　(ABC商会／タンボアオープンバレー【不燃認定取得品】／AKVSしおじ)

リブ材　(ABC商会／タンボア　アーバンラウンダー【不燃認定取得品】／FRUOオーク)

壁・天井材の使用事例

ヨシボードによる天井。組み方や目の方向によってさまざまなパターンがある

ロフトの床を支えている米松の梁を仕上げとしてあらわしている

玄関から廊下にかけて視線が延びる向きに張られたスギ板の天井

ナラ材の一枚板を使ったテーブル（北京ダックモンスター／BaNANA OFFICE ②）

木質系 4

一枚板

天然木ならではの表情、存在感を感じることのできる無垢の一枚板は、商業施設のダイニングテーブルの天板、カウンター材、飾り棚などでよく見かけますが、住宅においてもインテリアのアクセントとして活躍するマテリアルです

■特性

無垢の特性として、乾燥していく過程で反りや割れを生じやすいということがあります。一枚板を選ぶ際はなるべく乾燥させた反りや割れの少ないものを選ぶ必要があります。ただ、使っていくうちに少々反りや割れが生じたとしても、それを味わうくらいの気持ちで採用したほうがよいと思います。無垢板を専門に扱う家具屋では、すぐに家具として使っても問題のないよう、あらかじめしっかり乾燥させ、表面処理を施し、質の安定したものを多く扱っていますが、その分、値段も高くなりがちです。それ以外に、製材としては使えない端材として材木屋が出すことも多いので、手入れをしていない状態でよければインターネットなどを通して直接安く買うことも可能です。

■種類

ケヤキ、トチ、タモ、セン、ヒノキ、スギ、チーク、ウォルナットなど、樹種は豊富です。形状は四方が断面のものや一部に樹皮を残した耳付き、綺麗な杢（模様）が出ているものもあります。耳付きのものは、天然木本来の姿を味わうことができ、インテリアのアクセントとしても有効でしょう。

■表面の質感

そのままだと汚れが染み込んでしまうので表面は塗装を施すことが多いですが、ウレタン塗装などの塗膜をつくる処理では天然木の味わいが消されてしまいます。手間は少々かかりますが、できればオイルを施したものが望ましいでしょう。

■サイズ

一点物なのでさまざまです。一般には、長さ・幅・厚さのあるものほど手に入りにくく高価です。とくに幅は元の木の太さに比例しますので、横剥ぎせずに幅のある材はとても高価で、流通量も少なめです。重量は重いものが多いので、軽さを要求されるような場にはあまり向かないでしょう。

■デザイン

テーブルやカウンターの天板に用いられるケースが多いです。リビングダイニングに大きな一枚板のテーブルを置き家族の集まる場とするなど、住まいを形づくる上での重要な役割を果たすこともあります。重厚感があるので、玄関の上がり框や玄関扉の面材として使うこともあります。

テーブルに用いる場合には、脚部のデザインも合わせて検討します。木や金属などで製作した専用の脚を取り付けるのが一般的ですが、適当な既成家具などを利用して、固定せず載せる方法もあります。表と裏で別々の表情を楽しめるので、ときどき裏返して使用するのもよいでしょう。また、床に無垢フローリングを採用した場合、同じ樹種を選ぶのも調和が楽しめます。

■メンテナンス

普段は拭き掃除程度ですが、オイルフィニッシュの場合は、表面が乾いてきたらオイルを塗ります。傷や輪じみ、汚れがついた場合は、ヤスリを掛けてからオイルを塗りましょう。そのうち味わいが出てきますので、長年愛着をもって使いたいものです。

一枚板の主な樹種

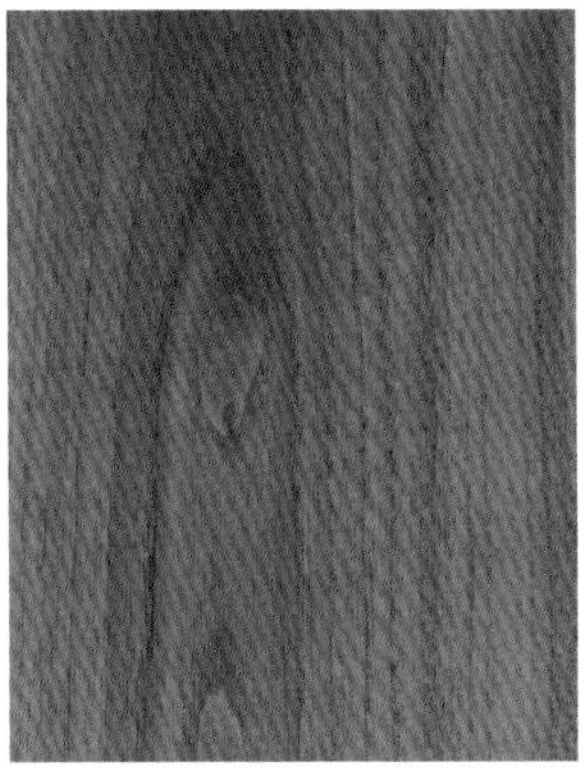

ウォルナット 紫色を帯びた褐色で、濃淡の模様が特徴

クリ 耐水性が高く狂いにくい。経年で黒っぽく変化する

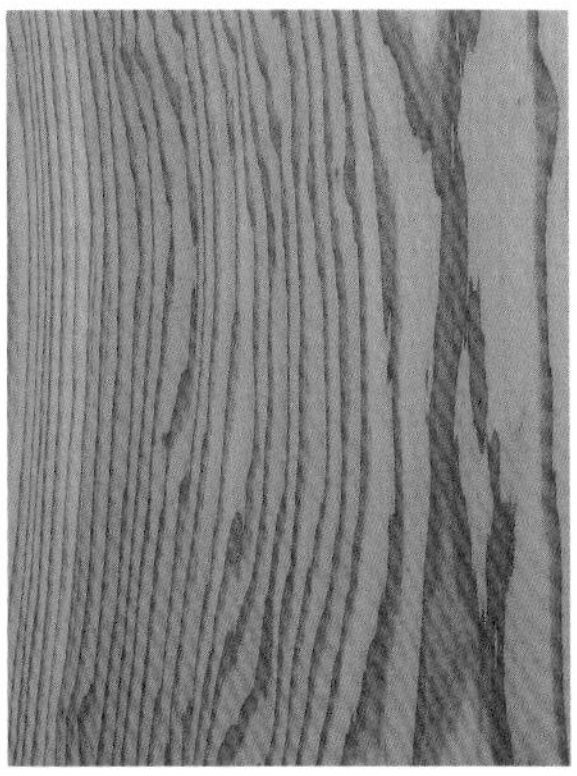

スギ 加工しやすい。はっきりとした木目で香りもよい

タモ 肌目はやや粗く重硬で狂いが少ない。縮み杢や玉杢がでることもある

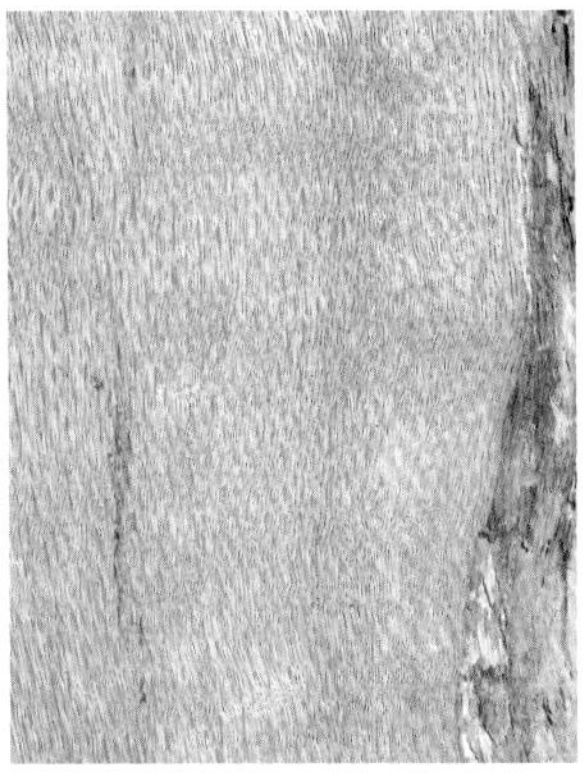

ナラ 硬く加工が難しいが、家具によく使用される

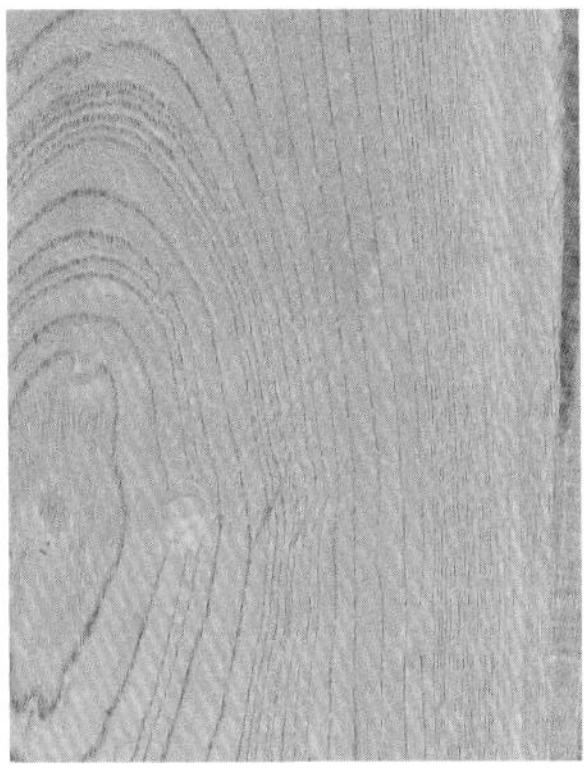

ケヤキ はっきりとした木目で昔から銘木とされる

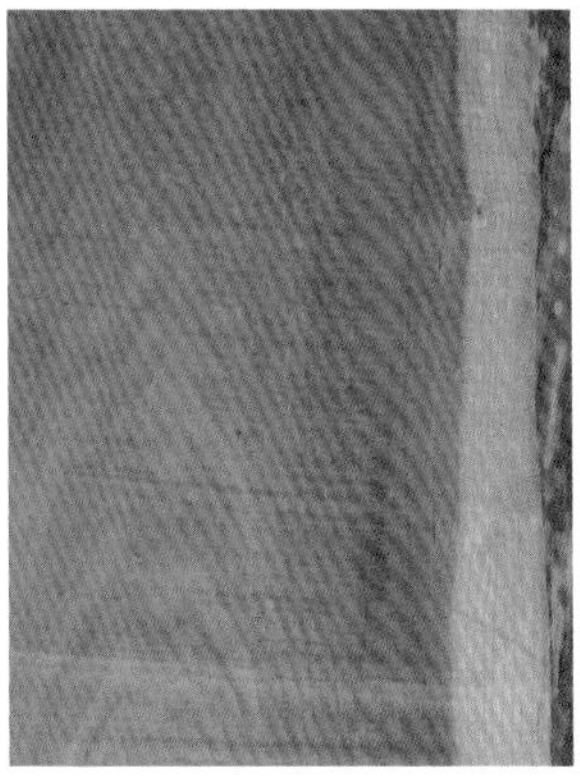

ブラックチェリー 経年で黒っぽいあめ色に変化し高級感がある

チーク 赤褐色の色も美しい高級材。耐水性も高い

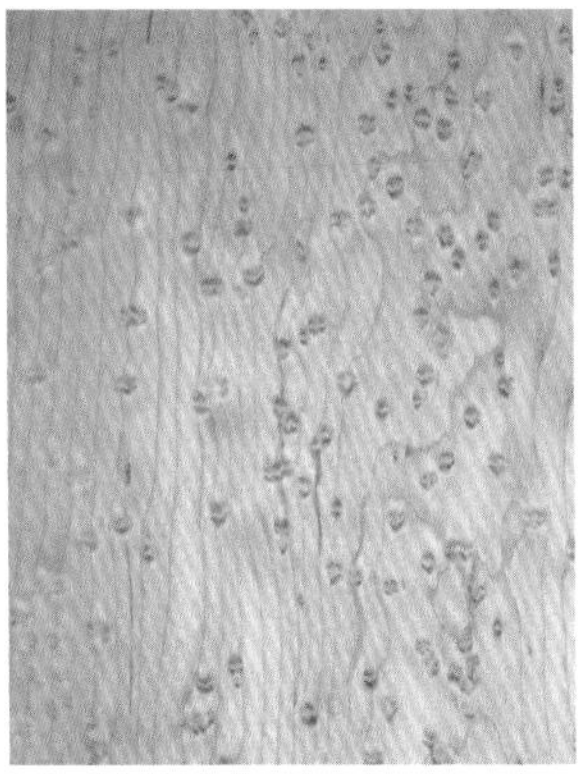

メープル 鳥眼杢 バーズアイメープルと呼ばれる玉粒状の模様

メープル 玉杢 玉状の模様が浮き上がって立体的に見える

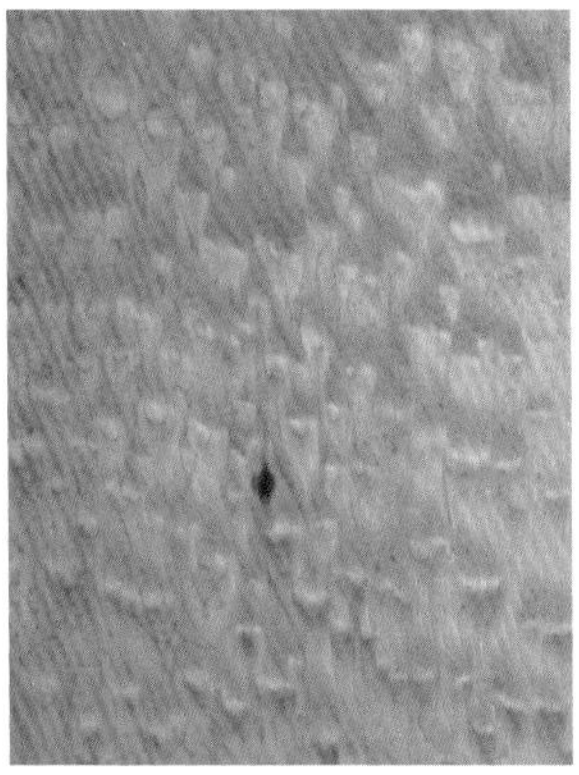

カツラ 玉杢 板目の模様が玉状や渦状になった模様

トチ 縮み杢 木目がちりめんのように波状になった模様

一枚板の使用事例

箱の上に置いただけの一枚板

SUS棚柱にナラの無垢板を棚板として使っている例。耳付きなど味わいがある棚ができ、強度も高い

寝室の窓際に設けたトチの一枚板のカウンター

木質系 5

集成材

断面寸法の小さい木材を繊維方向と平行に接着したもので、インテリアにおいて、家具や出窓のカウンター材、階段の段板、建具、幅木や枠材、上がり框、和室の造作など、さまざまところに使われます

集成材をつなげて客席の机や通路としたカフェ（nana's green tea イオンモール羽生店／KAMITOPEN ④）

■特性

厚さ2～3㎝ほどに製材された板や小角材などを乾燥し、節や割れなどの欠点部分を取り除いた後、繊維方向を平行にして、接着剤を使って貼り合わせた材です。無垢材に比べて、乾燥による変形、割れ、ねじれなどの狂いが生じにくく、あらかじめ節や割れなどを取り除いてあるので強度もあり、扱いやすい材料といえます。しかし無垢材のような重厚感や、経年で増す木材らしい風合いはやや味わいにくいでしょう。

■種類

耐力部材として用いられる構造用と、強度を必要としない内部に用いられる造作用に大別されます。さらに、そのままを仕上がりとした造作用集成材と、造作用集成材の表面に美観を目的として薄い化粧板を貼り付けた化粧張り造作用集成材があります。インテリアで使う造作用集成材には、フリー板（フリーボード）とよばれる板状のものが多く使われます。これは文字通りフリー（自由）に活用できる汎用性が特徴で、家具や出窓のカウンター材、階段の段板、建具、幅木や枠材などによく使われます。樹種は、タモ、ナラ、ニレなど広葉樹系、ベイマツやボンデロサパインなど針葉樹系が規格品として多く製造されています。また、ブナ、ウォールナット、ケヤキ、メープルなど色々な樹種も受注品として製造されているようです。ただ、集成による継ぎ目の模様が強いので、無垢材のように樹種によって表情が異なるというより、色味の違いや節の有無で材料を選択することも多いでしょう。

■表面の質感

素地仕上げの集成材、化粧張り集成材のどちらの場合も、表面は塗装することが一般的で、無塗装品に現場で塗装するか、塗装済みの製品を選択します。着色せずに用いられることも多い材料ですが、着色することで表情ががらりと変わったりもします。塗装の風合いを見せて、あえて木の質感を強調しないような使い方もできます。

■サイズ

さまざまな寸法のものがあります。インテリアでよく使われるフリー板のサイズは、幅500～600㎜、厚み20～40㎜程度、長さ1800～4000㎜程度のものが一般的で、極端に薄いものはありません。

■デザイン

造作用集成材は、階段の手すりや段板、家具やパネルの芯材など、さまざまな場面で用いられます。このほか、化粧張り造作用集成材は、見た目に集成の模様が見えないので、長押や敷居、鴨居、落とし掛け、床框などの和室の造作や上がり框などにも使われます。無垢材のような個性、高級感や重厚感を得にくい材料だと思いますが、均一な表情を生かすのも一案です。

■メンテナンス

塗装仕上げの種類によりますが、普段は乾拭き程度。なお表層板が薄い化粧張り集成材は、化粧合板同様、表面に傷がついた場合の修理が困難です。

集成材の主な樹種

スギ　赤味と白太を交互に集成（中西木材）

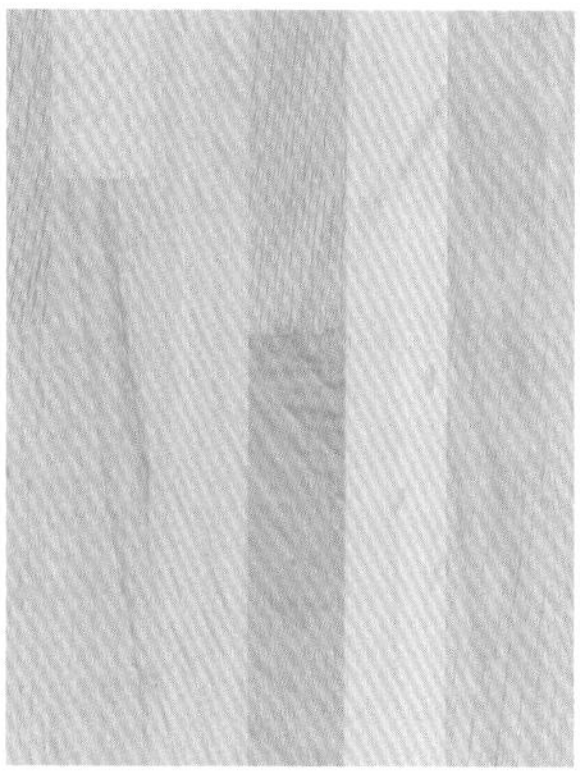

ナラ　重硬で家具によく使用される（③）

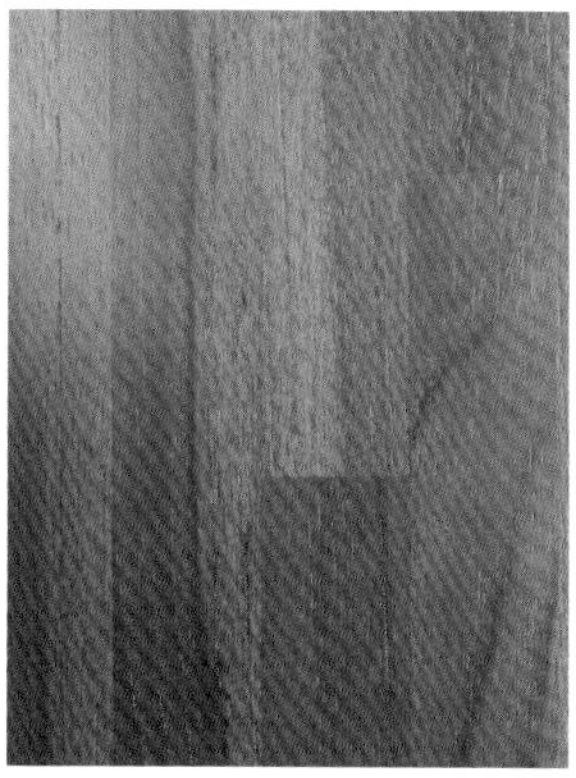

チーク　油分が多く、褐色が特徴的

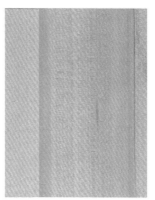

メルクシパイン　適度な硬さで加工しやすい

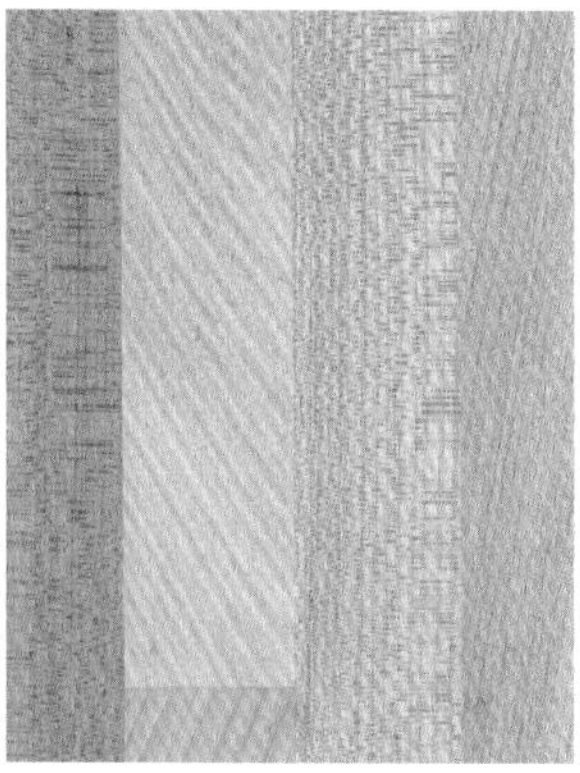

ニレ　硬いので無垢材の加工は難しい

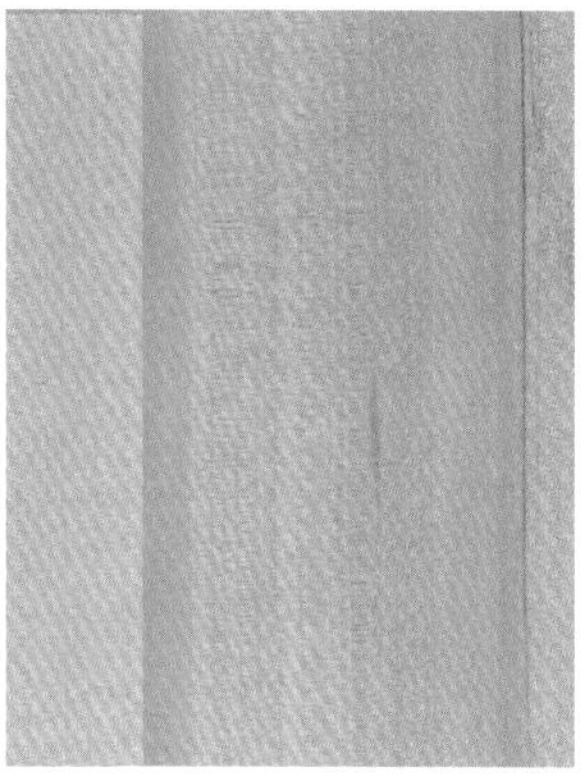

タモ　重硬で狂いが少ない（③）

オーク　幅広に集成したタイプ

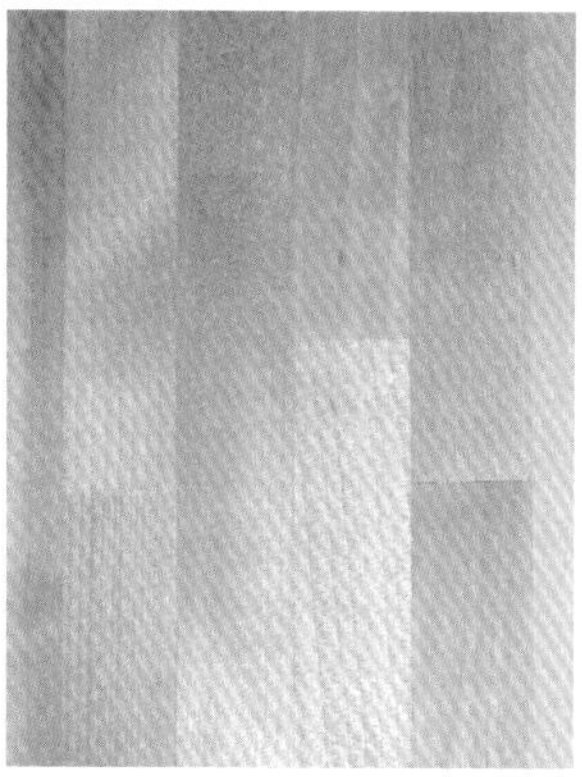

サクラ　比重が重く、表面に光沢感がある

集成材のジョイントのしかた

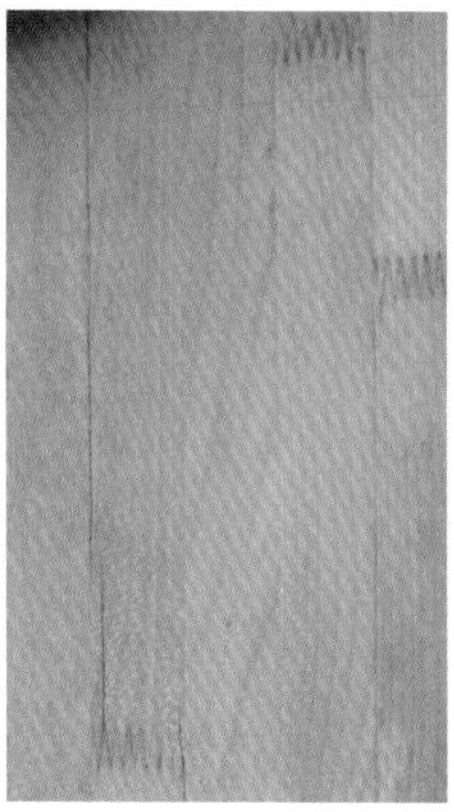

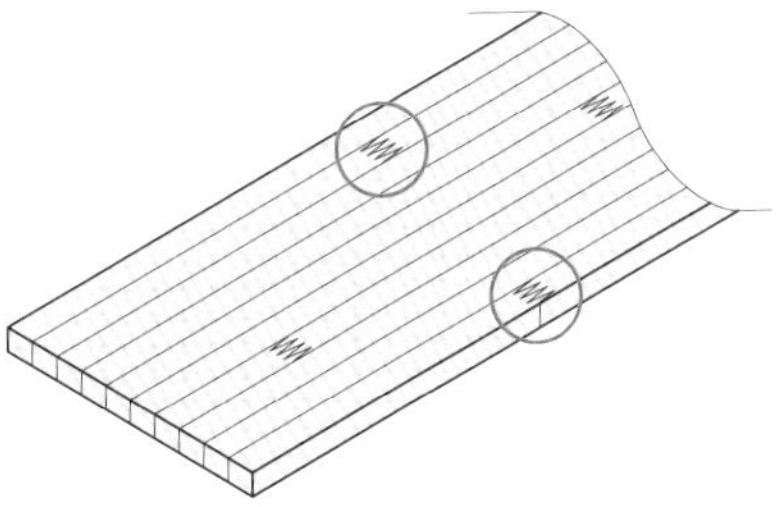

表面にフィンガージョイントが現れるタイプ

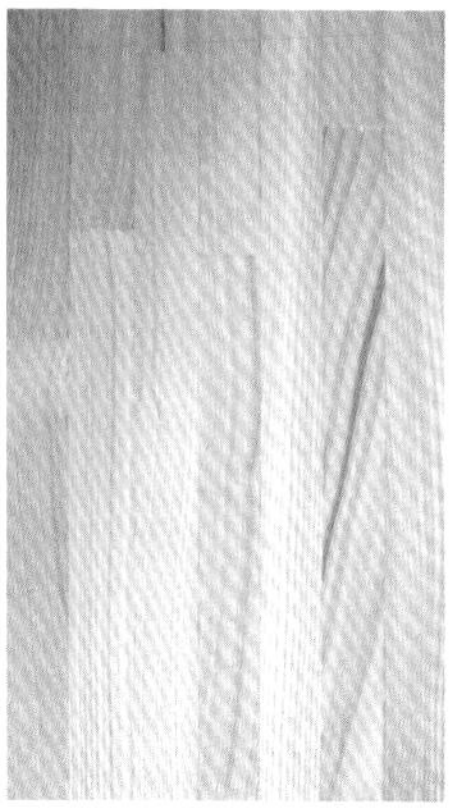

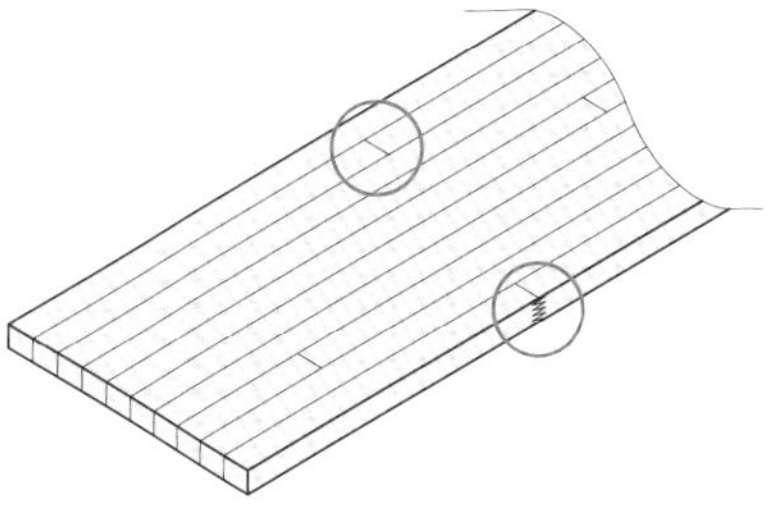

側面にフィンガージョイントが現れるタイプ

集成材の使用事例

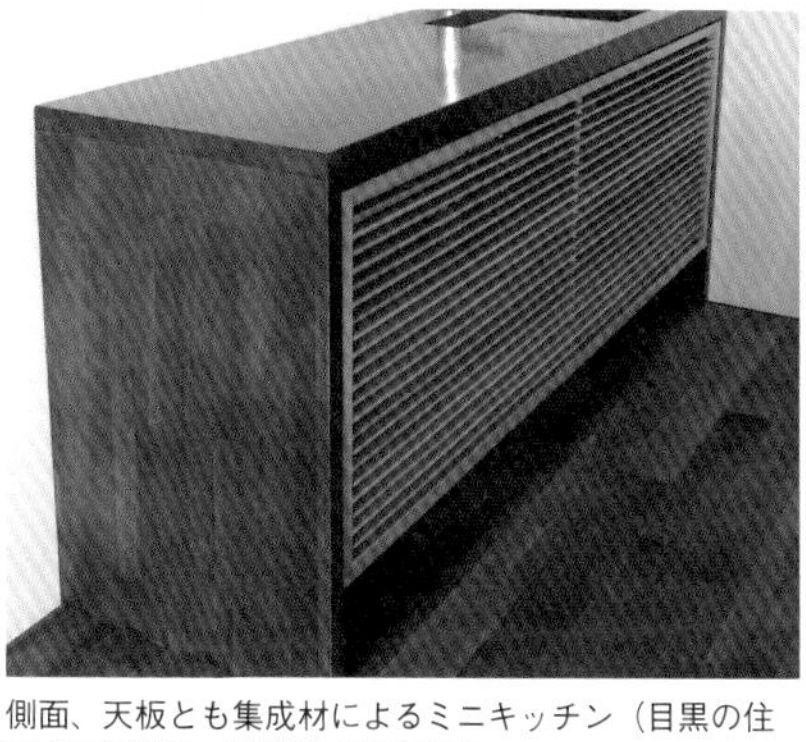

側面、天板とも集成材によるミニキッチン（目黒の住宅［平真知子一級建築士事務所］）

集成材によるベッド（目黒の住宅［平真知子一級建築士事務所］）

ダイニングテーブル天板（目黒の住宅［平真知子一級建築士事務所］）

構造用ラーチ合板を張った住宅の内壁（まんぼう一級建築士事務所／写真：平剛）

木質系 6

ベニヤ（合板）

木材を薄くはいだ単板を繊維方向に直交させて貼り合わせたベニヤ（合板）は、そのまま仕上げ材として用いることはそれほど多くありませんが、下地などの建材としてあらゆる場面で使われています

■特性

木材を薄くはいだ単板を繊維方向に直交させて、接着剤で奇数枚張り合わせた（積層させた）もので、プライウッドとも呼ばれます。木材は幅・長さ・厚さそれぞれの方向に伸び縮みする量が異なり、1枚だと反り・曲がりがありますが、単板を直交して張り合わせることにより、それらの欠点を補い、伸び縮みや反りを生じにくくしたのが特徴です。強度も強く、大きな幅のものが容易に手に入り、価格も手頃なので、住宅の建材としてもよく使われています。

■種類

ベニヤ板と呼ばれる普通合板は、さまざまな用途に幅広く使われ、ラワンなどの広葉樹が主な原木で、樹種名をつけてラワン合板、シナ合板などと呼ばれます。

ラワン合板は、以前は最もメジャーな合板でしたが、原材料である南洋材の不足に加え、自然環境保護、針葉樹の有効利用の観点から、代替品として針葉樹合板が普及しています。なかでも多いのが原材料にラーチ（カラマツ）を用いたラーチ合板です。本来は構造用下地材ですが、安価なこともあり、ややオレンジがかった力強い木目を生かし、壁や床の仕上げ材としても用いられます。最近では、節がなく木目の美しいものを選別しサンダーで仕上げた、仕上げ材用の「インテリアラーチ」もあります。

シナ合板は白木で肌がきめ細かく、造付け家具の材料として最も一般的です。無垢板を張るより安価なため、壁や天井の仕上げとしても多用されています。着色せず白木の雰囲気を残すと、さらっとした印象の仕上がりですが、着色すると木目が浮き上がり、また違った表情を見せます。ただし着色すると施工中についたちょっとした傷やテープのノリの跡が目立つので、養生に十分配慮しましょう。

このほか、ヒノキ合板はヒノキの突き板を杉板などの芯材に貼り付けたもので、日本建築に合いやすく、ヒノキ特有の香りも楽しめ、価格も手ごろなので、白木の状態で使うなら選択肢のひとつとして考えてよいでしょう。

■サイズ

3×6板（通称サブロク、910×1820㎜程度）が一般的に使われるほか、割高ですが、大きいサイズが必要な場合は4×8板（通称シハチ、1220×2430㎜程度）を用います。厚さは2.3、4.0、5.5、9.0、12、15、18、24、30㎜と各種あります。

■デザイン

合板は、小口（断面）に薄い板の積層が見えます。合板を家具材として用いる場合、一般には小口テープを貼って小口を隠しますが、テープを貼らずにベニヤの積層を見せるデザインも美しいと思います。その際、目の詰まった材を使うとよいでしょう。

打放し型枠によるコンクリート打放しとシナ合板の相性がいいので、打放しのパネル割りと合わせて仕上げ面にシナ合板を張ると、違和感なく、打放し面の冷たさも緩和され、住宅向きの空間に仕上がります。

主な合板の表面と小口

キリ合板　キリ特有の軽さを持ち、白くやわらかい表面

ラワン合板　赤っぽい色で、やや粗めだがプレーンな表面

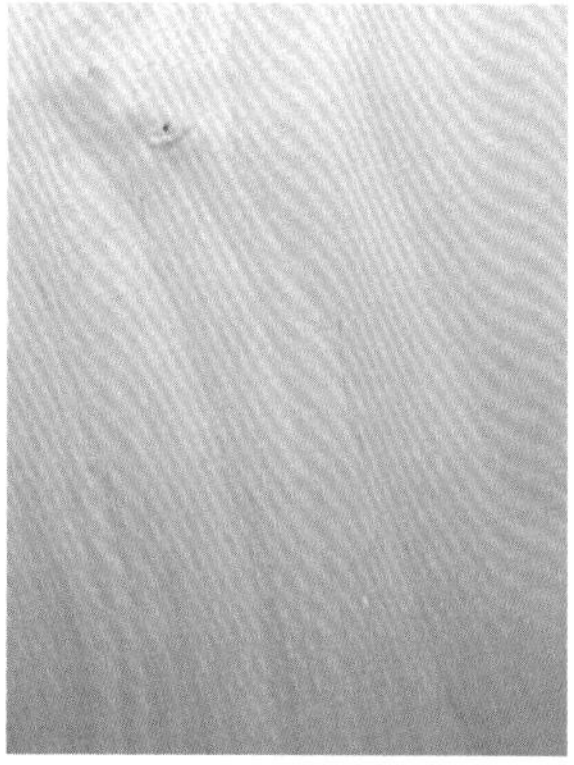

ホワイトバーチ合板　白く美しい表面で合板の中では比較的高級

シナ合板　きめが細かくさっぱりとした木目

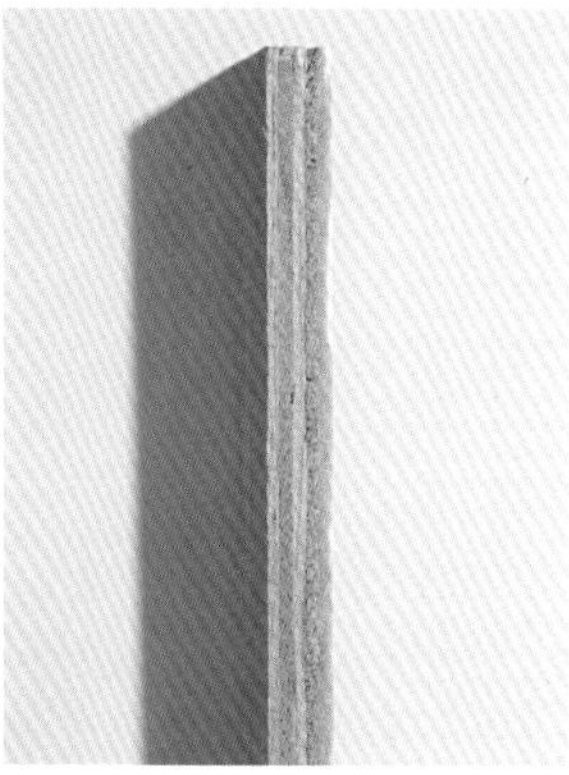

キリ合板の小口　5.5㎜厚

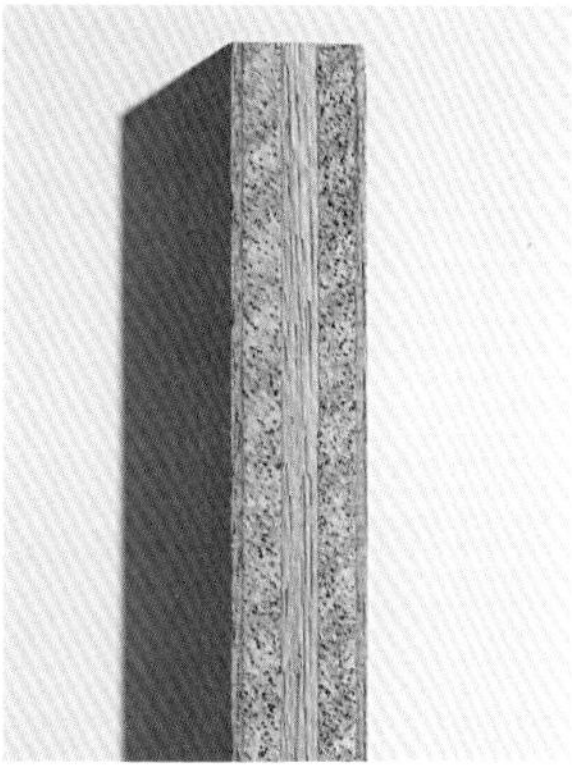

ラワン合板の小口　12㎜厚

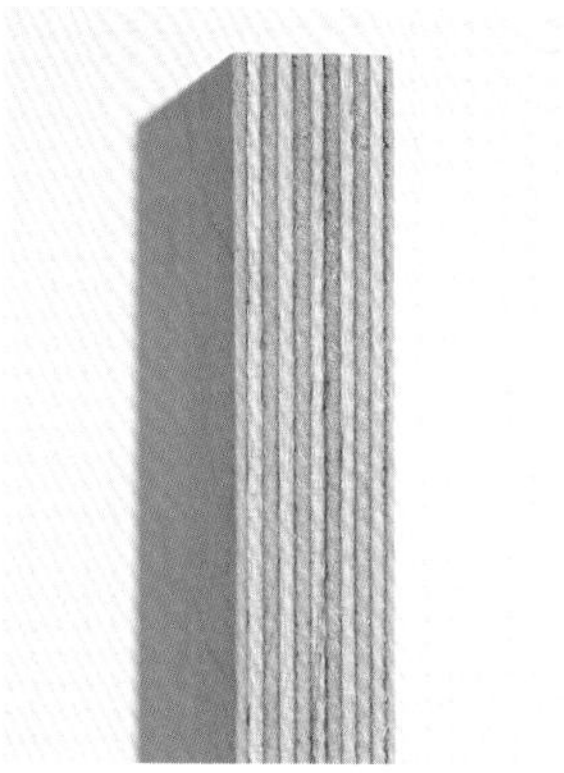

ホワイトバーチ合板の小口　15㎜厚

シナ合板の小口　18㎜厚

合板の使用事例

シナ合板の壁にオスモ塗装で着色した例

シナ合板に染色を施した収納家具

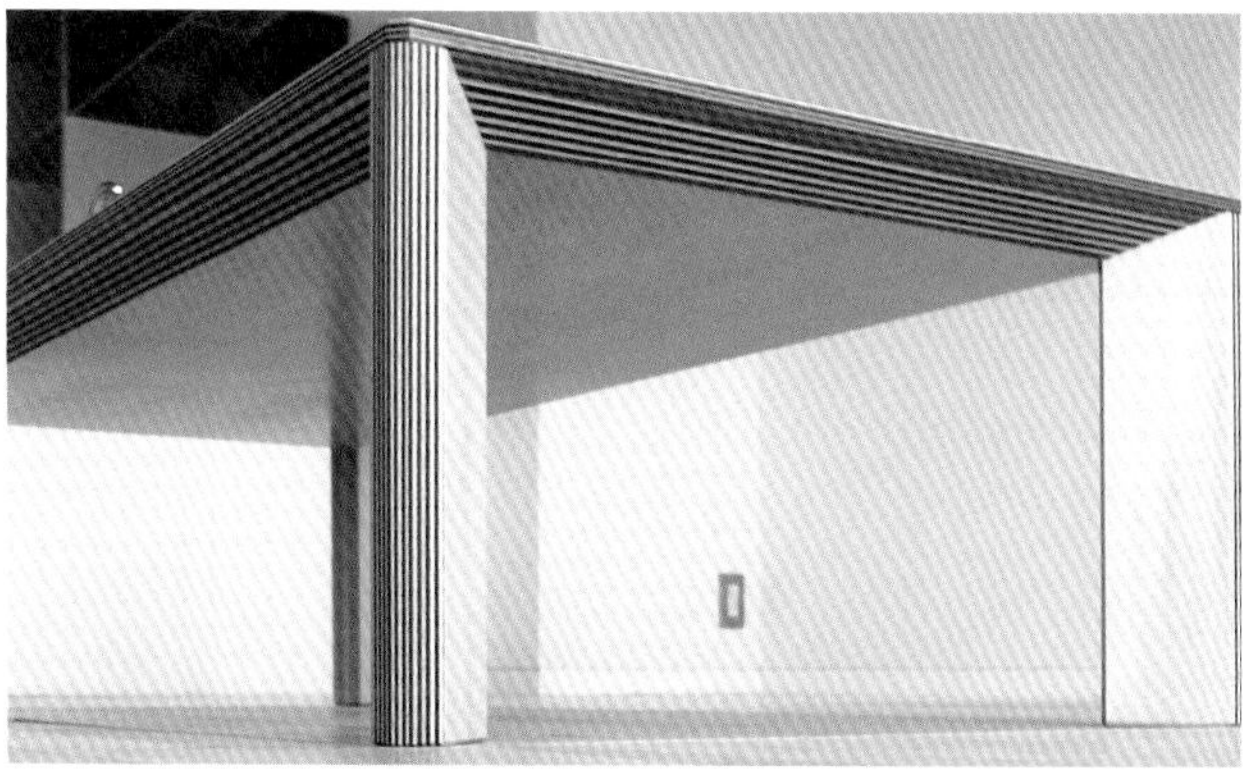

合板ならではの木口の積層を生かしたテーブル

ヒノキ合板を使用した例　(小屋のワ [小屋やさん])

木質系 7

突き板（化粧合板）

良質な銘木や木目の美しい天然木などの材木を薄くスライスした突き板を表面に貼った化粧合板は、手軽に天然木の自然な木目や深み、味わいを楽しめるので、家具の扉や建具などに多く使用されています

チーク柾目の化粧合板を用いたキャビネット（光が丘のパインハウス）

■特性

突き板は、銘木や木目の美しい木などを薄くスライスした板のことで、丸太材を長方形や半円筒形に製材したのち、スライサー機械でスライスして製作されます。その突き板を普通合板の表面に貼ったものを天然木化粧合板（突き板合板、練付け合板）といいます。「練付け」とは、突き板を芯材（単板や合板、集成材など）や下地板に貼り付けること、またその製品を指します。無垢材に比べて、軽量化できる、反りの心配が少ない、一般的に安価、大量生産が可能で統一感のあるものを製作できるなどさまざまなメリットがあり、幅広く利用されていますが、傷が目立ったり将来的に接着が剥がれてくることもあり、無垢板のもつ本物感は得にくいでしょう。

なお、天然木化粧合板のほか、表面に木目模様などを印刷加工した特殊加工化粧合板もあります。精巧な模様のものもあり、比較的安価でメンテナンスもしやすいことから、飲食店のテーブルなどでもよく見かけますが、触った感触などが木材とは違い、劣化する一方なので、長期間に渡って使う住宅にはちょっと味気ないと思います。

■種類

ケヤキ、ナラ、セン、タモ、メープル、カバ、キリ、ヒノキ、スギ、チーク、マホガニー、カリン、ローズウッド、ウォールナットなど。主に良質な銘木や木目の美しい木を原材料としており、種類も実に豊富です。また、木材やスライス方法により、柾目・板目・杢目の3種類があります。

■表面の質感

塗装するのが一般的で、木の風合いを生かすならオイルフィニッシュ、着色するならオイルステイン、表面の強度や耐水性を求めるならウレタン塗装などの塗装をします。無垢材と同様、なるべく木の質感を損なわないように仕上げたいですが、表面材が薄いため注意が必要です。なお、オイルステインで着色した上から汚れ止めの塗装をかけることもあります。

■サイズ

表面の突き板自体の厚さは用途などによってさまざまで、厚みがあるほど高級感が増します。大きくは、薄突き（0.2㎜程度）、厚板（0.6㎜程度）、特厚（0.8㎜以上）に分類されます。長さは6尺（１８２０㎜程度）・７尺（２１００㎜程度）・８尺（２４００㎜程度）・10尺（３０００㎜程度）・4m用などが流通しており、幅は木の直径や木取り（製材）により異なります。

■デザイン

無垢材では入手困難で高価な材種でも、手軽に天然木の自然な木目や味わいを楽しめるのが特徴で、家具や建具などに多く利用されます。そのほか、和室の天井にスギなどの突き板の天井材が張られたり、手摺やカーテンボックスに用いられるなど、造作にも使われます。なお、突き板は均一な木目模様や方向性が出やすく、横に張るか縦に張るか、張る方向についてインテリアに合わせて意識するとよいと思います。

突き板のバリエーション

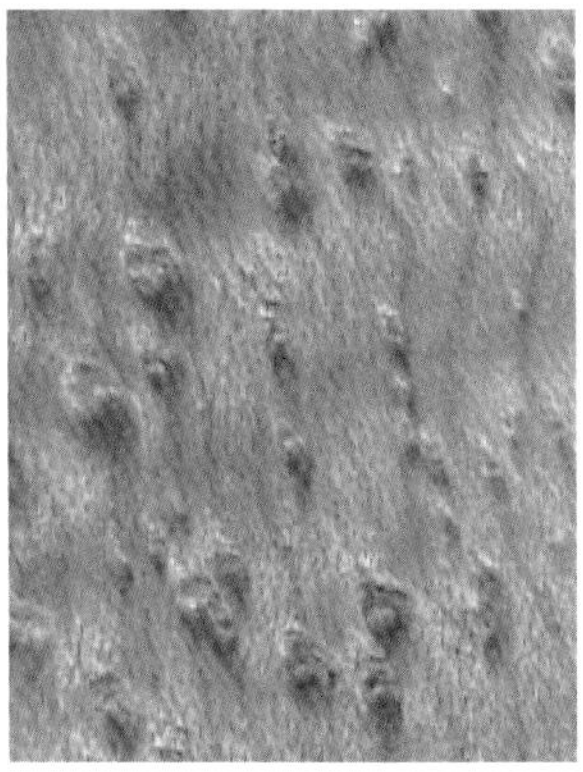

バーズアイメープル 鳥の目のような模様が連なる杢

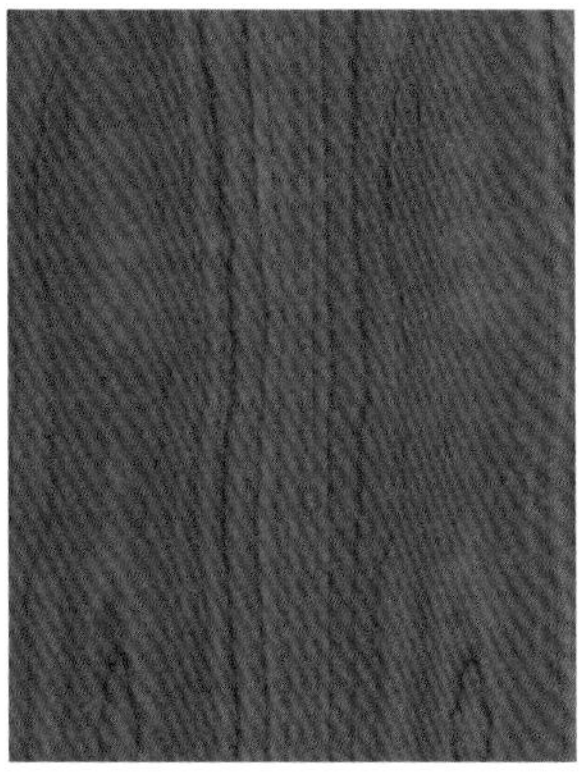

アメリカンチェリー 光沢感のある飴色で、きめが細かい

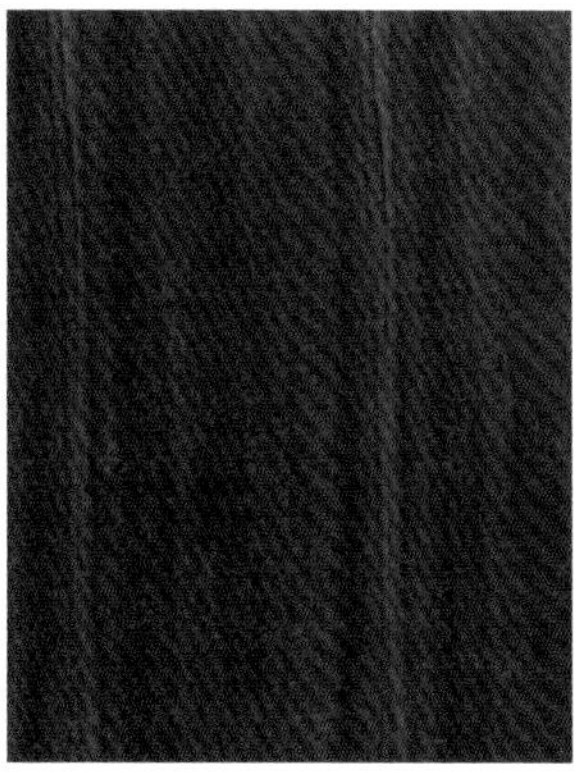

ウォルナット 褐色の濃淡の模様が美しい

カバ（柾目） 半径方向にスライスし、年輪が直線状に現われる

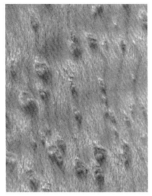

カバ（板目） 接線方向にスライスし、年輪が曲線状に現れる

カーリーメープル（縮み杢） ちりめんのように波状に見える杢。光沢がある

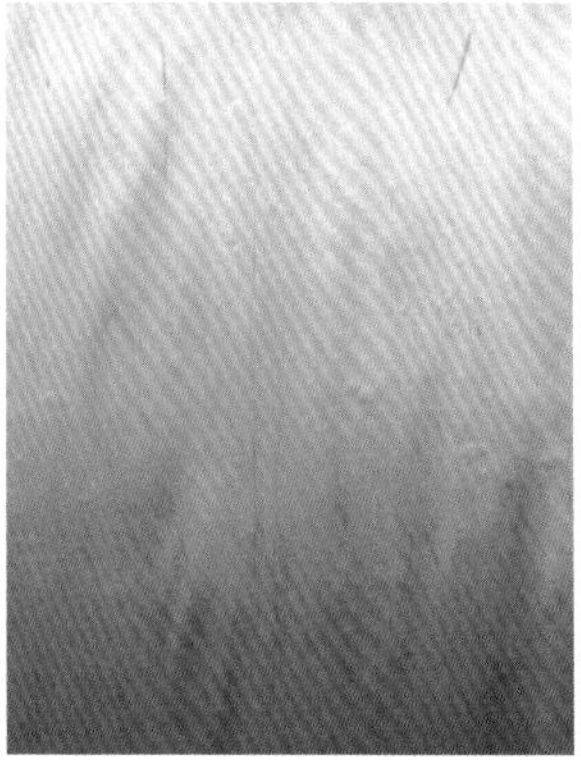

ハードメープル（ロータリー杢） かつら剥きのようにスライスしたもの

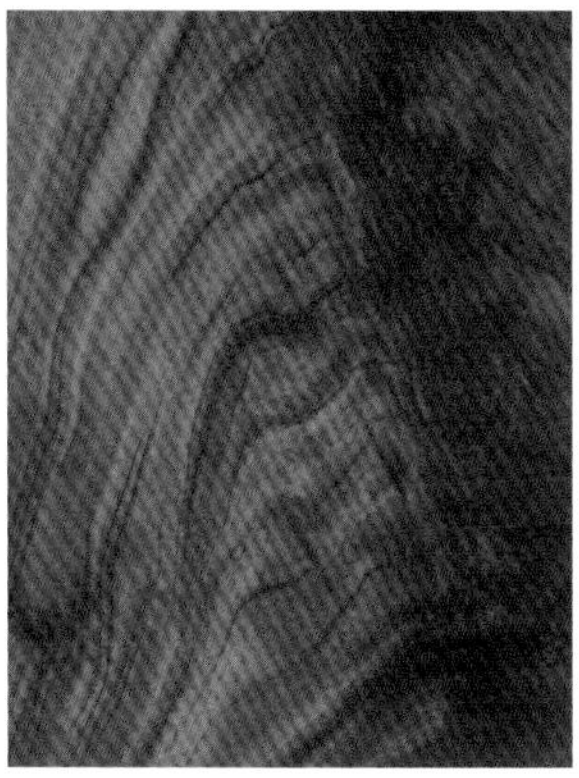

マホガニー（サバ杢） 幹が二つに分かれた部分に現われる杢

ナラ（虎斑） 柾目を横切るように現われる斑模様

ホワイトオーク（柾目） 半径方向にスライスし、年輪が直線状に現われる

オーク（板目） 接線方向にスライスし、年輪が曲線状に現れる

ホワイトバーチ（板目） 緻密で白く滑らかな表面

加工前の突き板と使用事例

さまざまな種類の突き板。合板やMDFなどに貼られる前の薄くスライスされたペラペラの状態

突き板で仕上げたキッチンカウンター（目黒の住宅［平真知子一級建築士事務所］）

チークの突き板で仕上げた収納家具。木目を横方向に張ることで幅の広がりを生かしている

木質系 8

木質ボード

チップボードとも呼ばれる木質ボードは、木質・植物質材料を主原料としたもので、床や屋根の下地材や家具の芯材などに多く使われています

ラワン、シナ、ラーチ合板とOSBを床・壁に張った事務所（設計事務所バリカン）

■ 特性

木質ボード（チップボード）は、木質・植物質材料を主原料としたもので、木材と厚紙の中間のような質感です。加工性がよく、反りや乾燥割れなどが生じにくい均質な材料ですが、水や湿気に弱いものが多く、使用箇所には注意が必要でしょう。

■ 種類

大きくはパーティクルボードとファイバーボードに分けられます。

パーティクルボードは、木材の小片（パーティクル）に接着剤を混ぜて熱圧成形したもので、遮音性・断熱性に優れますが、耐水性に欠けるという特徴があります。しかし最近では、耐水性や防腐性を高めた製品も増えてきており、加工が容易で表面が比較的滑らかなため、床や屋根の下地材、家具の芯材などとしても多く使われています。

このほか、OSBと呼ばれる繊維方向に細長い小片（ストランド）を一方向に配向させて積層・接着した「配向性ストランドボード（オリエンテッド・ストランドボード）も一般化してきました。北米で開発されたこの材は低質の広葉樹を原料とし、住宅の構造材として使用されていたもので、日本には輸入住宅とともに輸入され、現在も輸入品が普及しているようです。一般には木造建築物の壁下地材として、構造用合板の代わりに用いられていますが、独特の見た目を生かし、壁下地に張ったOSBをそのまま仕上げとして見せたり、商業施設の造作材としても使われたりします。ただし、湿気や水には弱い材料なので、水廻りなどの湿潤な状態での使用は避けるといった配慮が必要です。

ファイバーボードは、木材を繊維（ファイバー）状にしてから熱圧成形したもので、主に未利用廃材や低質木材を原料とするリサイクル製品です。パーティクルボードやOSBと比べると、裁断部材が小さく均質なので、木材のもつ異方性はほとんどなく、表面も平滑な材料です。密度（比重）の大きい方から、ハードボード（硬質繊維板・密度0・80g/cm³以上）、MDF（中質繊維板・密度0・35g/cm³以上0・80g/cm³未満）、インシュレーションボード（軟質繊維板・密度0・35g/cm³未満）の3種に分類されます。そのうちのMDFは加工性がよく、均質で安価な材料なので、家具の扉、側板、背板、インテリア造作材などに多く用いられています。MDFは密度、厚さがパーティクルボードと同じ程度で利用方法も似ていますが、構成材がファイバーで緻密なため、より強度のある材料です。ただし、ネジが効きにくく、水にも比較的弱い材料で、構造材としては不向きです。

■ 表面の質感

塗装などで仕上げることが一般的ですが、耐水性などを必要としない箇所であれば、そのままの質感を生かすこともあります。

■ サイズ

910×1820㎜が一般的です。厚さは10、12、15、20㎜など各種あります。

各種木質ボード

MDF 広葉樹系原料による茶色っぽいもの

MDF 針葉樹系原料による白っぽいもの

パーティクルボード 広葉樹系原料による茶色っぽいもの

パーティクルボード 針葉樹系原料による白っぽいもの

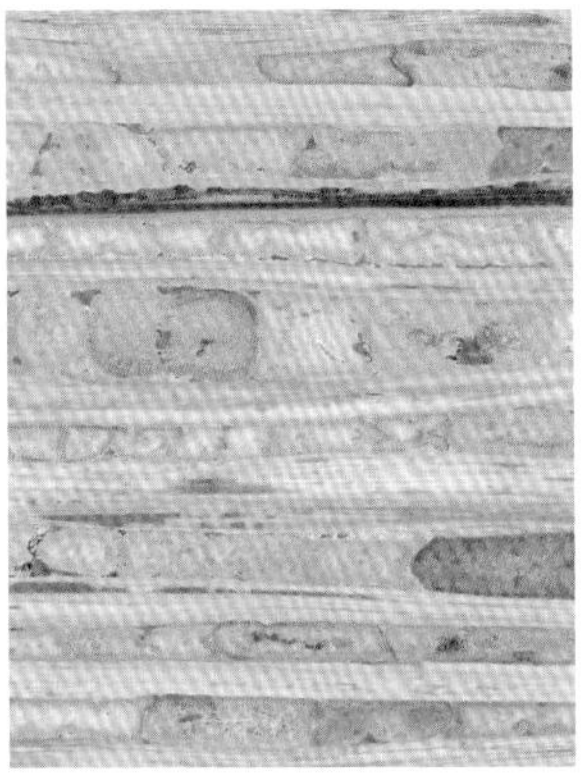

コウリャンボード イネ科のコウリャンとポプラ単板の積層接着による素材

バイオボード わらを主原料として熱圧成型したボード(フェニックスアジア)

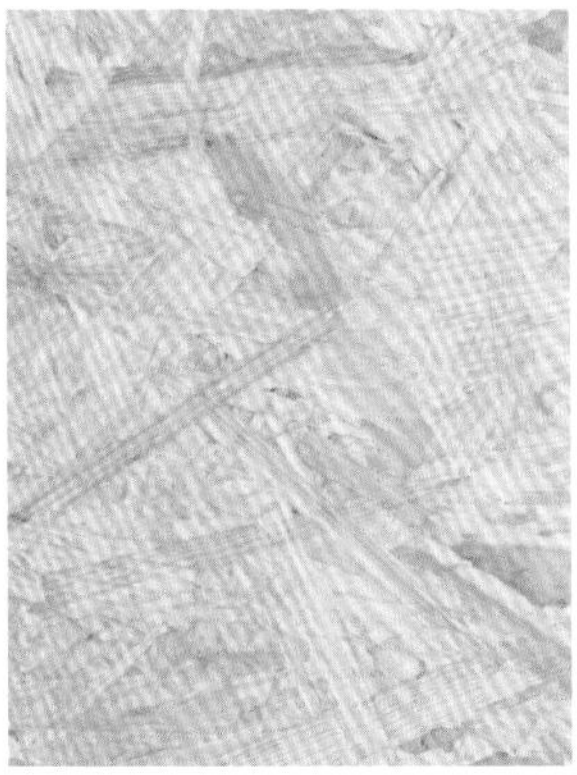

OSB 配向性ストランドボード。もともとは構造材だが、表情も面白い

インシュレーションボード 軟質繊維板。畳の芯などに使用されている

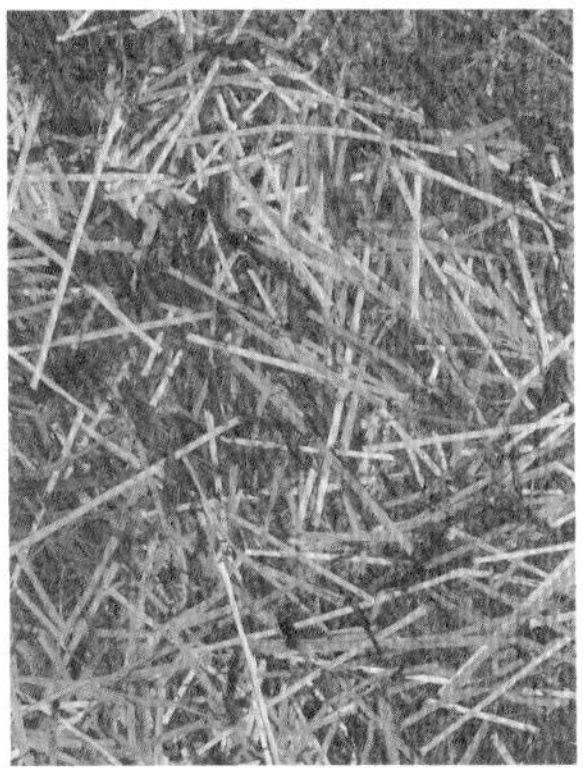

樹皮・イグサ混合ボード イグサの端材+ヒノキの樹皮の素材(協同組合エスウッド)

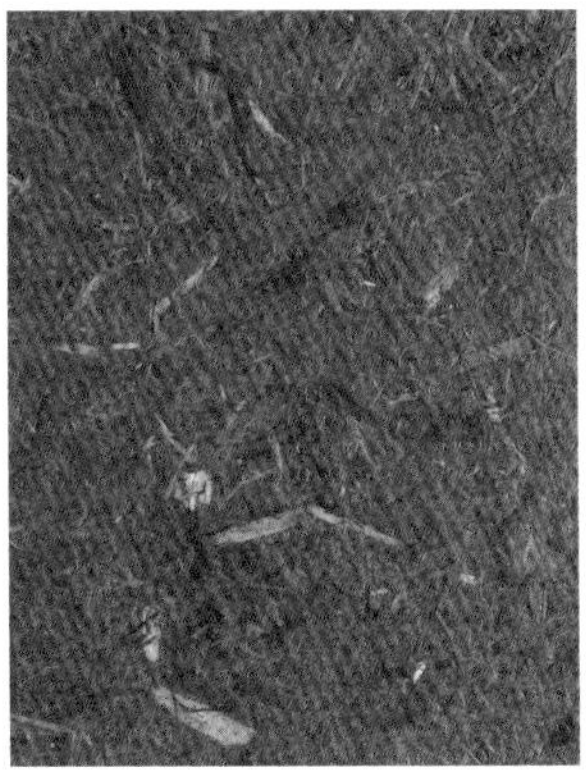

樹皮複合ボード ヒノキの樹皮による内装用のボード(協同組合エスウッド)

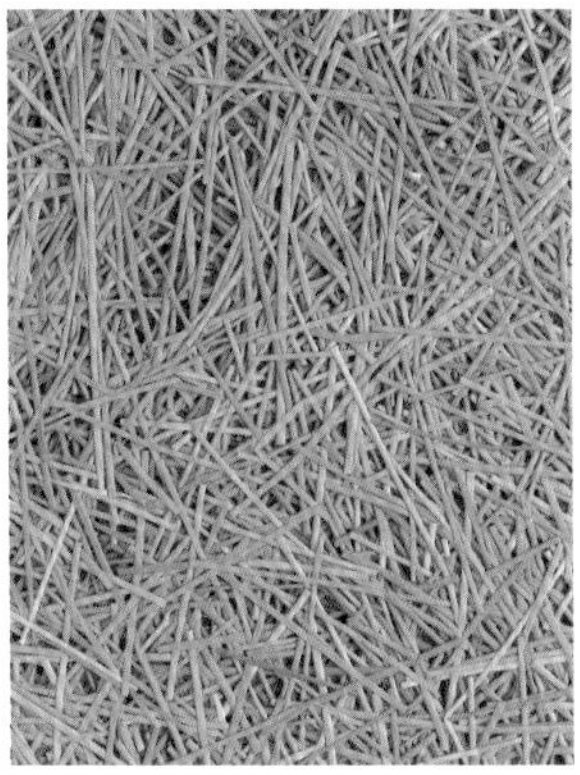

イグサボード イグサの茎をそのまま固めたような質感(協同組合エスウッド)

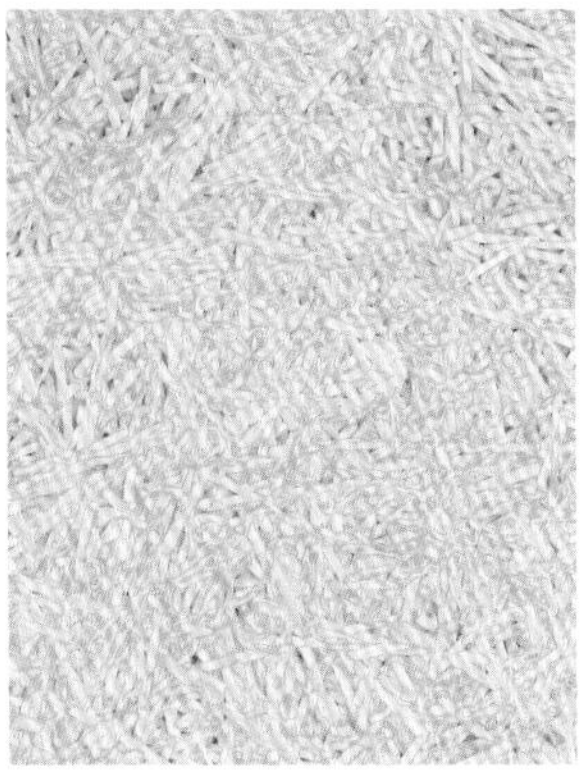

イグサボード複合 表面はサンダー仕上げなので滑らか(協同組合エスウッド)

木質ボードの使用事例

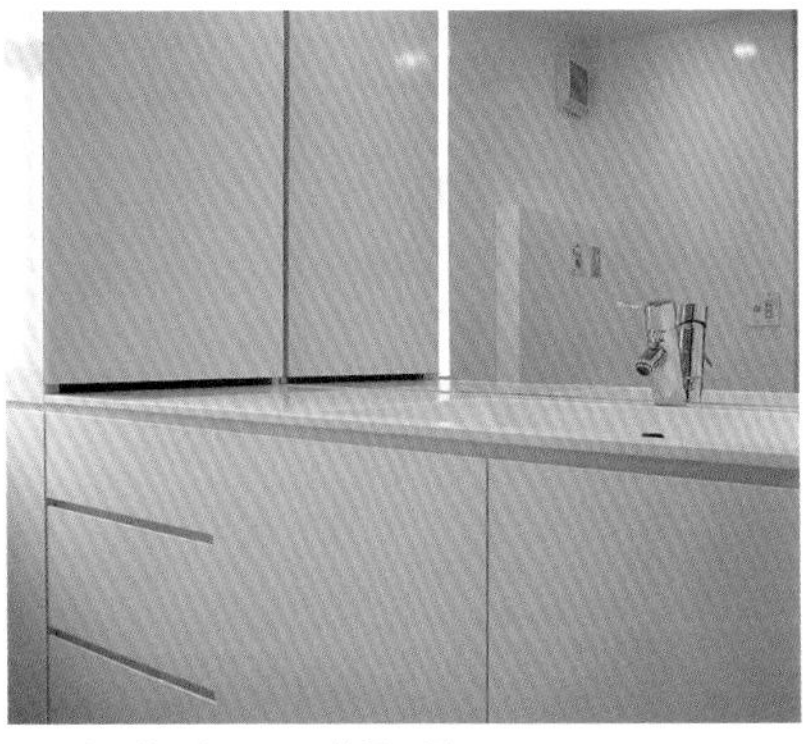

MDFを下地に加工した家具の扉

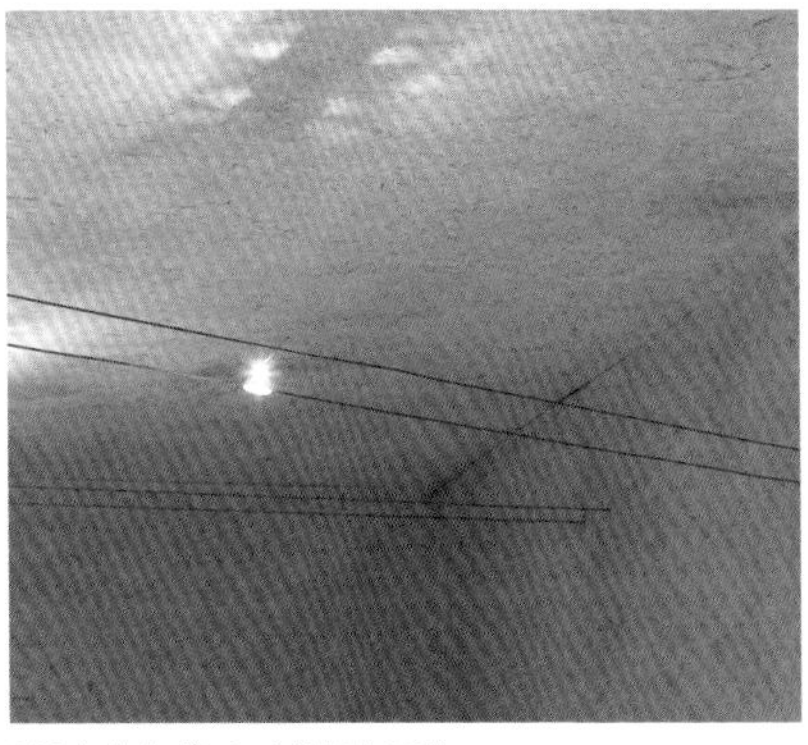

OSBを仕上げにした壁面と天井

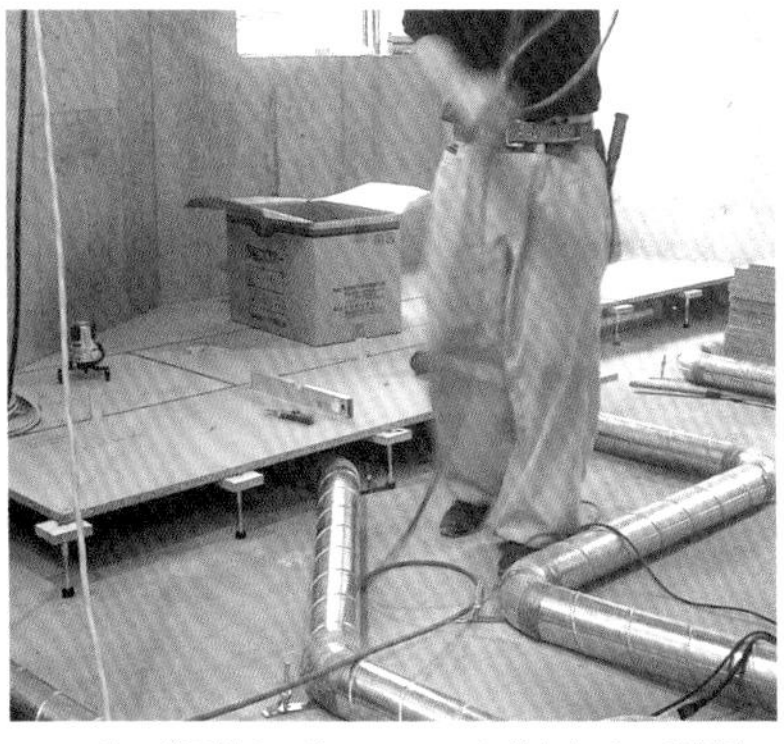

フローリング下地のフリーフロアーに使われている事例

LVLをあらわしで見せた例（建築設計：鈴木敏彦／ATELIER OPA＋西澤高男／ビルディングランドスケープ、写真：齋藤さだむ）

木質系 9

その他厚ものボード

インテリアに使う木質系材料で、厚みを必要とする場合には、ランバーコア、LSL、Jパネルといった材料が使われます。元来は仕上げを目的としていない材料でも、独特の表情が面白いものも多いようです

■ランバーコア

木材の小片を芯材に用い、両面に合板を張った特殊合板のことです。ベニヤ積層合板が薄い木材の方向を互い違いに重ねてつくられるのに対し、ランバーコアの芯材は木片を横方向に貼り合わせたものです。無垢の厚板に比べて狂いが生じにくいので、ドアや間仕切壁、家具の甲板、棚板などに多く用いられます。

表面の合板の材質によって、シナランバーコア（略称・シナランバー）、ラワンランバーコア、ポリランバーコアなど、さまざまな種類があり、35、40㎜といった厚いものもあります。一般にベニヤ積層合板に比べて反りにくく、価格も安めなので、家具や建具によく使われますが、ベニヤより強度は低めです。また芯材にところどころ隙間があったりして小口の見え方があまりきれいではないので、小口テープなどを貼る納まりとなります。

■LSL・LVL・CLT

LSLは「laminated strand lumber」の略で、成長の早いポプラ、アスペン等の丸太をストランド（長さ300㎜程度の細長い小片）状にカットし、ポリウレタン樹脂で処理した後に強度をもたせるため繊維方向に平行に配列し圧縮成形した、木質材料の一種です。住宅の構造材や造作材、家具の芯材などに使われますが、吸水性が高い材料なので、表面処理などの配慮が必要です。

LVLは、日本農林規格（JAS）では単板積層材と呼ばれ、単板を繊維方向と平行に積層・接着した木質材料です。梁材として一般化してきましたが、面材として壁面などにあらわしで使用でき、準耐火認定を取得した製品もあります。このほか、厚板の繊維方向を直交させて積層、接着したCLT（直交集成板）というものもあり、日本でも国産材を利用した製品を用いた建築物がつくられてきています。

■Jパネル

乾燥させたスギやヒノキの板を繊維方向に接着し、3層構造にした構造パネルです。国産材を原材料としており、肌触りや見た目に暖かみがあります。無垢材に比べて乾燥による狂いが少なく、強度に優れた材料で、断熱性、蓄熱保温性、調湿性、遮音性があり、製品内での含水率の変化が少なく寸法安定性がよいという特性もあります。

これらの特性を生かして、住宅の壁の構造材や野地板、床材などに使われますが、床材として使う際には在来軸組工法で通常必要となる根太などの床組をすることなく、梁に直接載せることができるのが大きな特徴です。表裏両面にカンナがかかった製品もあり、床面はもちろん、天井を張らずに裏面を天井としてを見せる場合にもそのまま使えます。家具の甲板などに使ってインテリアのポイントにするのも面白いでしょう。

サイズは、910×1820㎜、1000×2000㎜で、厚さは36㎜。このほか、215×1820×36㎜というサイズのJフロアという製品もあります。

さまざまな厚モノボード

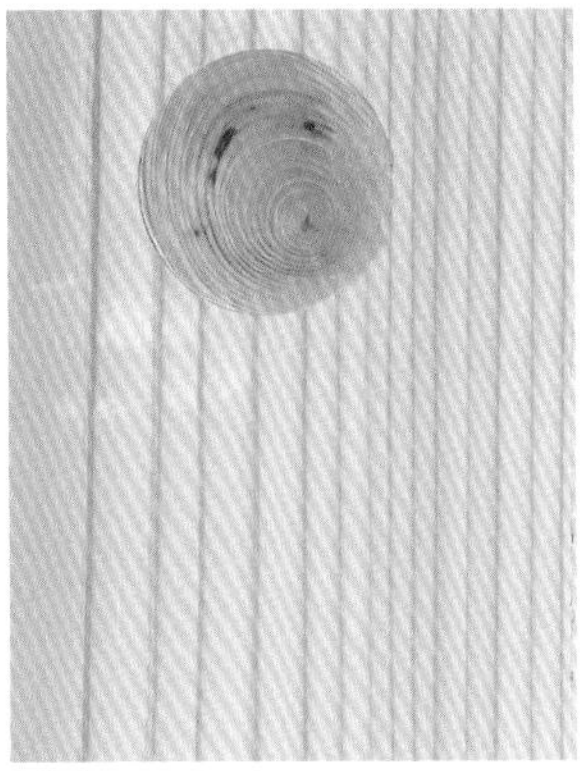

Jパネル スギ　スギの3層パネル。節には埋め木がされている

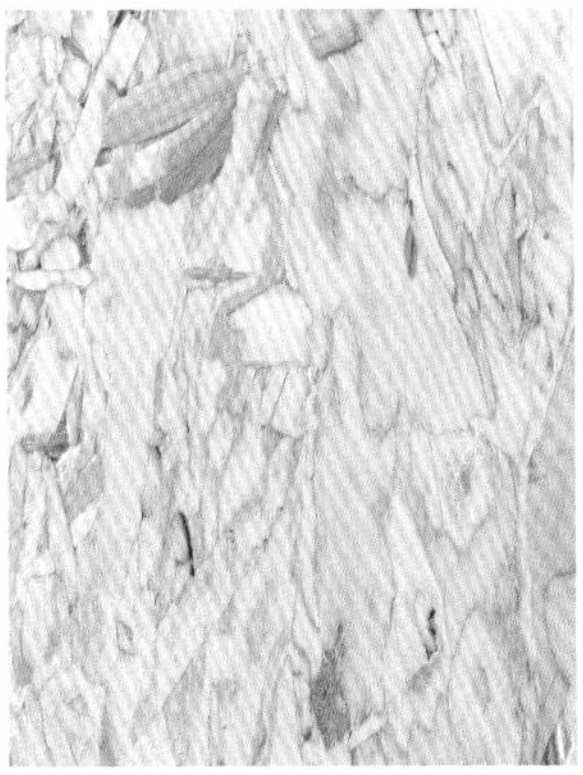

LSL 表面　原料が白っぽく雰囲気がやわらかい

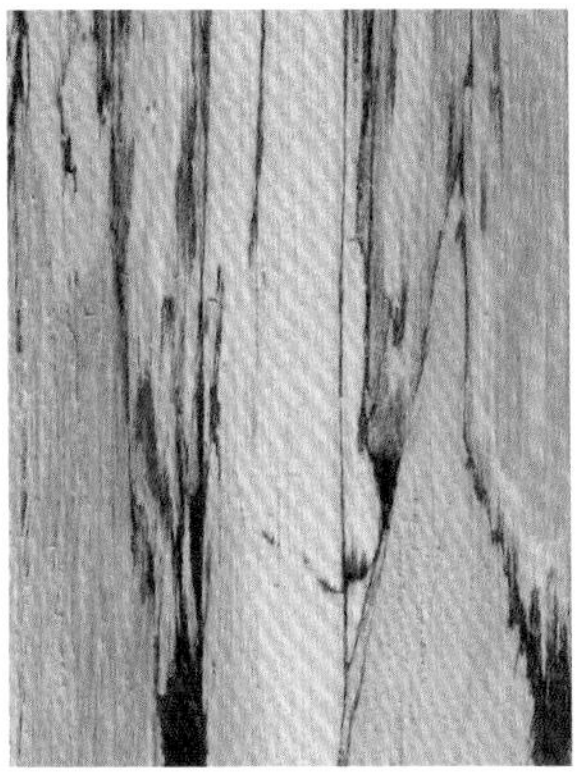

PSLパララム　表面　ストランドが大きめで方向性がわかりやすい

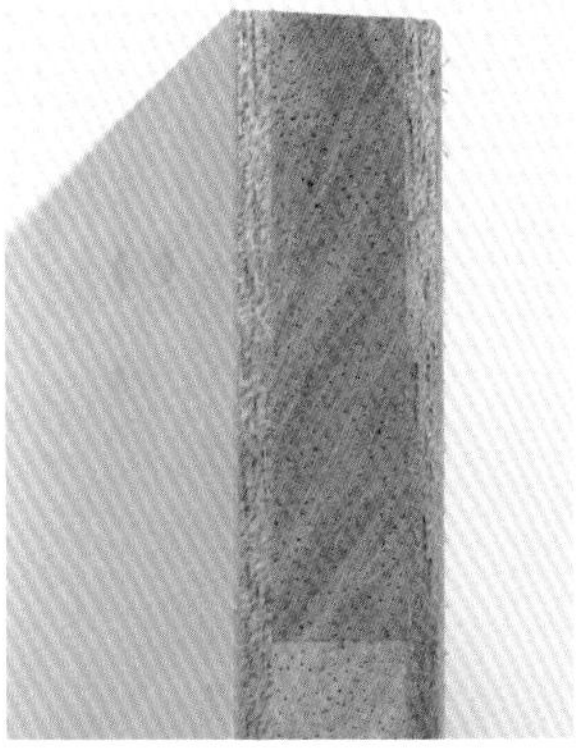

シナランバーコア 小口　表面はシナ合板

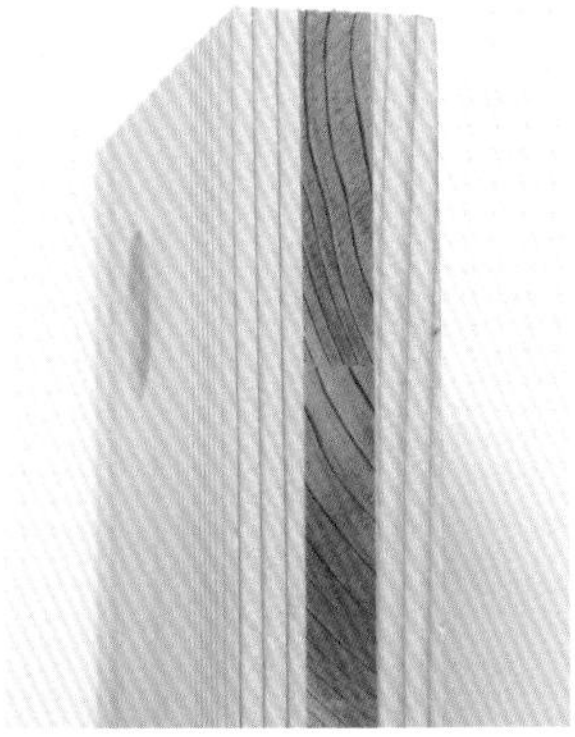

Jパネル スギ 小口　繊維方向を交互にしている

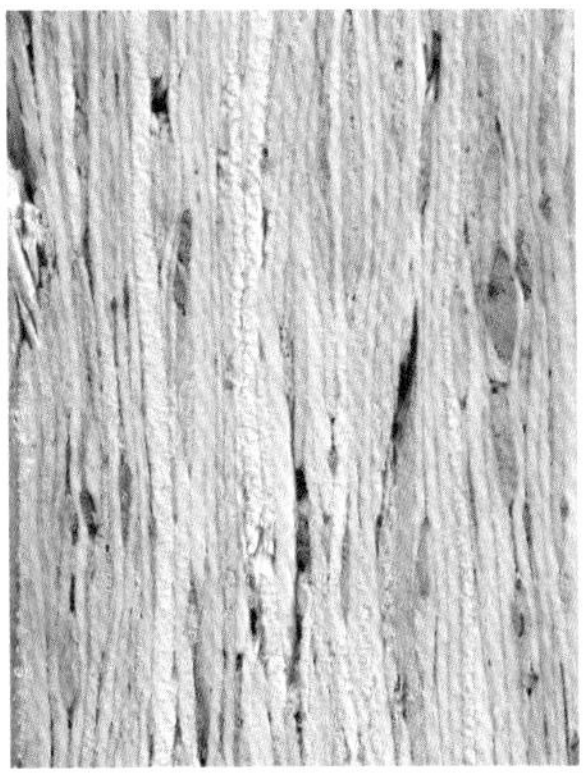

LSL 積層面　側面も白っぽく、目が詰まっている

PSL パララム 積層面　わずかに凹凸がある

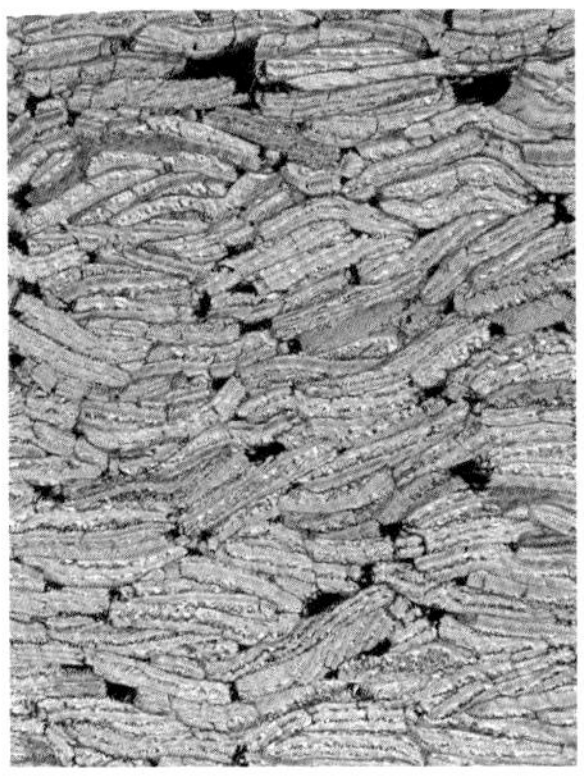

PSL パララム 小口　ストランドの様子がわかる

その他厚ものボードの使用事例

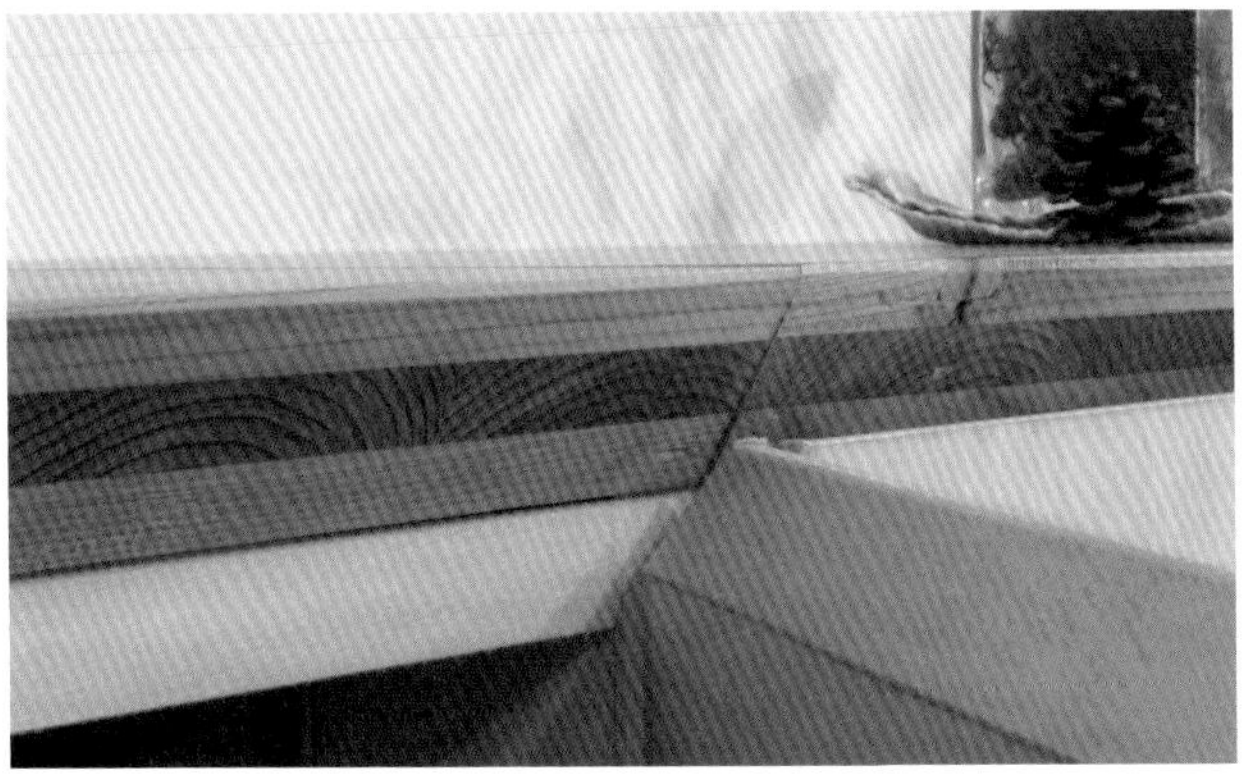

Jパネルを使った収納カウンター(①)

エンジニアーウッド

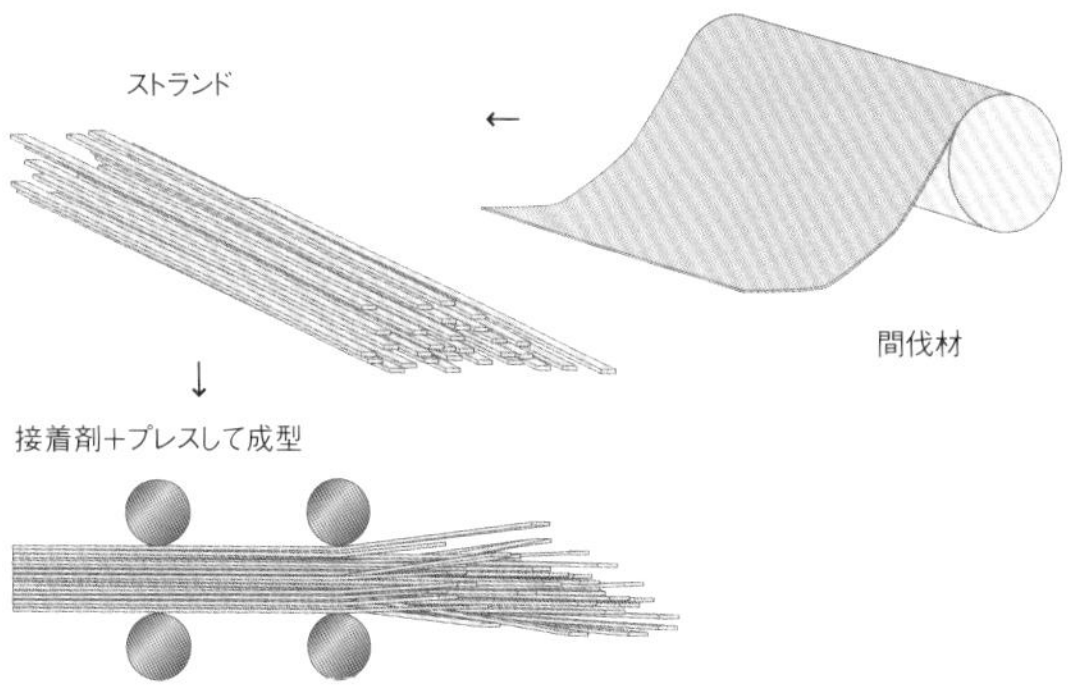

PSL(パララム)とは、選別した単板(間伐材)を長さ2.5m、幅16mm、厚さ2～4mmの細長い木片(ストランド)に裁断し、方向を揃えて耐水性の接着剤により成型したものです。床梁、屋根梁、まぐさなどの軸材料として利用されます。

LSLを使用したスツール。ざっくりと塗装した表情も面白い(MS4Dオフィス[MS4D])

シナランバーコアを棚板に使用したシェルフ

木質系⑩

複合フローリング

複合フローリング（合板フローリングともいう）は2層以上の層をもつフローリングのことで、合板などの基材に仕上げ材を張りつけたものです

床暖房対応のナラ挽き板フローリング。表面材に厚みがあるので、掘り込みやオイルフィニッシュが可能（七里ガ浜のリップルハウス）

■特性

2層以上の層をもつフローリングのことで、合板などの基材に仕上げ材を張りつけたものです。無垢板フローリングに比べて、反り・膨張・伸縮が起きにくい、安価、床暖房対応の製品が多いなどの特徴があります。幅広く普及しており、厚みや塗装、トップコート等の仕上げも多様化しています。

■種類

表面に木材の薄板を張った天然木化粧のものと、合成樹脂を張った特殊加工化粧のものとに区別され、表面の仕上げ材の種類や厚みによってかなり質感が異なります。

天然木化粧のうち、一般に表面の板が0.3㎜程度の薄いものは、価格は比較的安価ではありますが、経年変化により表面にひび割れが起こりやすい、傷が目立つ、高級感に欠ける、自然な風合いでない、などの欠点があります。

3㎜前後の挽き板を用いたものは、無垢の風合いに非常に近くなります。3層フローリングに代わり、最近では合板に挽き板を張り合わせたものが主流になり、床暖房に対応する製品が増えてきています。

このほか、集合住宅用に裏面に遮音・防振性能のある素材を接着加工した防音フローリングが、マンションなどで多く使われています。これは防音の面では有効ですが、表面が硬いわりに歩行感がフワフワしています。大概のマンションでは床に防音性が求められるので、この感触が好ましくない場合は、フローリングは通常のものを採用し、床下地に防音性の高いもの（一般的にはLL45以上）を採用する必要があります。

■表面の仕上げ

天然木化粧の表面保護材として、主にオイル、ワックス、ウレタン塗装、UV塗装、ガラス塗装などがあります。質感や用途、値段によって選びましょう。また、シャビーな色に塗装したり、ダメージ加工を施してエイジングするなどしたものも増えました。化粧板が薄いものは傷がつくとすぐに下地材が出てしまうので、強度を保つためウレタン塗装をする場合が多いようです。

■サイズ

1枚幅のものと、1枚ごとに目地が入ったパネル状の大きなものがあります。パネル状のものは30×180㎝、45×180㎝などの定尺サイズでつくられています。厚さは12～15㎜程度が一般的です。

■デザイン

無垢ではなかなか使えない高級材を安価に使いたい場合に向いています。ただし、断面は極力見せないように納めましょう。

挽き板フローリングは、無垢フローリングの高級感や温もりは味わいたいが、反りを避けたい、幅広のフローリングにしたい、床暖房をしたいが床暖房の無垢フローリングがない、といった場合などに適した床材だと思います。

近年、森林保護が叫ばれる中、無垢板フローリングに代わり、より多様化し、性能も向上していく可能性が高い仕上げ材と言えそうです。

各種複合フローリング

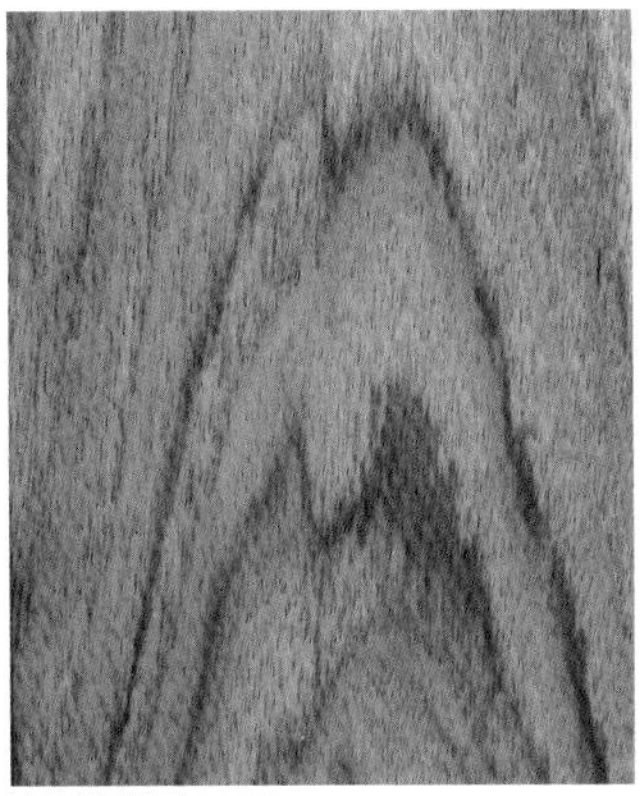

複合フローリング チーク　パネルタイプ　12mm厚
断面　表面0.3mm＋シート0.5mm＋基材11.2mm

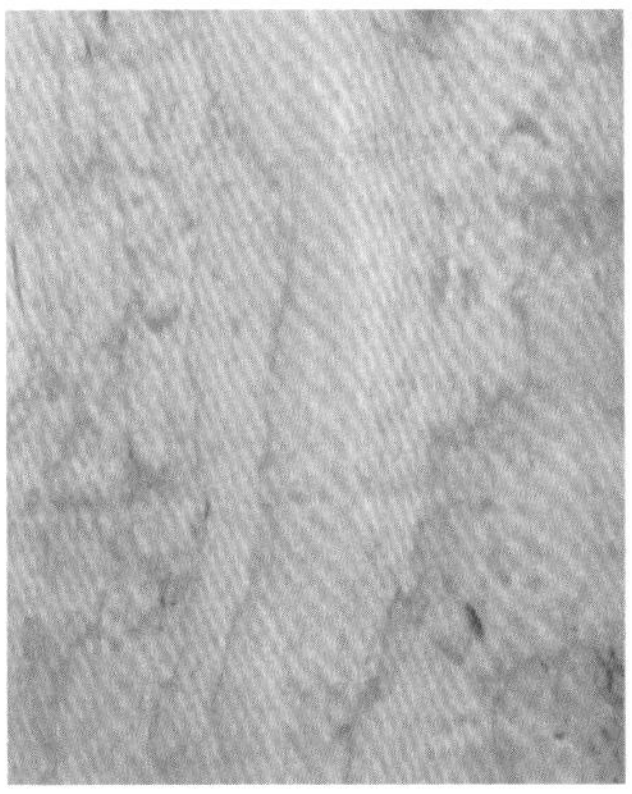

複合フローリング メープル　防音タイプ 15mm厚
断面　表面1.8mm＋基材11.4mm＋樹脂マット1.8mm

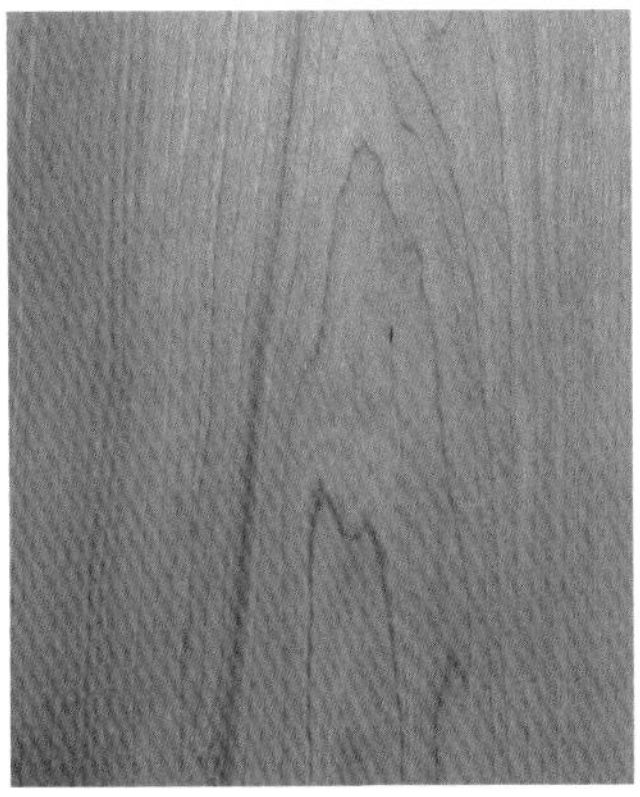

三層フローリング ブラックチェリー　13mm厚
断面　表面3mm＋基材8mm＋2mm

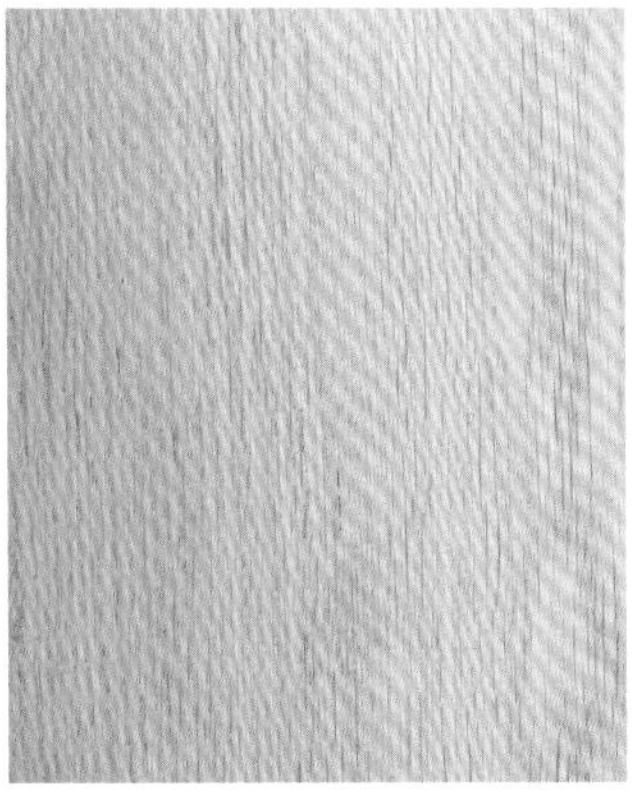

三層フローリング オーク　15mm厚
断面　表面3.5mm＋基材7.5mm＋4mm

複合フローリング

色と照りが美しいブビンガの複合フローリングを張った床

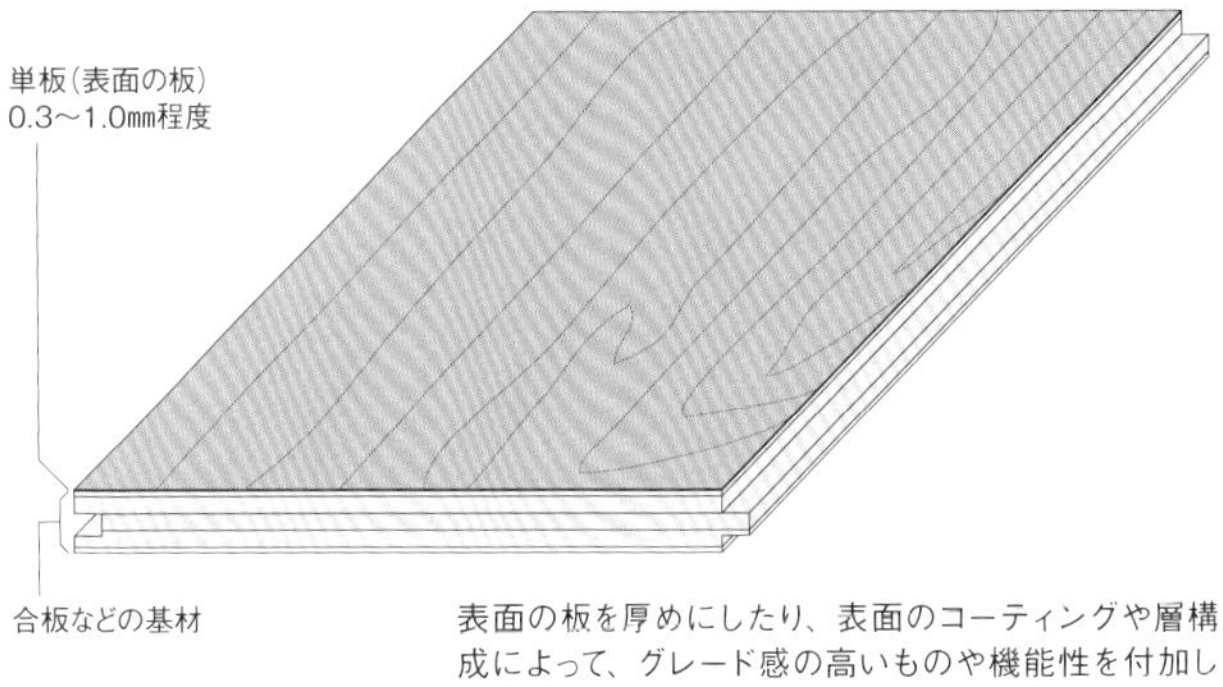

表面の板を厚めにしたり、表面のコーティングや層構成によって、グレード感の高いものや機能性を付加した製品もあり、無垢にはない樹種を選ぶこともできる

挽き板フローリング

ナラ材を使った床暖房対応の挽き板フローリング（マルホン）

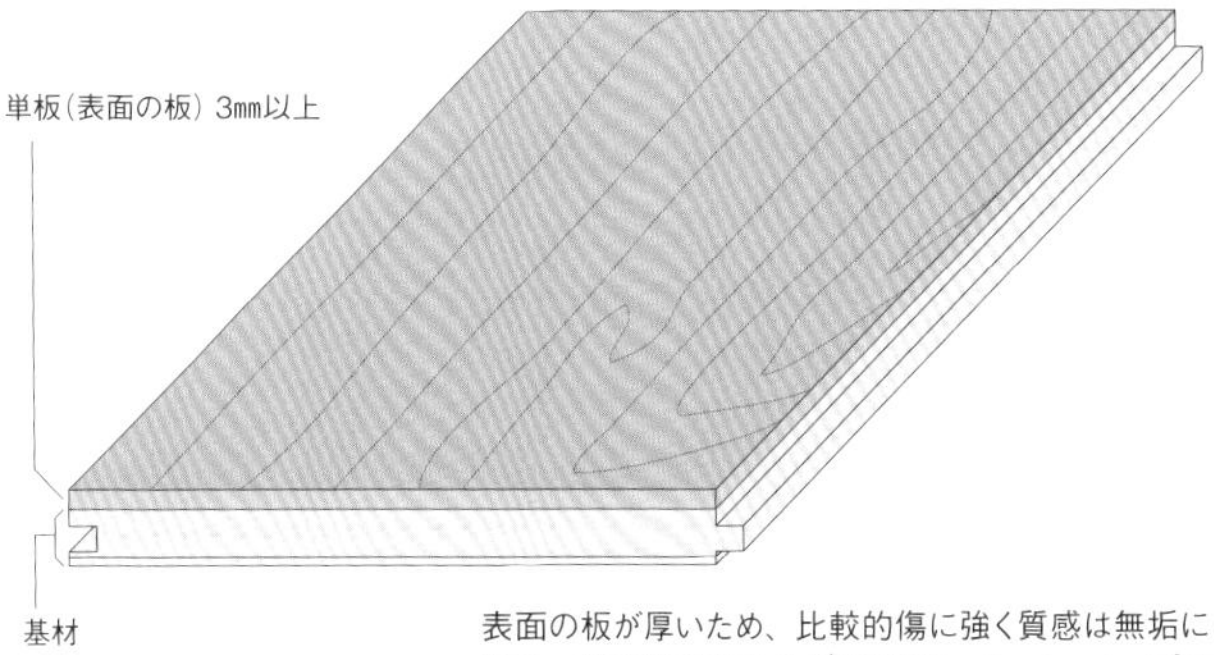

表面の板が厚いため、比較的傷に強く質感は無垢に近い。樹種や表面仕上げのバリエーション、トップコートの選択肢も増え、床暖房対応品も多くなっている

木質系 11

コルクタイル

ワインの栓でもおなじみの、コルク樫の外皮を細かく砕いたものを主原料としたコルクタイルは、独特の表情と足触りの柔らかさにより、住宅でも人気のあるマテリアルです

コルクタイルを張った水廻りの床（レイハウス）

■特性

おもにポルトガルで生産されているコルク樫の外皮を細かく砕いたものに、ウレタン樹脂などの接着材を入れ、加圧成型したものです。比重が軽く、弾力性、吸音性、断熱性に富み、足触りが柔らかいのが特徴です。床暖房対応製品も多くあるので、住宅にも適した材料といえます。また、コルク特有の表情をもつため、デザインがインテリアの重要なポイントとなるでしょう。

■種類

一般的な室内床用のものが主流ですが、壁や天井、掲示板に貼る薄いタイプもあります。ワインのビンの栓としても使われるように意外と耐水性が高く、バスルームや洗面脱衣室に使える製品もあります。浴室用コルクタイルは足触りが柔らかく、冬でも冷たさをあまり感じず、万が一転倒しても比較的安全です。水勾配を取れば水はけもよく、換気をきちんとすればカビの発生も防げるので、住宅のバスルームに適した床材だと思います。ただ、漂白剤などを使用できない、床をゴシゴシ洗えない、価格が高め、水廻りには不安に見えるなどの要素があり、まだ汎用的には使われていないのが現状です。なお、通常のコルクタイルは突付けで張れますが、浴室用コルクタイルは目地を設けてシーリングをする必要があり、やや施工に手間がかかります。

■表面の質感

ウレタン塗装、セラミック塗装、樹脂ワックス、天然オイル塗装を施したものから、無塗装のものまでさまざまで、それぞれ風合いがかなり異なります。ウレタン塗装やセラミック塗装品は表面が硬く、自然な風合いは感じにくいでしょう。しかし、摩擦に強く、車いすの走行に適しているので、老人ホームなどの公共施設などでも多く使われています。一方、無塗装や樹脂ワックス、天然オイル塗装をしたものは、耐磨耗性はやや劣りますが、滑りにくく柔らかく温かみのあるコルク特有の質感を楽しめるので、住宅にはお薦めの床材だと思います。

■サイズ

一般的なものは300㎜角の大きさで、厚さ3～10㎜程度ですが、細長いフローリング状もあります。浴室用は148×148㎜のタイル状です。色は茶色を基本に、コルク本来の色から濃い色まで各種あります。なお、一般に色の濃淡は着色によるものが多いですが、焼きしめて焦げ茶になる場合もあります。

■デザイン

コルクタイルは市松模様で張られることが多く、下地材に接着材を用いて突付けで張られます。継ぎ目に溝も出ないので、全体的に柔らかく、フローリングとは一味違う表情に仕上がります。足触りを重視したい場合や、柔らかさを出したい場合、お年寄りや子供のいる住まいの床に適しています。また、掲示板代わりにもなるように、壁全面をコルクで仕上げることもあります。

各種コルクタイル

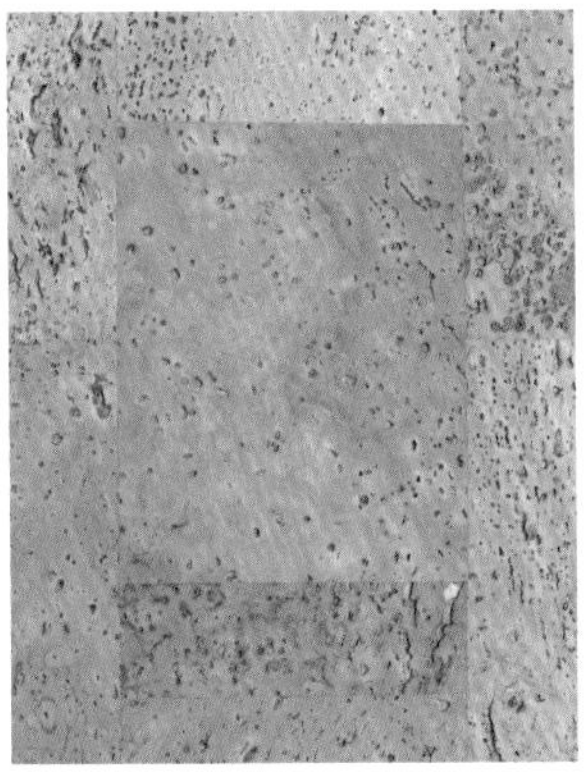

壁・天井コルクシート パターン組みした柄（M-406／東亜コルク）

無塗装コルクタイル コルクらしいしっとりとした表面（M-5025／東亜コルク）

セラミック仕上カラーコルク（防滑タイプ） 滑りにくい（CK-B5／東亜コルク）

天然オイル仕上コルクタイル 床用 植物油を塗布した仕上げ（COE-N5／東亜コルク）

強化ウレタン仕上げコルクタイル 床用 エクリュホワイト（CW-5／東亜コルク）

ソフトセラミック仕上カラーコルク防滑タイプ ブラック（CK-5／東亜コルク）

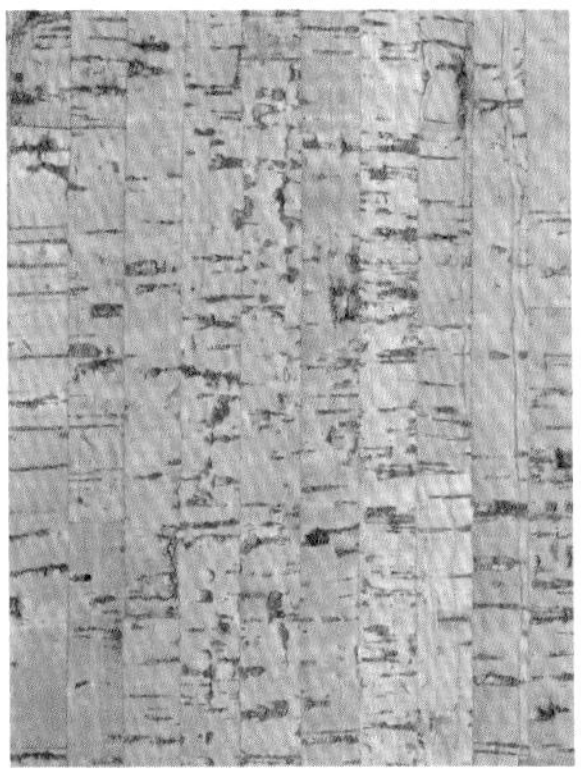

壁・天井用コルクシート 柄のバリエーション（M-405 TIR柄／東亜コルク）

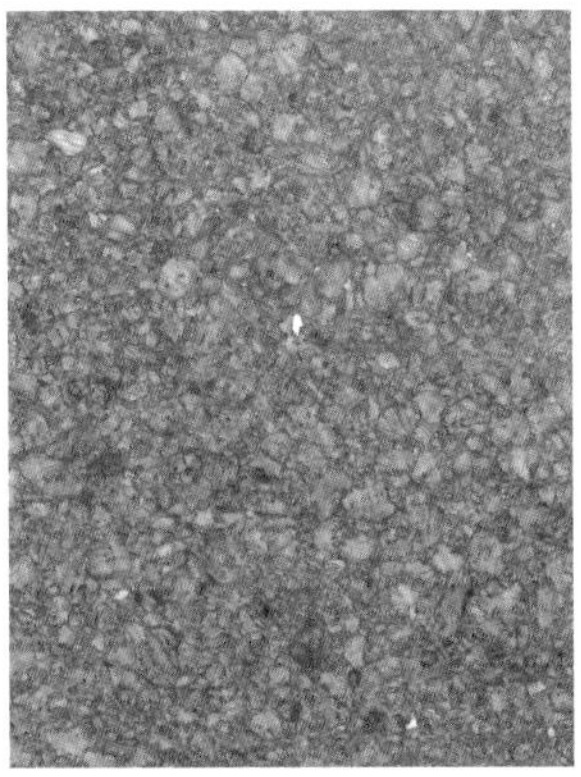

浴室フロア用コルクタイル 適度な弾力で歩きやすい（BA-13／東亜コルク）

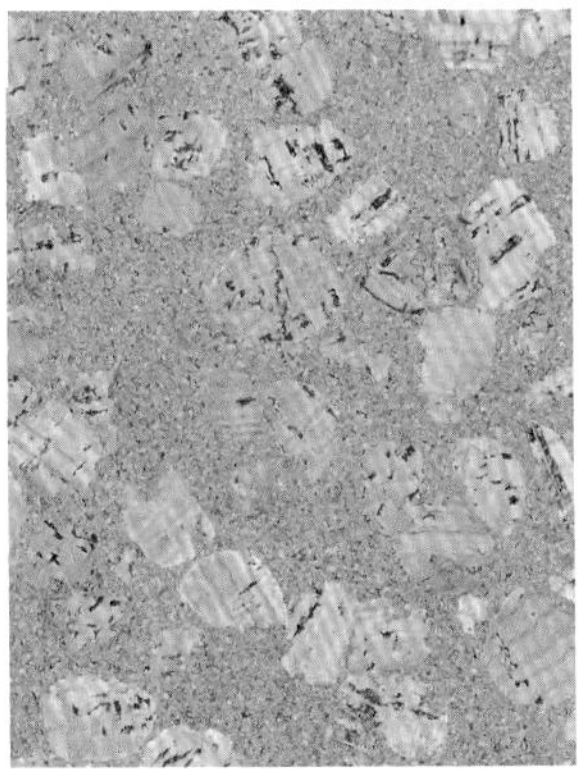

天然オイル仕上げコルクタイル 大豆油系オイル使用（COE-C5／東亜コルク）

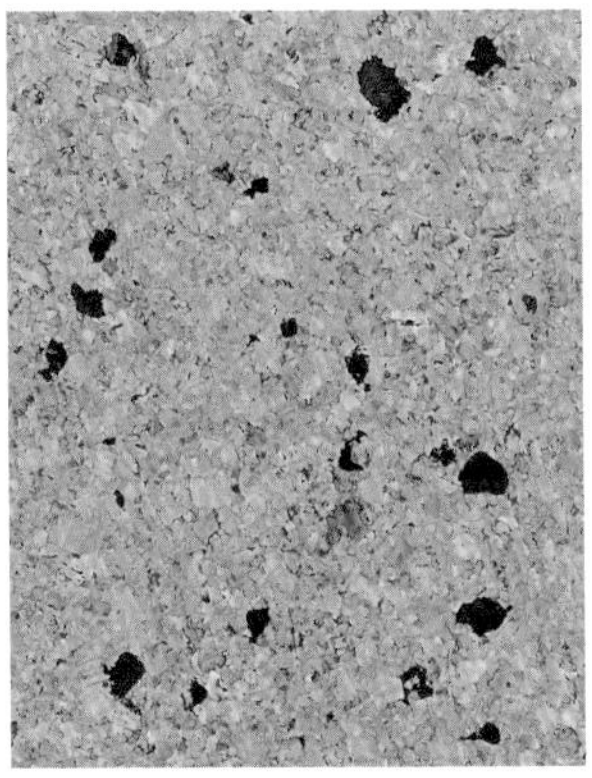

天然オイル仕上げコルクタイル 炭化材を混合（COE-S5／東亜コルク）

小粒コルクシート パネル状の掲示板や壁材用素材（M-1063／東亜コルク）

カラーロールコルク 掲示板や壁材用（M106MR3 緑／東亜コルク）

コルクタイルの使用事例

ウォークインクローゼットの床にコルクタイルを張った例。着替えの際に冷たくなく、柔らかい脚触りが感じられる

浴室の洗い場にコルクタイルを用いた例。防水性が高く、柔らかくて冷たさも感じない

300㎜角タイプのコルクタイル。表面はグレーの塗装仕上げになっている

漆喰をスタイロゴテで荒らしながら仕上げた壁（光が丘のチークハウス）

左官系❶

漆喰・石灰クリーム

漆喰は石灰を主成分に、糊（海藻、つのまた）、スサ（わらや麻などの繊維質）を混ぜて水で練った左官材です。防火性や調湿性に優れ、屋外に用いることもできるため、城郭や土蔵などの白壁で馴染みの素材です

■特性

漆喰は石灰岩を主成分とし、空気中の炭酸ガスと反応して炭酸カルシウムとなって硬化する、空気と触れて固まる左官材料です。耐水性が高く、室内の壁や天井だけでなく外壁や塀などに用いる場合もあります。また、防火性や調湿性に優れるため、古くから財産を守る土蔵や押入の壁にもよく使われてきました。ただ、漆喰は乾燥後の収縮率が高くヒビが入りやすいため、これを防ぐために砂やスサを混ぜたり、塗り回数を多くしたりする必要があります。塗り回数を増やしてもできるだけ薄く仕上げることが左官職人の腕の見せ所であり、強度を高めることにも繋がります。クロス張りなどの乾式工法に比べて時間や手間がかかるので、住宅ではあまり使われなくなっていましたが、最近は比較的安価で、1回塗りで仕上げられる製品があるほか、自然な風合いや調湿・空気浄化効果などの性能により、また存在が見直されてきています。

■種類

土蔵や城郭などの白壁で見られるように通常は白色ですが、顔料を混ぜて着色した色漆喰や漆喰に砂を混ぜた砂漆喰など、さまざまな種類があります。色漆喰は混ぜる顔料により、多様な色が出せます。土佐地方独特の土佐漆喰は一般の漆喰と異なり、発酵させた稲藁と石灰を混ぜてつくられ、糊（海藻）を混入しないことが特徴です。稲藁の成分が粘りを生み糊を混入しないので、水に強く、厚塗りが可能です。稲藁の色により塗った当初は黄色ですが、硬化するに従い徐々に白くなっていきます。

石灰を主原料とした左官材は世界各地にあります。たとえばギリシアの島などの白い外壁の家々の風景は有名です。石灰はアルカリ性で殺菌効果があることから、伝染病が流行ったときにその予防として壁に塗る習慣が生まれたようです。また、大理石に似せた仕上げとして、消石灰に大理石の粉を混ぜて仕上げるベネチアンスタッコ（イタリア式磨き漆喰塗り）もよく見かけます。

■表面の質感

平滑でやや光沢のある金ゴテ仕上げとする場合が多いですが、ザックリとした木ゴテや、スタイロフォームやスポンジで塗ったもの、ブラシや刷毛、櫛を使ったもの、珪砂や鹿沼土など各種骨材を入れたものなど多様な表現が可能です。仕上げで5㎜程度の塗り厚があれば、それなりに深い質感も楽しめます。実際に施工する前に左官職人に試し塗りをしてもらい、微妙な色を調整しながら、イメージに合う塗り方をお願いするといいでしょう。なお、塗ってからある程度乾燥しないと色は落ち着きません。

■石灰クリーム

漆喰に似た左官材として、石灰クリームがあります。これは石灰岩を焼いてできた生石灰を水と反応させることでできるクリーム状の左官材料です。「漆喰薄塗り工法」ともいわれるように、性質は漆喰に似ていますが、漆喰に比べて扱いやすく安価なので、漆喰に代用されています。

さまざまな漆喰仕上げ　（上：石灰クリームの仕上げ　下：色味のある漆喰）

石灰クリーム×麻（押さえ）　砂を混合せずに仕上げる。最も滑らかなテクスチュア

石灰クリーム×硅砂（押さえ）　金ゴテ押さえ仕上げは木ゴテ仕上げよりも凹凸が微細

石灰クリーム×硅砂（木コテ）　滑らかな石灰クリームと繊細な硅砂による凹凸感

石灰クリーム×硅砂（ノロ磨き）　ノロは漆喰と真砂土、顔料、水などを混合した磨き材

黒漆喰磨き　磨き用黒漆喰を塗った後、蜜蝋をサンダーで仕上げた（西澤工業）

カルチェ・ラザータ　イタリア漆喰。表面の砂粒のザラザラ感が特徴（久住左官）

スタッコ　イタリア漆喰金ベラ磨き仕上げ（ストゥッコヴェネツィアーノ／ドゥカーレ）

土佐漆喰　発酵させた稲藁と石灰による仕上げ。強度がある（上野左官）

石灰クリーム

石灰クリーム　生石灰を水で消化させた石灰泥。仕上がりが滑らか

漆喰の代表的な構成材料

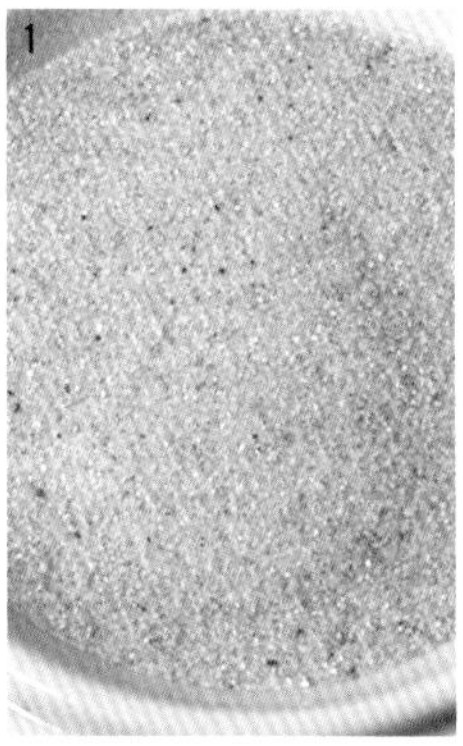

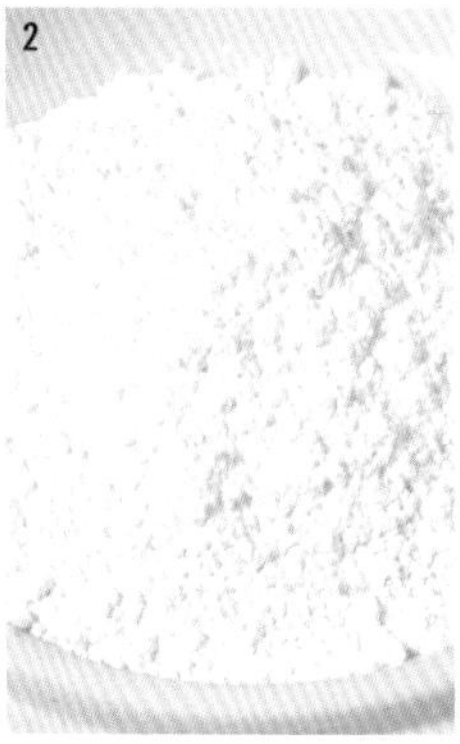

1_**硅砂**_硅石を砕いて砂にしたもの。薄いグレー色　2_**石灰粉**_石灰粉を原料とした消石灰。粘りがないので糊が必要　3_**つのまた糊（海藻糊）**つのまたや銀杏草の煮汁か粉状にした糊を石灰に混ぜると強度がでる。黄色味が強い　4_**紙スサ**_和紙を水で解して石灰に混ぜる。麻より白い

漆喰の使用事例

金ゴテで平らに仕上げたピンク色の漆喰壁。赤味の強い木材と合わせて雰囲気を調和させている

漆喰を塗り回して仕上げたニッチ。内側はコテで押さえ、壁面はコテ跡でテクスチャーをつけている

砂漆喰を木ゴテで塗り、ヘッドカットして表面を平らに仕上げた例

コテで荒らして凹凸感を出した珪藻土の壁（アトリエ橙）

左官系 2

珪藻土

珪藻の殻の化石の堆積層から採種される珪藻土を主原料にした左官材で、ざっくりとした風合いや昨今の健康志向から、左官仕上げの中でも人気の高いマテリアルです

■特性

珪藻土は藻類の一種である珪藻の殻の化石の堆積層から採種されるもので、七輪の原料としても馴染み深い素材です。珪藻土を主原料とし、石灰や糊などの固める成分を加えた左官材を同じく珪藻土と呼びます。比較的施工が容易で、下塗りが不要な製品が多く、石膏ボード下地はもちろん、クロス張りの上からでも塗れる製品も数多くあります。施工性のよさと、シックハウス症候群対策としても人気があります。

珪藻土には、固化した珪藻土を殻が壊れない程度に粉砕したものを用います。そのため、粒子の形状は元になった珪藻の種類に応じてさまざまな色や形があり、それがざっくりとした風合いにつながります。珪藻の殻には多数の小孔が開いているため、吸放湿性、断熱性、保温性に優れ、結露を防ぎ、ダニやカビが発生しにくいという特徴があります。また、空気浄化作用があり、ペットがいる家などにも向いています。

■種類

基本の色は、ややピンクがかった白色ですが、顔料を混ぜることでさまざまな色をつくることが可能です。最近は住宅での需要が増えたためか、工場で材料を調合した製品が数多く販売され、成分や仕上がりの塗り厚、価格もさまざまです。自然素材としてのイメージが強い珪藻土ですが、実際には少量しか珪藻土を含んでいなくても「珪藻土塗り」と称している製品や合成樹脂（糊）を多く含んだ製品もありますので、その成分とサンプルを確認するようにしましょう。室内の壁や天井に用いるものが一般的ですが、外装に使用できるものや、室内の土間の床用、珪藻土の壁紙やタイル状にした製品もあります。

■表面の質感

ツヤが少なく暖かみを感じさせる左官材ですが、塗り方や厚みで大きく表情が変わります。深みや重厚感を出したい場合には4～5㎜厚程度の塗り厚があるものを選び、骨材やスサを入れるなどして、ザックリと仕上げます。一方、2～3㎜程度の塗り厚のものは見た目にも軽い仕上がりとなり、塗装仕上げに近い雰囲気になります。なお、珪藻土は漆喰の金ゴテ仕上げのような平滑で光沢のある仕上がりには向きません。

■デザイン

壁の一面だけアクセントで塗ることも多いですが、壁と天井を同じ調子で塗ると、洞窟っぽい包まれた感じが出て落ち着きます。さまざまな場所に塗ることができるので、見せたくない点検口や設備配管などにも塗って目立たなくすることも可能です。

コテや刷毛、ブラシ、スポンジ、櫛などを使って、荒らし具合を調整したり、砂やワラやビー玉や貝殻を混ぜるなどして、個性的な表情をつくり出すこともできます。

■その他

調湿性などの機能面も期待する場合は、珪藻土の含有率が高いものを選択し、ある程度の厚みをもたせて広範囲に施工します。特に天井面に施工すると効果的です。

さまざまな珪藻土　（上：さまざまな珪藻土仕上げ　下：無機顔料によるカラーバリエーション）

珪藻土の顕微鏡写真　北海道産珪藻土。小さな片がたくさんある。ハスの実のように穴が並ぶ種類もあり、産地により形状が異なる（サメジマコーポレーション）

珪藻土ストーン　珪藻土を玉石状に磨いて焼成した。耐食性がある（くらしEストーン）

珪藻土タイル　珪藻土90％含有し、低温焼成したセラミックタイル（くらしEタイル）

珪藻土仕上げ　真白の珪藻土

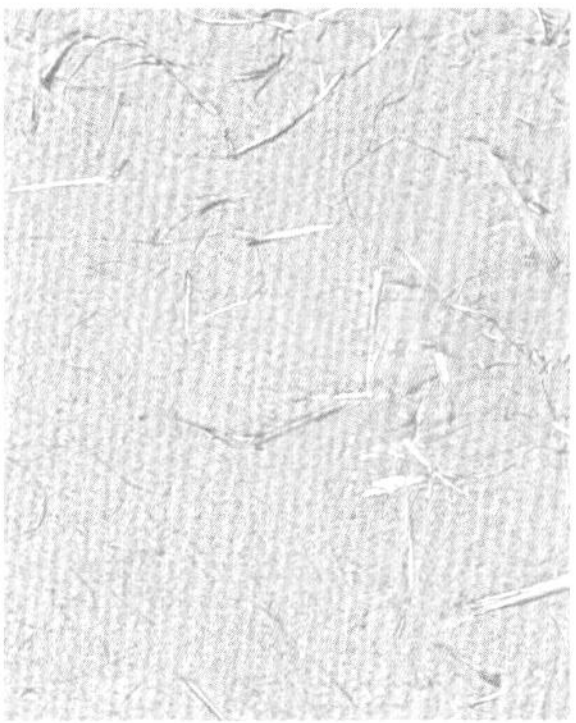
珪藻土　ワラスサ入り仕上げ　ワラを混入させて表情をつけたもの

珪藻土　ヘアライン仕上げ　専用のハケで細かな横ラインをつけたもの

珪藻土　ウェーブ仕上げ　コテで波状の模様をつけたもの

珪藻土仕上げ　無機顔料による発色が鮮やか

珪藻土左官材に含まれる代表的な素材

1

2

3

4

5

6

7

8

9

1_**珪藻土**_珪藻を粉砕して粉状にしたもの。微細な孔が無数に並ぶ「超多孔質構造」を有する　2_**火山灰**_火山から噴出したもの。φ2㎜以下　3_**粘土**_微細な粒子でできた堆積物。水を含むと粘りがでる　4_**無機顔料**_天然鉱物顔料。水に溶けない　5_**色土**_各地で産出する色の鮮やかな土　6_**パーライト**_火山岩として産出する発泡体　7_**セルロースファイバー**_天然の木質繊維　8_**でんぷん糊**_種子や球根に含まれる澱粉を糊化したもの　9_**メチルセルロース**_水溶性の糊料

珪藻土の使用事例

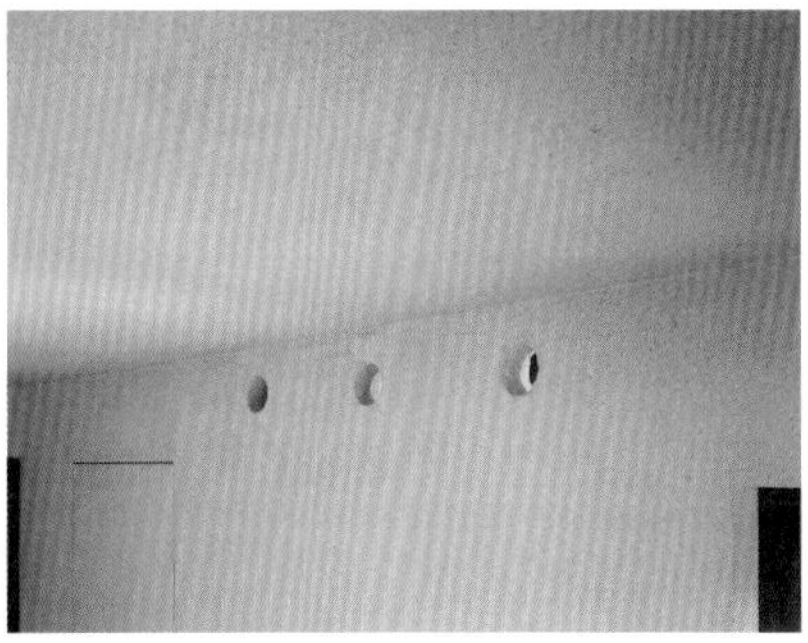
壁と天井とも珪藻土で仕上げた例。明り取りの小窓や建具周辺も珪藻土で仕上げている

玄関収納に設けられたニッチを珪藻土で仕上げた例

珪藻土の壁。タモやナラとの相性がよい（アトリエ橙）

左官系 3

その他の自然系左官材

石膏を塗り材とするプラスターや火山灰のシラス、珊瑚やホタテなど自然素材を用いるものもさまざまあります。また、伝統的な土もの仕上げ（京壁）や土と石灰などを混ぜて叩き締めた床仕上げの三和土（たたき）などもあります

小舞下地のうえに荒壁土を塗り、中塗り土仕舞いにした壁（H&H JAPANショールーム）

■石膏プラスター

石膏を主成分とし、古くからヨーロッパを中心に広まった白色の左官仕上げです。17世紀のアメリカでログハウスの内装に防火性のある石膏プラスターを厚く塗っていたことから、石膏ボードの発明につながったそうです。石膏プラスターは、水硬性で凝縮も早く、乾燥・硬化する際に膨張するので、ひび割れしにくく、仕上がりが白く美しいという特徴があります。ただ、耐水性に劣るため屋外には向かず、内装の壁や天井の仕上げに用いられます。

■ドロマイトプラスター

一般的にプラスター（「塗りつける」という意）というとドロマイトプラスターを指すことが多いようです。ドロマイトという鉱石を主成分とし、漆喰と同様、空気中の炭酸ガスと反応して硬化します。漆喰に比べると硬い仕上がりです。混練りでき作業性に優れるので、石膏プラスターに代用されますが、ひび割れが起りやすいので、焼石膏を混ぜるなどの工夫が必要です。

■シラス

鹿児島県や宮崎県にはシラスが大量に堆積し、広大なシラス台地を形成しています。この火山噴出物を主原料とし、固めるための石灰や糊などを加えた白色で砂質の左官材で、白砂または白州を意味する俗語に由来して、シラスと呼ばれているようです。マグマにより超高温で自然焼成された完全無機質で多孔質、不燃のセラミック素材という性格により、温度変化や風雨、紫外線などの外的要因に対して化学変化や劣化が起こりにくいといわれています。耐久性、断熱性、吸湿性、消臭性、防火性にも優れ、ホルムアルデヒドなどの有害化学物質を出さず、逆にそれらを吸着します。ざっくりとしたテクスチャーや価格帯が珪藻土と近く、比較検討されることも多いです。

■京壁

伝統的な和風の土壁の一種で、元々は京都で産出された良質な聚楽土を使った聚楽壁などの仕上げを指しました。現在は一般に、砂壁状のザラザラした風合いのものを指します。伝統的な和室の壁の仕上げに用いられることが多く、30〜40年ほど前に建てられた木造住宅でもよく見られました。

■三和土（たたき）

昔から土間の仕上げに使われた工法で、セメントがなかった時代に地面を固めるため、近辺の山土を採取してタタキしめて土間づくりをしたようです。土と石灰とニガリを混ぜてタタキしめるため、3種類の材料を混ぜ合わせることから「三和土」と表現されるようになったようです。最近では広義に、コンクリート製やタイルを張った土間、珪藻土を用いた土間などもタタキと呼ばれます。

■その他

アレルギー対策にも効果的な、ホタテ貝の殻を原料とした「ほたて漆喰」や珊瑚を使った「美ら壁」などさまざまな原料による左官材があり、選択肢が広いので、サンプルを確認して比較検討しましょう。

さまざまな自然系左官材　（上：多孔質のもの　下：石膏や土もの）

ほたて漆喰　ホタテ貝殻を高温焼成した左官材。調湿性や耐火性がある（あいもり）

京壁　下塗り、中塗り4回、上塗り3回を重ねた

シラス　火山灰（シラス）を用いた左官材。コテで表情をつけた（中霧島壁／高千穂シラス）

シラスのタタキ　無機顔料を混合したシラスの舗装材（シラストントン／高千穂シラス）

石膏プラスター　乱流仕上げ（タイガーケンコート／吉野石膏）

石膏プラスター　コテ引きずり仕上げ（タイガーケンコート／吉野石膏）

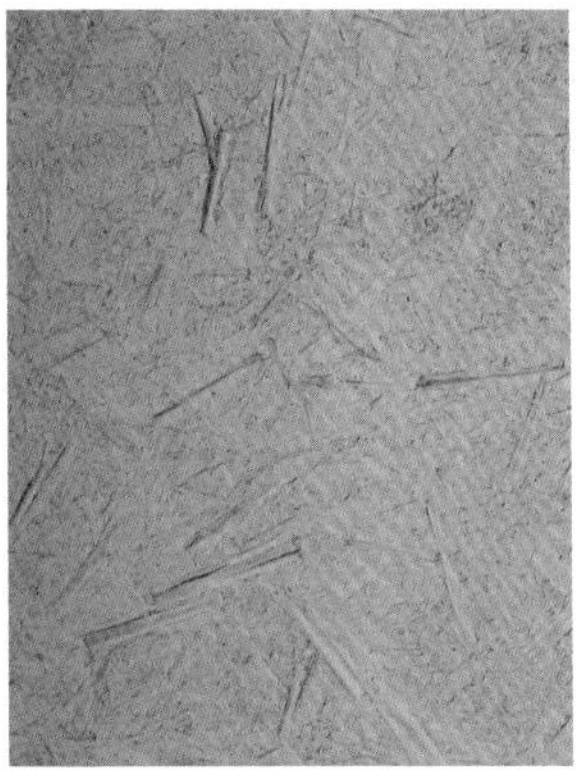

荒壁　ワラスサを多量に混入させた土壁。京壁では下塗りとして用いられる（上野左官）

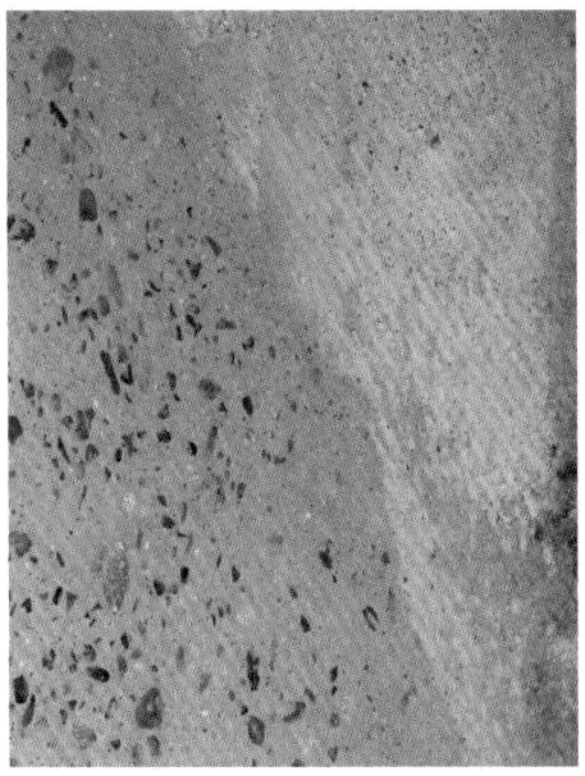

三和土　赤土、砂、砂利を混合してたたき締めた土間。骨材の露出部分

自然系左官材の使用事例

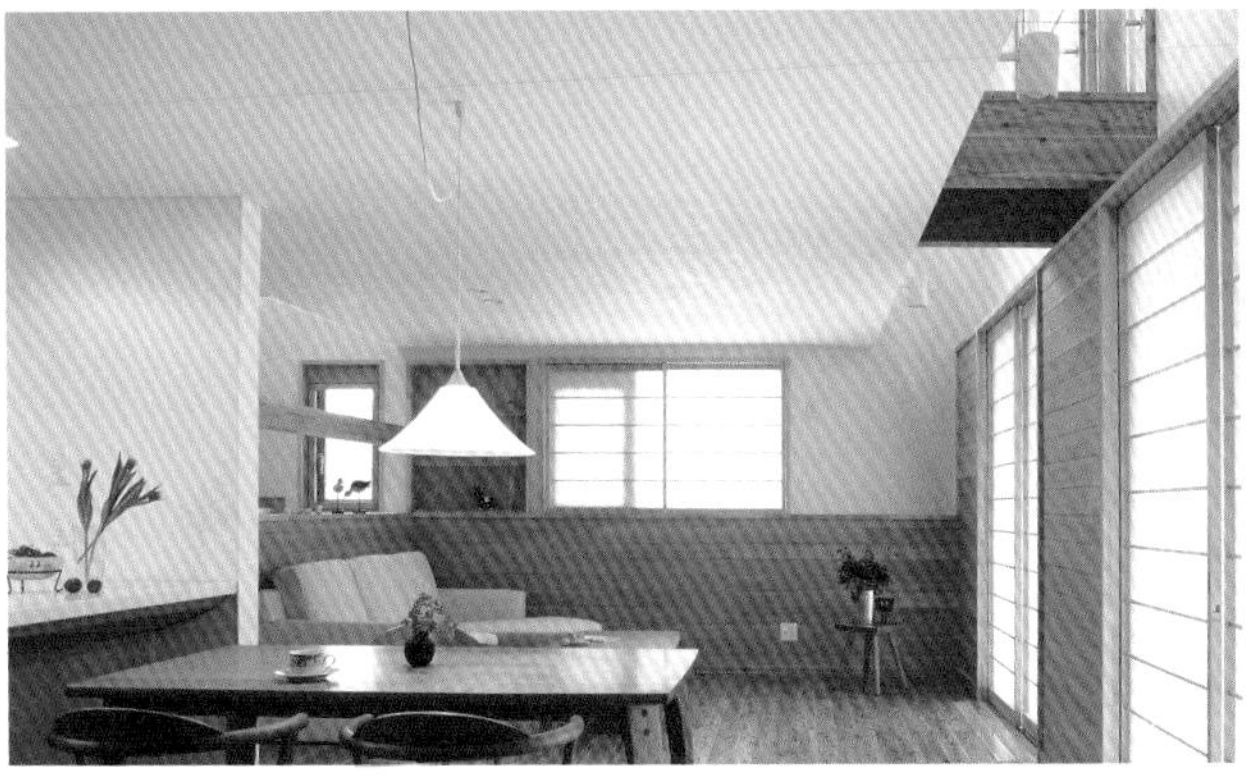

ほたて漆喰（ほたて漆喰ライト）で仕上げた壁と天井。外光を受けて、繊細な反射の表情が浮かび上がる（あいもり）

石膏プラスターを用いて仕上げた壁。土の風合いがつくりだす、落ち着きのある自然な空間にしている（吉野石膏）

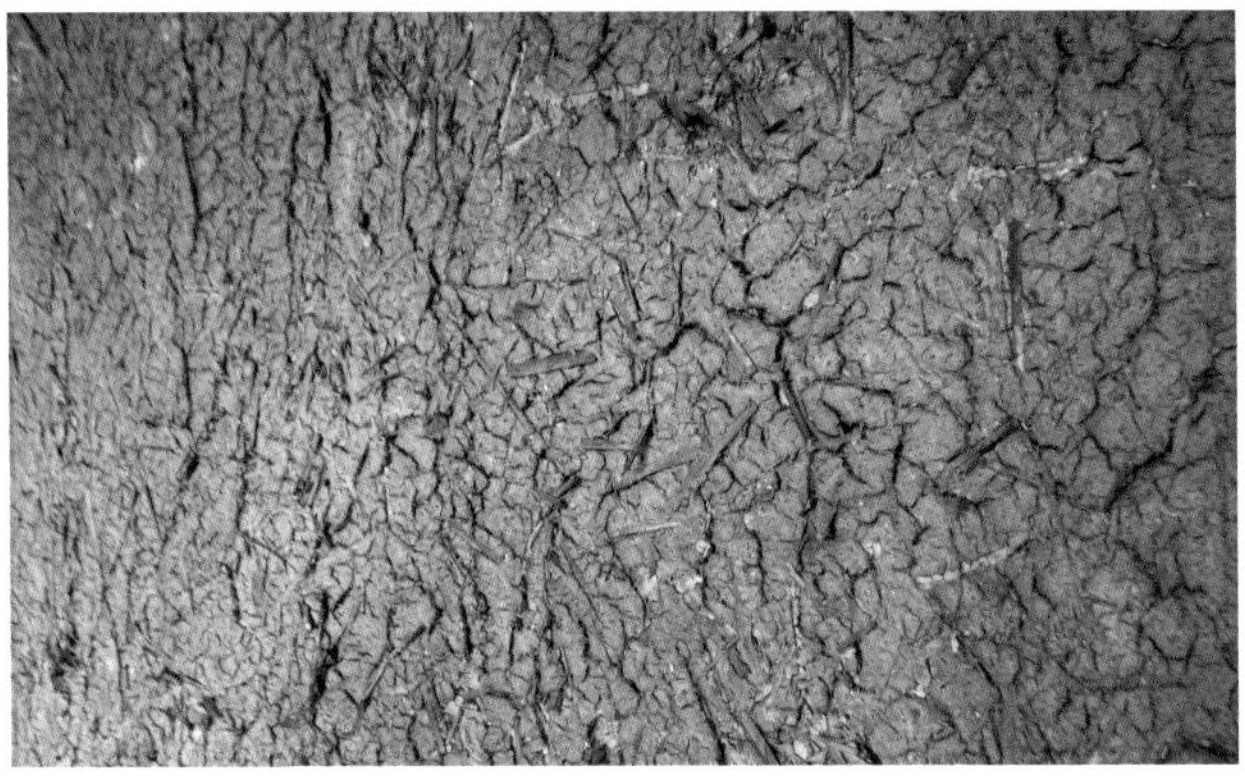

土に藁スサを混ぜて木舞（こまい）に塗った粗壁（あらかべ）を仕上げとした壁。通常は下地として用いられる

無機顔料を混合したシラスを用いたタタキ材で仕上げた犬走り。蓄熱しにくく、輻射熱を和らげる。多孔質なので吸水性に優れる（高千穂シラス）

左官系 4

樹脂系の左官材

工期の短縮や施工の簡便化を図り開発されたアクリルエマルジョン樹脂などの合成樹脂を主原料とした塗材があります。耐水性や耐候性を高めた製品が多く、内外装問わず使えて、施工性に優れるという特徴があります

ロックウールによる外断熱の上に仕上げられた樹脂の左官（ミモザハウス）

■特性

自然素材系の左官材は、施工に手間と時間が掛かる、乾燥によるひび割れが生じやすいといったデメリットがあります。そのために、工期の短縮や施工の簡便化を図り、高度経済成長期に急速に普及したのがアクリルエマルジョン樹脂などの合成樹脂を主原料とした塗材です。

合成樹脂系には耐水性や耐候性を高めた製品が多く、内外装問わず使えて、施工性に優れるという特徴があります。また、一般に合成樹脂系の左官材は弾性が高くて曲げに強く、ひび割れが生じにくく、クラックの追従性もあり、目地のない広い面積を塗ることが可能です。

粘りのある特性を生かしてコテやローラーで模様をつける左官仕上げのほか、水で薄めた吹付け仕上げも可能です。ジョリパット（アイカ工業）やマヂックコート（フッコー）などは代表的な製品です。RC外断熱工法の外壁が左官仕上げの場合、断熱材の上に塗る左官材としても合成樹脂系のものが多く使われています。

■種類

色のバリエーションは豊富で、施工する平米数が大きければ標準色以外にも日本塗装工業会の色などを指定して好みの色をつくることも可能です。テクスチュアはメーカーにより各種パターンがありますが、標準パターン以外の表現には対応してもらえないこともあり、自然系のものに比べて自由度は高くないようです。

■表面の質感

さらっとした土のようで、吹付け系の塗料などに比べてかなり自然な風合いに近い質感です。ただ、合成樹脂を多く含むので、自然系左官材料のものに比べるとやや人工的な印象となります。素材自体の経年変化を愛でる材料とまではいい難いでしょう。

■デザイン

耐候性などの機能面を重視する外装に用いられることが多いですが、インテリアに使う場合は、外壁と室内の壁が開口部などを介して連続し、外壁仕上げが室内に入り込むケースや、ビビッドな色が要求される場合が多いです。内装に用いる場合は、床材や造作家具などの他の自然素材と違和感がないかどうか、統一感に配慮しましょう。

■その他

価格は樹脂吹付け系の塗材に比べ割高ですが、漆喰や珪藻土よりは割安で、色褪せや膨らみが少なく、色や質感を長期間保持できるので、塗り替えなどのメンテナンスが軽減できます。住宅のように長く使う建物では、多少初期費用が掛かっても長持ちする材料を使う方が、心理的な不安も減り、経済的といえます。

■リシン掻落とし

リシン掻落としとは、モルタル下地に細かい大理石を混ぜた色モルタルを塗り、乾き切らないうちに櫛状の金属で掻き落とすもので、ざらざらした仕上がりです。スプレーガンを用いて、同様の仕上がりを再現した樹脂系リシン吹付けなどもあります。

さまざまな樹脂系左官仕上げ

濃赤の樹脂系左官材　内装用吹き付け材の一例（MORE／フッコー）

樹脂系左官材のサンディング仕上げ　ザラついたモルタルのような表情（ジョリパット／アイカ工業）

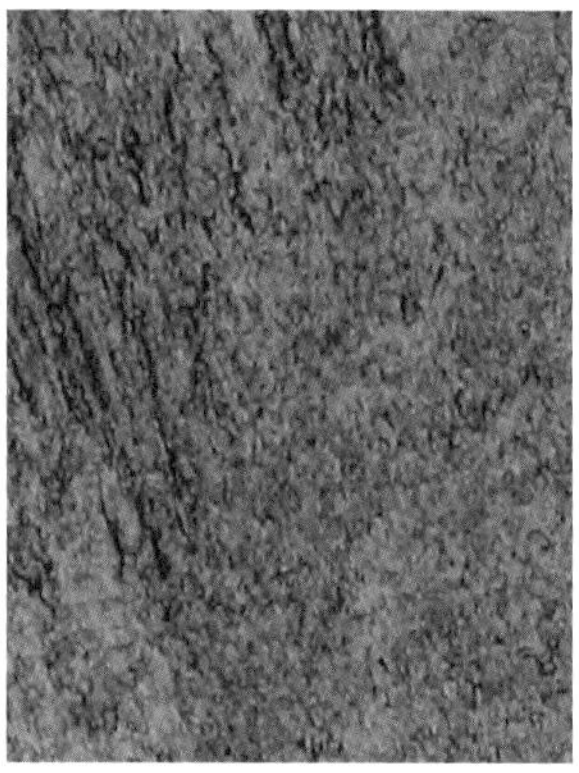

青色の樹脂系左官材　土と砂を合成樹脂で覆ったもの（いしかわ／四国化成）

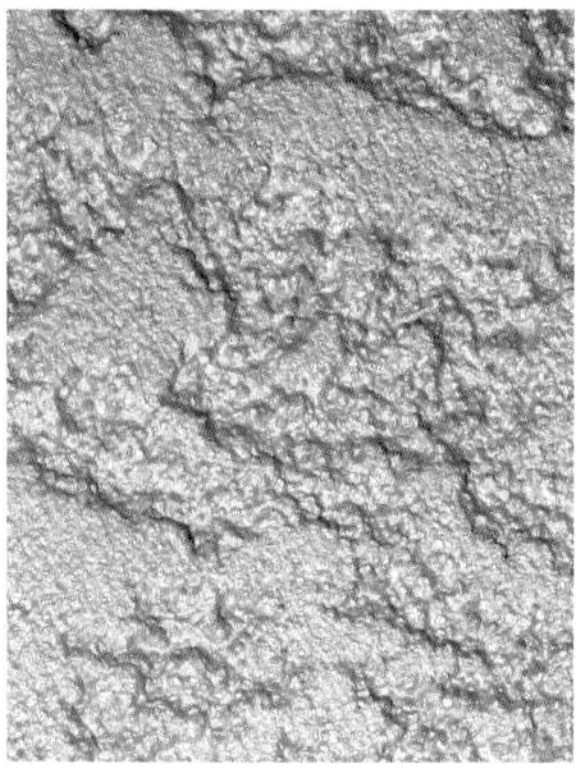

金色の左官材　合成樹脂左官材×メタリック調ペースト（メタルファス／四国化成）

黒色の左官材　備長炭の粒を合成樹脂で覆ったもの（さやか備長炭100／四国化成）

リシン掻落し　モルタル×白竜石×黒ダイヤ。御影石のイメージ（上野左官工業）

石材調の左官材　大き目の砂粒と合成樹脂を混合。硬度のある外装用（FMX／フッコー）

ビーズ調の左官材　ガラスビーズに透明な樹脂を混合（スターリースカイ／アイカ工業）

樹脂系左官材の使用事例

土もの風の左官材（ジュラックス）を用いて仕上げた壁面。配管の周辺も同材で塗って仕上げている（SOU・SOU le coq［辻村久信デザイン事務所＋ムーンバランス］①）

土もの風左官材で仕上げた壁面。自然光に照らされて、表面の微細な凹凸が陰影を生んでいる［積水ハウス関東住まいの夢工場］（ジョリパット爽土／アイカ工業）

樹脂系左官材（ジョリパット）の外装用で仕上げた外壁。塗装とは異なる微細な凹凸をもつテクスチュアに仕上がる（逗子W邸［MS4D］）

樹脂系左官材で仕上げた外壁。櫛引きのテクスチュアに加えて化粧目地を入れることで、石張りのように見せている

コンクリート打放しの壁の一部に照明も兼ねた表札を合わせた例（オーキッドハウス）

左官系 5

コンクリート・モルタル

砂利や砂、セメント、水を材料とするコンクリートやモルタルは、建物の構造材や下地材として欠かせないものです。色味や仕上げのテクスチュアを工夫するなど、使い方によってさまざまな表情に仕上がる可能性の高いマテリアルです

■コンクリートの特性

コンクリートは、石や砂利の骨材に砂・セメント・水を混合したものです。引っ張りに対する強度が弱く、鉄筋を入れた鉄筋コンクリートとするのが一般的です。鉄筋はコンクリートにより保護されますが、鉄筋からコンクリート表面までのかぶり厚が少ないと鉄筋が早くさびて強度が落ちるので、十分にかぶり厚をとりましょう。

屋内の施工面は、そのままでも問題はおきにくいですが、屋内は炭酸ガスが多く中性化が早いため、バスルームなどの水廻りでは、水が染み込まないよう屋外と同様に撥水材などで保護するとよいでしょう。

■コンクリート打放し仕上げ

打放しは表面にほかの仕上げを施さない、ソリッドな存在感がある仕上げです。躯体がそのまま表に出るので施工に気を遣いますが、それが長期にわたる質感の保持、丈夫な構造、ローコストにつながります。

コンクリートには型枠の表情をそのまま写し出す特性があり、どんな型枠を使うかがデザインの鍵となります。一般には表面をウレタンコーティングした打放し用型枠を使用した平滑な仕上げが多いです。ただし、冷たい印象があり住宅の内装としては抵抗感を感じる人も多いようです。

そのような場合には、スギ板などの木材を型枠とし、木目や木肌をコンクリートへ写したり、普通型枠で打った後にビシャンで叩いて表面を荒らすと、自然な暖かみが出ておすすめです。ただし、通常の打放し仕上げに比べてコストが掛かるので、部分的に使うのもよいでしょう。また、打放しと割付けを合わせてシナ合板を張ると、木目が転写して冷たい表情が緩和されます。

よりローコストで仕上げたい場合には、普通型枠を用いることがあります。ただし、型枠からアクが出て仕上がりにムラが出るので、それを理解した上で採用しましょう。

打放しの床はRC造以外でも可能で、駐車場の床や外構でもよく見かけます。あらかじめ亀裂誘発目地を設けて高強度のもので打つと長く美しさを保てます。また、テーブルやカウンターなどの家具をコンクリートでつくると、意外と安く存在感のある仕上がりになります。

■モルタル仕上げ

モルタルとは、砂・セメント・水を混合したものです。タイルの接着や下地調整など、現場での施工に幅広く使われる建材ですが、そのままを仕上げとすることもあります。通常はセメントのグレーがかった色ですが、顔料や墨を加えたり、塗装したりすることでさまざまな色にすることができ、テクスチュアもコテによって多様な変化をつけることができます。比較的ローコストな仕上げです。

また、モルタルに玉砂利を混ぜて塗り付け、半乾きの時に水で表面のモルタルを洗い出して骨材の砂利を見せる方法を、玉砂利洗い出しといいます。入れる物の種類を変えることで、多様で自然な表情を楽しめます。玄関の土間などに適した仕上げです。

さまざまなコンクリートとモルタル　（上：コンクリート仕上げ　下：モルタル仕上げ）

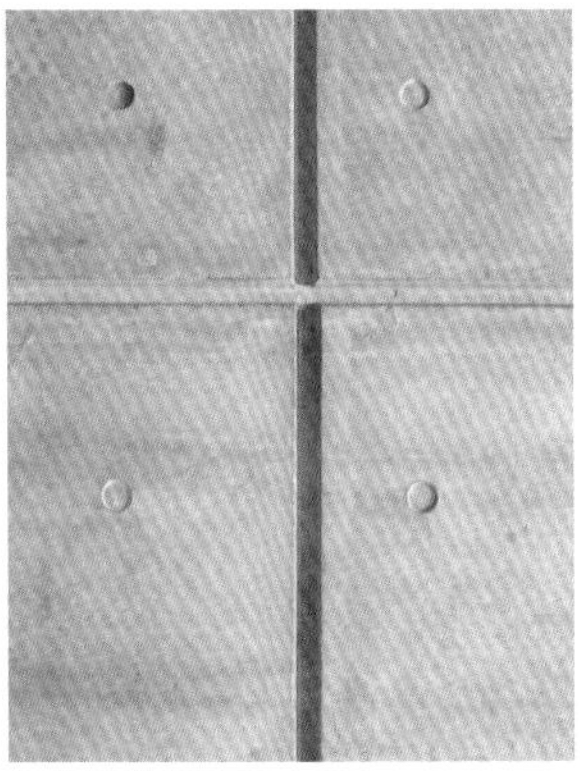

一般的な打放し　パネコートを用いた平滑な仕上がり

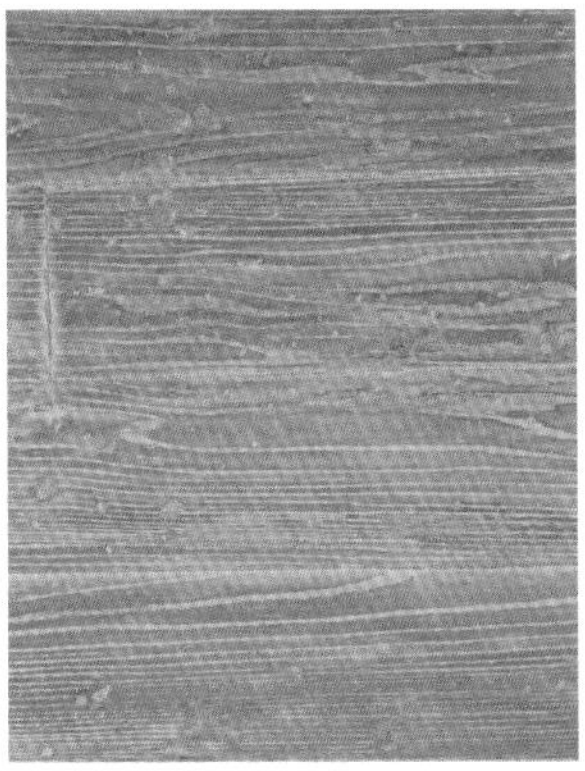

スギ板型枠打放し　ブラックコンクリート使用。セパ穴を残さず仕上げた（佐川美術館）

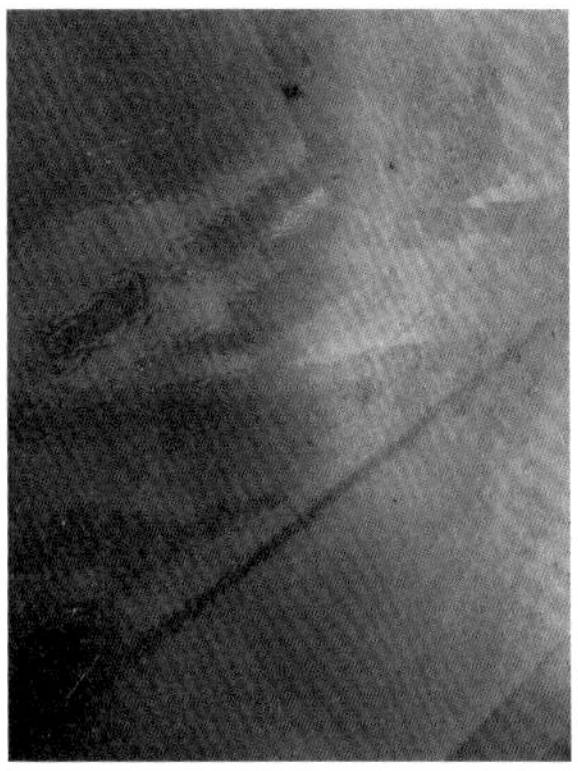

エポキシ樹脂仕上げ　ツヤと深みのある透明感（ポリエポ アクア／ATALIA）

小叩き仕上げ　表面を細かく叩いて骨材を露しにして荒らす。ビシャン仕上げともいう

カラーモルタル（茶）　コーティング仕上げ。色数豊富（テクノカラー／テクノスジャパン）

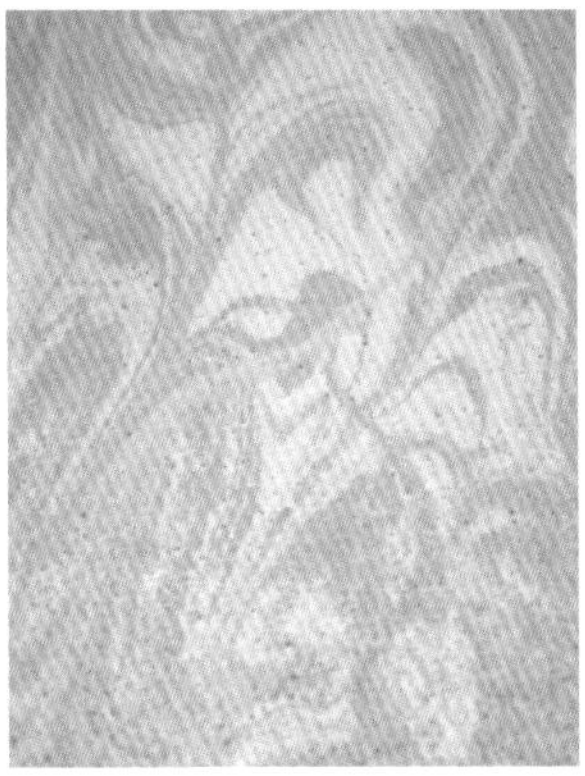

マグネシアセメント系　セルフレベリング材（MGレベラー2色マーブル／松澤工業所）

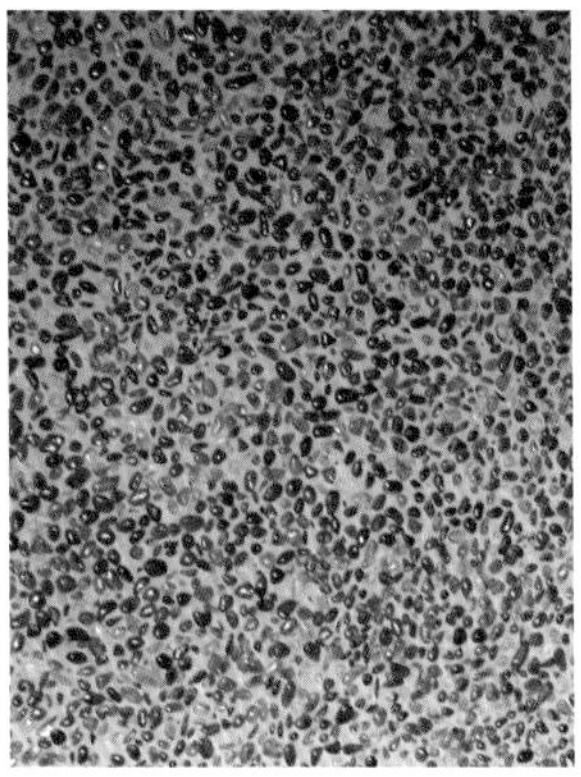

玉砂利洗出し　半乾きのうちに表面を洗って砂利をだす（彩 洗い出し／ヤブ原産業）

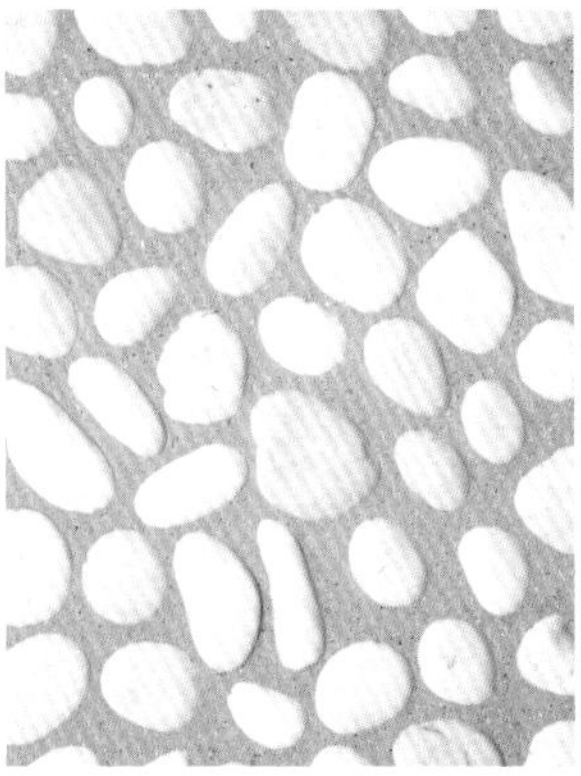

玉石洗出し　石とモルタルの色の組合せがさまざま（STONE FINE／ヤブ原産業）

型枠の規格サイズ

幅(mm)	長さ(mm)	厚み(mm)
500	2,000	12、15、18、21、24
600	1,800	
600	2,400	
900	1,800	
1,000	2,000	
1,200	2,400	

コンクリートの打ち方

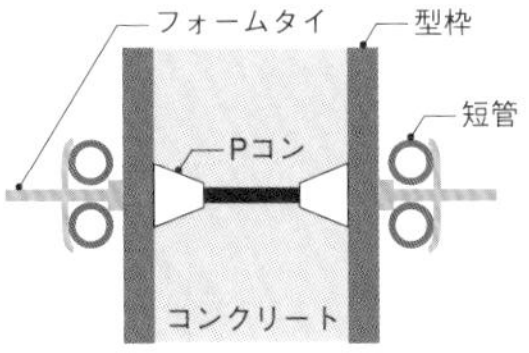

型枠にPコンを取り付けて短管をセットしフォームタイで締める

コンクリートやモルタルの使用事例

コンクリート打放し仕上げのテラス床。高強度コンクリートを用いて目地をなくしている

杉板を合板に打ち付けて型枠にした打放しコンクリート壁

複数の石を使い分けた洗い出しで仕上げたレストランの床（かえもん浅草店／KAMITOPEN ④）

ハケムラのように盛り上げた白い下地にブルーグレーのAEP塗装をした壁（楽園台のサクラハウス）

塗装系❶

内装用の塗料

内装の塗装仕上げは、継ぎ目のない壁面や天井面を得られ、微妙な色合いも調整できます。ヨーロッパなどでは一般的な内装仕上げです

■特性

各種下地の上に塗ることができるうえ、薄い仕上げ厚で納まり、さまざまな色彩や表現が可能で、継ぎ目のない壁面や天井面が得られます。また、彩色のほかにも、防水・防湿性、断熱・耐火性、下地の保護などの性能を持たせることもできます。左官仕上げほどの重厚感や調湿性能などは期待できませんが、一般的に施工が手軽でコストも安く、汚れても通常は上から重ね塗りが可能です。違う色を塗ってインテリアの雰囲気を変える楽しみもあります。なお、平滑で美しい塗装仕上げとするには、下地の事前処理が重要です。とくにボードや木枠、家具との継ぎ目はヒビが入りやすいので、入念な下地調整が必要です。

■エマルジョンペイント（AEP・EP）

壁・天井の塗装仕上げによく使われるのが合成樹脂エマルジョンペイントです。アクリル、酢酸ビニルなど水に溶解しない樹脂を水中に微粒子として分散させた、水で薄めることのできる乳液状の水性塗料で、AEPやEPと呼ばれます。有機溶剤を微量にしか含まないので、嫌な匂いがしません。塗装後の乾いた塗膜は水濡れに強く、アルカリ性の下地にも適応し、作業中も引火や溶剤中毒の危険性が少なく安全に使えるので、内装塗料として幅広く利用されます。ツヤのないさらっとした仕上がりで、リビングなどの一般的な居室を白くシンプルに塗装で仕上げているケースは、この塗装が多いでしょう。マットな質感な分、手がよく触れる部分は手垢がつきやすいので注意が必要ですが、簡易な汚れならばメラミンスポンジなどで落とせます。

エマルジョンペイントのうち、AEPはアクリル樹脂を主原料とした塗料を指します。耐水、耐磨耗、耐候、耐アルカリ、保色性に優れ、一般的な居室のほか、バスルームなどの水がかり、コンクリートやモルタル面の塗装にも適します。合成樹脂エマルジョン塗料のほとんどがこのタイプです。

なお、EPは広義には合成樹脂エマルジョンペイント全般を指しますが、現在ではAEPが主流となったため、実際にはAEPとほぼ同じ意味で使われています。

■VP・AP

より耐水性が求められる場合には、塩化ビニル樹脂エナメルペイント（VPまたはVE）や、アクリル樹脂系エナメルペイント（APまたはAE）などが用いられます。これらは耐水性、耐薬品性、耐アルカリ性に優れ、金属下地やモルタル面などインテリアのあらゆる部分に塗装可能です。塩化ビニル樹脂エナメルペイントは塗膜に塩素を含み防カビ性も高いため、住宅ではバスルームの天井などに使われます。比較的光沢のある仕上がりなので、光沢のあるタイル張りとも相性がよいと思います。

なお、有害な環境ホルモンを含むとして、塩ビを含む製品は使われなくなってきており、塗装に関しても塩化ビニル樹脂エナメルペイントに代わって、アクリル樹脂系エナメルペイントを使うことが増えています。

内装用の塗料のさまざまな表情

EP （STONE PAINT FINE ／ PORTER'S PAINTS JAPAN）

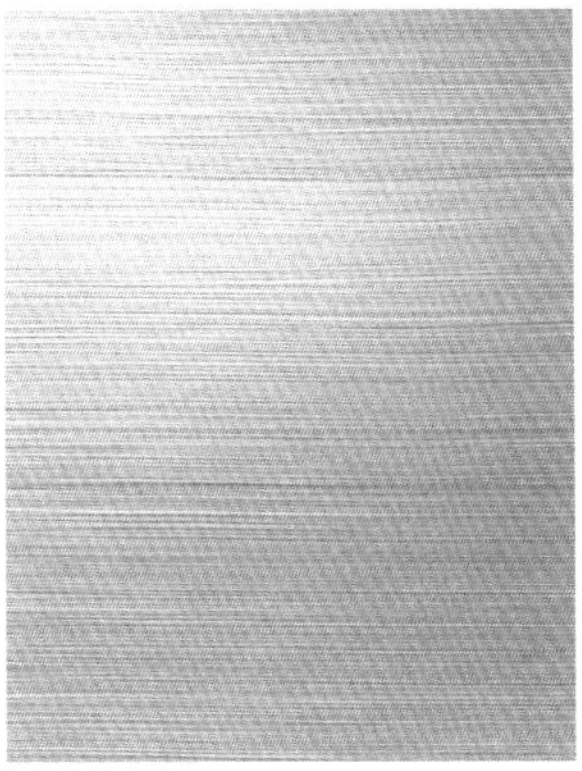

EP サテンのような光沢（DUCHESS SATIN ／ PORTER'S PAINTS JAPAN）

ポリウレタン（PUP） つや感のある仕上がり

エコプラスP 珪藻土や調湿性の有る無機骨材を使用し、調湿性に優れている（フジワラ化学）

主な用途	塗料の種類	略号	特　徴
屋内壁・天井など	水性 エマルジョンペイント	EP	水性塗料なので扱いやすく、色や質感も豊富。最近もっとも使用されているタイプ。アクリル系の樹脂によるアクリル樹脂エマルジョンペイント（AEP）が多い
耐水性が求められる部分	塩化ビニル 樹脂エナメルペイント	VP/VE	溶剤系塗料で、AEP・EPより塗膜性能が高い。やや光沢がある。最近は減少傾向
耐水性が求められる部分	アクリル樹脂 エナメルペイント	AP/AE	溶剤系塗料で、AEP・EPより塗膜性能が高い。最近VPに代わって使われることも多い

水性エマルジョンペイントのメカニズム

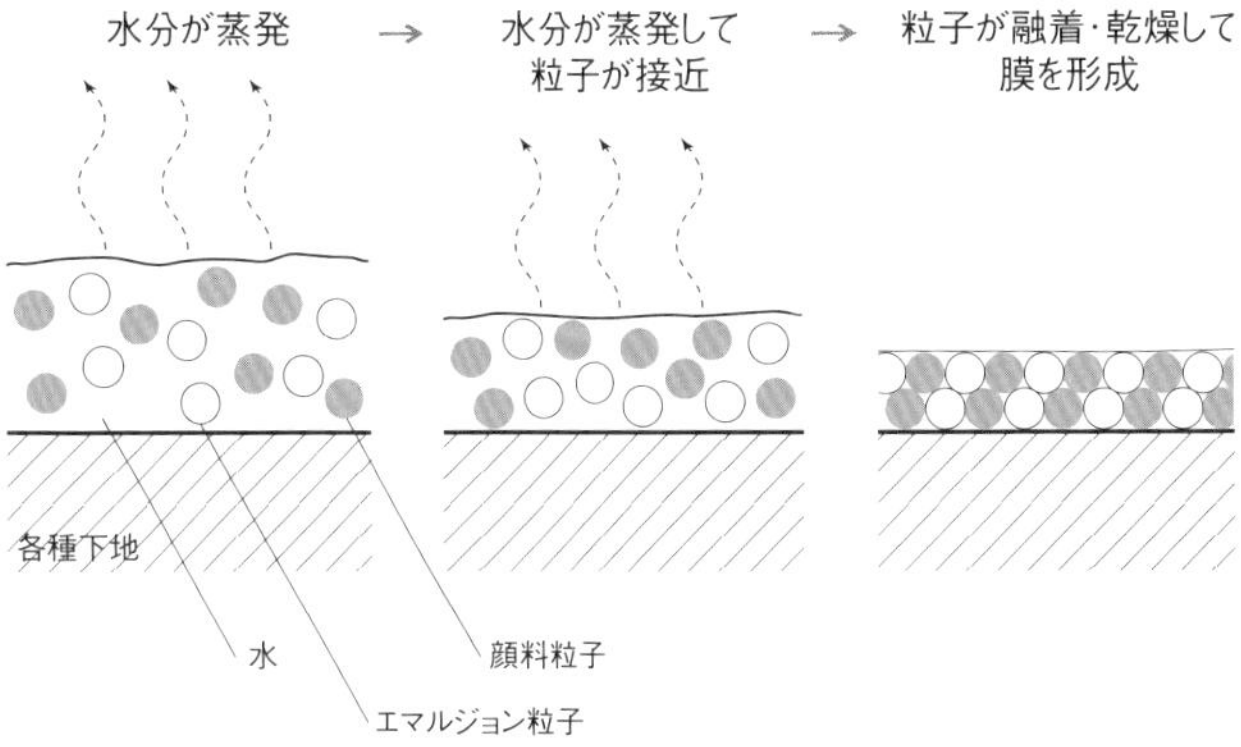

内装用塗装のための下地処理

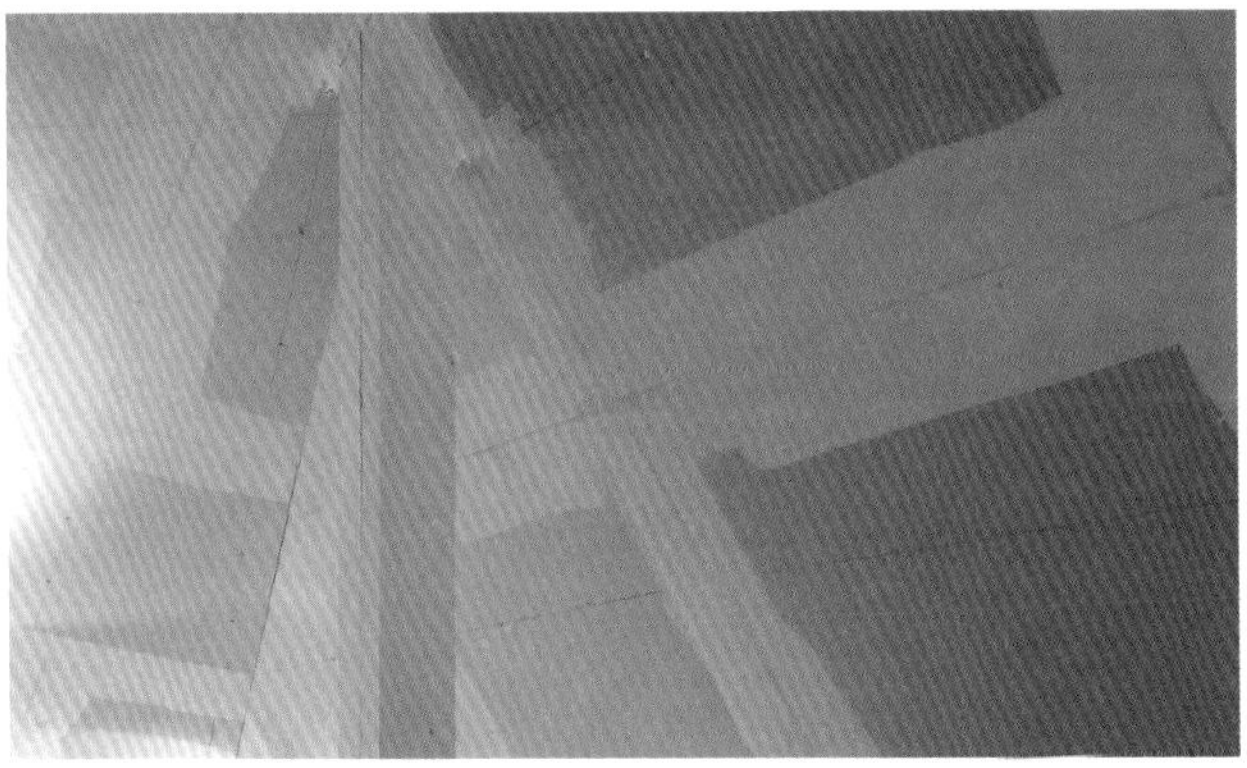

ジョイント部分をパテ処理した状態。表面の傷なども下地の段階でなるべく平滑に均しておくことが、きれいな仕上がりにつながる

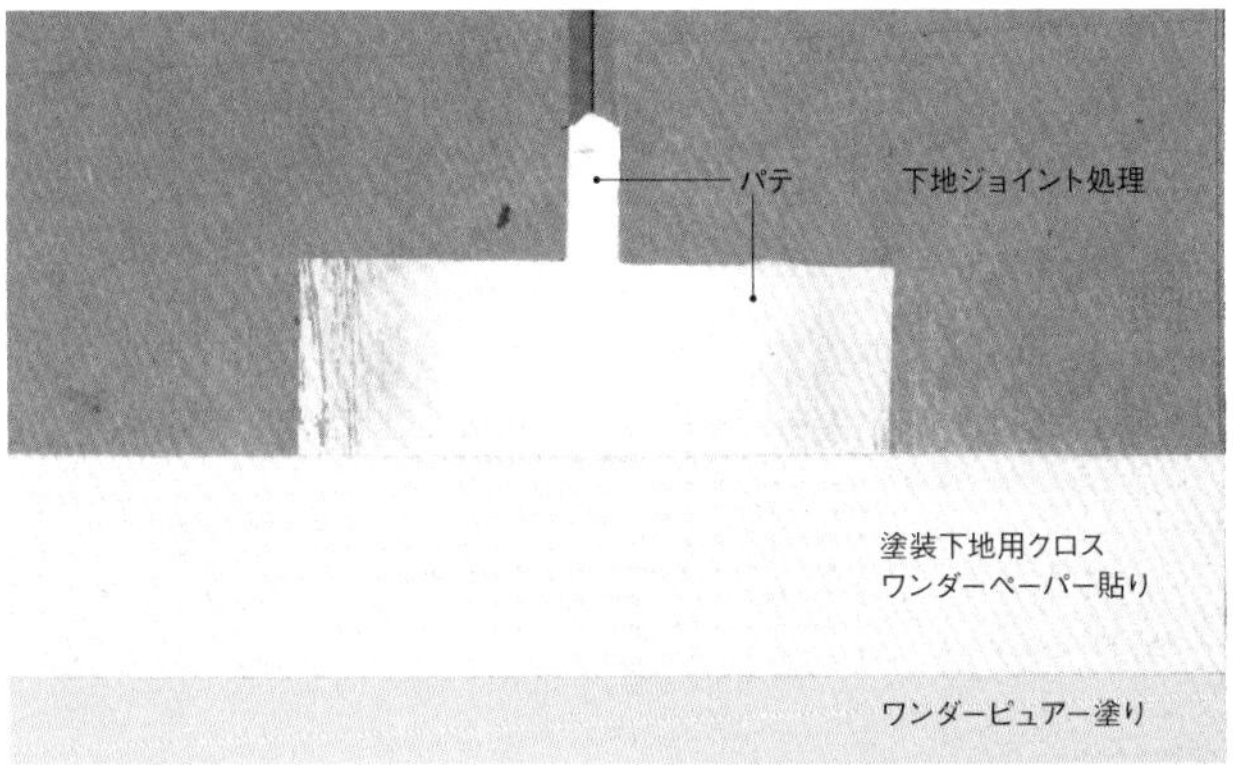

塗装下地用クロスを使用すると、より滑らかな塗装仕上げにできる。石膏ボードのジョイント部分をパテ埋め→ワンダーペーパー→ワンダーピュアー塗り（安全塗料）

内装用の塗料の使用事例

漆喰系塗料で仕上げた明るくシンプルな空間（ishi-house）

ポーターズペイントを使用した事例。壁の一面だけをテクスチュアのある塗装で仕上げている（PORTER'S PAINTS JAPAN）

洗面台のまわりは水はねに強い、ポリウレタンペイントを使用している（ishi-house）

塗装系 2

木質系下地用の塗料

木部への塗装は、色をつける、木の色を生かす、染料を含浸させて素地の木目や木肌を生かす、あるいは表面に塗膜をつくって木目を消すなど、目的によって適した塗料が変わります。最近は自然系塗料も一般的に用いられるようになりました

シナ合板に塗装を施したカウンター収納（大倉山のアッシュハウス）

■オイルステイン（OS）

木部に含浸して着色する塗装では、木目や木肌を生かせるオイルステインが多く用いられます。ステイン（着色材）を石油系溶剤などに溶解したものを呼び、各メーカーからさまざまな色が販売されています。造作家具とフローリングの色を合わせたい場合にも使いますが、木材の種類や吸い込み方、木目などの違いにより、サンプルと実際の仕上がりが異なることも多いので、施工前に試し塗りをして確かめましょう。水や汚れの吸い込みを防ぎたいキッチンや洗面台などには、さらに上からウレタンなどのほかの透明塗料を塗ることもあります。

■オイルフィニッシュ（OF）

木の素地の色を生かすには透明の塗料を塗りますが、質感も大事にしたい場合は、塗膜をつくらずオイルを含浸させるオイルフィニッシュや蜜蝋ワックスなどのワックス仕上げがお勧めです。ただし半年～1年に1回程度メンテナンスが必要なので、メンテナンスを最小限にしたい場合には不向きでしょう。

■ポリウレタンペイント（PUP）

AEPより拭き掃除がしやすく耐候性や耐摩耗性が比較的強い塗装です。ツヤ消しが難しいことからツヤ感のある仕上がりに向いています。塗膜が柔らかいので、曲げやひび割れにも対応しやすく、また、1液性は塗りやすく乾燥までの時間が早いことから、以前よく使われていたオイルペイント（OP）に代わりよく採用されます。

■クリヤラッカー（CL）

硝化綿（ニトロセルロース）を主原料とした透明塗料で、乾燥が早く、硬い塗膜をつくるので、家具内部の塗装によく使われます。ウレタンの方がより硬い塗膜をつくるので最近はあまり使われなくなってきていますが、現場での作業性がよく、塗り直しがきくので、手軽に用いられています。

■自然系塗料

植物オイルなどを主原料とする自然系塗料を用いることが増えてきました。明確な規定はありませんが、人体に害が少なく木材の調湿作用を止めないなどが特徴です。

ドイツから輸入されるオスモやリボスなど、ひまわり油などの植物油を用いたものがよく使われます。これらは一般的なものに比べて価格は高めですが、舐めても安全で臭いもきつくないので、アレルギーの有無に限らず、住宅にはおすすめの塗料です。

漆は主に漆の木の樹液からつくられ、家具や漆器、床の間などに用いられます。乾く前に触るとかぶれるので注意が必要です。

漆の代用品としては、カシューナッツを主原料とし、より手軽に塗れる「カシュー塗り」があります。

渋柿からつくる柿渋は、タンニンの防腐効果がある塗料ですが、悪臭を放つので、苦手な人には無臭タイプをおすすめします。

弁柄（ベンガラ）は第二酸化鉄（赤錆）を原料とした渋い赤色の塗料で、防腐性に優れ、安価で耐久性にも優れています。

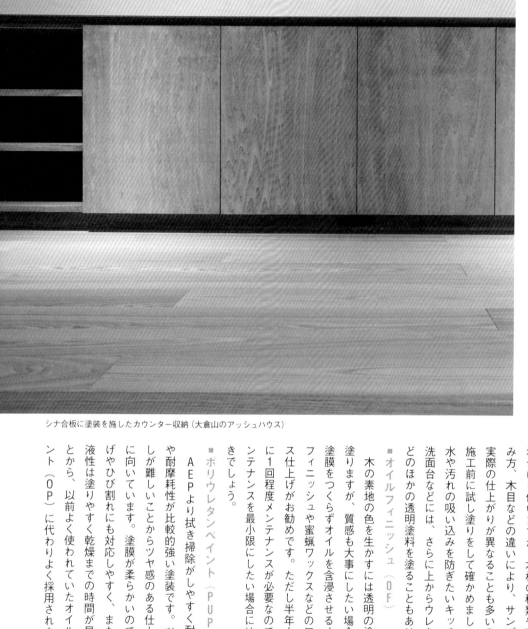

各種木質系下地用の塗料

オイルフィニッシュ　樹種はウォルナット(遊樹工房)

オイルフィニッシュ　樹種はオーク(ニシザキ工芸／③)

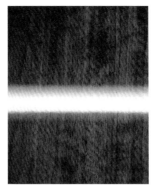

ウレタン塗装 光沢仕上げ　磨き仕上げ。樹種はウォルナット(ニシザキ工芸／④)

ウレタン塗装 艶消し仕上げ　樹種はウォルナット(ニシザキ工芸／④)

ステイン着色仕上げ 緑　樹種はオーク(④)

ステイン着色仕上げ 白　樹種はオーク(④)

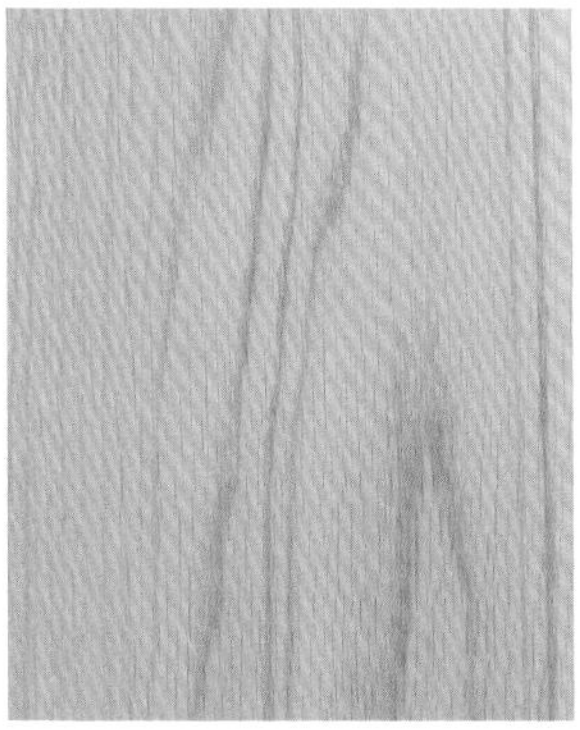

クリアラッカー 艶消し仕上げ　樹種はオーク(ニシザキ工芸／③)

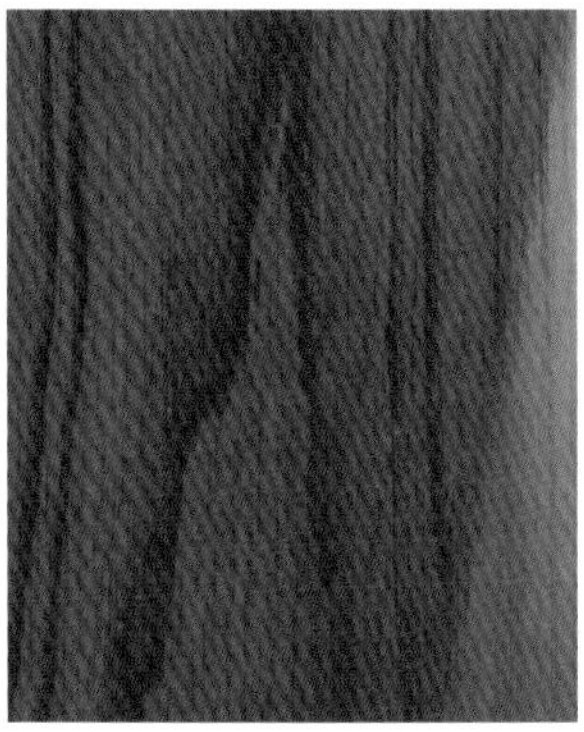

着色+ウレタン塗装磨き仕上げ　樹種はオーク。工程が多い(ニシザキ工芸／③)

各種自然系塗料

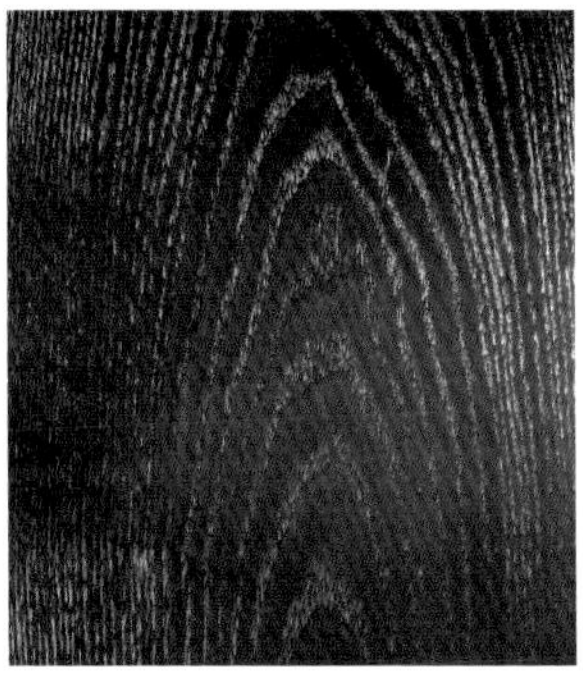

摺りうるし　生うるしを木肌に直接摺り込み、拭き取って仕上げる(巣山三郎商店)

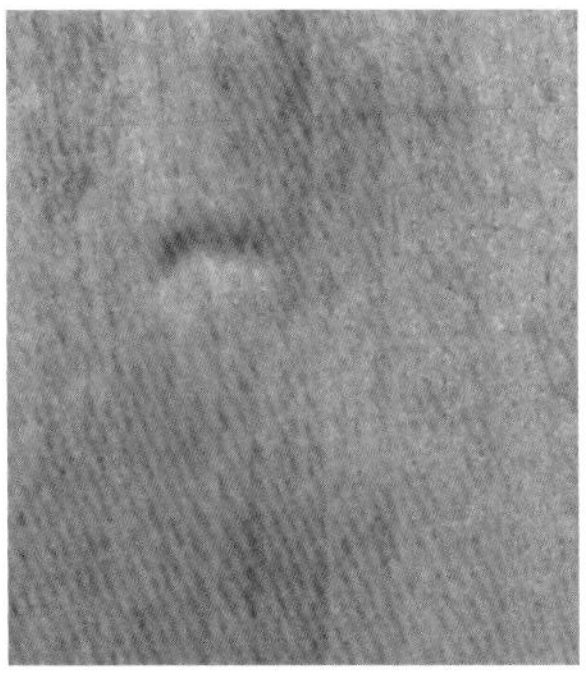

カシュー塗り クリア　カシュー自体は飴色がかった透明色をしている(カシュー)

柿渋塗り　カラーフォーマーと合わせると約2日で自然な柿渋色になる(トミヤマ)

弁柄塗り　柿渋原液と混合して塗ると防水効果などが得られる(べんがら 朱／トミヤマ)

木質系下地用塗料の使用事例

阿弥陀如来像を安置したシンプルなカシュー塗り仕上げの黒い台(はせがわ東京本社［坂倉建築研究所+村上建築設計室］)

オイルフィニッシュで仕上げたカリンの無垢フローリング(①)

傾斜天井の母屋に、柿渋と松煙を混ぜた渋墨を塗装した事例(yuu-house)

フラットバーの階段手摺に錆止めをしてから油性塗料を塗った例（もみじの家）

塗装系❸

金属系下地用の塗料

金属系下地の塗装は仕上げ以外に錆を防ぐ目的もあります。油性塗料や塩化ビニル樹脂系の塗料が手軽に使われていますが、耐久性の高いフッ素樹脂系塗料などを選ぶのも、繰り返し塗り替える手間や費用を考えると賢い選択といえます

■油性塗料（OP・SOP）

安価で塗りやすく、耐水性に優れ屋外にも使えるので、住宅でも手軽に使われます。油性調合ペイント（OP）は油脂とボイル油、顔料を主成分とした塗料です。乾燥が遅く臭いが残りやすいという欠点があり、油性調合ペイントの欠点を改良した合成樹脂調合ペイント（SOP）が主流です。なお、油は酸性なのでアルカリに弱く、コンクリートやモルタル面には塗装できません。艶のある仕上がりが一般的ですが、艶消しも可能です。最近ではAEPを使用するケースが多いですが、汚れのつきやすい場所にはSOPが向いています。

■塩化ビニル樹脂エナメルペイント（VP・VE）

「内装用の塗料」の章でも述べましたが、塗膜が強く、壁・天井面の塗装や金属などの耐薬品塗料として使われます。耐水性、防カビ性、耐アルカリ性に優れ、あらゆる下地に使用できる塗料ですが、環境への配慮からほかの塗料の使用が増えています。

■エポキシ樹脂塗料

鉄の防錆効果に強力な塗料です。高価ですが、耐水性、耐湿性、耐塩水性、耐薬品性などに優れています。ただし、紫外線に弱いので、屋外では別の塗料を上に塗る必要があり、定期的な塗り直しも必要です。

■フッ素樹脂塗料

耐磨耗性、耐候性のきわめて高い塗料で、耐久性は20年以上ともいわれています。ただ、ほかの樹脂系塗料と比べてやや汚れが目立ちやすく高価なので、一般の住宅への使用はまだ少ないようです。建物の長寿命化もあり、今後は生産量が増えてコストが下がれば、需要も伸びる可能性があります。

■ガラス塗料

完全無機質なガラスを主原料としており、金属だけでなくあらゆる下地に適した耐候性、耐久性の高い塗料です。通常、ガラスは高温で液体になり、常温になると硬くなりますが、ガラス塗料は常温ガラスコーティングとも呼ばれ、特殊な触媒を使用することで常温で液体にしたガラスを薄く塗布します。ほかの耐久性の高い有機系塗料に比べて、有機溶剤を使用していない分、環境負荷が少ないこともメリットです。

■重防食用塗料（フェロドール）

橋や鉄塔など、簡単には塗り直せない場所に用いられる高耐食性の塗料として、フェロドール塗装があります。これはもともと東京電力が高圧線の鉄塔に塗る塗料として開発したもので、塗膜の劣化を防ぐために岩石の雲母を混入し、耐久性を高めています。雲母が入っていることで適度なむらがあるグレー色の落ち着いた仕上がりです。スチールドアや金属製の手摺など、住宅のインテリアの金属部分にも活用できます。

■共通の注意点

下地の状態次第で表面の仕上がりやさび止め効果の耐久性が大きく変わります。塗装前の下地表面のケレン作業や清掃を丁寧に行い、また下塗り材（プライマー）の性能を十分考慮するようにしましょう。

各種金属系下地用の塗料

フッ素樹脂塗装の外壁　施工後7年経過しても塗膜はきれいなまま

フッ素樹脂塗装の屋根材

塗装仕上げの外部鉄骨

塗料の種類	略号	特　徴	主な用途
油性調合ペイント	OP	最近はEP(水性塗料)を使用し、ほとんど使用されていない	外部
合成樹脂調合ペイント	SOP	OPより油分が減り、塗りやすくなっている	内外部の鉄部(手摺、ドアなど)
塩化ビニル樹脂エナメルペイント	VP/VE	OP同様に、最近は環境への配慮から使用されることが少ない	外部
エポキシ樹脂塗料	EX	防錆性、耐水性、耐薬品性などにも優れるが、紫外線に弱い	防錆のための下塗り
フッ素樹脂塗料	FUE	耐摩耗性、耐候性に優れるが、やや汚れが目立ちやすい	外壁
ガラス塗料	―	耐候性に優れ、硬度が高いので傷や汚れがつきにくい	外壁、屋根、室内フローリングなど
重防食用塗料(フェロドール)	―	耐候性に優れ、硬度が高いので傷や汚れがつきにくい	外部の鉄部

遮熱塗料のメカニズム

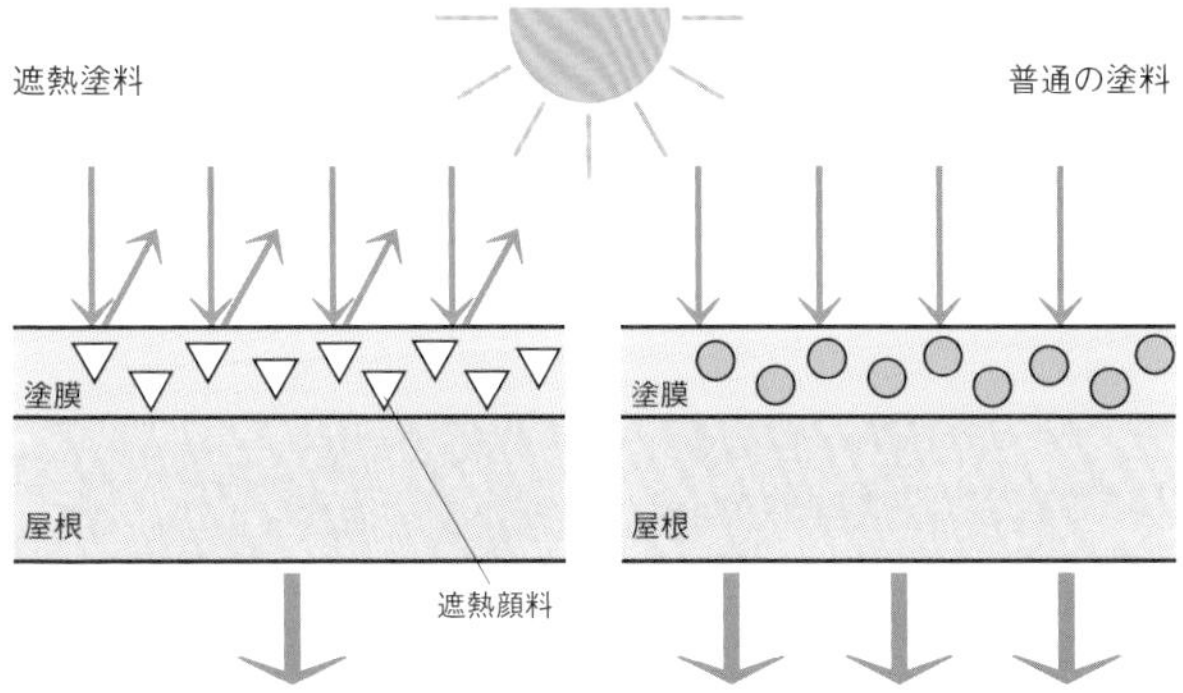

屋根材などの金属下地によく使用される。特殊な顔料が含まれ、室内に伝わる熱を減らす効果がある

金属系下地用の塗装のための下地処理

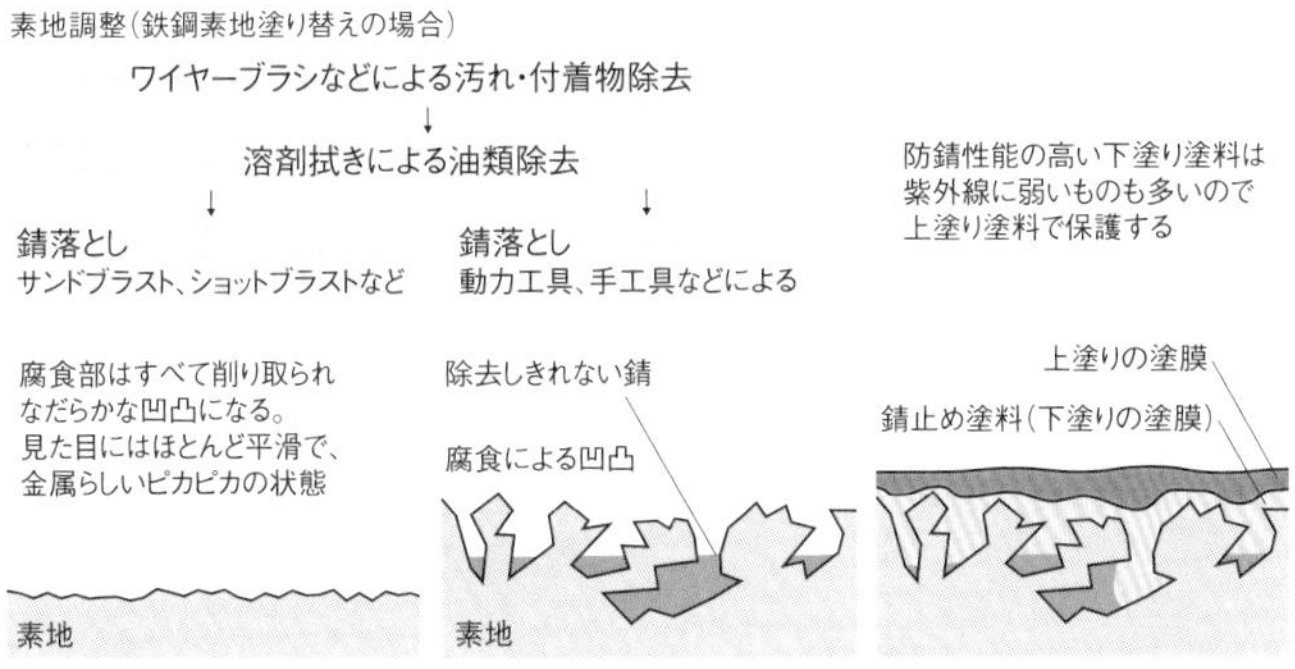

きれいに仕上がるが
かなりコストと時間がかかる

一般的な素地調整はこのくらい

下塗り＋上塗り(1、2回塗り)

鉄部のケレン作業の様子。塗装を長持ちさせるために、とても重要な工程

金属系下地用の塗料の使用事例

フェロドール塗り仕上げの玄関ドア。塗膜性能が高いだけでなく、仕上がりの質感もよい

2液性のシリコン樹脂塗料で仕上げた屋根。光沢を保っており、良好な状態

エイジングされた波板鉄板を使用した例。錆び感を楽しむのは今の流行の一つ

塗装系4

セメント系下地用の塗料

コンクリートやモルタル面などのセメント系の下地に用いる塗料です。鉄筋コンクリート造でコンクリート打放し仕上げとする場合も、躯体の保護の意味から、耐水性を高める撥水剤を塗ることが一般的です

コンクリート金鏝押さえの床。マットに仕上がり、自然に見えるような塗料で仕上げた（KUS一級建築士事務所／写真：淺川敏）

■素地を生かす撥水剤

鉄筋コンクリート造の打放し仕上げなど、コンクリートやモルタルの素地の色やテクスチュアを生かした仕上げでは、耐水性を高める撥水剤を塗装することが一般的です。打放し仕上げは、仕上げという保護材が施されないので、雨垂れやカビの付着などで汚れもつきやすくなりますし、雨水の浸透により躯体が劣化します。そこで、撥水剤という透明な液体を外壁に塗付して防水性を高めます。これにより水分や汚れの吸込みを防げるので、躯体を保護する意味でも塗布しましょう。なお、雨水などにさらされない屋内の一般居室は塗布しなくても問題は起きにくいと思います。

打放し用の撥水剤は無色透明のものが一般的ですが、たとえば少し色調を明るくしたいなど打放しの質感を生かしながら薄く色を着けたい場合には、色の付いた製品も各種あります。また、ツヤのあるタイプとツヤのないタイプがあります。一般的な撥水剤の寿命は5年程度とされているので、その周期を目安に撥水剤を塗り直すと、長い期間建物を美しく保つことができるでしょう。最近では、酸化チタンを利用した、日光に当たると汚れをセルフクリーニングするという光触媒機能をもったものがあります。通常の撥水剤に比べて価格がやや高く、また製品としても歴史が浅いのですが、汚れが残りにくく、より建物の美しさを保つという意味では可能性のある塗料といえるでしょう。

■塗膜をつくる塗料

コンクリートやモルタルの壁や天井に塗膜のある塗装を施す場合には、塩化ビニル樹脂エナメルペイント（VPまたはVE）や合成樹脂エマルションペイント（AEP・EP）などが使われます。また、より耐久性が求められる場合には、フッ素樹脂塗装などが用いられます。コンクリートやモルタルの床面で防水性を高めたい場合には、エポキシ系の塗料が汎用的に使われます。ガレージの床には、耐摩耗性にも優れた専用の塗り床材が適しています。

なお、塗装仕上げは平滑に仕上げられることが多いですが、コンクリートやモルタルの自在な特性を生かして多彩な表情を楽しむのもよいと思います。店舗のインテリアなどで多く見かけますが、躯体表面の不陸を消さずにあえて残したり、モルタルを木ゴテで塗ったままに塗装をし、全体をざっくりと仕上げる方法もあります。好みが分かれるところだと思いますが、マンションのスケルトンリフォームや、趣味の部屋、書斎などでは、無垢の厚い床材などと合わせて検討してみるのもよいでしょう。

■断熱塗料

コンクリートは断熱性能が高くないので、打放し仕上げでは内側か外側に断熱するのが一般的ですが、最近では断熱塗料という選択肢もあります。断熱材を入れる工法に比べると断熱性は劣りますが、セメント系下地に限らずさまざまな下地に使え、仕上がり厚も薄いので、可能性のある塗料です。

各種セメント系下地用の塗料

水性アクリル樹脂混合セメント
黒色×コート仕上げ

水性アクリル樹脂混合セメント
白色×超光沢コート仕上げ

コンクリート一体型硬質床仕上げ材
(カラクリート/ABC商会)

コンクリート一体型硬質床仕上げ材
(カラクリート/ABC商会)

エポキシ樹脂系塗り床材
(ジョリエースE/アイカ工業)

エポキシ樹脂系塗り床材
(ジョリエースE/アイカ工業)

水性ウレタン樹脂塗り床材
(ユカクリート ミズユカ/大同塗料)

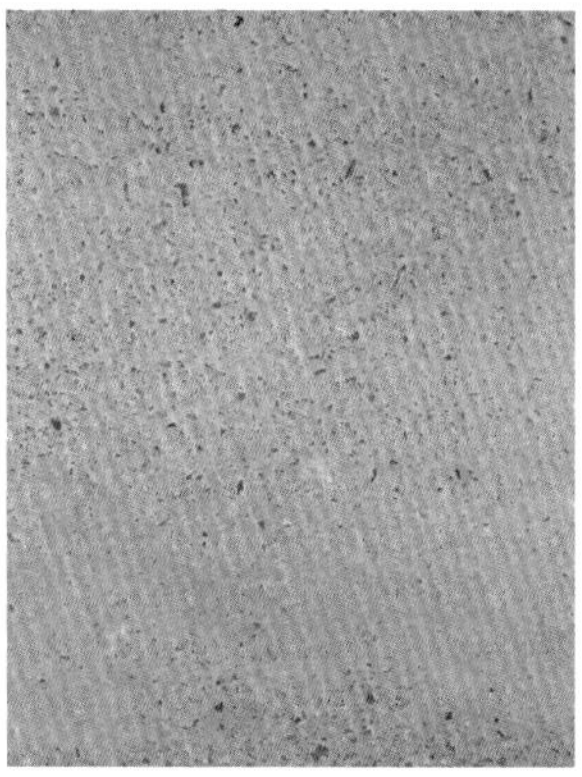

屋内コンクリート床用クリア塗料
(アクアカラー/アシュフォードジャパン)

セメント系下地用の塗料の使用事例

モルタル下地に電気式床暖房を設置し、高い光沢のエポキシ樹脂塗装で仕上げた床(stomach[寺田尚樹+テラダデザイン])

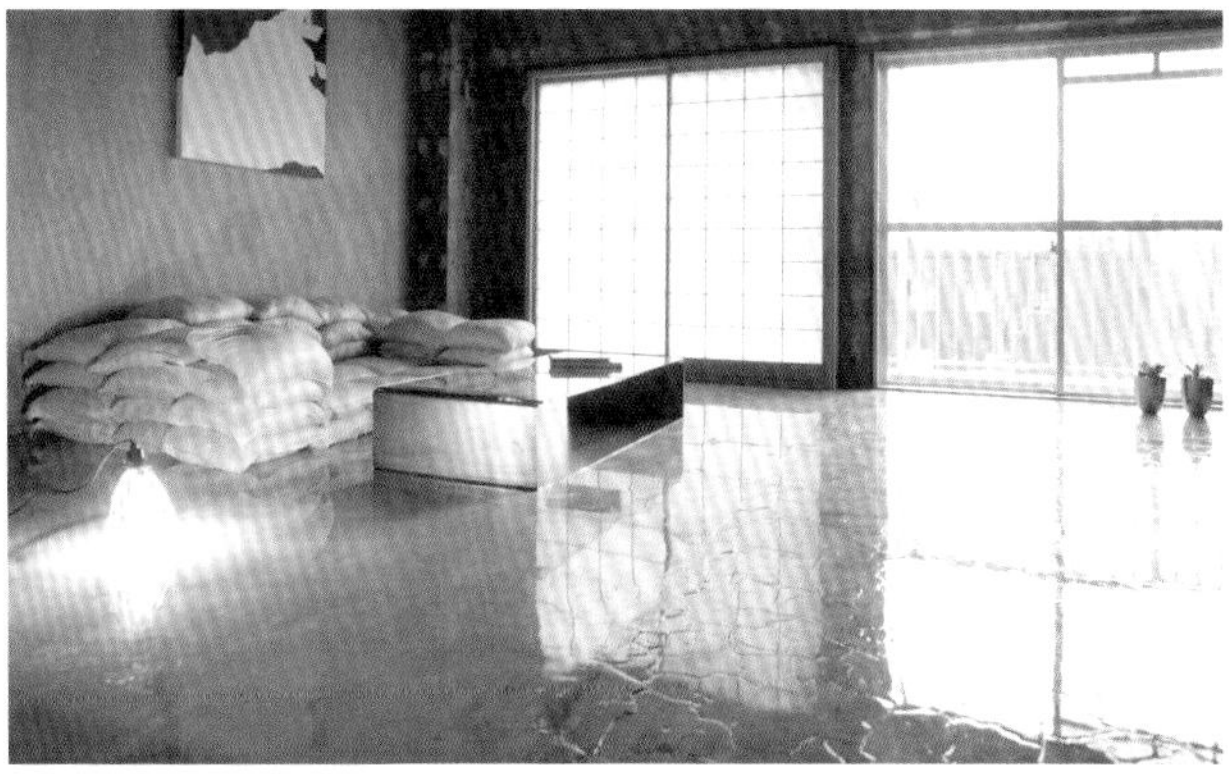

モルタルの質感を生かしたエポキシ樹脂仕上げの床(Sayama Flat[スキーマ建築設計・施工_なかむらしゅうへい])

スギ板本実型枠のコンクリート打放しに透明な撥水剤を塗装した外壁。コンクリートそのものの質感を生かしている(①)

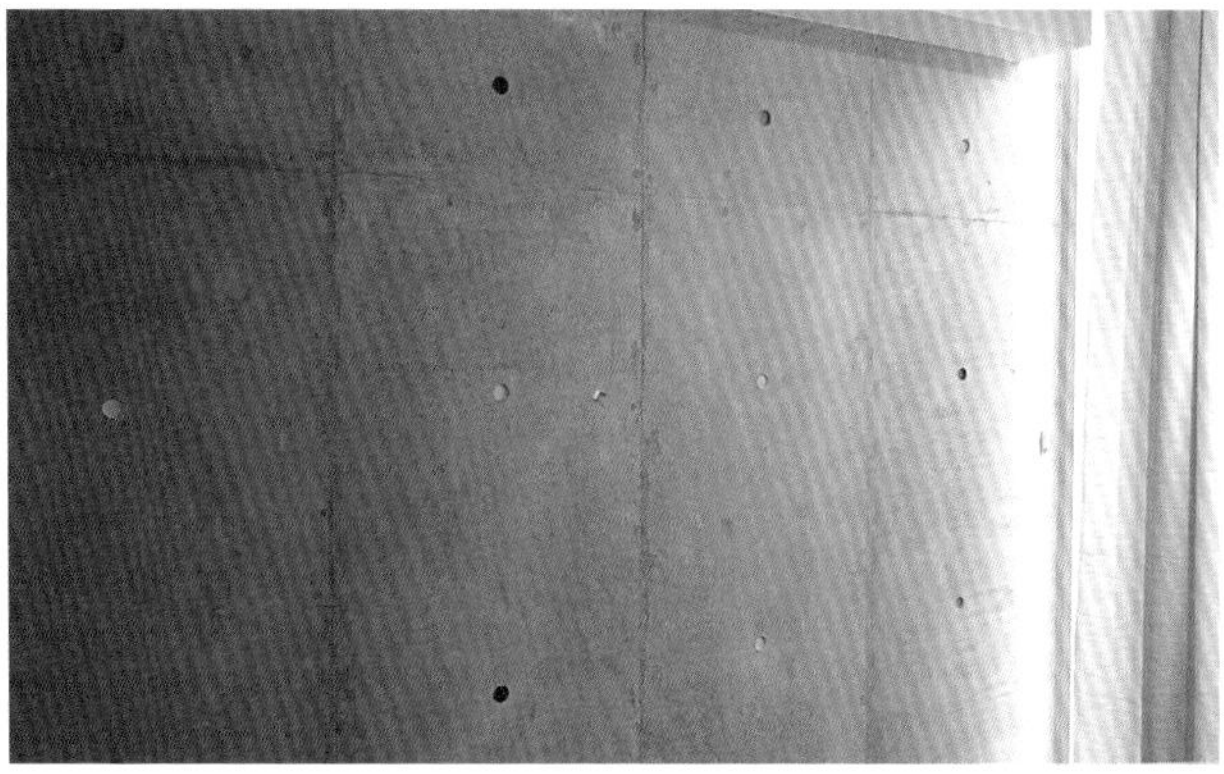

コンクリートのセパ穴部分をポーターズペイントでカラフルに塗装(駒沢テラスハウス[千葉学設計事務所、骨パンダ])

ビニルクロスの端部を青色のグラデーションに塗装した例（NANBOYA 大宮店／ KAMITOPEN④）

クロス・シート系 ❶

ビニルクロス

現在の日本の住宅の壁仕上げの大半を占めるビニルクロス。プリントやエンボスといった加工によって、さまざまなバリエーションがあり、安価で施工が簡単なことから、幅広く普及しています

■特性

クロスは、紙、布、ビニールフィルム、天然木スライス、無機質系材料などに紙などで裏打ちした壁装材の総称で、石膏ボードなどの下地材の表面に接着剤を用いて張り付けます。一般に「壁紙」と呼ばれますが、天井に張ることも多く、日本の住宅の室内の仕上げ材として、幅広く使われます。

なかでも日本の壁紙生産量の9割を占め、最も汎用的に使われているのがビニルクロスです。ポリ塩化ビニル樹脂を主原料にして、可塑剤や充填剤、発泡剤などを混合してシート状にしたものに紙を裏打ちしたもので、施工性に優れ、水に強く汚れがついても水拭きでき、耐薬品性があるので落書きなどがされやすい小さな子供がいる家などにも向いています。量産性に優れ、施工が短時間で済み、安価なものが多く、この経済性がビニルクロスの普及した要因といえるでしょう。しかし、樹脂や接着剤の劣化により比較的早い時期にクロスのジョイント部分が剥がれて見苦しくなったり、通気性に劣るため壁体内に水分がたまりやすく、ふくれたりカビが発生したりすることもあります。定期的な張り替えが必要で、長期間の使用には適していません。

■種類

エンボス（型押し）加工やプリント加工、発泡加工などにより、さまざまな色や柄、風合いのものがあります。また、防火、防カビ、抗菌、汚れ防止、消臭、吸音、結露防止、帯電防止、エックス線飛散防止などの付加機能がついた製品も各メーカーから発売されています。

材料に含まれる化学物質の有害性や廃棄・焼却時に発生する塩素ガスや、ダイオキシンなどの環境汚染の問題から、アクリル系、オレフィン系樹脂などの塩ビ以外の樹脂を用いた製品が増えました。オレフィンクロスは施工性や見た目はビニルクロスに近い壁紙ですが、ポリエチレン、ポリプロピレンなどの合成樹脂が主原料で、燃やしてもダイオキシンなどの有毒ガスをほとんど発しません。しかし近年の廃棄処理技術の向上により、石油の利用の少ない塩ビも見直されつつあります。

■デザイン

貼り替えの頻度の高い賃貸の住宅やオフィス、店舗、ローコストを求められる建売住宅などで重宝するマテリアルです。時間の経過とともに劣化し、徐々に味がでてくるという素材ではないので、張り替えを前提とした使い方となるでしょう。

ビニルクロスは人工的な質感が漂うので、たとえば床材に質感の高い無垢材や大理石などを使ったり、上質な家具を置いたりしても、ビニルクロスの存在によりインテリア全体が上質な空間にまとまりにくくなるなど、空間の質を求めるインテリアにはあまり向いていません。一方で、プラスチックの家具などが置かれる軽い感じの空間には違和感なく馴染みます。なお、手触りや凹凸感などは写真ではわからないので、実際のサンプルで選ぶとよいと思います。

さまざまなビニルクロス

植物柄　パール感のある地に白のプリント(リリカラ)

植物柄　エレガントなプリント(東リ)

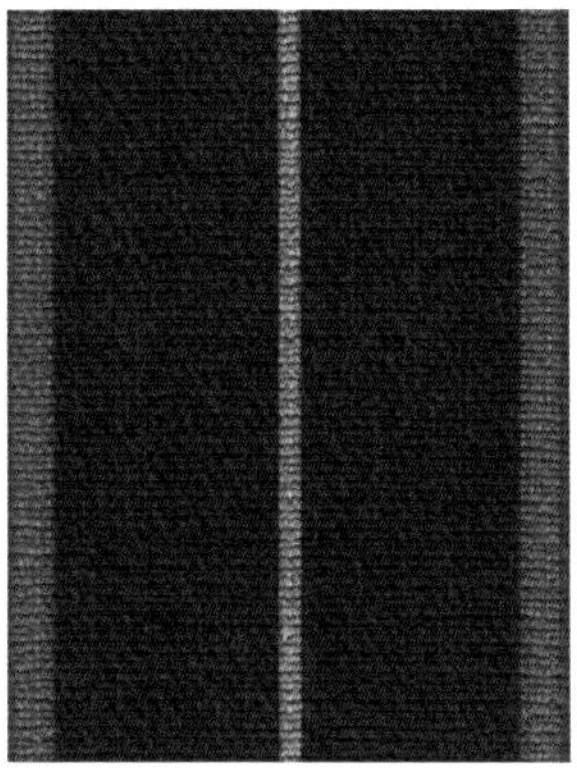

ストライプ　エンボス加工で立体感のある柄(サンゲツ)

幾何学柄　パール地＋プリント(リリカラ)

織物調　エンボス＋プリント(サンゲツ)

木目調　エンボス＋プリント(リリカラ)

モザイクタイル調　エンボス＋プリント(サンゲツ)

クロコ調　エンボス＋プリント(リリカラ)

左官調　発泡性の高いタイプ(サンゲツ)

天井用　発泡性の高いタイプ(サンゲツ)

抽象柄　エンボス加工(サンゲツ)

抽象柄　エンボス加工(東リ)

ビニルクロスの使用事例

このようにクロスの幅ごとに継ぎ目が出てくるので、
大きな柄の場合は柄合せをする必要がある

ビニルクロスの構造

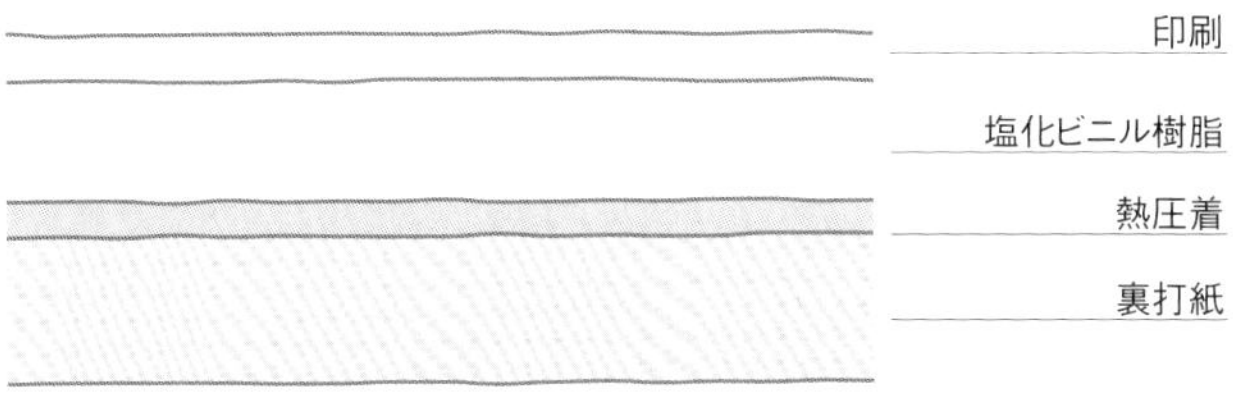

ポリ塩化ビニル樹脂、発泡剤、充填剤、可塑剤、着色剤、安定剤などを配合したものを
裏打紙に張り合わせ、最後に印刷(プリント)と型押し(エンボス)を施す。
塩化ビニル樹脂の代わりにオレフィン樹脂などを使用したタイプもある

紙クロス

パルプを原料とした洋紙壁紙、和紙を原料とした和紙壁紙、ケナフや月桃などの非木材紙を原料とした壁紙など多くの種類があり、ビニルクロスに比べて自然な素材感があります

光触媒加工をした白い土佐和紙と銀紙による、2種類の和紙を使用した和室（ノーチラス）

■特性

紙クロスは、パルプや再生パルプ、和紙などを主原料に、紙で裏打ちをし、エンボス加工やプリント加工などを施してつくられます。自然な素材感があり、いくらかの調湿効果もあります。ビニルクロスに比べて施工性に劣るといわれてきましたが、最近は貼りやすいものも増えてきました。

■種類

パルプを主原料とした洋紙壁紙、和紙（コウゾ、ミツマタ）を主原料とした和紙壁紙、ケナフなどの非木材紙を原料とした特殊紙壁紙に大別されます。

洋紙壁紙はヨーロッパなどで需要が多く、欧米からの輸入品も多いため、独特の色や柄のものが豊富にあり、無地の壁に仕上げるというより、模様のある壁を演出する際に選択肢が広がります。日本製の壁紙は幅が92㎝前後であるのに対し、輸入品の多くは52～54㎝幅と幅が細いのが特徴です。

日本古来の和紙壁紙も、さまざまな色や質感のものがあり、和室の壁をはじめとして素朴な風合いを求めた洋室の壁にも幅広く使われます。珍しいものでは漆和紙や柿渋和紙などもあります。最近では地球環境への配慮から、ケナフやバガス（サトウキビから砂糖を搾った後の残りカス）、月桃などといった非木材の紙壁紙や再生紙壁紙が急増し、需要が伸びてきました。これらは木材に比べて成長が早く、大量に収穫しても森林破壊などの環境破壊を起こさないため、木材パルプの使用量を節約できる、地球環境にやさしい壁紙といえます。

月桃紙壁紙は月桃という沖縄などに生育する多年草からつくられる壁紙です。月桃の葉には防虫・抗菌作用があり、その効果を紙の性質に取り込むことができます。調湿性や強度にも優れ、有害物質の発生が少ない自然素材であることや、和紙ならではの質感、デザイン性により、壁紙のほか、障子紙やふすま紙などにも使用されます。

ヨーロッパで長く使われているルナファーザーやオガファーザーといった塗装仕上げの下地用壁紙を、そのまま仕上げとして使うケースも増えています。色や柄などのバリエーションは多くありませんが、塗装せずにそのままでも自然素材としての紙の質感が味わえるだけでなく、将来その上から塗装や左官を塗り重ねられるという点で、貼り替えを念頭においたビニルクロスとは異なった趣旨の壁紙です。7～8回程度は塗り重ねることができるので、年数が経って趣向が変わったら違う色に塗り替えてインテリアを変える楽しみもあります。

このほか、日の当たる所で汚れが落ちやすいというセルフクリーニング機能のある光触媒入りの壁紙も最近注目されています。

■注意点

紙壁紙は紙という特性上、水や洗剤などを使うとシミになる恐れがあるので、汚れが気になる場合は真水で固くしぼったタオルなどで拭く程度にしましょう。水跳ねしやすい洗面室やトイレ、キッチンの水栓の近くなどにはあまり向かないでしょう。

さまざまな紙クロス

和紙＋藍染め　伝統的な技法による染色（アワガミファクトリー）

塗装壁紙　版画のように塗装した壁紙（ファロー＆ボール／カラーワークス）

洋紙壁紙

再生紙＋ウッドチップ　塗装下地壁紙（オガファーザー）

月桃紙壁紙　非木材である月桃による壁紙（日本月桃）

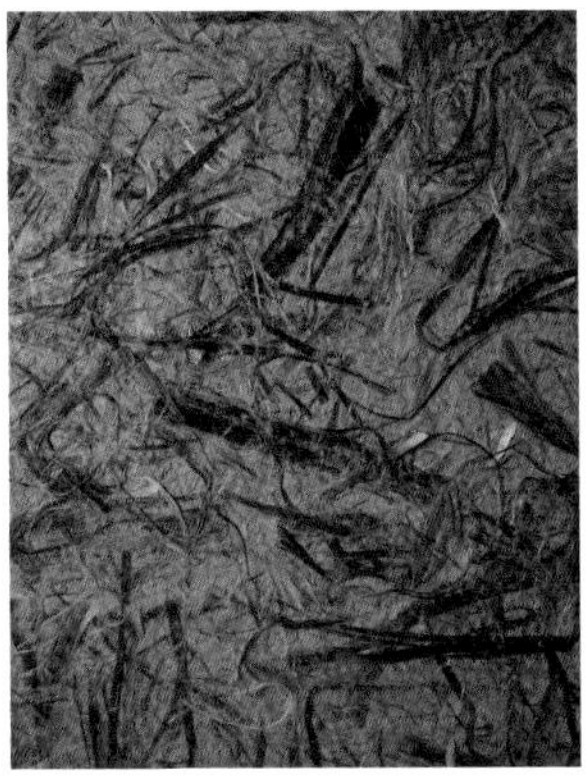

杉皮雲竜紙（黄）　杉皮の粗い繊維を大胆にすいた、厚手で硬い紙（能登仁行和紙）

土入り紙（珪藻土）　和紙の原料の中に土を入れて漉いた紙。入れる土によって色や質感が変わる（能登仁行和紙）

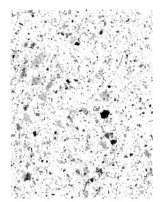

自然素材紙壁紙　茶葉＋こうぞ＋パルプの3層（アイウォール お茶／茶屋の本工房）

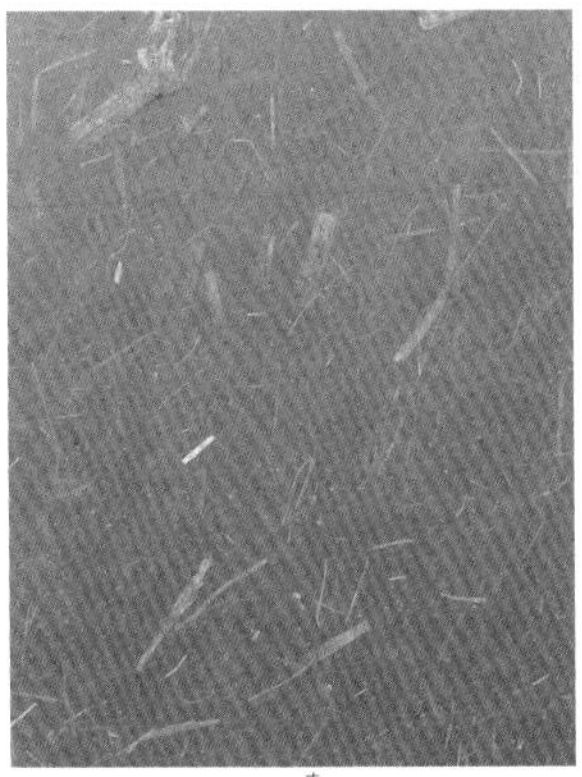

和紙　稲藁を大きく漉《す》き入れ荒壁調をイメージした和紙壁紙（アワガミファクトリー）

月桃紙壁紙　月桃による壁紙（日本月桃）

漆和紙　楮和紙に漆を塗布（アワガミファクトリー）

柿渋和紙　楮和紙に柿渋を塗布（アワガミファクトリー）

紙クロスの使用事例

月桃紙壁紙を使用した和室。月桃の繊維が浮き出たナチュラルな色調で、やわらかい雰囲気になる（日本月桃）

紙クロスの構造

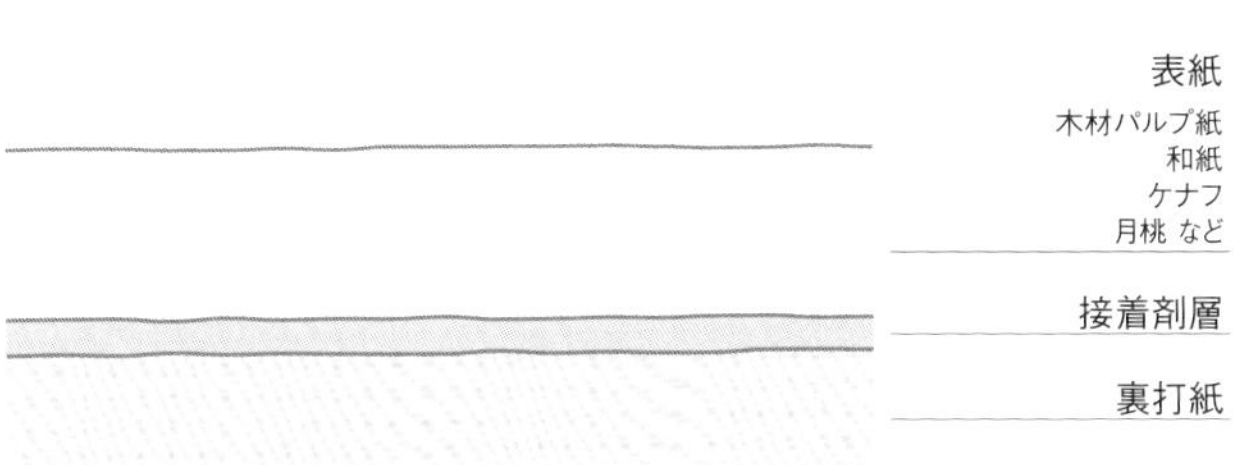

木材パルプ紙（普通紙）、ケナフや和紙といった非木材紙など化粧層を構成する表紙と補強する裏打紙を接着剤で張り合わせる。印刷（プリント）や型押し（エンボス）を施す場合もある。また、裏打紙がないタイプもある

クロス・シート系 ❸

布クロス

柔らかで暖かみのある風合いと高級感が特徴の布クロスは、その豪華さからホテルの客室や宴会場の壁などでよく使われてきました。最近ではオーガニックコットンや麻を使った自然素材のよさを生かしたものも人気があります

織物クロスを張ったベッドルームの壁（ARMANI/CASA）

■特性

布クロスは、織物などの布を紙で裏打ちした壁紙で、柔らかで暖かみのある風合いと織物ならではの重厚感、高級感が特徴です。その豪華さから、ホテルの客室や宴会場の壁などでよく使われています。

ビニルクロスに比べて通気性があるので結露が生じにくく、耐久性も高いので張り替えの頻度も少なく済みます。しかし、手垢などがつくと汚れが落としにくい、ビニルクロスに比べて施工単価は高めといったマイナス要素もあり、最近は流行の変化もあってか以前に比べて見かけることが少なくなりました。しかし、風合いや調湿性、吸音効果、環境への配慮からも見直され、最近ではオーガニックコットンを使ったものや麻を織り込んだものなど健康に配慮した製品や自然な風合いが美しい製品もあり、今後可能性のある仕上げ材だと思います。

■種類

織物による壁紙が主流ですが、不織布壁紙や植毛壁紙などもあります。

織物壁紙は色・柄とも豊富で、織物特有の光沢やソフトな質感が特徴です。平織、綾織、朱子織という「織りの三原組織」を基本にした織り方によりさまざまな表情のものがあり、さらに素材の違いや加工方法により、プリント織物、ドレープ調織物、パイル調織物など、シンプルなものから豪華な装飾織物まで幅広い製品があります。見た目より丈夫で通気性もありますが、伸縮しやすく寸法精度が不確かなため、柄の狂いがおきやすい、裁断の小口がほつれやすいという弱点があります。最近はほつれ止め加工をした製品が増えていますが、ビニルクロスと同様に扱うのは難しく、施工にはある程度の熟練を要するといわれています。

なお、最も多く使われている素材は、光沢感や弾性があって、ボリューム感が出せ、防火性能にも優れるレーヨンです。ほかにも、アクリルなどの合成繊維、綿、麻、葛の繊維を織り上げた自然な風合いが美しい葛布（くずふ）などもあります。

不織布壁紙は細かい繊維を絡み合わせた布でできた壁紙で、フェルトなどが該当します。安価で軽量、柔らかで、保湿性や寸法安定性にすぐれますが、静電気や毛玉がおこりやすいという欠点もあります。

植毛壁紙は、紙の基材に接着剤を付け、短くカットした繊維を静電気で植え付けている壁紙で、柔らかで深みのある柄が特徴です。ベルベットやスエードに似た風合いの製品などが該当します。なお、製造後しばらくは遊び毛が出やすいでしょう。

■注意点

布クロスは剥がれにくいという利点がありますが、逆にクロス張り替え時に下地からうまく剥がれない場合があります。頻繁なリフォームを想定する場合には考慮に入れておくとよいでしょう。また、水や洗剤などを使うとシミになる恐れがあるので、汚れが気になる場合は真水で固くしぼったタオルなどで軽く拭く程度にしましょう。

さまざまな布クロス

柄織物 自然界の表層をイメージ（川島織物セルコン）

模様織り 見る角度によって光沢感が変化する（リリカラ）

オットマン 平織りの変形（川島織物セルコン）

平織り 横糸を強調して見せたタイプ（リリカラ）

意匠糸 糸の表情があるふんわりした織物（川島織物セルコン）

光沢糸による質感 やわらかい手触り（川島織物セルコン）

ベルベット調 短い繊維を表面に付けた植毛壁紙。高級感のある表情（サンゲツ）

オーガニックコットン さらっとした質感（木創）

織物 深い味わいで優美な質感（東リ）

ラメ糸による織物 見る角度によって光沢感が変化（サンゲツ）

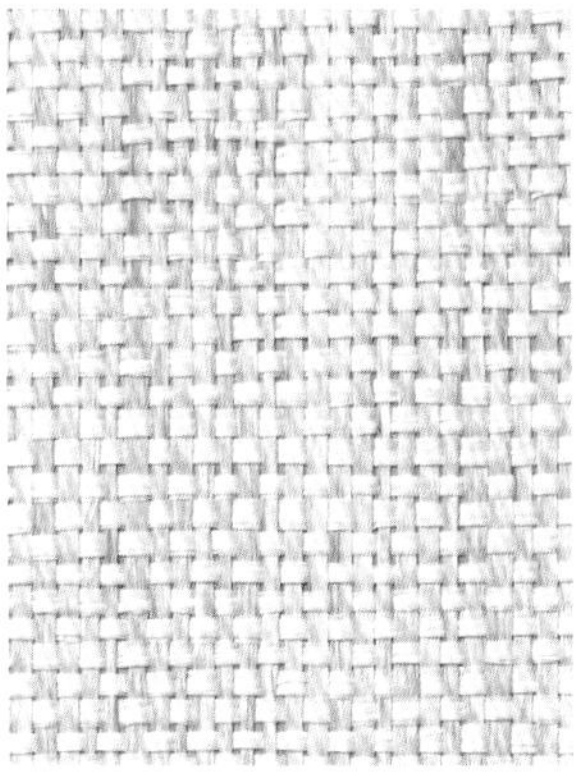

紙布 紙の帯を織ったもの。織りのパターンで変化をつけている（サンゲツ）

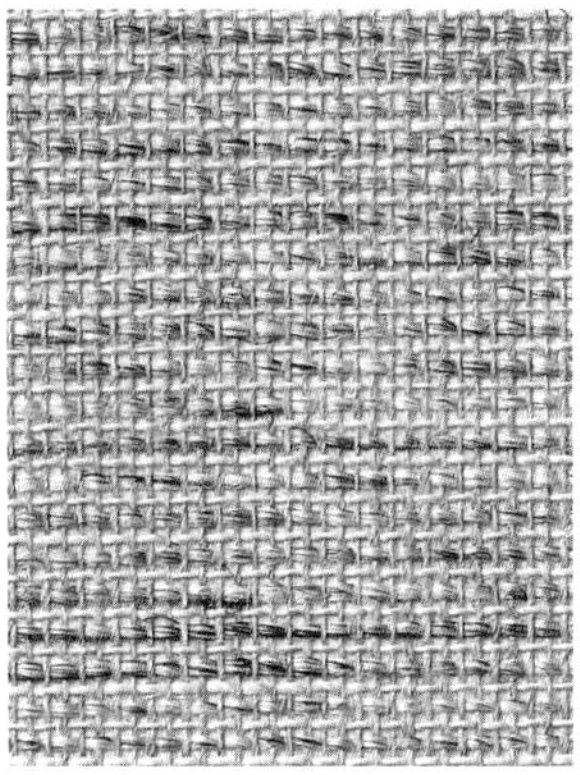

サイザル麻 変化に富む表面でざっくりとした風合い（サンゲツ）

布クロスの使用事例

織物クロスを張ったリビングの天井

布クロスの構造

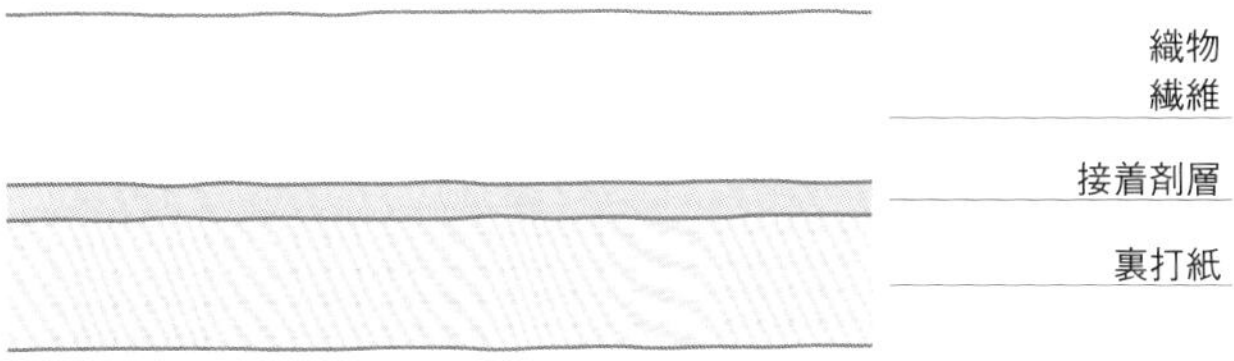

化粧層を構成する織物や繊維系素材と、補強する裏打紙を接着剤で貼り合わせる。繊維の種類、織り方によってさまざまなバリエーションがある

クロス・シート系 4

その他のクロス

その他、木質系素材によるクロスには、天然銘木シートやコルクシート壁紙、畳表にはできず廃棄されていたイグサを原料にしたものなどがあります。また、珪藻土などの無機質系素材を裏打紙に貼り付けたクロスはバリエーションも豊富です

廊下に面した金箔貼りガラス窓。上下の照明を点灯すると表情が変化（高輪マンション[ディーコンセプトデザイン]）

■木質系壁紙

木質でできた壁紙として、天然銘木シート壁紙やコルクシート壁紙などがあります。天然銘木シート壁紙はチークやウォルナットなどの天然木を薄くスライスしたもの（突き板）を紙で裏打ちした壁紙です。表面板の樹種や張り方は多様で、厚さ0.2～0.3mm程度、幅91cmが標準ですが、もっと幅広いものもあります。表面の天然木自体の厚さが薄く、本物の木の質感とまではいきませんが、板張りはできないが木の質感で仕上げたい場合などに便利な材料でしょう。

コルクシート壁紙は、コルクを薄くスライスして紙と張り合わせた壁紙です。無塗装やワックス仕上げ、小粒のコルクチップを用いたものから樹皮そのものをシートにしたものまで各種あります。弾力性があり、ある程度の吸音効果も期待できるので、一般住宅の壁にも適した仕上げ材でしょう。

■い草クロス

い草は畳表やゴザの材料に多く使われますが、寸足らずのものなどが大量に廃棄・焼却されているため、その新たな活用方法として開発された壁紙です。い草を和紙に漉いてつくられ、壁紙や障子などに用いられます。調湿能力や防カビ・抗菌作用、空気清浄作用などに優れるほか、畳のように、草のほのかな香りによる沈静作用、癒しの効果もあるといわれています。天然素材のため廃棄時に焼却しても有害なガスの発生がなく、埋め立てても分解して土に戻ります。

■無機質系壁紙

水酸化アルミニウム、ガラス繊維、石、土、金属などの無機質材を主原料とした壁紙が各種あり、防火性能が高いのが特徴です。一般に、不燃石膏ボードの下地に張った場合、不燃材として認定されるので、内装制限により不燃仕上げが求められる場所でよく使用されます。無機質系のなかでも、珪藻土や蛭石、大理石粒などを表層に用いた自然素材系クロスは、最近の自然志向や本物志向を背景に注目されてきています。

珪藻土壁紙は珪藻土を表層に含有した壁紙でとくに人気が高まっています。細かい気孔のある粒子により調湿作用があり、石膏ボード下地との組み合わせで結露が発生しにくくなるといわれています。しかし、調湿や結露防止を期待する場合、ビニルクロスと比べればもちろん効果が期待できますが、塗り厚のある左官仕上げほどの効果は期待できないので、それを理解して採用しましょう。また、かなり改良されてきているようですが、表面の珪藻土が脱落しやすいので、ある程度の施工技術を要します。

■箔

クロスという分類ではないかもしれませんが、和室の壁や屏風などに金箔や銀箔を貼ることがあります。箔とは金・銀・プラチナ・アルミなどの金属を薄く延ばしたもので、たいへん薄く、貼るのに手間がかかりますが、古い寺社や美術品などでも見られるように、銀箔などは年数が経つほど深い味わいが出てくるのが特徴です。

さまざまなその他のクロス

籾殻　籾殻を細かく砕いて再利用した自然素材の壁紙

桐壁紙　桐をスライスしたものを編み込んだもの（トミタ）

天然銘木シート　スライスしたマホガニーを特殊シートに合わせた（サンフット／北三）

い草クロス　い草を漉き込んだもの（アイウォール／茶屋の本工房）

雲母チップ　粉砕して壁紙に散りばめたもの（GRAIN／富士工業）

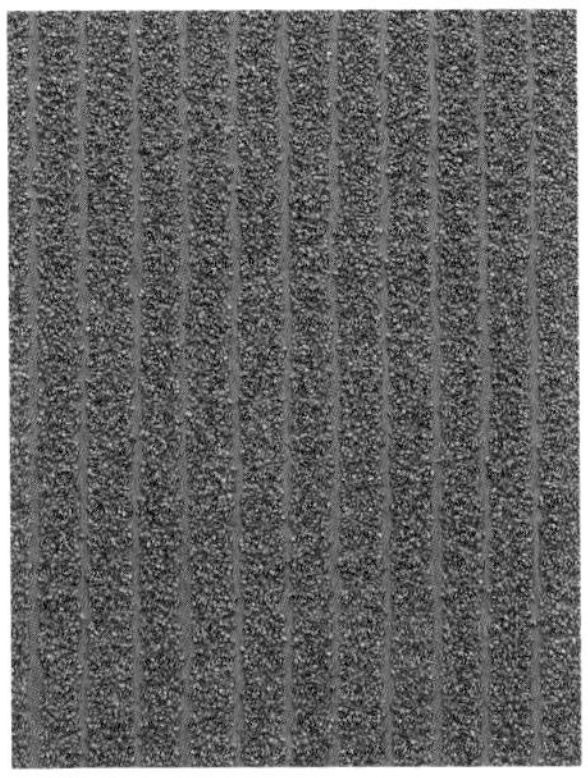

紙繊維と炭酸カルシウムで造粒したもの（Stream／富士工業）

ヒル石　粉砕、焼成発砲させたスライス状の骨材のもの（Mica／富士工業）

珪藻土　珪藻土のチップを表層に含有したもの（リリカラ）

珪藻土　珪藻土塗り壁のパターンの壁紙（ケイソウくん／ワンウィル）

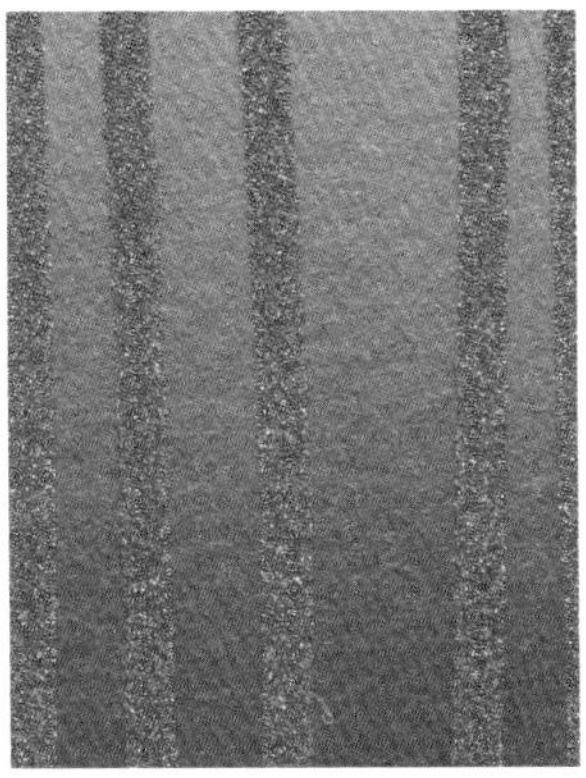

ガラスビーズ　極小の透明ビーズでラインを描いたもの（Faily／富士工業）

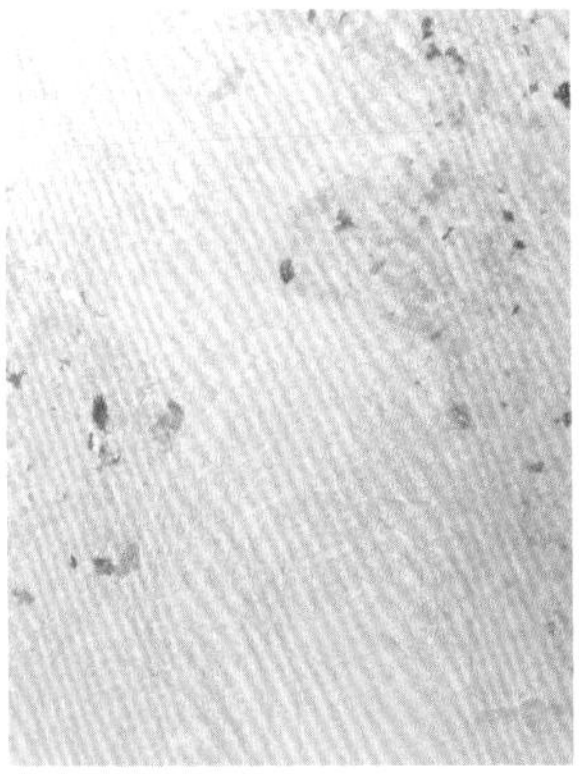

金箔　金を金槌で叩いて極めて薄く延ばしたもの

ガラス繊維　ガラスクロスに塗装を施したもの（リリカラ）

その他のクロスの使用事例

珪藻土の粒子をつけた壁紙で仕上げたトイレ。手洗いを設けた広いスペースなので、壁も大きな面積になる

表面無機質系クロスの構成

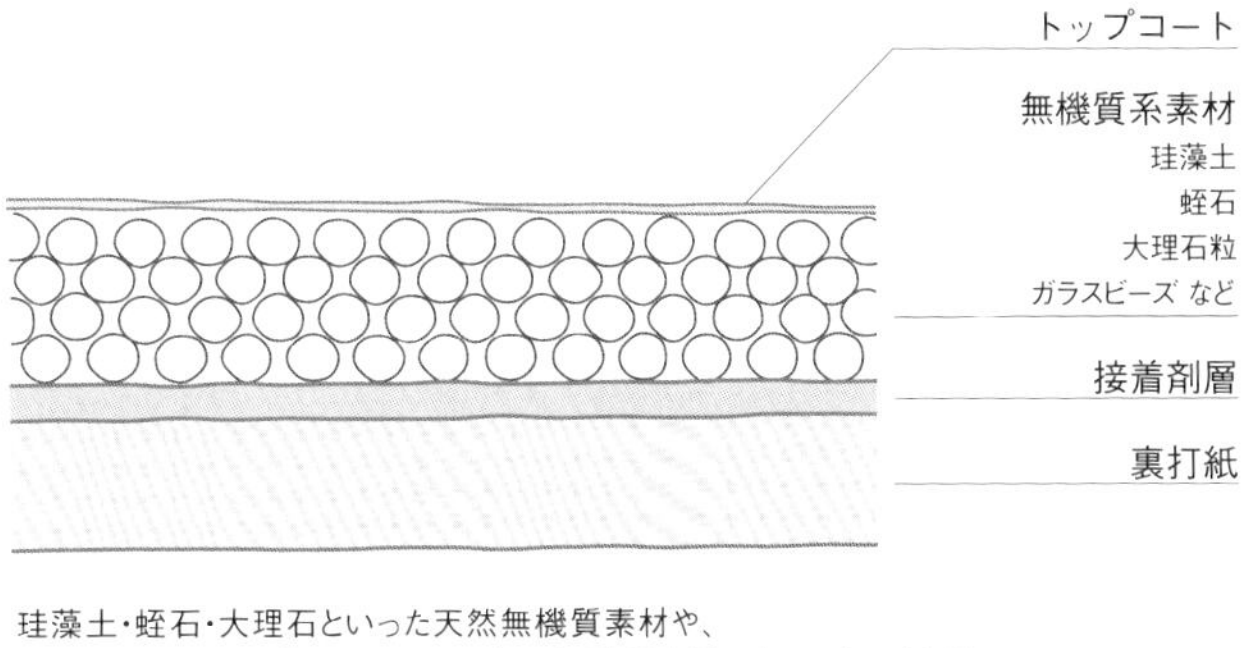

珪藻土・蛭石・大理石といった天然無機質素材や、
セラミックス・パルプロックといった人工無機質素材、ガラスビーズなどの
無機質素材を細かい粒子状にしたものを、接着剤を塗布した裏打紙に散布する。
表層のトップコート（樹脂の薄い被膜）は、汚れや骨取れを防止する

クロス・シート系 5

塩ビシート・リノリウム

塩ビシートは水に強く清掃性に優れたシート状の床材で、住宅では弾力性のあるクッションフロアがよく使われています。天然素材のみでつくられるリノリウムも、地球環境や健康にやさしい自然素材として、住宅用としても注目されてきています

打放しのウォークインクローゼットに敷かれた長尺塩ビシート（ノーチラス）

■塩ビシート

塩化ビニール樹脂を主原料として、可塑剤、安定剤、顔料、充填材などを加えてシート状に成形した床材で、安価なため、さまざまな建物で使われています。あまり高級感はありませんが、水がしみ込まず清掃しやすいので、オフィスや商業施設の給湯室やトイレなどの床でよく見かけます。住宅でも、たとえば倉庫、洗面室、トイレなどの清掃性を高めたい部屋や、ペットのいる家などに適していると思います。塩ビシートは発泡層のあるタイプと発泡層のないタイプに大別されます。

発泡層のあるタイプでは、クッションフロアが住宅用として普及しています。表面に凹凸の加工を施したものが多く、弾力性があり歩行感がよく、また水が浸み込まないため、洗面室やキッチンの床材によく使われています。最近はフローリングやタイル、石を模した柄のものが多くありますが、質感や見た目はもちろん本物と異なります。できれば「○○風」ではなく、ビニールの表情を生かしたいところです。

発泡層のないタイプで代表的なのは長尺塩ビシートです。長手方向の継ぎ目は溶着され、シート同士が一体化されるので、広い床面でも継ぎ目があまり目立ちません。抗菌剤を練り込んだものもあり、病院などでも採用されます。ただし、表面がツルツルしたものが多く、水に濡れると滑りやすいので、高齢者や小さな子供がいる家の水廻りへの採用は注意が必要です。

■リノリウム

塩ビシートに類似して使われる床材にリノリウムがあります。これは、亜麻仁油・ロジン（松脂）・木粉・石灰岩・天然顔料などを混ぜ、ジュート（麻）の織布に加熱圧着したもので、天然素材のみでつくられる床材です。150年以上前にヨーロッパで開発されました。現在もドイツやオランダで製造され、輸入されています。製造工程で化学物質を使用せず、土に埋めればやがて生物分解し、焼却しても有毒ガスを発生しないので、塩ビシートに比べて安全性の高い床材といわれています。日本では、かつては公共施設の床仕上げとしてよく使用されていましたが、ビニル系床材に比べコストが高くなるため、あまり使用されなくなっていました。しかし最近は、地球環境や健康にやさしい自然素材として、住宅用としても注目されてきています。

適度なクッション性があるとともに、原料の亜麻仁油が自然由来の抗菌性をもつため、床面を衛生的に保てるのも特徴の一つです。施工後も酸化することで強度が増すため、耐久性を保ちます。断面が単層構造なので表面が剥離しづらく、軽い傷であれば表面を削り取ることも可能です。ただし、亜麻仁油が揮発するために、臭いがあるので、施工直後に生活しなければならない場合は注意が必要です。また、素材の性質上、強アルカリ性のメンテナンス剤を用いての清掃は変色する可能性がありますので、使用場所に注意しましょう。

さまざまな塩ビシート・リノリウム （上：リノリウム　中：クッションフロア　下：長尺塩ビシート）

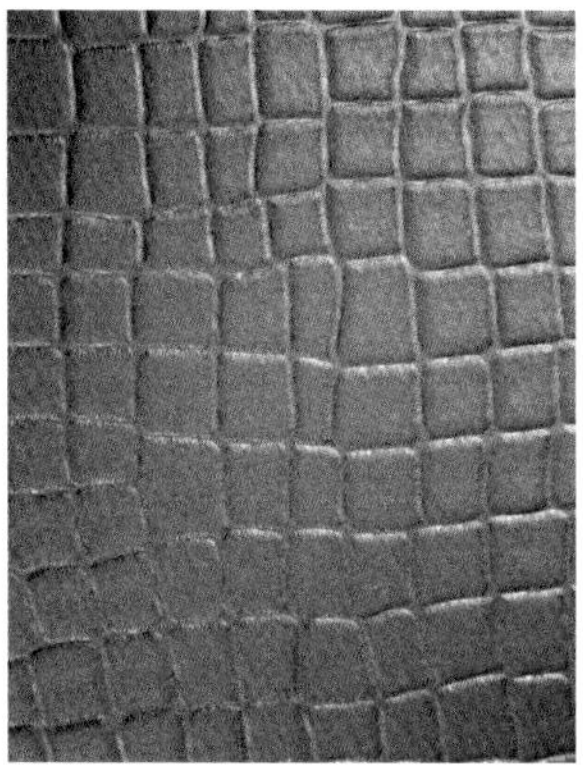

リノリウム （マーモリウム・ウォルトン／フォルボ・フロアリングB.V.）

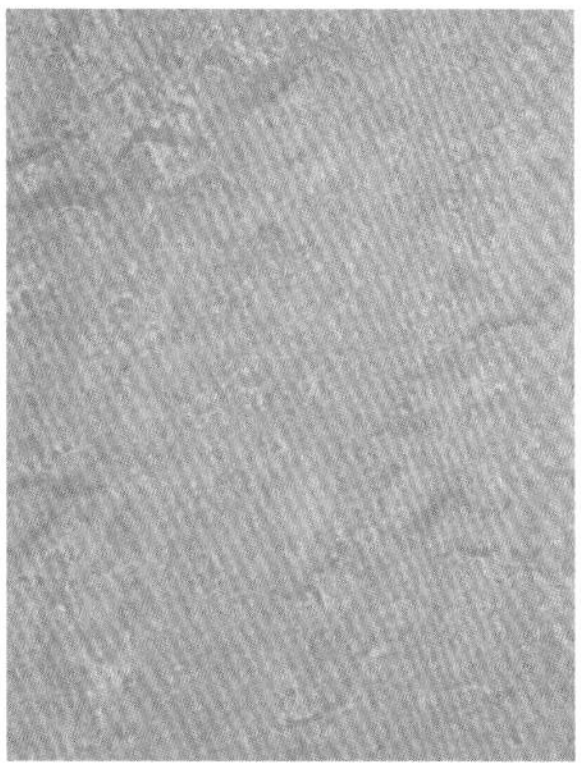

リノリウム （マーモリウム・マーブル／フォルボ・フロアリングB.V.）

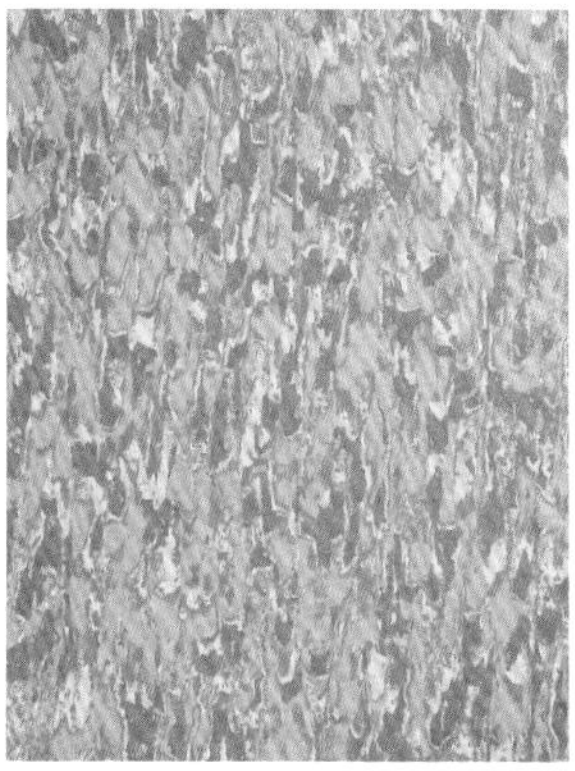

リノリウム （マーモリウム・ココア／フォルボ・フロアリングB.V.）

リノリウム （マーモリウム・スレート／フォルボ・フロアリングB.V.）

リノリウム （マーモリウム・ストリアト／フォルボ・フロアリングB.V.）

クッションフロア ヘリンボーン柄（CFシート／東リ）

クッションフロア フレンチヘリンボーン状のタイル柄（サンゲツ）

クッションフロア 透明感のあるオニックスの質感をリアルに表現（CFシート／東リ）

長尺ビニル床シート 織物調格子柄（フロアリューム ラティスNW／東リ）

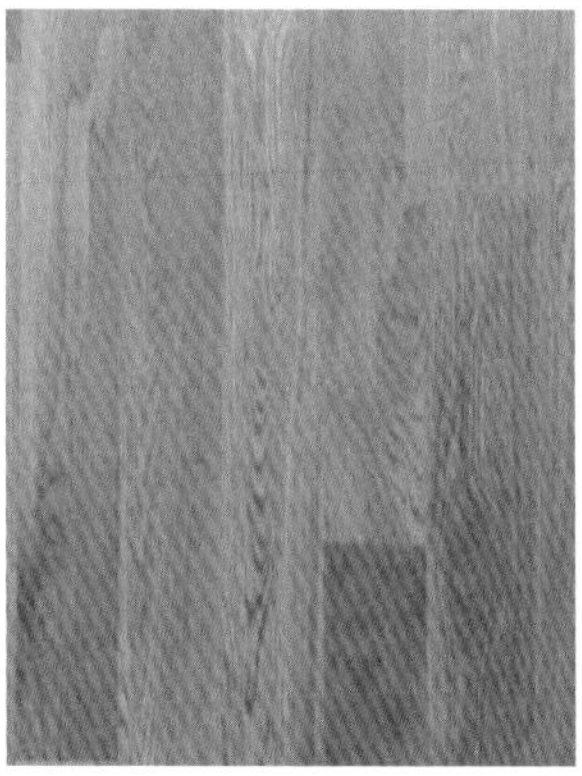

長尺ビニル床シート 耐久性に優れた木目調クッションフロア（アルクノロア／アドヴァン）

長尺ビニル床シート 2.0ミリ厚（ロンリウム プレーン/ロンシール工業）

長尺ビニル床シート 六角形のタイル風の防滑性ビニル床シート（NSリアルデザインNW／東リ）

塩ビシートの使用事例

防音と軽量化のため、防音フリーフロアーにクッションマット＋白い長尺塩ビシートのリビング

リノリウムの構成

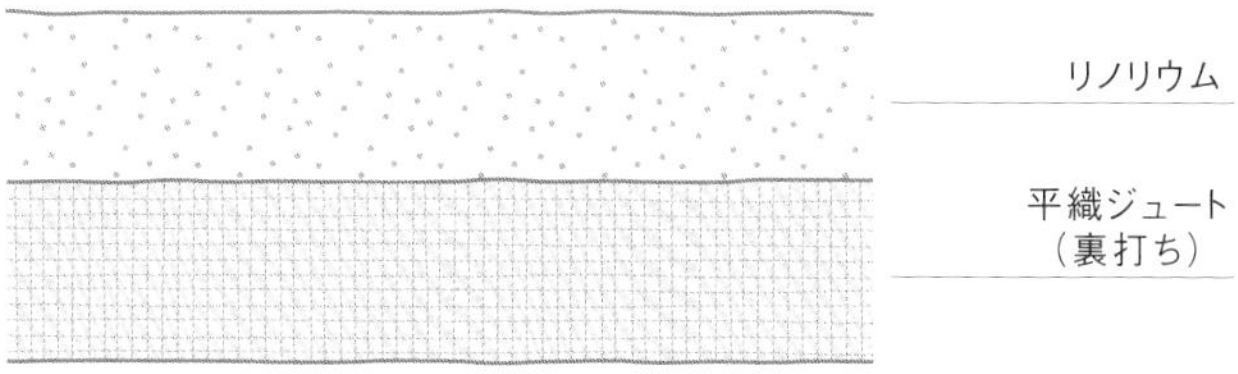

亜麻仁油、ジュート、木粉、ロジン（松脂）、天然顔料などを混合し、
金属ロールでシート状に延ばす。
強度を持たせるため平織ジュートを裏打ちして2週間ほど乾燥させる

玄関ホールの床をつやのある大理石にして、インテリアや庭の景色が映り込むようにしている（ishi-house）

石材系 1 大理石

マーブルとも呼ばれる、白色を基調とした石肌の美しい自然石です。高級感があり、ホテルや店舗、公共施設など、さまざまな建物で用いられるほか、住宅では玄関や水廻りなどの内装の床や壁、洗面カウンターの甲板などによく使われます

■特性

変成岩の一種で、水中のさまざまな物質や生物の遺骸が沈殿し、堆積してできる石灰岩が熱や圧力で変質したもので、石肌の美しいものが多い石材です。大理石の名称は、中国雲南省大理府の地名に由来しており、英語名ではマーブルと呼ばれています。古くはギリシアのパルテノン神殿やルネサンス期の彫刻など、芸術分野の素材としても多く用いられてきました。

酸やアルカリに弱く、外気にさらすと風化しやすいので、どちらかというと内装向きです。耐水性はそれほど高くありませんが、高級ホテルのバスルームなどの水廻りにもよく使われます。住宅では、玄関や水廻りなどの床や壁、洗面カウンターの甲板などに使われます。キッチンでは、パン生地をこねる台などに使われたりしますが、600℃付近で壊れてしまう熱に弱い材料なので、コンロまわりの壁材としては適しません。熱い鍋をじかに置くこともできないので、キッチンのカウンター材として採用する場合は場所に注意しましょう。

■種類

以前はヨーロッパからの輸入がほとんどで、価格も高めでしたが、最近は中国産などの比較的安価なものも増えてきました。トラバーチン、ボテチーノ、ビアンコカラーラ、オニックス、蛇紋などが有名で、色や模様も産地によってさまざまです。

■表面の質感

緻密で硬く、冷たい感じがします。表面処理で代表的なものには、水磨きを研ぎ出したツヤのある本磨き、少しマットな水磨き、砂などを吹付けて粗らしたサンドブラスト、細かいノミのあとが残る小叩き、荒く平らにしたビシャンなどがあります。

■サイズ

寸法は300㎜角、400㎜角、600㎜角などで、厚みは10～18㎜程度の薄いものが一般的です。種類によっては、厚みが30㎜程度で長さのあるスラブ材もあり、カウンターの甲板などに便利です。乱形やモザイクタイルは大判の製品とは違った表情が楽しめるほか、大理石の塊からつくった洗面ボウルやバスタブなどもあります。

■デザイン

高級感や硬質感を求める空間などに適し、ホテルや店舗、公共施設など、さまざまな建物で用いられています。タイルと違い、目地を設けず突付けでも張れます。光沢を出した本磨きで使われることが多い材料ですが、マットな状態も自然な風合いで、左官材や木材などともよく馴染みます。モザイク状の大理石は曲面に張ることも可能で、面白い表情が出て、石の色によって模様を描くこともあります。大理石は薄くスライスすると光を透過するものもあるので、照明カバーに使うこともあります。

■メンテナンス

基本的には拭き掃除ですが、最初に大理石専用の保護材を塗っておくと綺麗な状態が長持ちします。酸やアルカリには弱いので、洗剤を使用する際には注意が必要です。

大理石の種類と仕上げ （上：白大理石と仕上げの種類　中：ベージュ・グレー系　下：光の透過と反射）

アラベスカートロベルト　暖色系のグレーの模様が入る（関ヶ原石材）

タソス　真っ白い大理石の代表格（関ヶ原石材）

水磨き（シベック）　ツヤを落とすとやわらかい表情（関ヶ原石材）

本磨き（シベック）　代表的な白い石種の1つ（関ヶ原石材）

グリジオカルニコ　濃淡のあるグレー地に白い筋（関ヶ原石材）

ペルリーノ 平目　渦模様で、化石が入ることもある（関ヶ原石材／③）

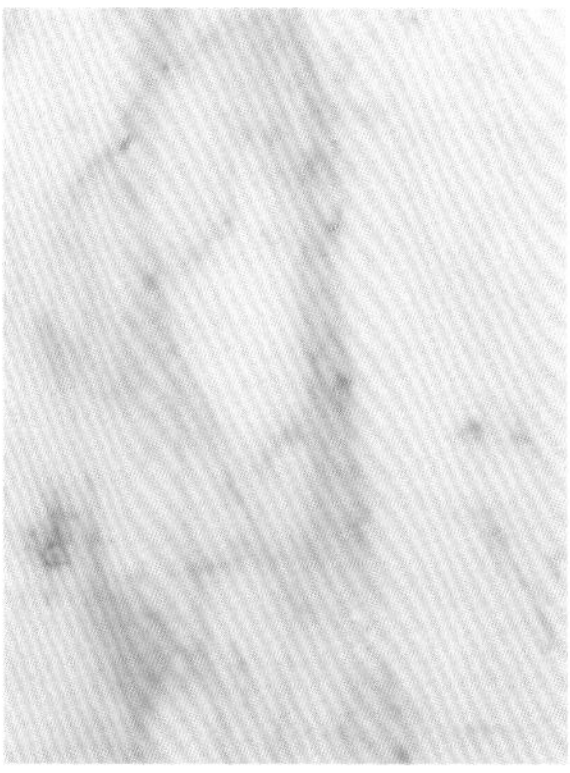

ビアンコカラーラ　グレーの雲が流れるような模様（関ヶ原石材／③）

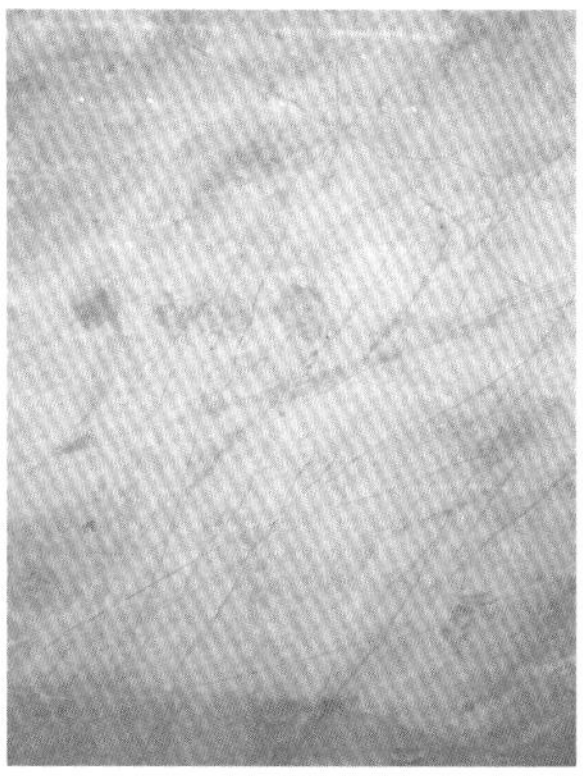

ボテチーノ　淡いベージュ系の色合い（関ヶ原石材）

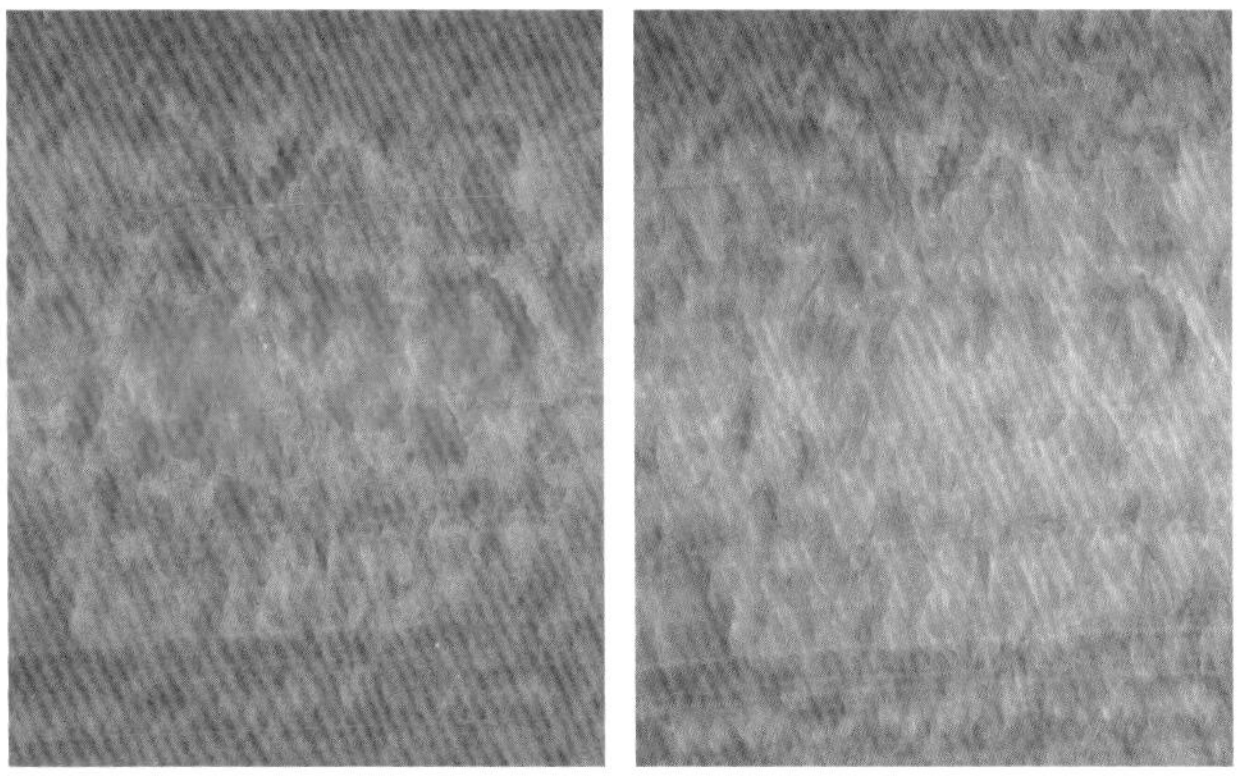

イエローオニックス　光の透過度が高く30㎜厚程度でも光を透過する。右:通常の見え方、左:光を透過させた様子（関ヶ原石材）

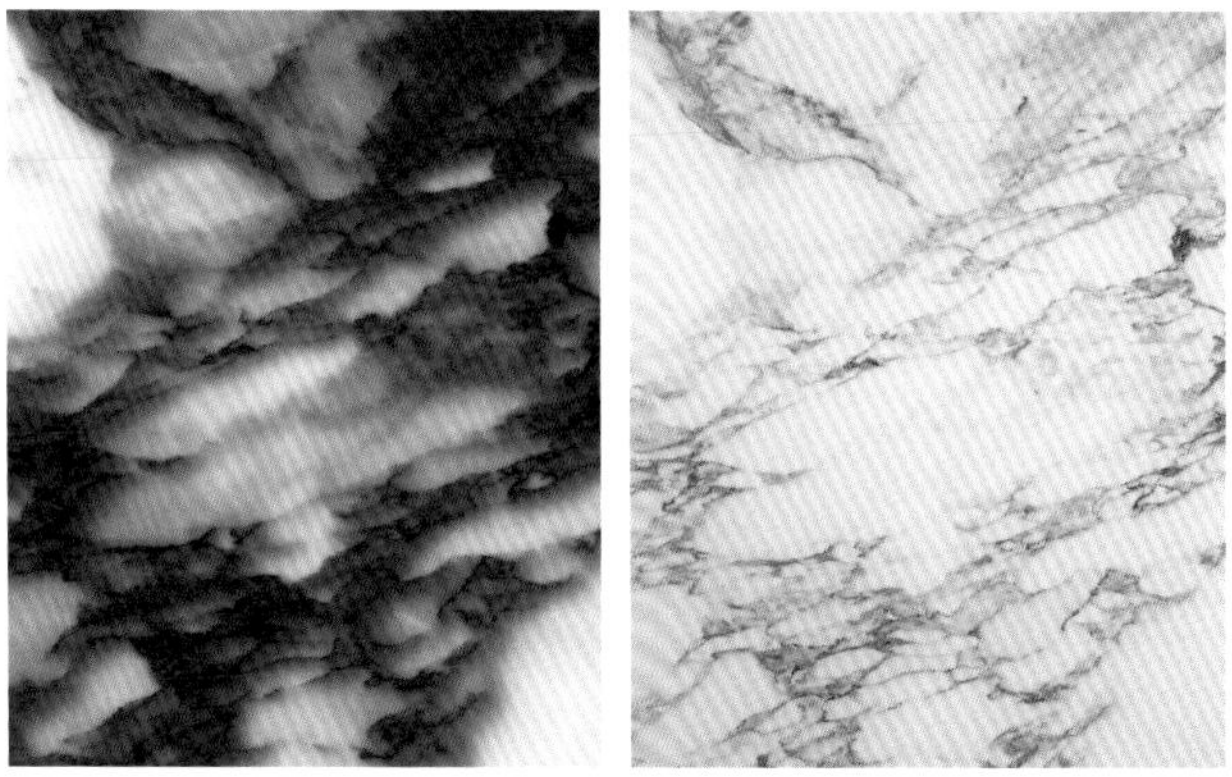

アラベスカートコルキア　グレーの模様が流れる白い石種。右:通常の見え方、左:光を透過させた様子（関ヶ原石材）

大理石の使用事例

オニックスをシェードに使用した照明器具。大理石の大胆な模様を生かしたデザイン（瑞金飯店①）

ベージュ色の大理石による玄関。上がり框、幅木もタタキ部分と同じ大理石

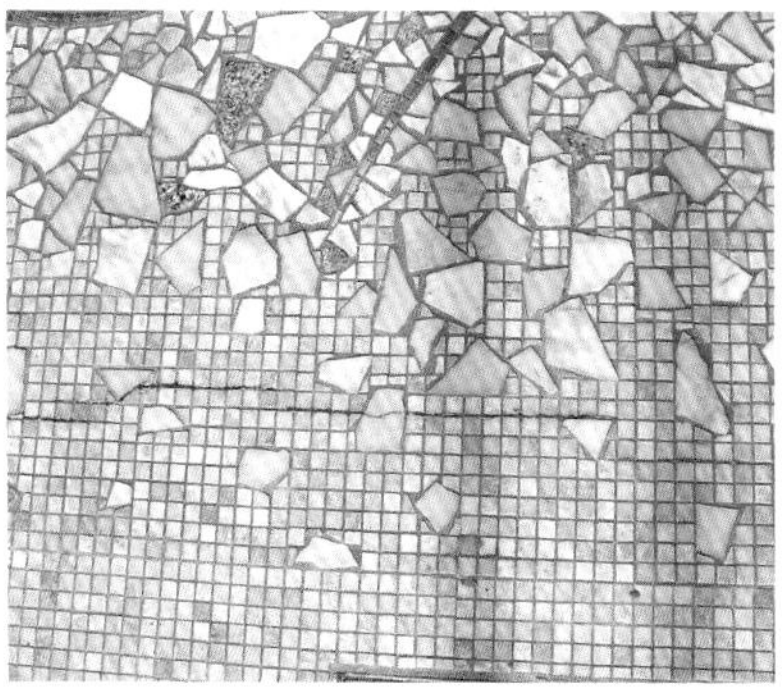

モザイク状の大理石。角型のものやランダムな形など、さまざまなタイプがある

石材系 ❷

御影石

御影石（花崗岩）は細かい斑点状の結晶模様が特徴の自然石です。耐久性が高く、墓石などのほか、建材として利用されます。屋内外を問わず、壁や床、階段、敷石、カウンターの甲板などに用いられます

同一の御影石をさまざまな表面仕上げにして、タイルのように張った壁面。石材なので目地のない仕上げにできる

■特性

御影石は花崗岩の通称で、神戸市御影が産地として有名だったことから、こう呼ばれるようになったようです。マグマがゆっくり固まってできた火成岩の一種の深成岩で、石英や長石、雲母を多く含み、緻密で硬く、耐久性、耐磨耗性に優れ、酸やアルカリにも比較的強いことから、日本では古くから城の石垣や石橋、鳥居や道標など、さまざまな用途に用いられてきました。現在でも墓石や表札などに利用されるほか、公共施設や商業施設、記念的建造物などで、内装・外装を問わず、壁や床、階段、敷石、テーブルやカウンターの甲板など幅広く用いられます。ただ、耐火性はやや劣ります。

国内では福島や茨城、瀬戸内海周辺などで採掘されます。国会議事堂の外装はすべて国産の御影石で、とくに多く使われた広島県の桜御影と呼ばれる桜色の御影石は、「議院石」と呼ばれるようになったそうです。現在は主にスウェーデン、ポルトガル、インド、南アフリカ、中国などから建材として多く輸入されています。

■種類

細かい結晶模様が特徴で、色はポピュラーな白や黒系のほか、赤、ブルー、ピンク、茶、緑系があります。産地にちなんだ名称（稲田石、万成石、ジンバブエ、インパラブラックなど）で呼ばれるほか、結晶の大きさによって大御影・中御影・小御影に分けられ、色調によって黒御影・白御影・赤御影などと呼ばれます。なお現在、日本で採れるものは白やピンク、グレーの薄い色調のもので、赤や黒などの大半は外国産です。

■表面の質感

大理石と同じく本磨き・水磨き・割れ肌などのほか、小叩き風のジェットバーナー仕上げが有名です。石の表面をバーナーで焼いたあと水で急冷し、膨張率の違いで表面を剥がして粗らし、凹凸のある表面をつくります。この仕上げは、水に濡れると滑りやすい屋外やバスルームの床などに適していますが、熱で粗らすためやや脆く、凹凸部に汚れが溜まりやすいのが欠点です。

■サイズ

厚さ15㎜前後の300㎜角、400㎜角、600㎜角の平板のほか、敷石などによく使われる90㎜程度の立方体のピンコロも一般的です。また、大きい材が得やすいので、スラブ材や墓石用の石など各種あります。

■デザイン

外壁のほか、高級感を求める空間や水廻りなどに多用され、大理石と比較すると、華やかというより重厚な仕上がりになることが多いようです。大理石と同じく本磨きが多い石材ですが、マットな仕上げにすると、白い石は素朴に、黒い石はシックで落ち着いた感じになります。屋内外の床材として適しているので、リビングからテラスへ床をつなげたり、中庭を室内と同じ仕上げにする場合にも効果的です。なお、本磨きでツヤを出すと下品に見えたり墓石のイメージになる恐れもあるので、インテリアに使う際は仕上げを慎重に検討しましょう。

御影石の種類と仕上げ　（上・中：黒御影石×仕上げの種類　下：白御影石×仕上げの種類）

荒ずり（インパラブラック） 粗めに磨いた状態。研磨の跡が面白い（白井石材）

水磨き（インパラブラック） 光沢が抑えられ落ち着いたイメージ(白井石材)

ジェットバーナー（インパラブラック） 結晶の粒がキラキラしている（関ヶ原石材）

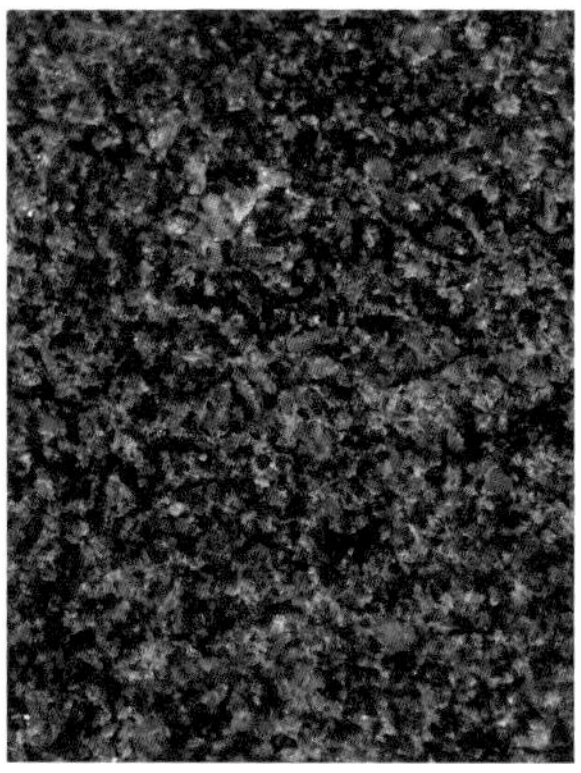

本磨き（インパラブラック） ダークグレーの御影石として有名（関ヶ原石材）

割れ肌（インパラブラック） 原石を割ってつくる仕上げ（白井石材）

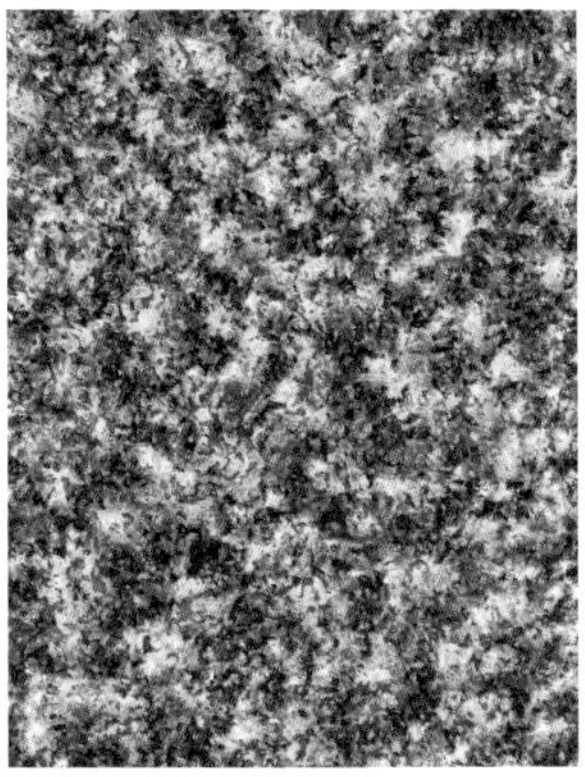

ノミ切り（インパラブラック） ノミで払い落とした仕上げ（白井石材）

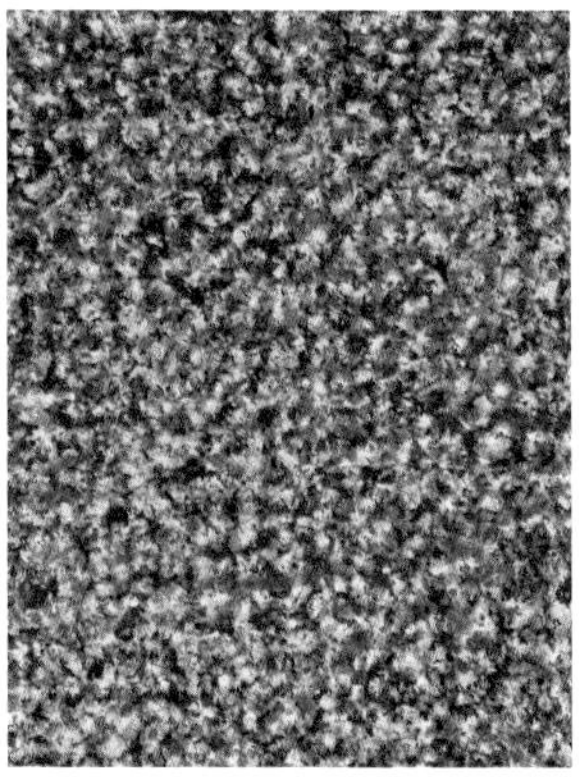

ビシャン（インパラブラック） ビシャンで梨地柄に叩いた仕上げ（白井石材）

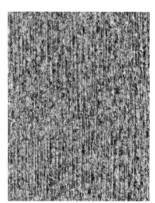

小叩き（インパラブラック） 両刃で平行線の筋を出した仕上げ（白井石材）

白御影 中国から輸入された、目の細かい白御影石。右:本磨き、左:ジェットバーナー（関ヶ原石材）

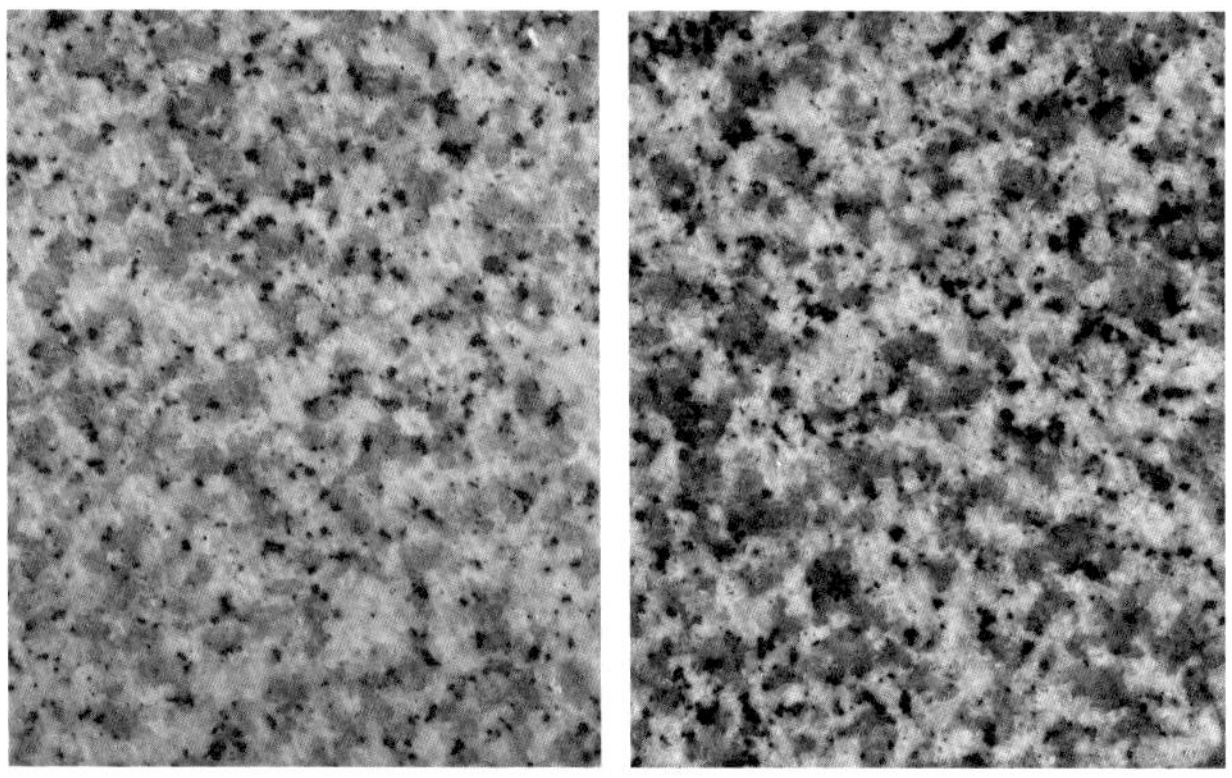

稲田石 国産の御影石のなかでも代表的な中目白御影石。右:本磨き、左:水磨き

御影石の使用事例

赤茶系の御影石による洗面カウンター。落ち着いた色合いと光沢で高級感がある（ニューマジェスティックホテル）

浴室の洗い場に用いたベージュ色の花崗岩。バーナー仕上げで滑りにくくしている

グレーの御影石を使用した、屋外の床と階段。踏み板の小口は、こぶ状の粗い凸凹を付けたこぶ出し仕上げ

玄昌石を使用したバスルームの床。床暖房が設置されている（もみじの家）

石材系 3

その他の天然石

大理石、御影石以外にもさまざまな種類の石が建築やインテリアに使用されています。輸入されるものでは石灰石のライムストーンが人気です。国産では、鉄平石やスレート、大谷石や十和田石といった凝灰岩、白河石などが産出されます

■ライムストーン（石灰岩）

海中の生物の死骸や海水中の成分などが沈澱し、大理石のように変成せず、長い年月をかけて岩となったもので、おもにフランスやアメリカ、スペインなどで産出されます。主成分は炭酸カルシウムなので基本は白く、不純物により着色されます。一般にはアイボリーを基調としたグレーがかった色が多く、光沢がなく、大理石とは違ったソフトな表情をしています。触ると柔らかく暖かみがあり、他の石材と違って空間が冷たくならないので、落ち着いたインテリアに適しています。ただ、吸水性が高く、汚れもつきやすく、酸に大変弱いので、屋外や水廻りでの使用には適しません。

■鉄平石（安山岩）

マグマが浅い場所で冷えて固まった安山岩の一種で、長野県の諏訪・佐久地方で産出されます。黒やさび色で光沢がなく、硬く、耐火性、耐水性、耐久性、耐磨耗性に優れます。冷却時に岩体が板状になった板状節理が特徴で、2〜3㎝ほどの建材に適した厚さに剥離されたものが、庭や玄関先の敷石や土間の床などに多く利用されます。

■スレート（粘板岩）

火成岩が破壊され、その粒が川などでほかの場所に運ばれ、堆積硬化した堆積岩の一種です。人工建材のスレートが普及したため、天然スレートとも呼ばれています。国内では玄昌石と呼ばれる宮城県で産出される黒系粘板岩が有名で、硬く緻密で黒くて光沢があり、耐火性に優れています。板状に加工できるので床や壁などに利用され、硯としても使われます。また、滑りにくく水にも強いので、バスルームの床にもよく使われます。海外のものでは、淡い色がついた落ち着いたグレーの石もあり、鉄分を含んだインド産のスレートは、さびによる独特の模様によって汚れが目立ちにくく、玄関に用いると喜ばれます。

■大谷石（凝灰岩）

栃木県で産出される、緑がかった粗い表情が特徴の石で、徐々に白色に変化していきます。軽量で加工性がよく、耐火性にも優れ、塀などでよく見かけますが、粗くて強度が低く、吸水性が高くて風化しやすいのが弱点です。最近では質のよいものがあまり採れなくなってきましたが、採掘場は面白い空間なので見学する価値があります。

■十和田石（凝灰岩）

水に濡れると青緑色になる石で、大谷石より密度が高く、表面が滑りにくいので、バスルームの床や浴槽によく用いられます。似たようなものに伊豆石もあります。

■白河石（安山岩）

福島県白河地方で産出し、大谷石とやや似ていますが、こちらは強度があり水にも比較的強く、バスルームにも使えます。

■デザイン

自然石はその組成や産地によってさまざまな表情をしているので、時にはカタログとは感じの違うものが届いて驚くこともあります。タイルとは違った自然な表情を長く楽しむつもりで採用するとよいでしょう。

さまざまな天然石の種類と仕上げ　（上：さまざまな石種　中・下：安山岩×仕上げの種類）

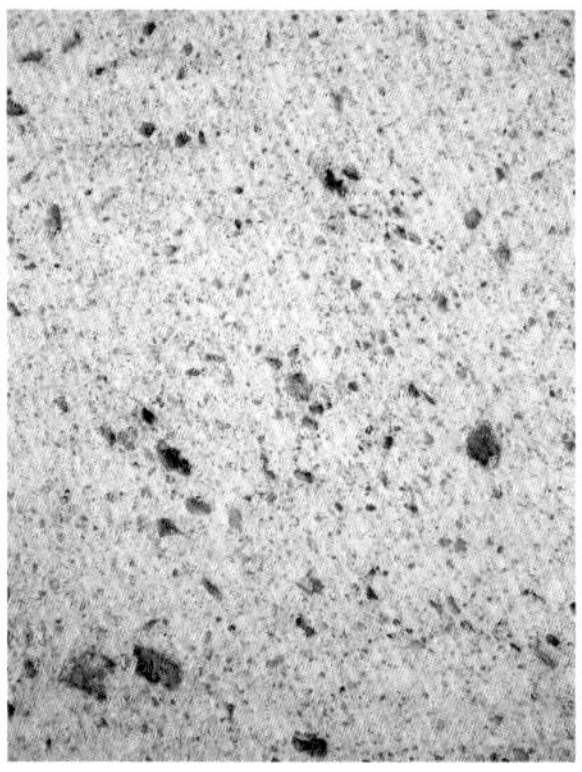

大谷石　やや緑がかった淡いグレーの色合い

バーリントンスレート　イギリスから輸入される石（関ヶ原石材）

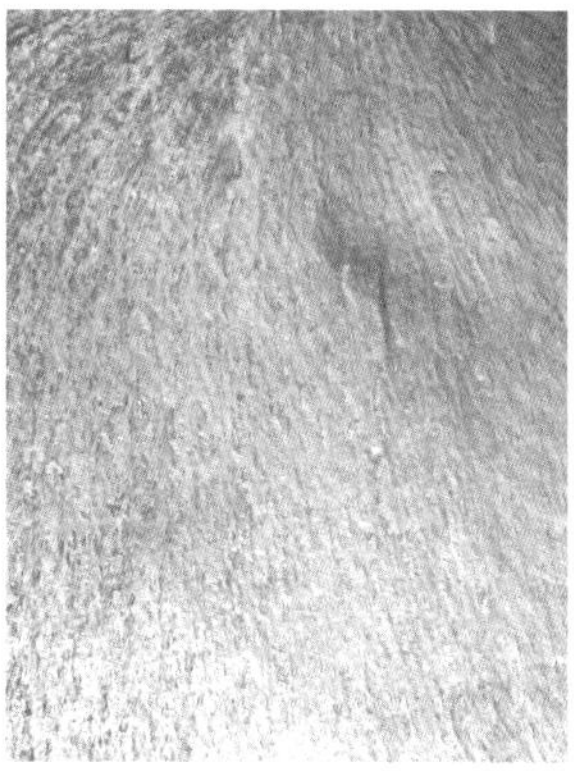

玄昌石　スレートの1つ。黒くてしっとりとした光沢がある

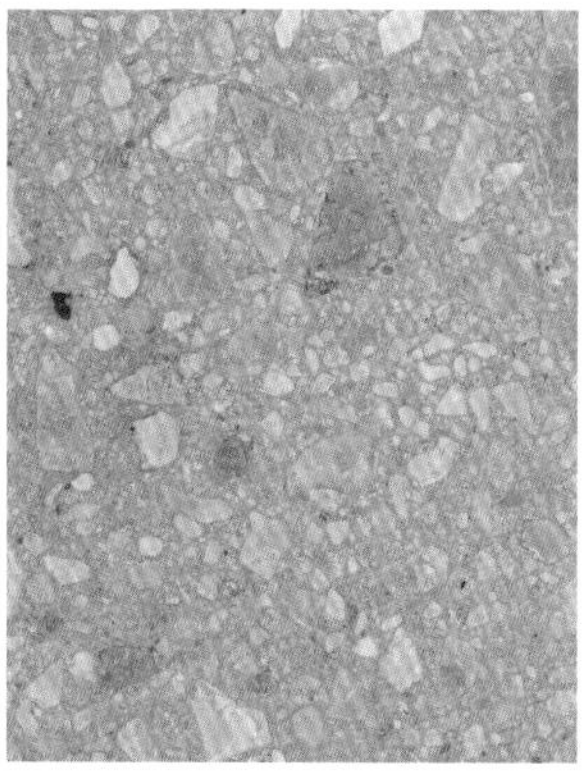

天然石　イタリア王侯貴族がこよなく愛する石（チェポストーン／アドヴァン）

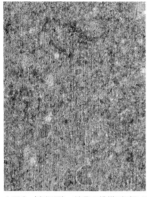

小叩き（白河石）　結晶の模様がぼやけて面白い表情（白井石材）

ビシャン（白河石）　石の風合いを出しつつ穏やかな表情（白井石材）

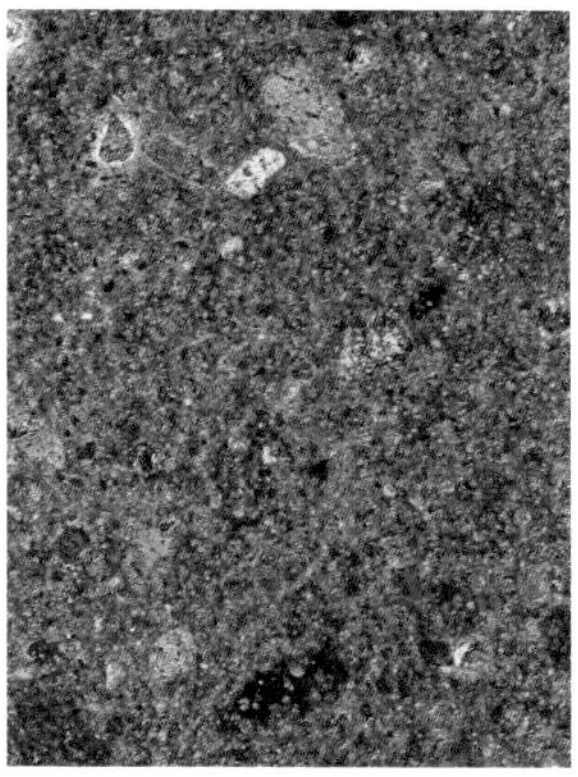

水磨き（白河石）　含まれる成分の結晶が見える表面（白井石材）

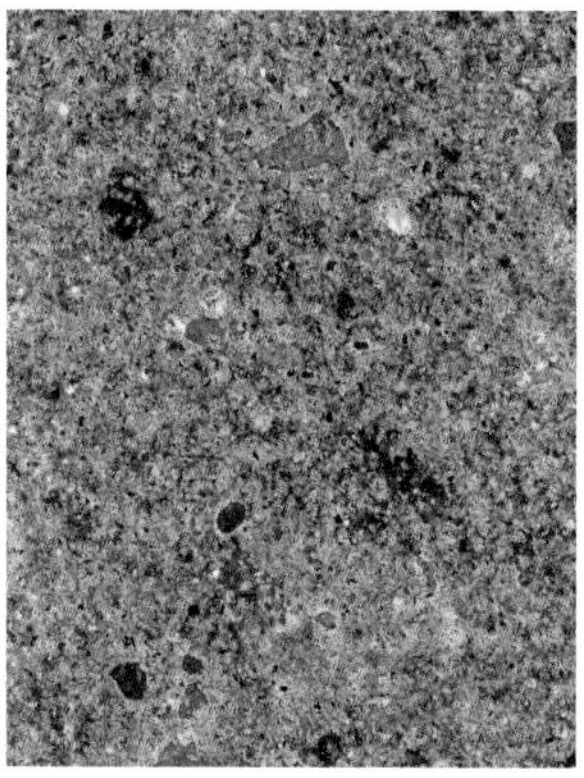

本磨き（白河石）　つやつやの光沢はなくソフトな表面（白井石材）

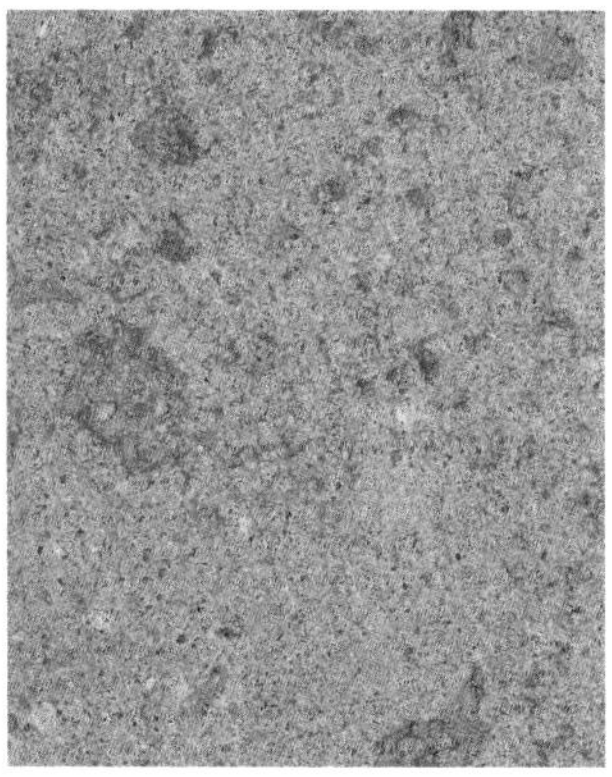

芦野石　鉄分を含んだ安山岩で、焼成すると赤っぽく変化。右:焼成しないもの、左:焼成後（白井石材）

割れ肌（白河石）　天然石らしい力強い風合い（白井石材）

荒ずり（白河石）　それほど跡は目立たない粗い研磨（白井石材）

その他の天然石の使用事例

十和田石の浴室洗い場。肌触りがよく、水に塗れると濃い色になる

コンクリートブロックよりやや大きなサイズの石を、間隔を空けて積み重ねた塀

バスタブの周囲に砂利を敷きつめ、まるで屋外のような雰囲気のバスルーム（サロジン[Sim Boon Yang]）

石材系 4

各種の人工石

人工大理石や、テラゾ、擬石は、自然石風に人工的につくられた素材です。天然石に似た風合いを持ちながら、安定した品質と高い強度があり、質感は石でも、天然のものにはない色にすることもできます

アイランドキッチンに用いられた人工大理石。シンクとシームレスに製作でき、掃除もしやすい（ミモザハウス）

■特性

天然石に似せた人工素材で、天然石に近い風合いをもちつつ比較的安価で、天然石にはない均質性と高い強度があります。内装の壁や床、キッチンや洗面カウンター、バスタブやシンクなど広く用いられます。

■種類

自然石の砕石が混ざった「テラゾ」、自然石を含まない樹脂系の「人工大理石」、表層だけ似せた「擬石」などがあります。

■テラゾ

大理石や花崗岩の砕石などを骨材としてセメントや樹脂で固めたものです。「人研《じんと》ぎ」とも呼ばれ、混ぜる骨材の種類や配合によってさまざまな表情を出せます。仕上げには表面がザラザラの洗出しと表面がツルツルの研ぎ出しがあります。最近は現場で研ぎ出す「現場テラゾ」は激減し、工場でタイルやブロック状に加工された製品が主流です。天然石と比較すると安価で手入れも簡単ですが、大理石と同様、酸やアルカリ、熱に弱いものが多く、内装向きです。また水に弱いものもあるので要注意です。

■樹脂系人工大理石

樹脂を大理石や御影石風に成型したものを一般に「人造大理石」や「人工大理石」といいます。代表的な商品はデュポン社の「コーリアン®」です。天然石に比べて施工性がよく、安価なものもあります。品質が安定しているので、キッチンや洗面のカウンターやバスタブによく使われますが、均質な質感で樹脂っぽく、天然石とは質感が異なります。樹脂の種類や混入される無機物の種類・割合によってさまざまな製品があり、アクリル系とポリエステル系に大別されます。サイズはメーカーによりますが、厚さ6～12㎜、幅760～1500㎜程度、長さは3m以上の規格もあるので、長さのあるカウンターの天板などに便利です。カラーバリエーションは豊富で、単色、石目調などがあり、最近は半透明のものも人気があるようです。表面が滑らかで手入れは比較的しやすいですが、ものによっては紫外線により黄色く変色したり、熱い鍋を直接置くと変色する場合があります。また、IHヒーターやコンロなどの周辺に使えない素材もあるので、キッチンカウンターに検討する際は可否を確認しましょう。

■擬石（キャストストン）

セメントやFRPで石のように成形して塗装し、自然石のように見せたものです。安価に現実離れしたものもできてしまうので、アミューズメント施設には向いていますが、近づくとニセモノ感が漂うので、住宅スケールに使うには検討が必要です。

■デザイン

加工が容易で、床や壁、家具を継ぎ目なく製作できます。住宅では、シンクや洗面ボウルを天板と継ぎ目なくつくることができ、掃除がしやすくなります。また、コストはかかりますが、洗い場から浴槽まで現場テラゾで継ぎ目なくつくることも可能です。

各種の人工石（上：樹脂系人工大理石　中：テラゾ　下：その他の人工石）

クリスタルカウンター　透明度の高いエポキシ樹脂系（TOTO）

コーリアン®カームグレイッシュブルー　心地よいニュートラルカラー（デュポン・MCC）

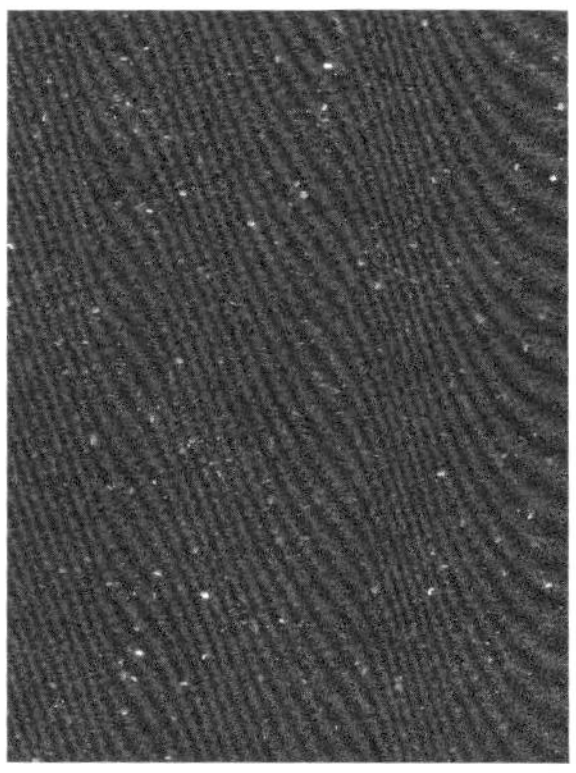

ミラトンFucsia　色鮮やかなもの（タマ・アンド・ミラトン・ジャパン）

コーリアン®ホワイトテラゾー　どこか温かく、懐かしさを感じる色柄（デュポン・MCC）

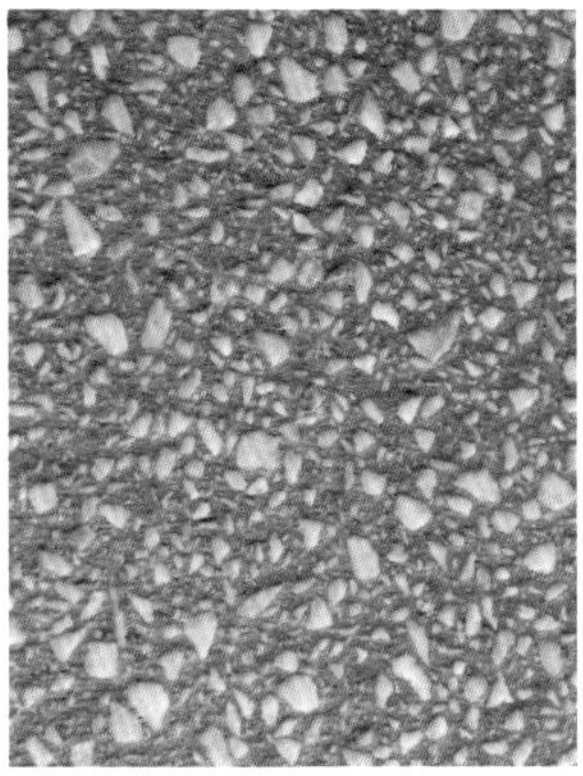

セメントテラゾ（コンプレストテラゾー／エービーシー商会）

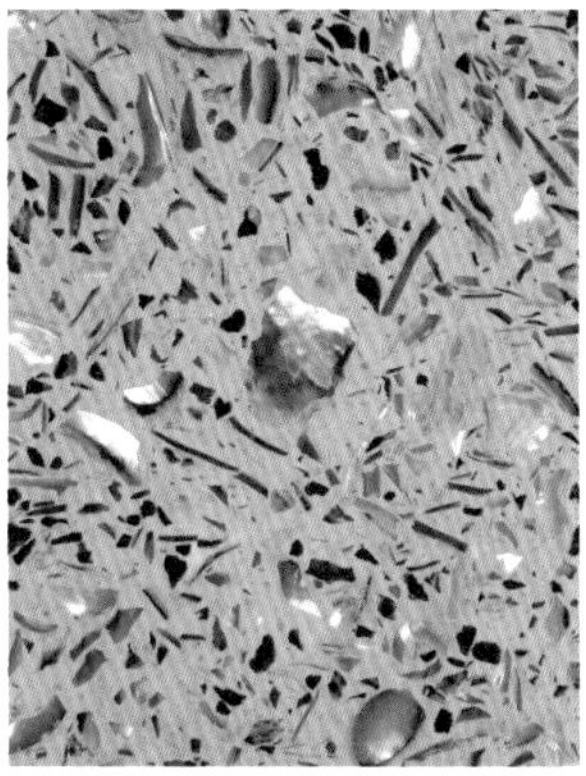

セメントテラゾ　貝殻を骨材にしたもの（東洋テラゾ工業）

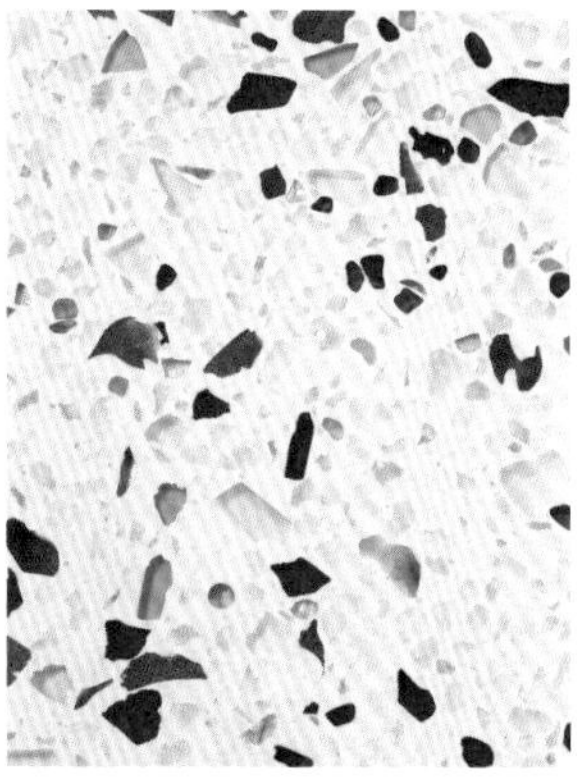

セメントテラゾ　色ガラスを骨材にしたもの（東洋テラゾ工業）

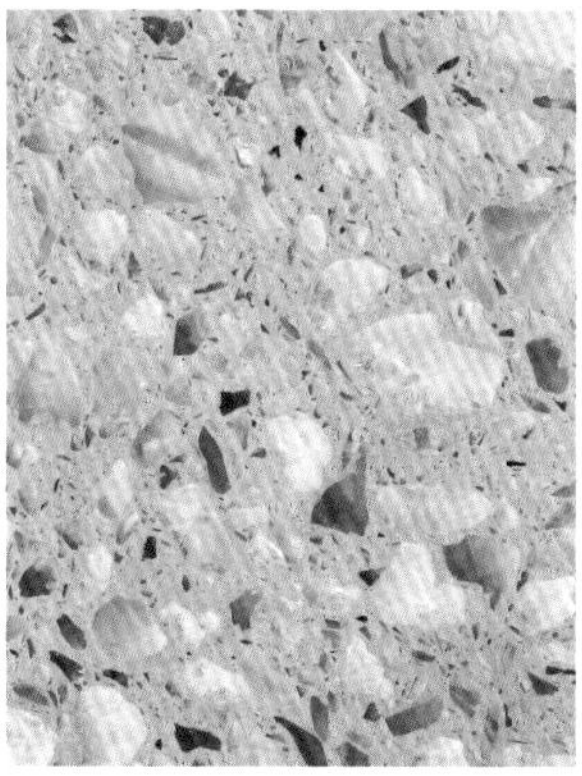

セメントテラゾ　ピンク色の地に透明度の高い砕石（東洋テラゾ工業）

マジカルライトストーン　大谷石が白くなったような質感（ニッタイ工業）

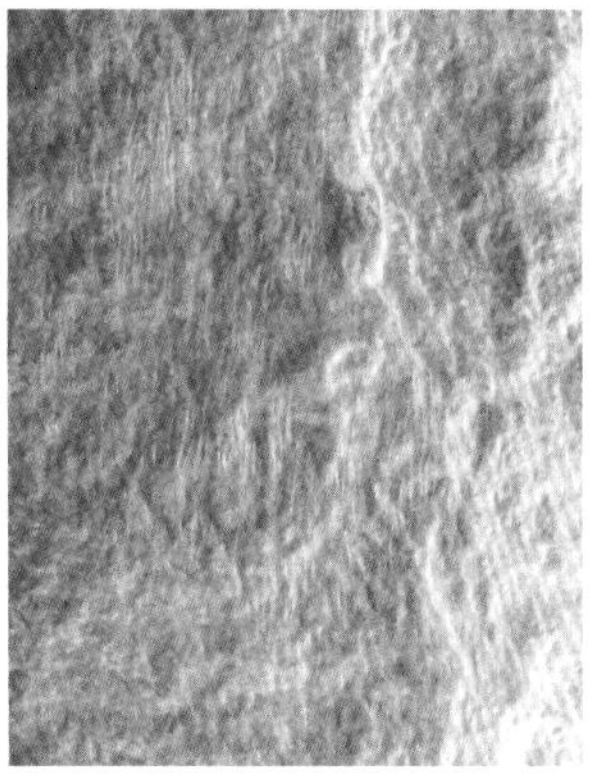

フェザーロック　ガラス粉末＋特殊な添加剤で発泡させ、水に浮く軽さ（ニッタイ工業）

石粉＋樹脂による壁面装飾材　砂粒が素朴な質感となる（トーザイクリエイト）

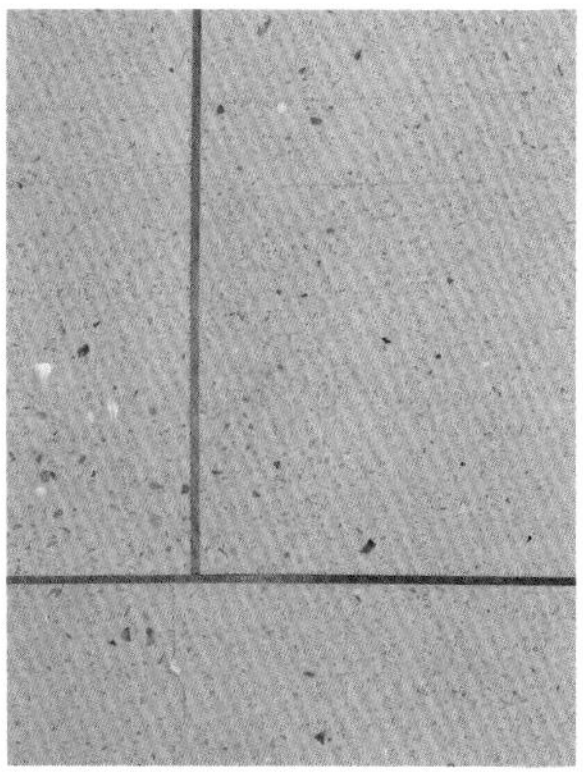

現場テラゾ　真鍮の目地。目地の入れ方もデザインのポイント（①）

その他の人工石の使用事例

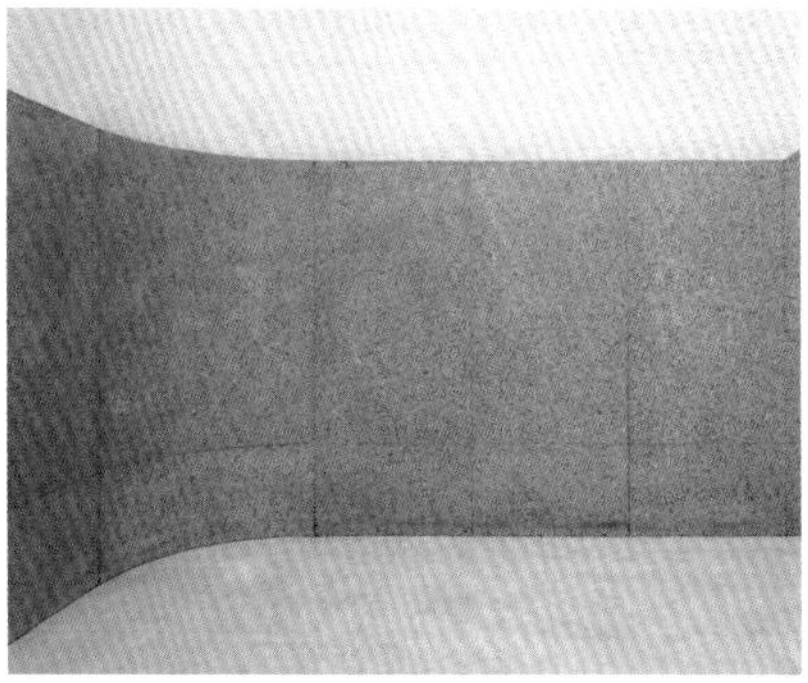

テラゾの壁。平面だけでなく曲面にも施工ができる

白いテラゾのサニタリーの床。バスタブも同じ仕上げでつながっている（シーラ・エバソン・ハイダウエイ@サムイ①）

人工大理石（コーリアン）を使用したキッチンとカウンターテーブルの天板

タイル❶ タイル

タイルは住宅の水廻りに使うマテリアルの代表格です。サイズや色・柄が豊富で選ぶのに迷ってしまいますが、焼成温度や表面仕上げの違いなどによって性能が変わり、適材適所があるので、デザイン性だけでなく性能面も忘れずに確認しましょう

トイレの手洗い器まわりの壁に大理石のモザイクタイルを貼り、間接照明で浮かび上がらせている（ishi-house）

■特性

タイルとは、天然の粘土や岩石などを原料にして薄板状に焼いた陶磁器製品で、いわゆる焼き物です。住宅ではバスルームなどの水廻り、玄関、テラスの床面やキッチンの壁などに利用されます。

■種類

焼成温度（焼き締めの温度）の高い順に「磁器質・せっ器質・陶器質・土器質」に分類され、焼成温度が高いほど吸水性が低く、耐久性が高くなります。カタログでは、内装タイル・外装タイル・床タイル・モザイクタイルなど用途別に分類されます。水が掛かる所に使うタイルは吸水性の低いもの、とくに寒冷地では耐凍害のものを選びましょう。なお、「土器質」はカタログではあまりありませんが、イタリアなどの粘土でつくられた素焼きのテラコッタタイルが該当します。そのほか、形状の違いや、瓦を平板状に焼いた瓦タイル、炎の焼きムラや自然な釉相を楽しむ窯変タイルなど、焼き方によっても呼び方が変わります。

■表面の質感

素地に釉薬（ガラス質のうわぐすり）を施して焼いた施釉と、そのままの無釉があります。施釉はさらにブライト（光沢）・セミブライト（半光沢）・マット（ツヤ消し）に分類され、ツヤの有無により色が同じでも異なった表情をしています。陶器質タイルに釉薬を塗って表面の耐水性を高めた製品も多くあります。製法には粉を型に入れて固めて焼く乾式製法が一般的です。安定的に大量に生産できますが、表情が均質化する傾向があります。ポルトガルのアズレージョなど、あえて昔ながらの湿式製法で自然なムラを楽しむものもあります。

■サイズ

形状は、正方形、長方形、円形、多角形、ボーダーなどがあります。平タイルが基本ですが、エッジの面をとった役物タイルもあり、これを出隅部分に用いると収まりがよく便利です。サイズもモザイクタイルなど小型のものから400㎜角以上の大判タイルまで多種多様です。大きくなるほどゆがみや収縮が出やすく精度の高い製品をつくるのが難しいため、価格は割高となります。

■デザイン

色やサイズのほか、平滑か粗面か、または山の有無など形状もさまざまです。半端なタイルが出ないように美しく割り付けることも大切です。「100㎜角」などの呼び方は目地の寸法を含んだものですが、輸入タイルには目地幅を含まない製品実寸法の記載も多いので、選ぶ際は目地込み寸法かを確認しましょう。また、目地の太さや目地材の色によってかなり印象が変わるので、タイルと合わせて目地も検討しましょう。

バスルームなどのカビが生じやすい場所では抗菌防汚目地材がおすすめです。とくにバスルームの床は濡れて転倒しやすいので、表面がザラザラしたノンスリップタイルか、モザイクタイル、50㎜角程度の小さめのタイルを選び、目地を多くして滑らないようにする必要があります。

さまざまなタイル（上：釉薬の程度　中：海外の伝統的なタイル　下：ノンスリップタイル）

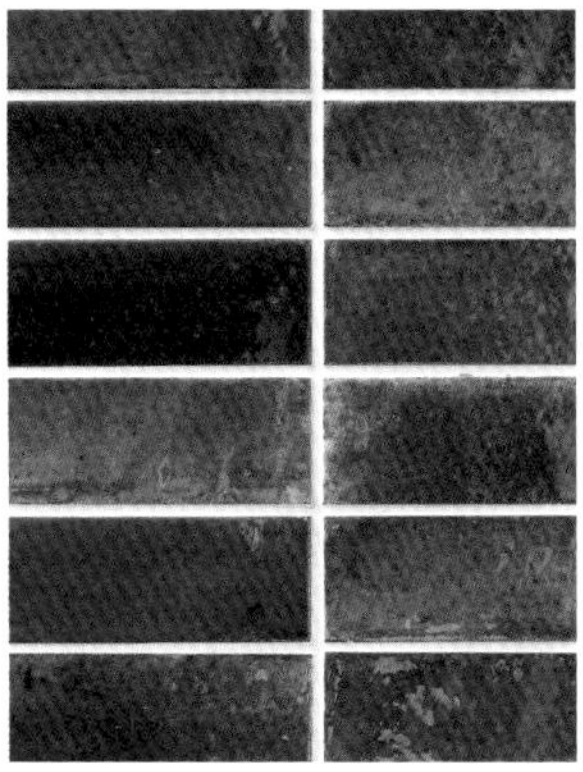

BI施釉タイル　マジョリカタイルの光沢と色彩、ヴィンテージ感を表現（クロジョーロ／名古屋モザイク工業）

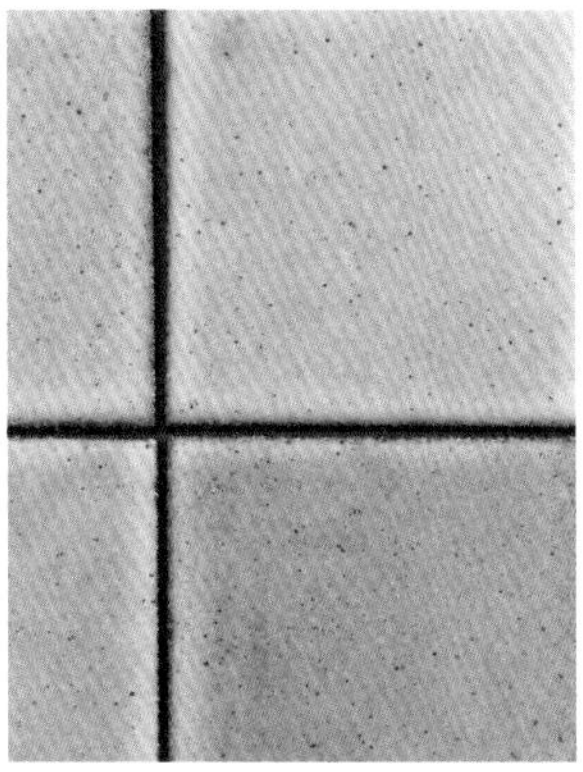

施釉タイル　セミブライト釉。しっとりと自然な光沢感（コットフランセ／KYタイル）

施釉タイル　原色から淡い色合いまでそろえたシリーズ（ジキーナ／INAX/LIXIL）

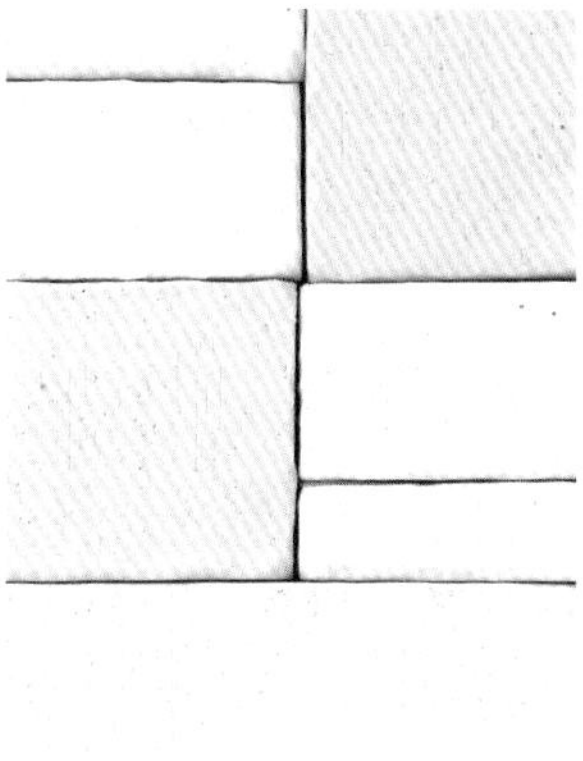

無釉タイル(せっ器質)　釉薬を掛けないもの。柔らかな印象（四神 白虎／ダイナワン）

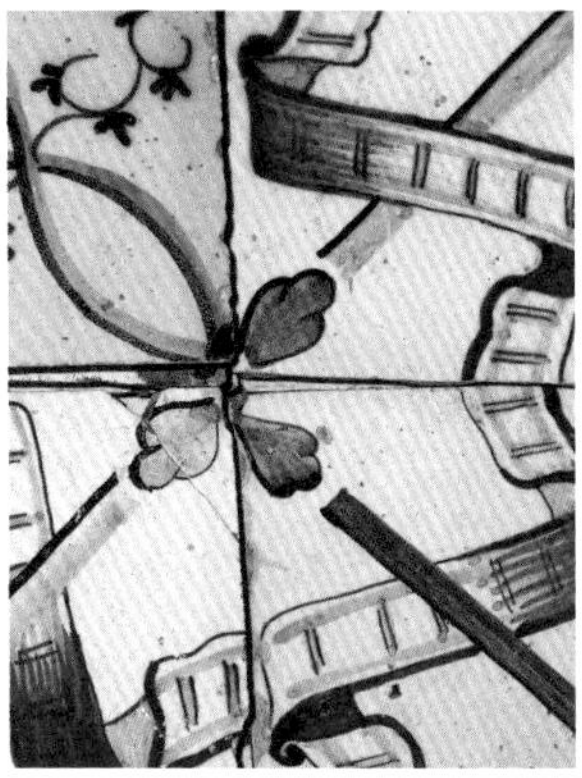

ポルトガルのタイル　アズレージョ。白色施釉の素地に顔料で絵付けをする（①）

マレーシアのタイル　多彩なレリーフは華のモチーフが多い。腰壁などに用いる（①）

モロッコのタイル　ゼリージュ。日干しレンガの窯で焼成。モザイク状に張る（①）

スペインのタイル　テラコッタタイル。素焼きの土っぽい風合い。床に多用される

タイルの焼成温度と性質

素地の質	焼成温度	素地の特徴	適応
磁器質	1,250℃	キメが細かい・薄くて丈夫	外装・床でも使用可
せっ器質	1,200℃	焼き締まっている・薄くて丈夫	外装・床でも使用可
陶器質	1,000℃	キメが粗い・厚みがあり、丈夫	内装壁のみ使用可
土器質	800℃	最もキメが粗い・厚みがあり、やや脆い	外装・床でも使用可。凍害注意

貫入が施されたタイル　釉薬の持ち味が際立つ深みのある発色、美しいグラデーションが楽しめる（アリア／平田タイル）

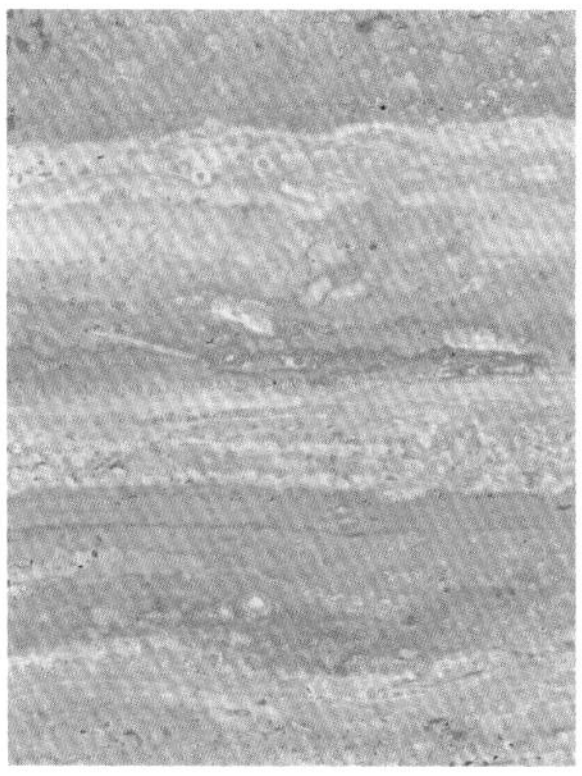

最新技術により細やかな質感と手触りを実現（M9GH／マラッツィ・ジャパン）

タイルの使用事例

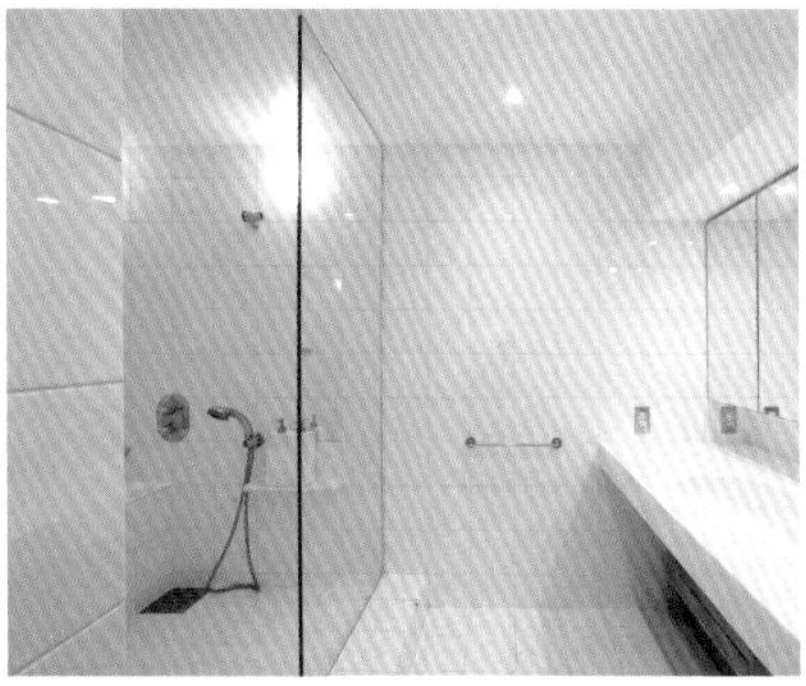

白いタイルを用いた明るいサニタリールーム。床にはマットな質感のものを張っている（①）

素焼きのテラコッタタイルを張った床。装飾的な壁面とは対照的。スペインやポルトガルで多く用いられる（①）

お肉屋さんの商品ケースに彩られた、色や形、大きさの違うモザイクタイル貼り

タイル 2

レンガ・瓦

レンガや瓦は古くから外部で使われることの多いマテリアルですが、焼き物特有の素材感があり、インテリアでも空間のアクセントとして用いられます。積み方や敷き方、並べ方の工夫により、ボリューム感のある表現をすることも可能です

赤瓦を葺いた住宅の屋根。経年変化で深みが生まれ、味わいが増している（イエノイエ）

■レンガ

レンガは、粘土や岩石、泥を型に入れ、窯で焼いたり圧縮するなどしてつくられる建材です。日本では幕末から明治時代の近代化と共に普及しましたが、レンガ積みの建物は耐震性が低いため、関東大震災以降、構造材としては使われなくなりました。

現在は、床に敷くほか、薄く加工した煉瓦風タイルを壁や床に張る仕上げ材として用いられています。

レンガはJIS（日本工業規格）で、普通レンガ、建築用レンガ、耐火レンガに区分されており、目的に応じて選びます。特に、暖炉や囲炉裏などをつくる際には、耐火レンガを選ぶ必要があります。

サイズは、210×100×60㎜の全形レンガ（おなま）を基本として、各辺を1／2、1／4、3／4などの分数倍した、半ます、羊かん、七五、二五分、羊ようかんなどがあります。

色調は焼き過ぎ、赤、橙、黄、白、灰、濃灰、いぶしなどの種類があります。テクスチュアは平滑、割肌、こぶ付き、粗面、丸みなどがあります。通水孔の開いたレンガや、有孔ブロックもあり、形状は多様なので、実物を見て選ぶとよいでしょう。

仕上げ材として使用する際、積み方や敷き方もデザインの重要なポイントです。玄関周りや細い柱にレンガを張った建売住宅などは張りぼてに見えがちです。壁に張る場合は、力の流れに即した積み方を意識してデザインしましょう。

■瓦

瓦は日本では馴染みの深い、粘土でつくられる建材です。最近では従来の粘土瓦のほか、セメントや金属、ガラスを材料としたものも広義に瓦と呼んでいます。

種類は、製造方法、素材、産地、使用する部位などによってさまざまで、粘土瓦は、釉薬を使わない「いぶし瓦」と「無釉瓦」、釉薬を用いる「釉薬瓦」に大別されます。いぶし瓦は渋い銀色の光沢が特徴で、銀色瓦、黒瓦などとも呼ばれています。

本来は屋根に葺くものですが、改修の際に屋根からおろした瓦を庭や床に敷き詰めるなど、古くから屋根材としての用途以外にも広く使われてきました。壁に平瓦を張り付けて目地を漆喰で半円形に盛り固めた海鼠壁（なまこかべ）や、瓦と練土を交互に積みあげて上を瓦で葺いた練塀（ねりべい）も有名です。現在も、敷瓦として床や地面に敷き詰めるさまざまな形状の瓦があり、タイル状に成形された瓦タイルは、厚み13～20㎜程度、大きさは100、150、200、300㎜角など豊富にあります。瓦特有の深みのある表情で、施工は普通のタイルと同様に扱えます。とくにいぶし瓦は和の空間のほか、落ち着いた雰囲気のインテリアに合いやすいのでおすすめです。このほか、赤系のものでは、沖縄でしか採れない泥岩（くちゃ）を主原料とした沖縄伝統の赤瓦があります。色ムラがあったり、サイズが不均一だったりしますが、ヨーロッパのテラコッタタイルと似た味わいのある素材です。

さまざまなレンガと瓦 （上：色味の異なるレンガ　下：瓦の種類）

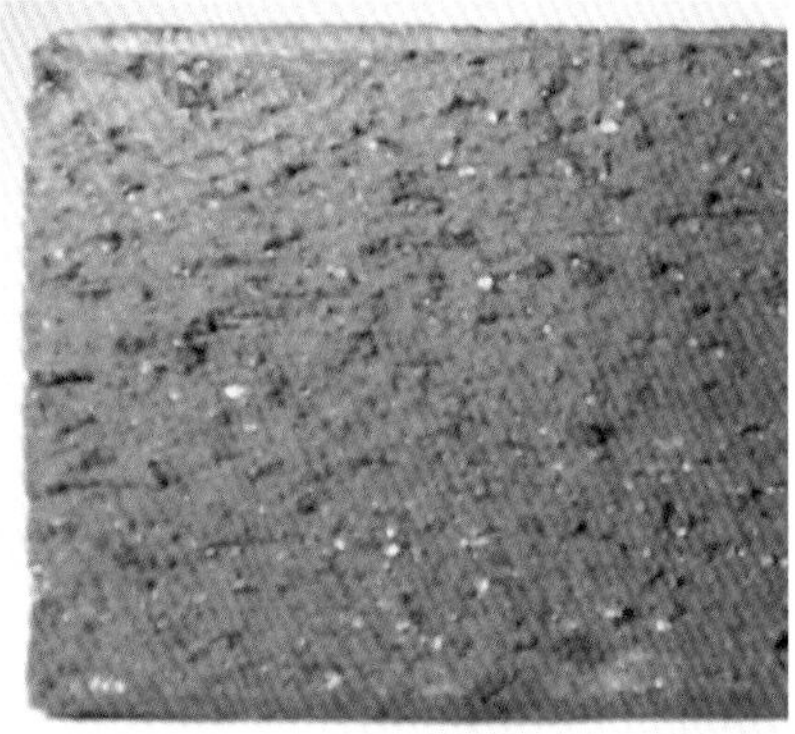

焼き過ぎレンガ　変窯による色味のバラつきが面白い（QCブリック／太陽エコブロックス）

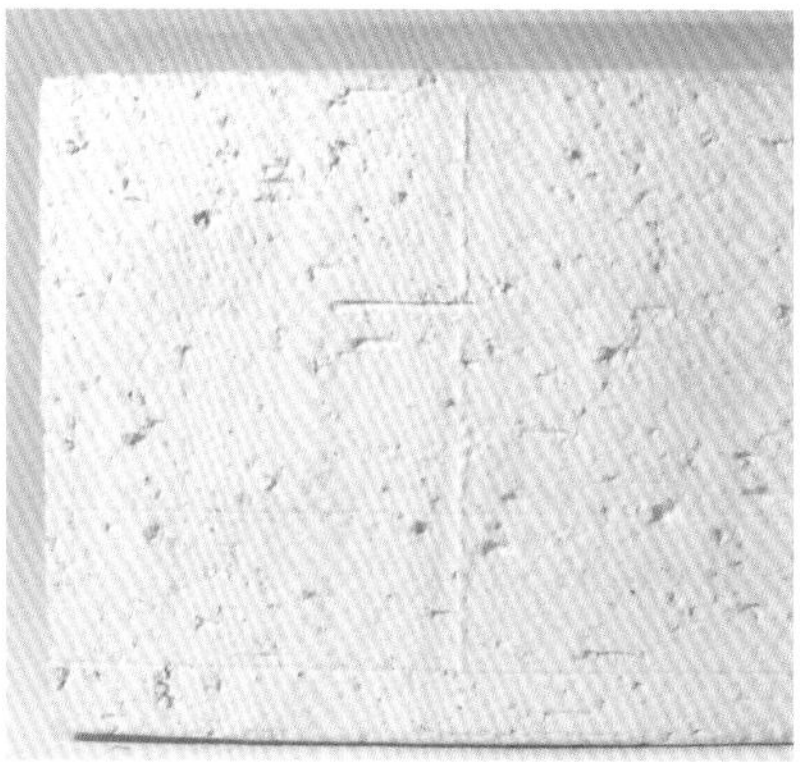

白色レンガ　白土を原料にしたもの。見た目のきれいさが人気（フカケン）

赤レンガ　一部を矢羽根状に積み上げた状態（上海新天地）

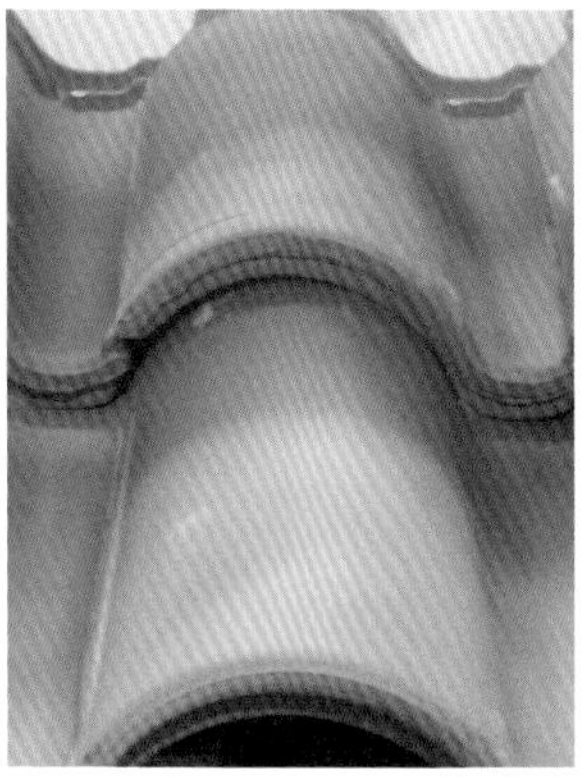

無釉瓦　素焼きのスペイン風瓦。上丸瓦と下丸瓦の組合せが屋根に立体感を生む

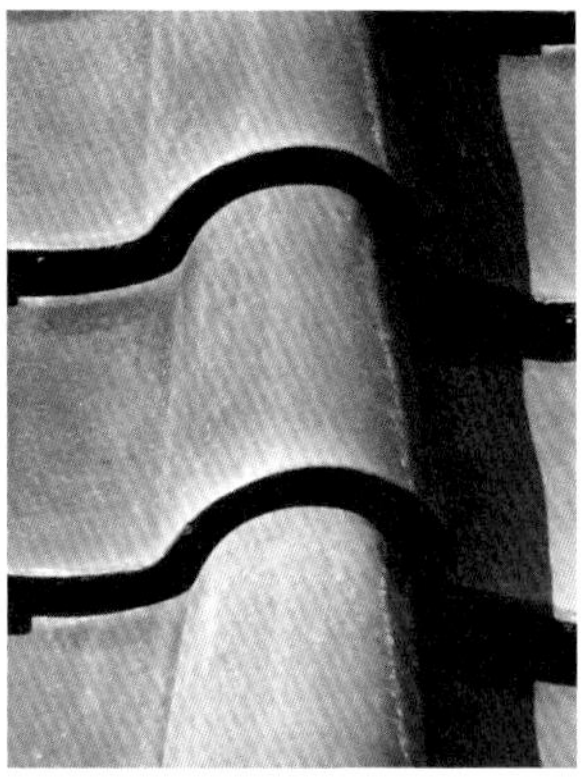

施釉瓦　青色の釉薬をかけた瓦。色の種類が豊富。形状は丸みのあるスペイン風

釉薬瓦　愛知県で生産される三州瓦。釉薬陶器質のもの（J形防災瓦　銀鱗／鶴弥）

敷瓦　平面形状の燻し瓦。床・壁いずれにも張ることができる（カネリ製瓦）

代表的なレンガの積み方

イモ目地積み

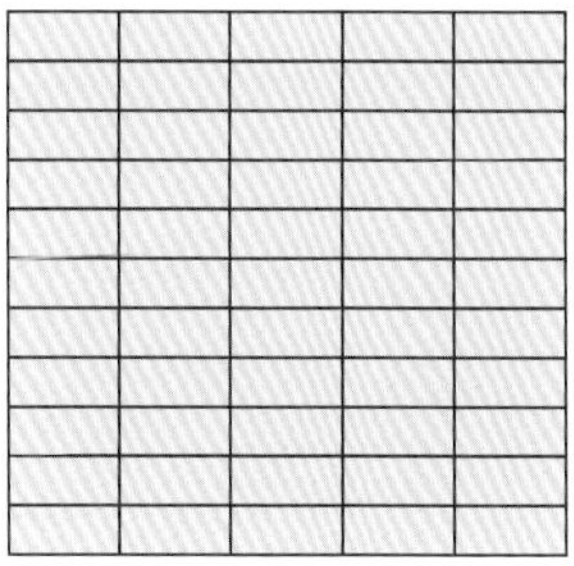

目地を格子状に通す積み方

馬目地積み

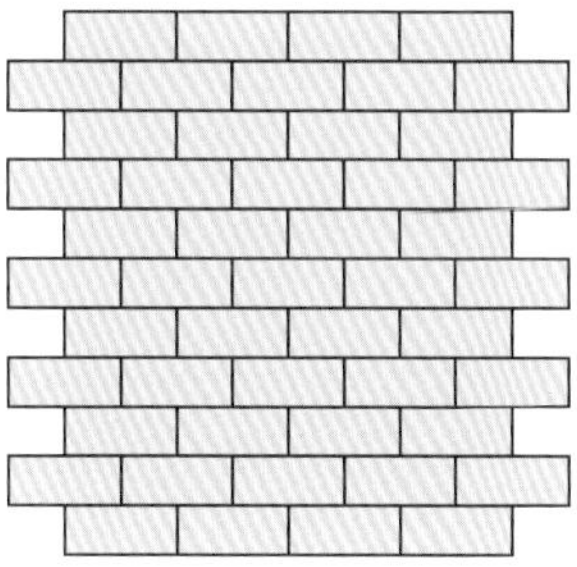

目地を半丁ずらす積み方

フランス積み

各段に長手と小口を交互に並べる積み方

イギリス積み

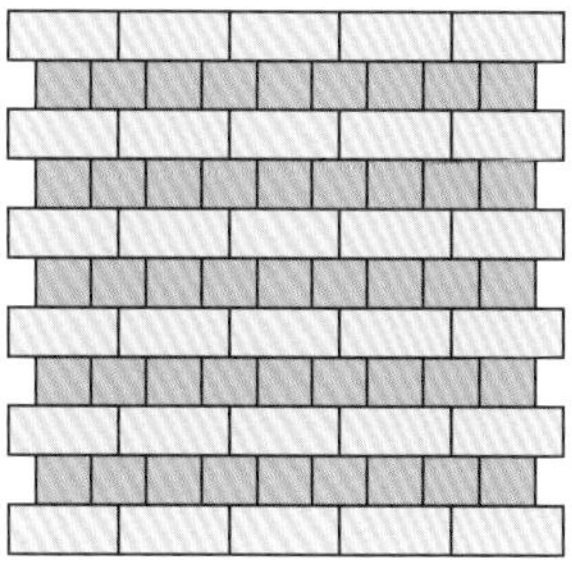

長手の段と小口の段を交互に重ねる積み方

瓦やレンガの使用事例

沖縄でしか採れない泥岩（くちゃ）を用いた赤瓦。特有の色ムラがある。余った土でシーサーもつくる

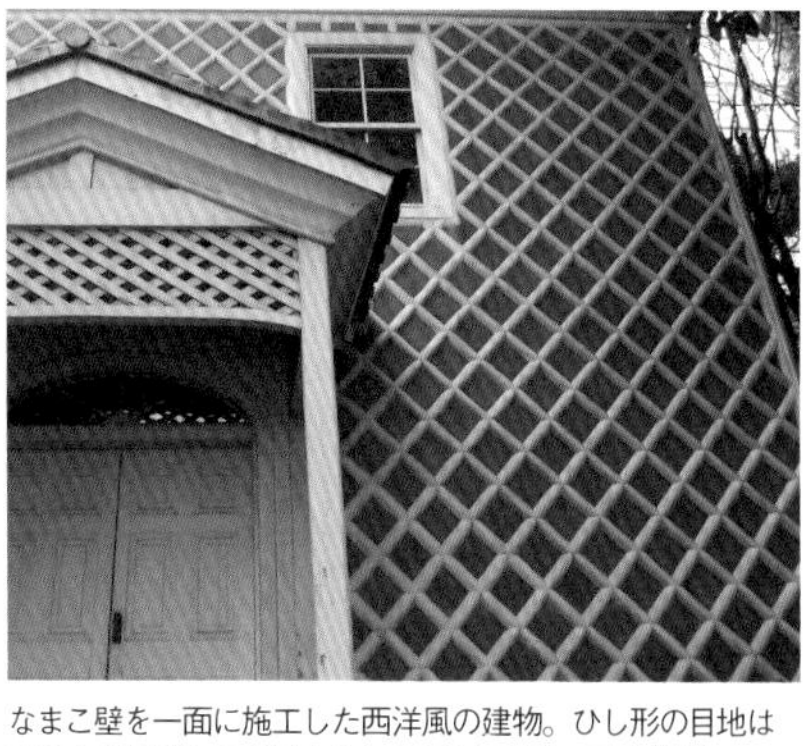

なまこ壁を一面に施工した西洋風の建物。ひし形の目地は漆喰を半円形に塗り固めたもの（慶応大学三田演説館）

中国の黒レンガ（塼）をスライスしてボーダー状にしたものを壁に貼った例（tumon-house）

タイル３

その他のタイル

一般的なタイル以外に、さまざまな特徴を出したタイル製品が各種あります。ガラスタイルなどの素材の特殊性を生かしたもののほか、最近では健康建材や環境配慮のタイルがいろいろと開発されています

光を透過する特徴をもつベネツィアンガラス貼った照明器具　（アトモスフィエラ／SICIS TOYO KITCHEN STYLE）

■ガラスタイル

ガラスタイルは透明感のある美しい仕上がりが特徴です。ガラスモザイクタイルは、ガラスでできたモザイク状の小さなタイルで、10～50㎜程度の正方形のタイルを300㎜角程度のシート状にしたものや、細長いもの、変形のものなどさまざまな形状があります。

色やテクスチュアも豊富で、鮮やかな色彩やキラキラしたもの、透明感のあるもの、マットなもの、模様が入ったものなどアート性の高い製品も多く、選ぶのが楽しいマテリアルです。色や形状によって大きく違ってきますが、一般に価格は高めです。壁や床の全面に張らなくても、インテリアのアクセントとして、壁の一部に張るのもおすすめです。複数の色が組み合わさったものやグラデーションのものなど、数種類を組み合わせて模様張りをするといった楽しみ方もあり、表現の可能性が広がります。

このほか、タソスホワイトなどの石と風合いが似た大判の床用ガラスタイルもあります。吸水性が低く、汚れも染みにくい素材です。天然の大理石以上の強度があるといわれ、日常の手入れも比較的簡単ですが、非常に硬く、現場での加工が難しいという注意点があります。また、歩行感が硬いため、素足で歩き続けると足首を痛める恐れがあるので、住宅では下地も検討しましょう。

■機能性壁材

昨今の健康志向の中、調湿作用のある仕上げ材も多様化してきました。そのさきがけである「エコカラット」（ＩＮＡＸ／ＬＩＸＩＬ）や、珪藻土タイル、漆喰タイルなど、湿気をコントロールしてダニやカビの繁殖や結露の発生を軽減したり、空気中の臭いを吸着するなど、吸放湿性の面では珪藻土などの左官仕上げ以上の効果が得られるものもあります。タイル状の工業製品なので、見た目としては自然な風合いというよりは、乾式製法の均質化したタイルに近くなります。テクスチュアや形状の種類が多数あるので、インテリアの中でもバランスを考えて採用するといいでしょう。

なお、浴室など湿度の高い場所には不向きで、油を吸うためキッチンでは使用できませんが、シックハウス症候群の原因となるホルムアルデヒドなどを低減する効果があるので、居住時間の長いリビングや、寝室などの壁に用いるとよいでしょう。クロスに比べ価格が高めなこともあり、壁の一部分に張るような使い方も多いですが、吸放湿性などの性能を期待するならば、なるべく広い面積で用いた方がよいでしょう。

また冬場、熱伝導率の大きい石やタイルを張った浴室の床は足元が冷たくなります。これに対し、基材部の中に断熱層をつくり、ひんやり感を軽減するものとして開発された「サーモタイル」（ＩＮＡＸ／ＬＩＸＩＬ）という製品があります。そのものが暖かくなるわけではないので、床暖房ほどではないですが、床の冷たさを軽減したい場合に有効。ただ人工的な素材感が強く、また汚れがつきやすく落ちにくい面もあるので、包括的に検討しましょう。

さまざまなタイル （上：モザイク　下：特殊なタイル）

エコカラットプラス ペトラスクエア　石やレンガなどの質感をつけたもの（プレシャスモザイク ペトラスクエア／INAX／LIXIL）

ハンドメイドのガラスタイル　アメリカ製（オーシャンサイド／聖和セラミックス）

面取りしたタイル　鏡のようなツヤの施釉タイル（MOSAIC & MOSAIC／ダイナワン）

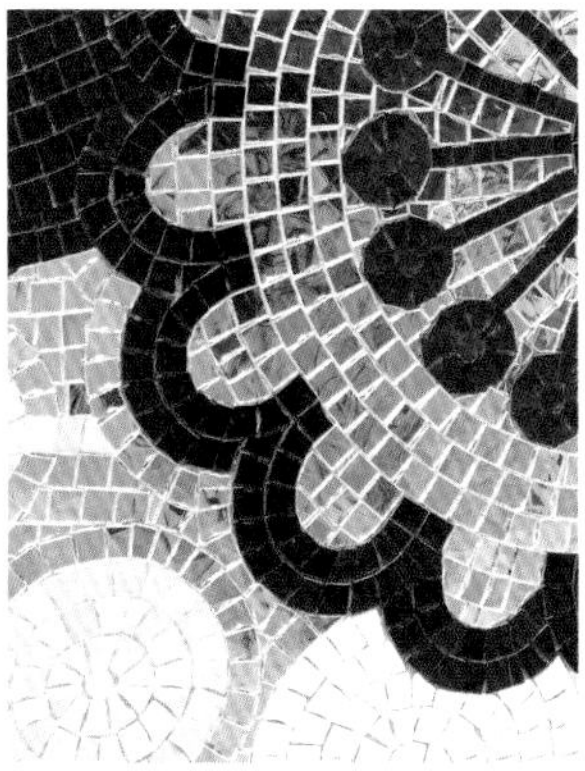

ベネツィアンモザイクによるパターン　イタリアでハンドメイドされたガラスモザイク（SICIS）

サーモタイル　気泡を含む断熱層で、ひんやり感を軽減。浴室床用（INAX／LIXIL）

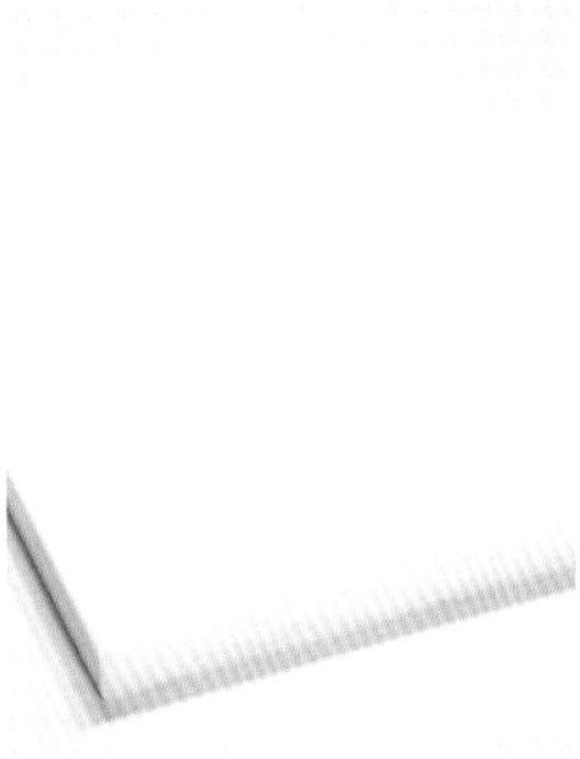

大理石風ガラスタイル　真白でツヤがある。内装床用（タソスホワイト／リビエラ）

床用ガラスタイル　水面のような透明感がある。内装床用（GA9シリーズ／TOTO）

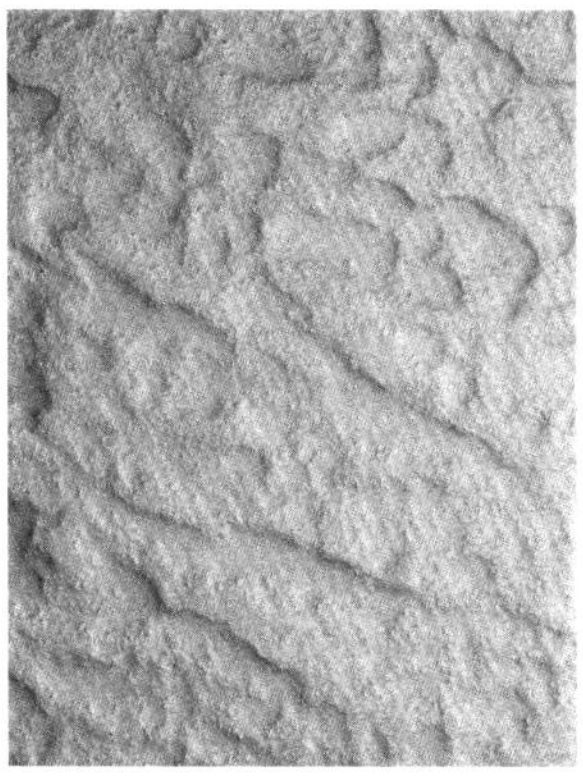

割れ肌ガラスタイル　ラスター釉×割れ肌の面×青色ガラス（タクト／クリヤマ）

モザイクタイルや特殊なタイルの使用事例

モザイクタイルを一部に張った洗面室の壁。間接照明に照らされて、テクスチュアが浮かび上がっている

クライアントと一緒に色の組み合わせを選んだモザイクタイル

洗面台の奥の壁に貝殻を加工したモザイクタイルを貼った例（ishi-house）

バスルームの壁に大判タイルを貼っている（マホガニーハウス）

ガラス系 ❶

ガラス

ガラスは、視線や光を透して空間を共有しながら、空気や音などを遮断する、たいへん便利で可能性のあるマテリアルです。透明度や表面の形状も多様で、合わせガラスなど意匠性に富んだものもあります

強化ガラスの手摺。ガラスの透明感を邪魔しないよう、縁や取付け金具をシンプルにした（七里ガ浜のリップルハウス）

■**特性**

ガラスは、光を透過する、反射するという性質をもちます。ガラスというと「光を透す薄くて硬い素材」というイメージですが、製造・加工方法により、さまざまな特徴を持つものがあります。開口部に使われることが一般的ですが、インテリア素材としても幅広い使い方が可能です。

■**種類**

大きくは、透明ガラスと不透明ガラスに分けられます。光や視線、景色を透したい間仕切壁や建具などには、平滑で透明な普通ガラスや強化ガラスが用いられます。なお、部分的に視線を遮りたい場合には透明ガラスの一部に不透明な飛散防止フィルムを貼ることも多いです。

普通ガラス（フロートガラス）は価格が安く、インテリアにも気軽に使われる材料ですが、万が一割れたときに鋭利な破片となり危険なので、人やものがぶつかる可能性の高い場所、とくにバスルームなどの裸になる場所では強化ガラスが適しています。

強化ガラス（tempered glass）はテンパーガラスや焼入れガラスとも呼ばれ、普通ガラスに熱処理を加えた後に急激に冷却してつくられます。見た目は普通ガラスとまったく同じで、通常人間の目では見分けることができません。価格は高くなりますが、普通ガラスの3〜5倍の強度があり、割れても破片が細かく粉々になり、大けがを防げる安全性の高いガラスです。ただし、強化ガラスは防犯性の高いガラスと思われがちですが、泥棒の手にかかると普通ガラスと同様に簡単に破られてしまいます。ガラス選択の際にはその点を間違えないようにしましょう。また、強化ガラスは現場での切断や穴あけ加工ができないので注意が必要です。

一方、光は透したいが視線や景色は遮りたいという場合には、型板ガラスやフロストガラスなどの不透明ガラスが用いられます。型板ガラスは窓ガラスによく用いられる安価なガラスですが、表面に模様があるため、面白い表現ができる反面、インテリアのイメージにそぐわない場合もあります。そのような場合にはフロストガラスが適しているでしょう。フロストガラスは模様のない不透明なガラスで、サンドブラストした表面をさらにフッ化水素で化学処理して滑らかにしています。透明ガラスの片面をサンドブラストしただけのすりガラスは汚れが付きやすく落ちにくいのに比べ、手垢が付きにくく、インテリアでも扱いやすい材料です。

防犯性を求める場合には、合わせガラスが適しています。合わせガラスは、2枚または数枚のガラスの間に特殊中間膜（ポリビニルブチラールなどのプラスチックシート）をはさんだ安全性の高いガラスで、割れても破片が飛散しないので、自動車のフロントガラスなどにも採用されています。中間膜に装飾フィルムやステンレス、パンチングメタルなどを張り合わせた装飾合わせガラスも各種あり、インテリア素材としても幅広く活用できます。

さまざまな板ガラス （上：小柄の型板ガラス／不透明ガラス　中：大柄の型板ガラス　下：装飾合わせガラス／その他）

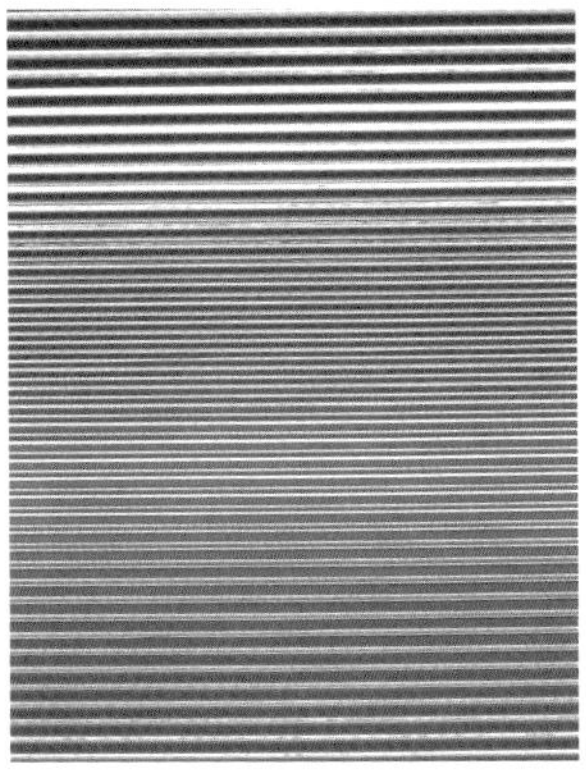

型板ガラス　リブ状の表面。リブの間隔は約3mm（がらすらんど）

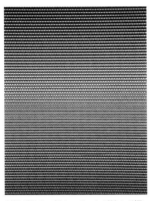

型板ガラス　細かいドットが並んだ柄（がらすらんど）

フロストガラス　サンドブラスト加工+化学処理（がらすらんど）

すりガラス　サンドブラスト加工を施したもの（がらすらんど）

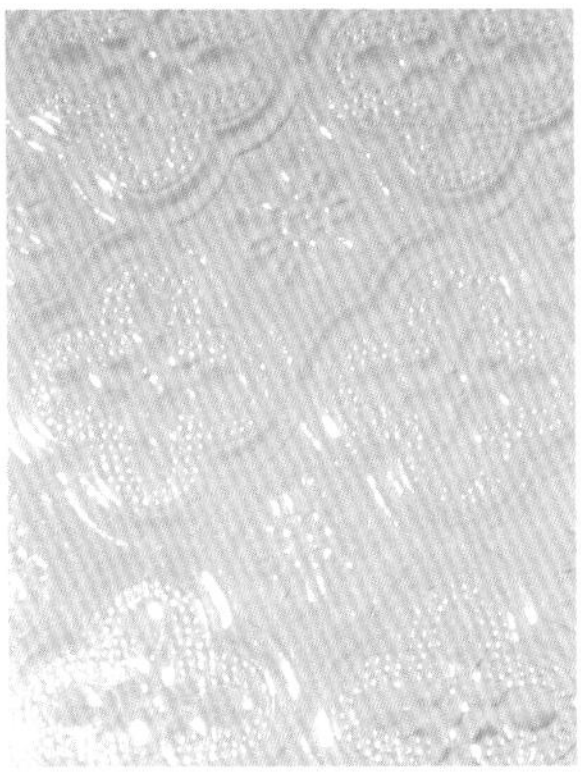

型板ガラス　花のモチーフのパターン（がらすらんど）

型板ガラス　ランダムなパターン（がらすらんど）

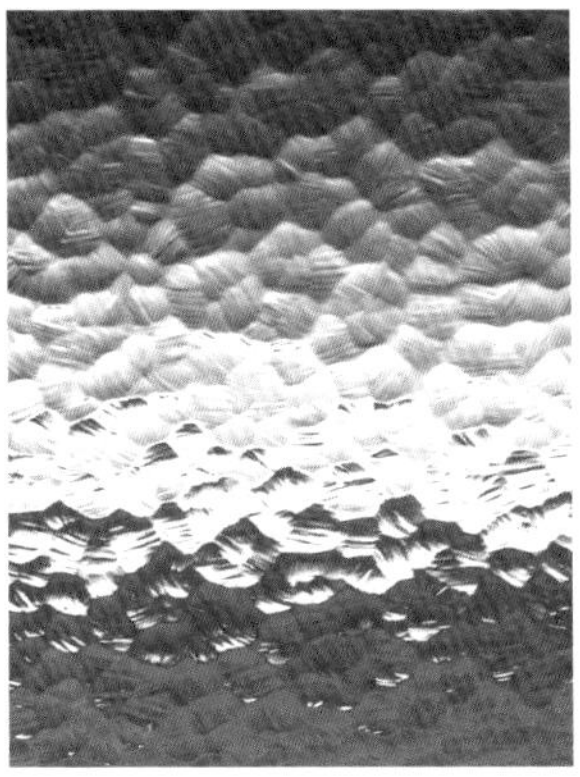

型板ガラス　石を削り取ったようなテクスチュア（がらすらんど）

型板ガラス　ピラミッド型の四角錐が整列する柄（がらすらんど）

装飾合わせガラス　10色の中間膜の組合せから670色が表現できる（グラスキューブ）

装飾合わせガラス　3枚のガラス+2枚ストライプ柄のフィルム（グラスキューブ）

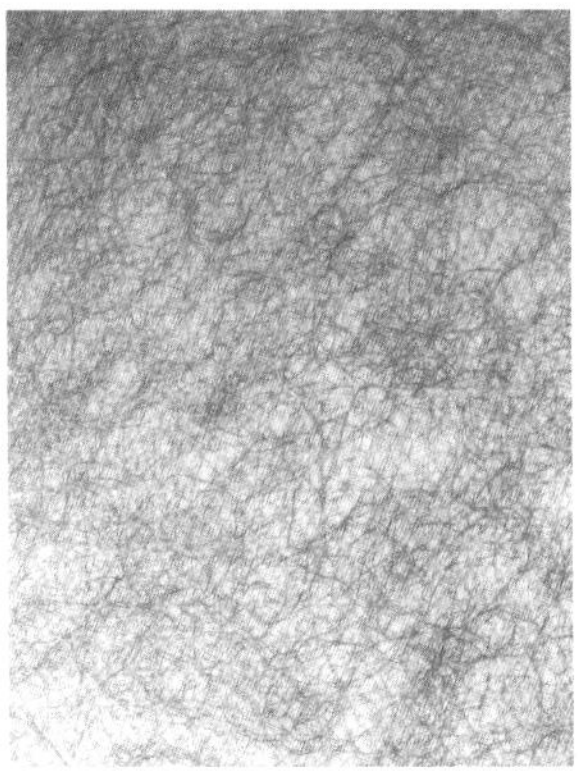

装飾合わせガラス　和紙をはさんだもの（吉祥樹）

ノンスリップガラス　表面に微粒ガラスを付け床に使えるガラス（グラスキューブ）

板ガラスの使用事例

フロストガラスを使用したキッチンとダイニングスペースの間仕切り

透明強化ガラスを使用したバスルームと洗面室の間仕切り

脚部に透明ガラスを使用し、軽やかな印象のライティングデスク（ギャラリーホテル）

ガラス系 ❷

その他のガラス

ガラスによる素材で、鏡やガラスブロックはインテリアでもよく使われます。鏡は視覚的効果で空間を広く見せることができます。ガラスブロックにはさなざまな種類があり、光や視線の抜け具合を操作することができます

階段室のペンダント照明が映るガラスブロック。視線は通さないが、水のように揺らめきながら光が通る（ミモザハウス）

■鏡

「姿を映す」目的で、住宅でも当たり前に使われている鏡ですが、その目的以外に壁の仕上げとしても用いられたりします。

店舗などで、壁の一面が鏡貼りになっていることで店内が倍の広さに感じられるという鏡の使い方でもおなじみだと思いますが、鏡は「景色を映す」ことでさまざまな視覚的効果を生みます。たとえば、壁のコーナーに鏡を貼ると奥まで壁が続いているように見え、実際以上の広がりを感じることができるので、住宅でもトイレやバスルームなどの狭くなりがちな部屋を広く見せることができます。また、鏡に景色が反射して、景色の見えないところでも反対側に見える緑が映り込むという効果も期待できます。

このような目的で鏡を設置する場合は、鏡の周囲に枠や幅木を設けたり壁から突出して納めたりすると、鏡の存在を際立たせてしまうので、壁面と同面で埋め込むとよいでしょう。また、自分の姿が映りこむと、広がりを感じるなどの視覚的効果が生まれなくなるので、取り付け位置には気をつけましょう。半透明のハーフミラーは、明るい方からは鏡に見え、暗い方からは窓に見えるので、照明や日光と合わせて計画すると面白い効果が得られるでしょう。鏡は厚さが薄いと映った景色にゆがみが出るので、5㎜以上のものを選ぶようにしましょう。

また、わりと重量があるので、建具に広い面積で張る場合には、その重量に耐えられる蝶番を選ぶようにしましょう。

■ガラスブロック

20世紀初めにイギリスでつくられた、空洞のブロック状に成型加工された建築用のガラス素材です。2個の箱型のガラス片を高熱で加熱溶着して一体化したもので、内部が空洞で0.3気圧と真空に近いので、普通のガラスよりも断熱性や遮音性に優れ、結露防止効果が大きいという特徴があります。また、両面化粧仕上げなので、外装、内装の仕上げ工事が不要な建材です。ただし、構造耐力上の負担をかけない非構造壁として扱う必要があります。

表面パターンや色・サイズ・形状により、さまざまな種類のガラスブロックがあります。正方形のものが一般的で、見かける機会も多いと思いますが、長方形や円筒状のものもあります。表面のパターンなどによって、光の透過の度合いや視線の抜け具合が違ってきます。ブロックの寸法や目地幅を調整することにより、直線だけでなく曲面などの壁面構成も可能です。

やわらかで均質な光を室内に導くことができるので、光壁のように、壁一面をガラスブロックで仕上げるような使い方が一般的です。壁の一部にぽちぽちと小さな光窓を開けるような使い方も光の存在を感じられ、面白いと思います。このほか、トップライトや、床に埋め込む場合もあります。

なお、万が一破損した場合には、破損した部分を新しいものと取り替えることができるので、メンテナンス性の高い材料といえるでしょう。

さまざまなガラスブロック・鏡

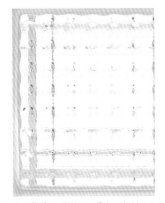

クラウディークリア　グリッドパターンのガラスブロック（ニッタイ工業）

セラミックカラー グレー　かすみパターンのガラスブロック（日本電気硝子）

フロスト・プレーン（透光不透視ガラスブロック）　表面全体をフロスト加工し、磨りガラス状にしたガラスブロック

オパリーン　透光性のよい乳白色のガラスブロック（日本電気硝子）

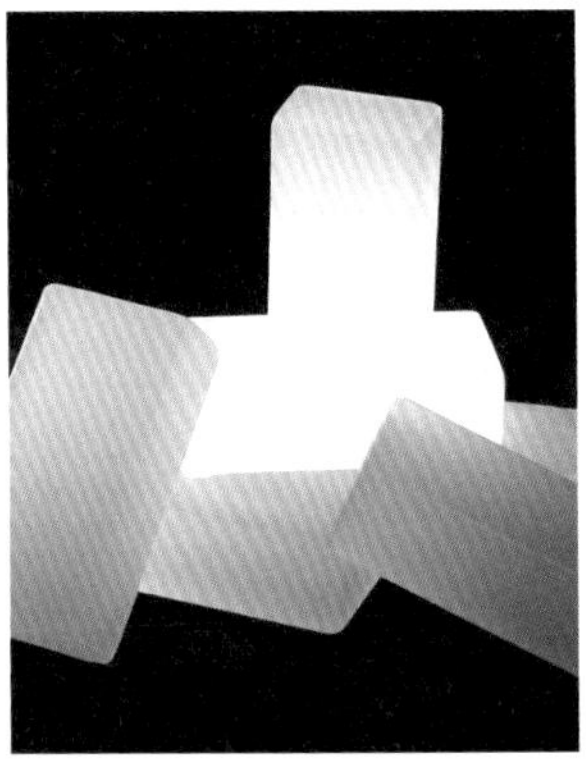

グラソア　レンガのような素材感と存在感を持つ。細かい気泡が閉じ込められた、半透明タイプ（日本電気硝子）

ダイクロマティックガラスブロック　光の透過と反射で色が異なる（日本電気硝子）

トレジャーカラーシリーズ　表面がマットで波打ったテクスチュア（日本電気硝子）

カクテルカラーシリーズ　ガラス内側の着色で、透明感がある（日本電気硝子）

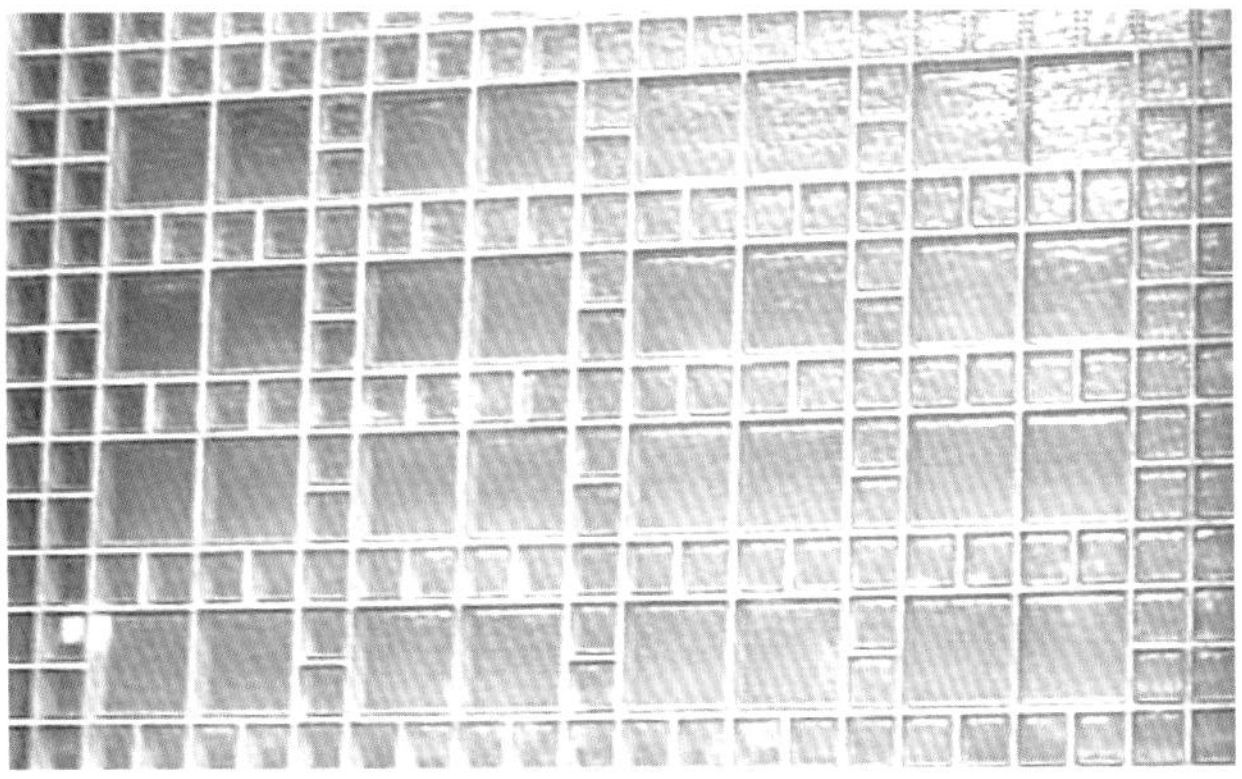

大小の組合せ　大きさの異なるガラスブロックを組み合わせた積み方

縦長タイプ　縦長のガラスブロックを縦方向にした積み方（海外品）

ガラスブロック・鏡の使用事例

廊下の引き戸全面に鏡を貼った例。空間が繋がっていくように見える効果がある（kent-house）

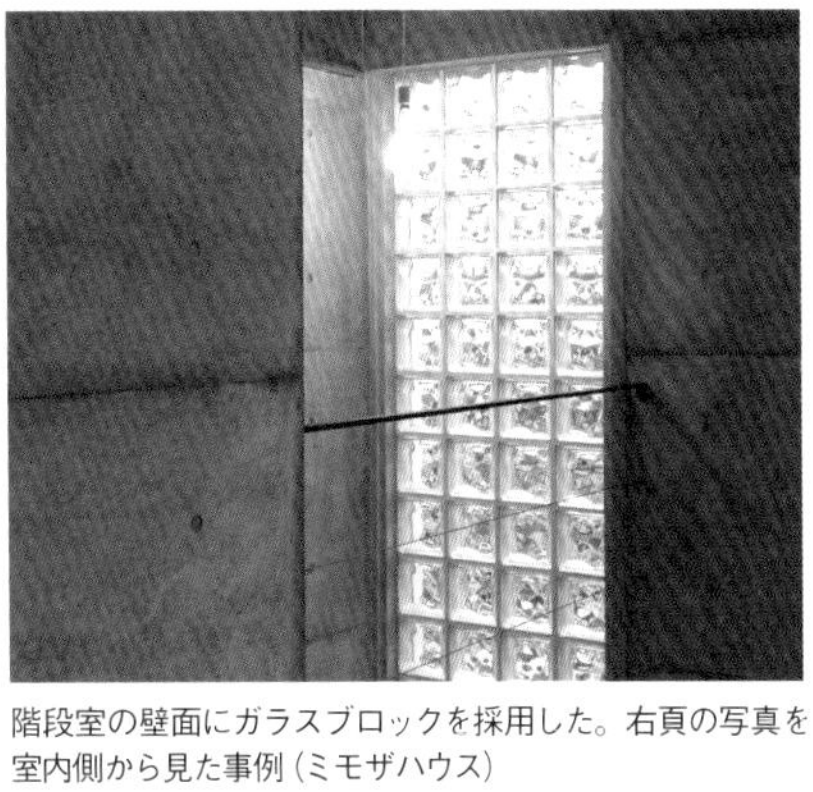

階段室の壁面にガラスブロックを採用した。右頁の写真を室内側から見た事例（ミモザハウス）

LED照明によって神秘的な表情を見せる乳白色のグラソア。素朴な木との取り合わせが個性的（鳥良 上野駅前店/日本電気硝子）

ガラス系 3

特殊なガラス

結晶化ガラス、ステンドグラス、エッチングガラス、カラーガラス、鋳物などデザイン性や機能性を高めた多種多様なガラスがあります。インテリア素材としてもよく使われるものをいくつかご紹介します

ステンドグラス　表面にリップル（波）をつけラスター釉を施したもの（興和商事）

デザイン性や機能性を高めた多種多様なガラスがあります。そのうちインテリア素材としてよく使われるものをいくつか紹介します。

■結晶化ガラス

本来透明なガラスを再加熱、溶解、結晶化させてセラミックスの一種に変化させたガラスです。大理石のような質感なので、コストや生産量の面から大理石の代わりに利用するケースも増えています。カラーや模様のバリエーションも豊富で、ネオパリエなどをはじめとした壁装材として使われるほか、不燃材という特性を生かして、最近ではIHヒーターやガラステーブルのガラス天板などにも多く使用されています。ガラスの特長を生かして、加熱・軟化させることにより、曲面をつくることも可能です。

■ステンドグラス

ヨーロッパのゴシック建築には欠かせない素材で、着色したガラスの小片を鉛線で構成し、絵や模様を表現したものです。高価で装飾的なこともあり、あまり一般的には使われませんが、部分的な装飾などで使われます。本来のステンドグラスは強度がなく、建築材料というより工芸品としての意味合いが強く高価ですが、一見ステンドグラス風なニューステンドという商品があります。これは1枚の板ガラスに色を特殊焼き付けして模様を再現したガラスで、強度の弱点を克服しています。独自のデザインはできませんが、気軽にステンドグラスを採用したい場合に便利です。

■エッチングガラス

透明ガラスにサンドブラスト加工でデザインを彫り込んだガラスです。装飾的な使われ方が多いですが、色を使わないためステンドグラスと比べるとシンプルです。住宅では、室内ドアにはめ込まれたり、玄関の明かり取りやリビングの壁の一部に組み込まれたりします。また、エッチングミラーは装飾性と実用性を兼ね備えた鏡です。

■調光ガラス

2枚のガラスの間に液晶シートを挟みこんだガラスです。この液晶に電圧をかけることによって、透明・不透明を瞬時に切り替えることができるため、視線を自在に切り替えることができます。たとえば、住宅のバスルームの窓や、交通の多い道路に面した窓などで、普段は外から見えないように不透明で、外の景色を眺めたいときだけ透明に切り替えるという使い方ができます。

■カラーガラス

表面処理したガラスに、ガラスのための特殊塗料やセラミック質などを何度も重ねて高温で焼き付け、着色したものです。

■ガラス鋳物

型に入れてつくられるガラス製品で、テーブルやオブジェなど、インテリアのさまざまな場面で利用されます。ガラス鋳物と似たような既製品に、煉瓦の形状をしたガラスレンガがあります。レンガと違い、光を透過したり発光させたりできるので、光壁や光床、光るカウンターに用いられるなど、多様な可能性をもったマテリアルです。

さまざまな特殊ガラス

リサイクルガラス　ガラス粒を焼成して再形成したもの（ビードヴェール／濱田特殊ガラス）

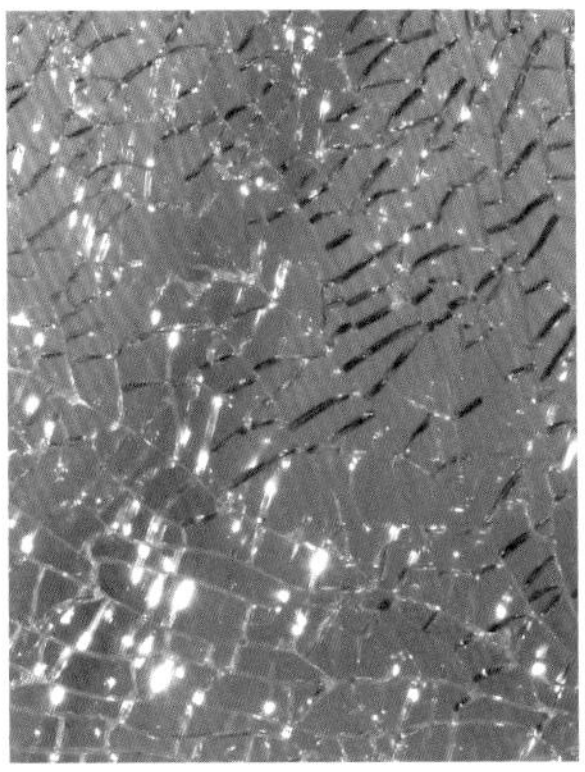

クラックガラス　3枚合わせの強化ガラスの小口を打ち、亀裂を入れた（三光硝子）

カラーガラス　表面がマットな透明ガラスの裏側に塗装で着色（竹松工業）

自律応答型調光ガラス　封入した特殊ゲルが一定の温度で白濁する（アフィニティ）

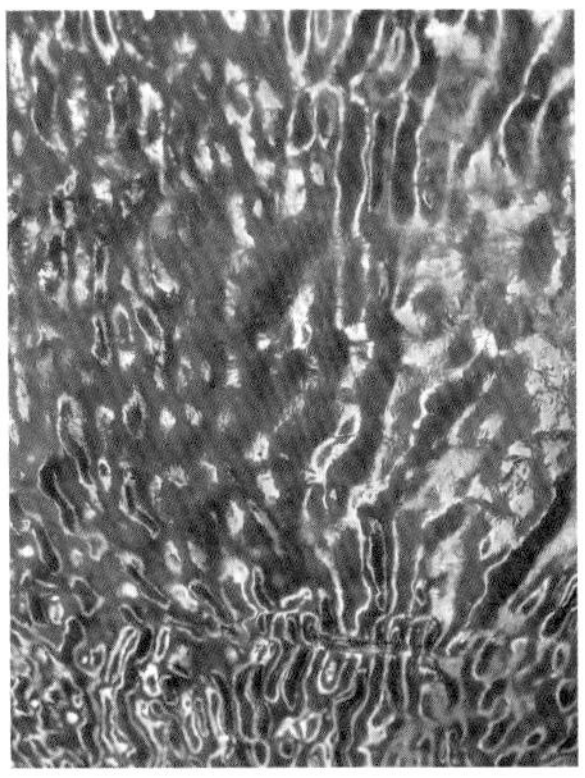

ステンドガラス　濃黄色にラスター釉を施した。ゴールドや赤は高価

エッチングガラス　ホテルのレストラン名が彫られたガラスドア。ロビーの景色が映り込んでいる

ガラスレンガ　気泡を封入して形成した塊（グラソア ブルー／電気硝子建材）

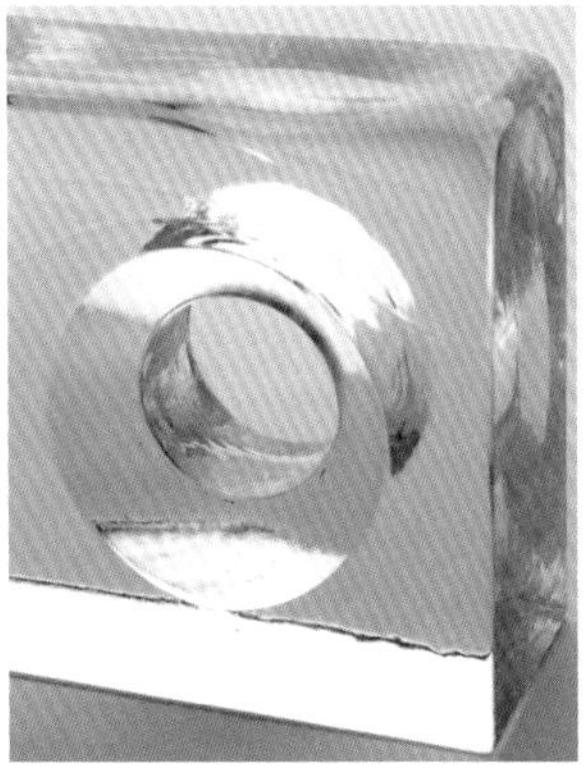

鋳物ガラス　有孔ブロック状の鋳型で形成（アクアブリック／ケンクリエイション）

特殊なガラスの使用事例

絵柄に合わせてカットしたステンドガラスを枠に納めてハンダ付けして制作した窓ガラス。光を透過することで色味が鮮やかになる（小笠原伯爵邸①）

強化ガラスに接着力の強いシリコンシーリングでガラスレンガを貼った壁面。背後から照射して面全体を発光させている（Spa&WeLLness Joule Hyatt Tokyo［スーパーポテト］）

白いカラーガラスを用いた内照式の壁面。裏面の塗装の一部を抜き取って透明にし、絵柄を表現している（カフェ グレ船橋西武店［plastac］①）

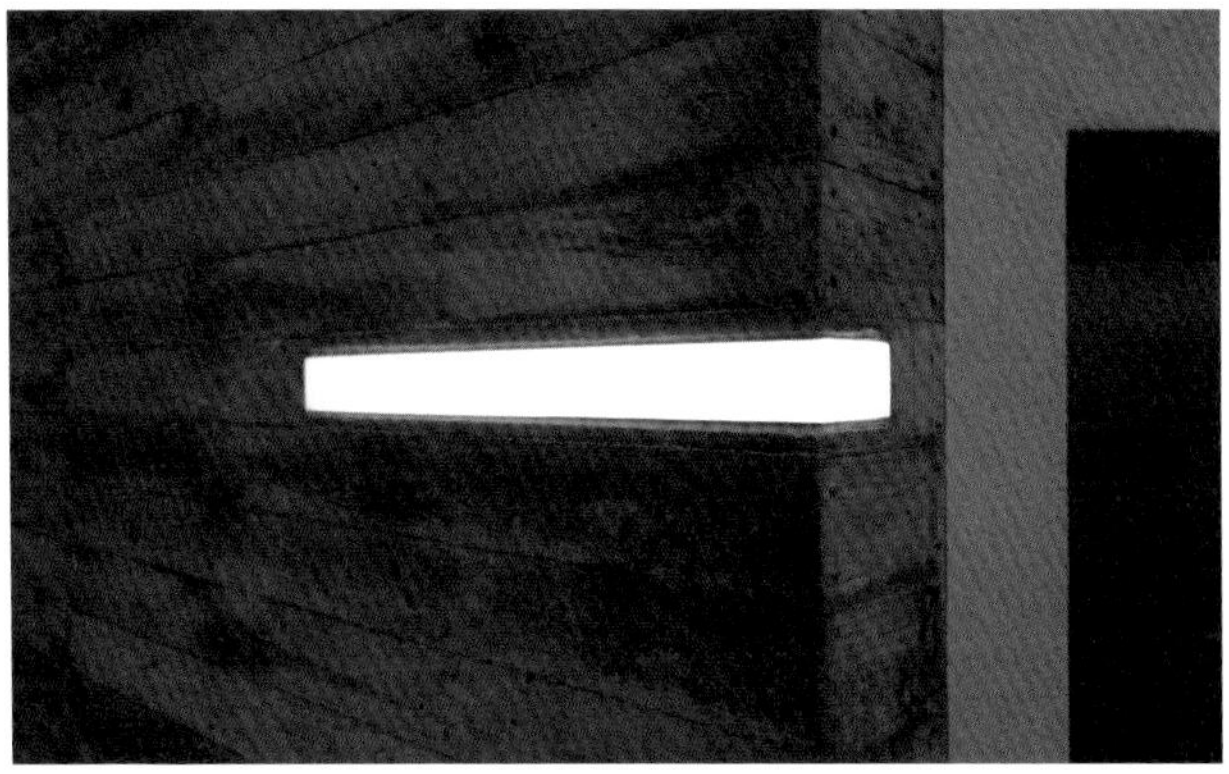

コンクリートの壁に埋め込み、LED照明で照らしたガラスレンガ

敷物系 ❶
カーペット

足触りが柔らかく温かみのあるカーペットは、以前ほど使われなくなってきているものの、住宅の床材として人気の高いマテリアルです。ホテルや店舗、オフィスなどでも、高級感を演出したいインテリアで多く用いられています

洋館の床と階段に敷かれた高級感が漂う赤い絨毯

■特性

カーペットは、厚みがあり柔らかい歩行感が特徴の、衝撃吸収性や保温性に優れた床仕上げ材です。また、防音性に優れることから、下階への音が問題となるマンションなどの床材に適しています。ただ、ホコリやゴミが混入して掃除がしにくく、ダニなども発生しやすいので、キッチンや洗面室などには不向きです。カーペットの素材は天然繊維と化学繊維のものがあり、さらに製法やパイル（毛足）の形状により、さまざまな質感を表現しています。

■繊維

カーペットに用いられる天然繊維には、絹やウールなどがあります。絹は美しい光沢があり、優雅な感触をもつ高級品で、高級なペルシャ絨毯や緞通などに用いられます。ウールは羊毛が原料で、通気性や吸放湿性、保温性に優れます。化学繊維では、ウールに似た性質のアクリルや、ナイロン、レーヨン、ポリエステル、ポリプロピレンなどが使われます。

■製法

織り製法（手織りと機械織り）と針で刺し込む製法に大別されます。手織りの代表的なものは、緞通とよばれる中央アジアが発祥の織物で、基布の地経糸1本1本にパイルを結びつけて織る製法で量産できず、一品物の高級品です。ヨーロッパでは古いアンティークのものほど価値があり、高価です。機械織りには、ウィルトンカーペット・ダブルフェイスカーペット・アキスミンスターカーペットなどがあります。

針で刺し込む製法のカーペットには、タフテッドカーペットとフックドラグカーペットなどがあります。タフテッドカーペットは量産できコストダウンを図れるため、現在主流となっています。

■パイル

毛足の形状によって、カットタイプやループタイプ、それらを組み合わせたカット&ループタイプ、フラットタイプなどに分類されます。カットタイプは長さによって、また熱を加えて撚りを与えることで、さまざまな表情のものがつくられています。パイルの無い表面がフラットなカーペットに、ニードルパンチカーペットがあります。軽くて強度のあるポリプロピレンなども用いて短い繊維を薄く広く伸ばした膜状のものを重ね合わせ、多数のニードル（針）で突き刺して組み合わせフェルト状にしたものです。カッティングが自由で、施工が容易であり、カーペットの中では最も低価格です。

■敷き方

一面に敷き詰める以外に、ラグのようにフローリングなどの別の仕上げの一部に敷いたり、40cm角などのタイル状にしたタイルカーペットを敷いていく方法があります。タイルカーペットは部分的に交換がしやすく、小さな子供がいる住宅、オフィスや店舗に採用されることが多いです。また、好みの色や柄を組み合わせたり、置き型を選べば気分やインテリアによって変えて楽しむことができます。

さまざまなカーペット（製法別）

ニードルパンチカーペット　短い毛先の表面を粗したもの。耐久性がある

プラッシュ　パイルを5～15㎜程度でカットするもの。均一な毛先となる

タフテッド　基布にパイル糸を刺し込んでつくるもの。生産速度が速い

アキスミンスター　1本ずつ分かれたパイル糸で織るため多色使いが可能

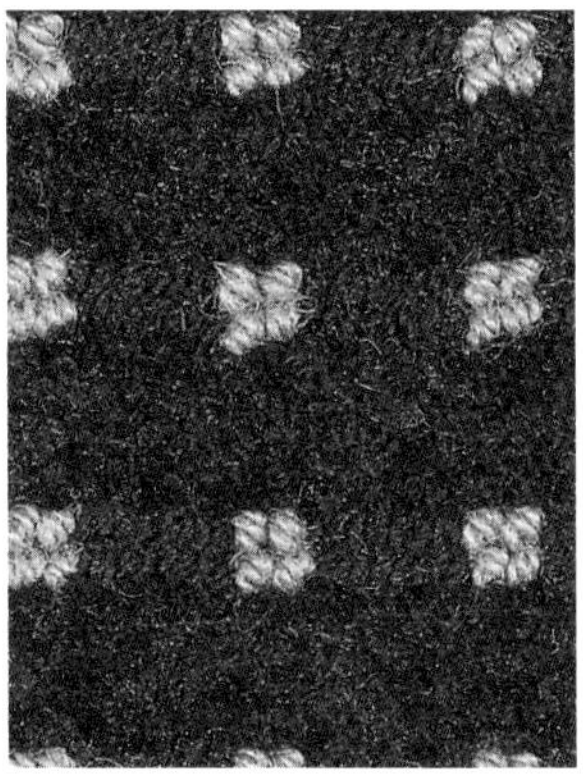

ウィルトンカーペット　密度が細かくパイルの抜けがない。耐久性がある

シャギー　パイルの長さが30～50㎜程度あり、横に寝ている状態にしたもの

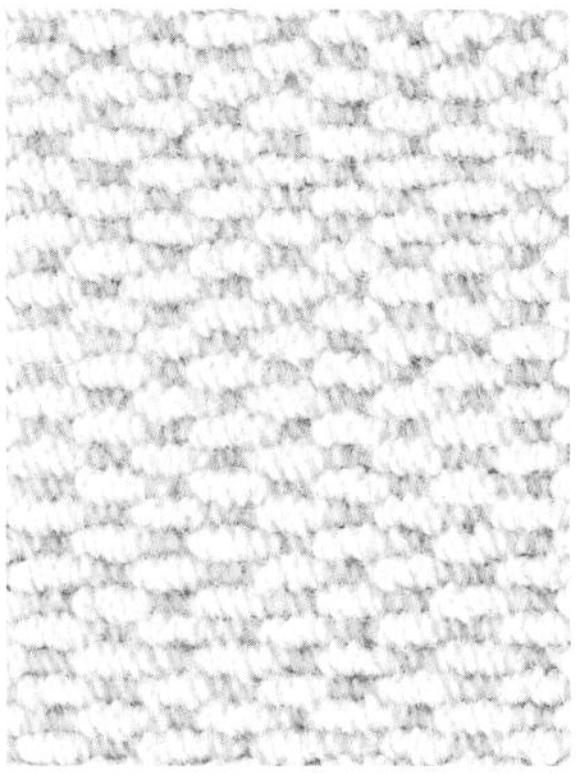

タフテッド・ハイ&ループ　パイル糸のループが高低差により印象的になる

ループパイル　パイルをループ状にするもの。ループの高低差で模様が描ける

カーペットの製法

手織りカーペット（緞通）

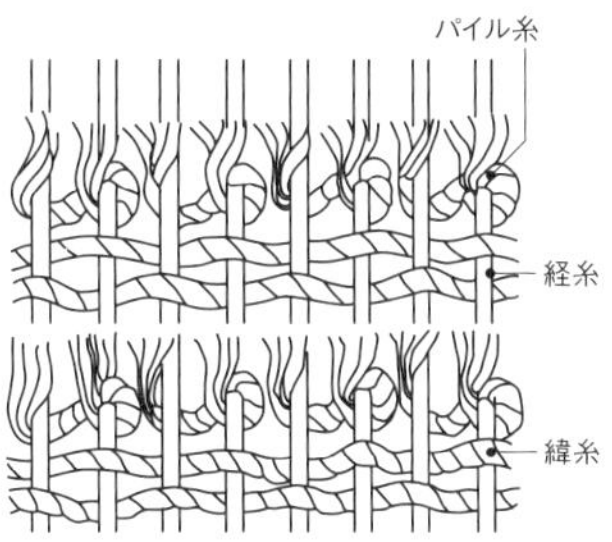

パイルを1本ずつ結んでつくるため目の詰まった丈夫な織物となる

ウィルトンカーペット

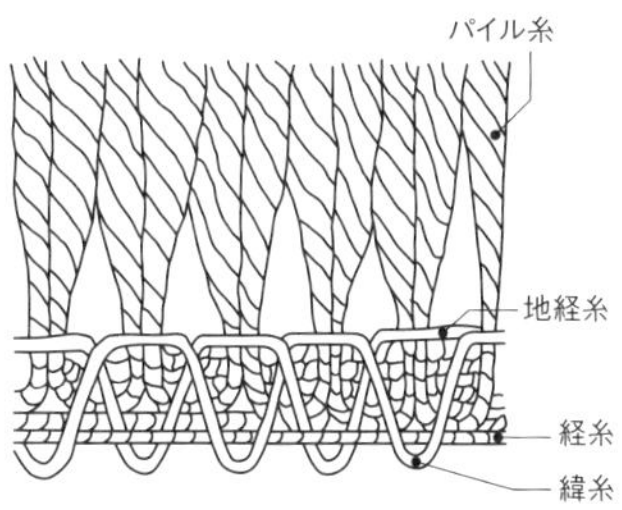

機械織りの代表。パイルの長さ調節が自在で5色まで使えるため模様の表現度が高い

タフテッドカーペット

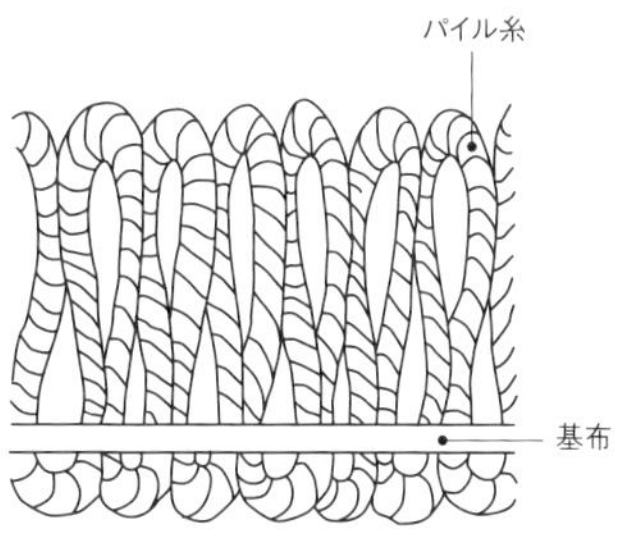

機械織り。基布に刺繍のようにパイルを刺し込んでつくる。生産速度がウィルトンの30倍

ニードルパンチカーペット

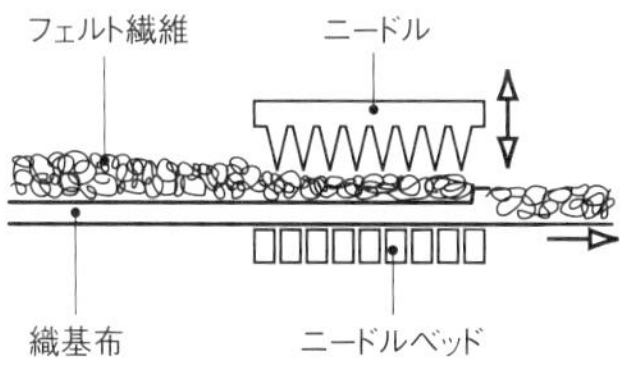

フェルト繊維を基布に圧縮成形してつくる。弾力性に欠けるが耐久性があり、用途が広い

カーペットやラグの使用事例

床全面に毛先の短いスッキリとしたカーペットを敷き込んだ（はせがわ東京本社［坂倉建築研究所+村上建築設計室］）

ソファ周りにラグを敷き込んだ（NIKI・CLUB&SPA東館［コンラン&パートナーズ］）

ベッドとテーブルの範囲にカーペットを敷き込んだ（横浜ロイヤルパークホテル［メックデザインインターナショナル］）

敷物系 ❷

畳

多湿な日本の気候風土で育まれた伝統的な床材である畳は、夏は足触りが涼しく、冬は冷たく感じない、素足にも心地よい床仕上げ材です。畳表や畳縁などの部材も種類が豊富で、様式や好みに合わせた選択が多様にあります

緑のあるオーソドックスな畳。畳縁と建物のモジュールが合い、端正で力強い。木の柱や建具、左官の壁と畳がよく調和している

■特性

畳は、畳床、畳縁、畳表で構成されます。吸放湿性、弾力性、保温性、遮音性に優れ、夏は涼しく、冬は冷たく感じないため、素足での生活が多い日本の住宅に適した床材です。最近はモダンな雰囲気にも合う畳縁のない正方形の琉球畳や、浴室にも使える畳、床暖房対応のものなども増えています。

■畳床

畳の芯の部分で、従来は稲わらを層状に重ねたものを麻糸などで縫い固めたものでしたが、建物の高気密化に伴いダニやカビの原因となりやすいため、最近ではダニが発生しにくく軽量な発泡ポリスチレンフォームやインシュレーションボードなどを積層した化学畳床（建材畳床）が主流となっています。しかし、畳を自然素材ととらえ、従来の畳床を積極的に採用するケースもまた増えつつあります。

■畳縁

畳の長手方向の両側を保護するために縫い付けられる布地のことで、繧繝縁や高麗縁などさまざまな色や種類があり、部屋の格式や雰囲気で選びます。畳縁のないものを縁無し畳（坊主畳）といい、最近は琉球表を用いた琉球畳が人気です。琉球畳は通常、半畳サイズで隣り合う畳の目を互い違いにして敷きます。普通の畳に比べて高価ですが、和風に限らずモダンなインテリアにも合いやすいので、本格的な和室というよりは、リビングに隣接した畳敷きの部屋や置き敷きなどに適しています。

■畳表

い草の茎でつくられた表面材で、備後表（広島）、備中表（岡山）、肥後表（熊本）、琉球表などのほか、安価な中国製もあります。また、和紙製畳表や、浴室用や床暖房用の畳表に、い草に似せた樹脂製もあります。畳表に使われるい草は丸い断面の「丸藺《まるい》」と三角形の断面の「七島藺《しちとうい》（三角藺）」などです。琉球表には耐久性が高く、粗い風合いが特徴の七島藺が用いられます。昔から磨耗しやすい柔道場の畳に使われてきました。

■サイズ

6尺×3尺（1尺＝303㎜）を基本として、地方やモデュールの違いなどにより、京間、関東間（田舎間）、中京間、メートル間、団地間などがあります。京間は常に大きさが一定ですが、そのほかは一定ではなく、実際は室内の壁が仕上がった段階で現場採寸してから製作されます。厚さは50、55、60㎜程度が一般的ですが、置き敷き用や床暖房用の30㎜程度の薄いものもあります。

■敷き方

畳には、様式に合わせた敷き方があります。代表的なものに、吉の敷き方とされる「祝儀敷き」と、葬式や法事の際の凶の敷き方とされる「不祝儀敷き」があります。住宅などでは通常、4枚の畳の角が一点に集まらない祝儀敷きで敷かれます。なお、畳敷きの部屋は、床の間や仏壇の位置、畳の枚数や敷き方などによって必要な広さが決まります。全体の間取りが決まる基本設計の早い段階から検討する必要があります。

さまざまな畳表　（上：織り方　下：特殊な素材）

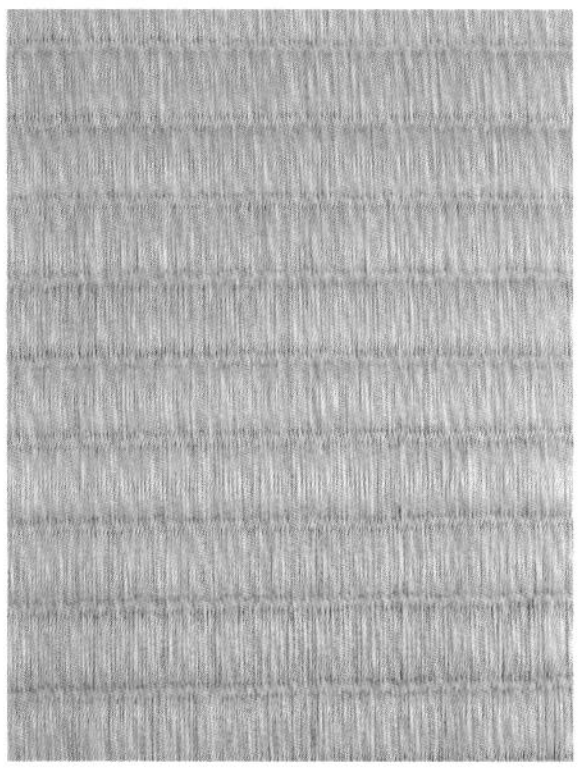

諸目表　1目の中に2本の経糸。目が詰まっている方が高級品（極／ライフネット難波）

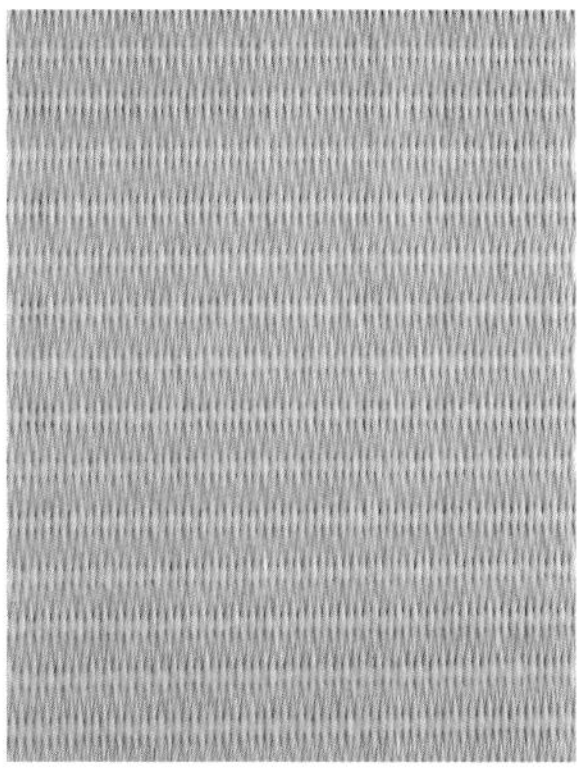

目積表　1目の中に1本の経糸を織り込む。目が細かく敷面がきれい（高田織物）

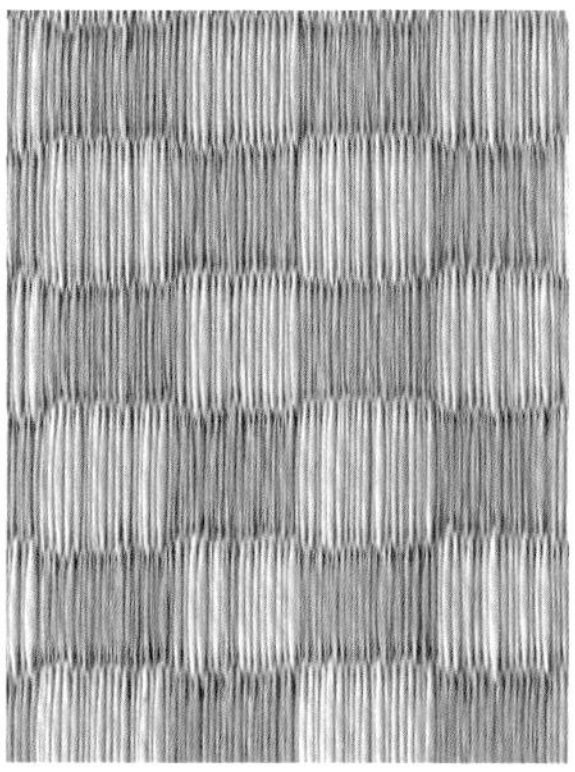

市松表　チェッカーフラッグのような模様の折込みを入れた畳表(高田織物)

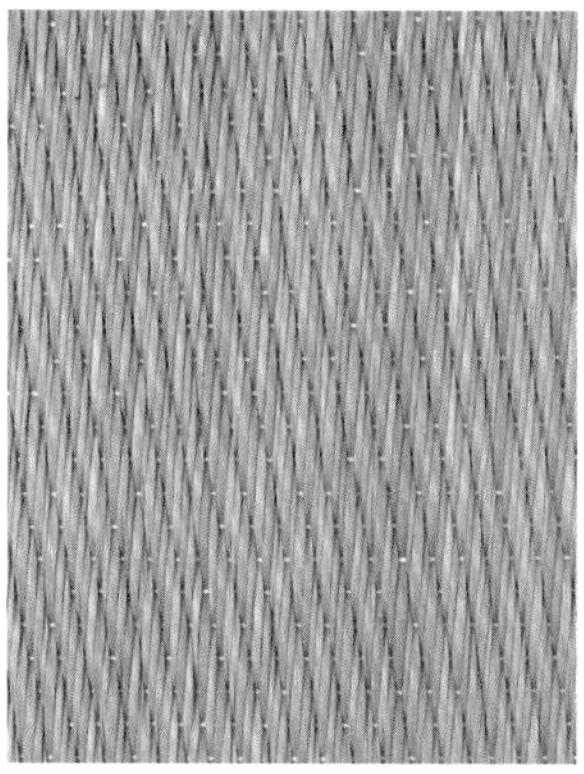

生成り表　縄状にねじれた織り方。厚みがあり丈夫。麻織維使用（ライフネット難波）

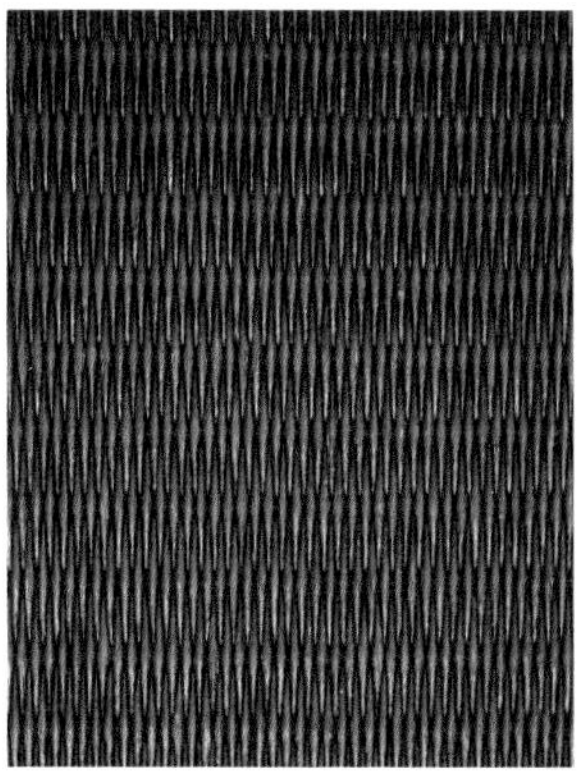

カラー畳　い草やポリプロピレンによる目積織り。色数豊富（美草・黒／積水化学）

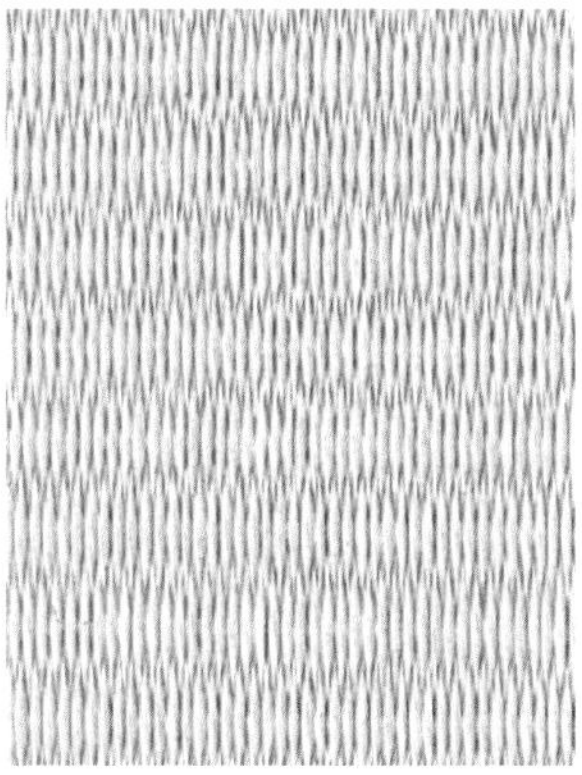

和紙表　機械すき和紙をこよりにした畳（ダイケン畳健やかくん 清流・銀白色／大建工業）

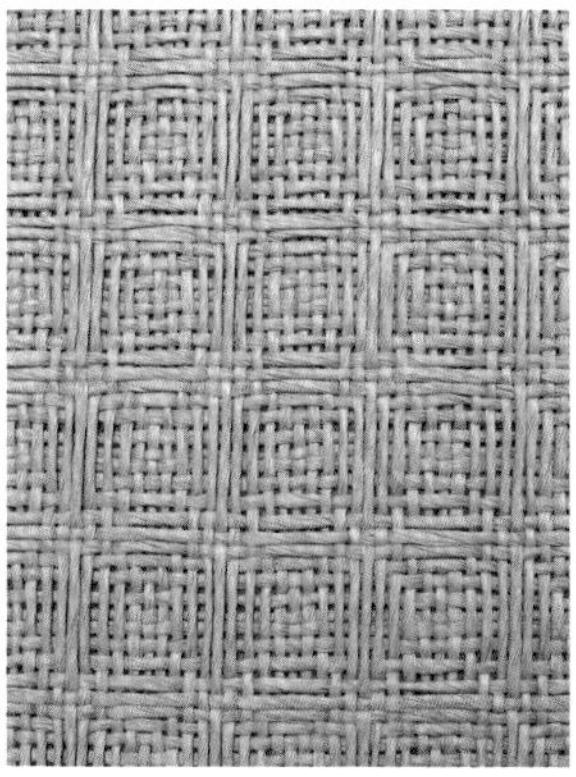

紙表　マス目状に織った。折柄のバリエーション豊富（織恵／ライフネット難破）

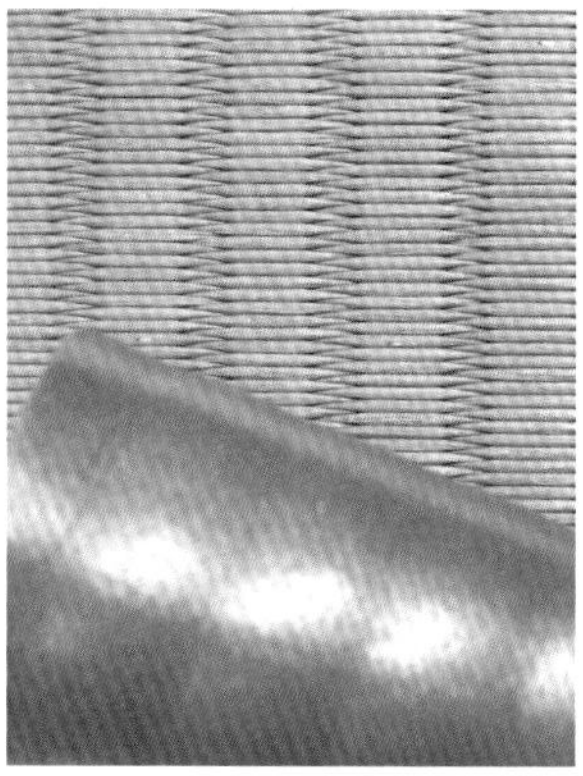

床暖房対応畳　高熱貫流率のアルミニウム張りベニヤ芯材を使用（小春／積水化学）

畳の種類

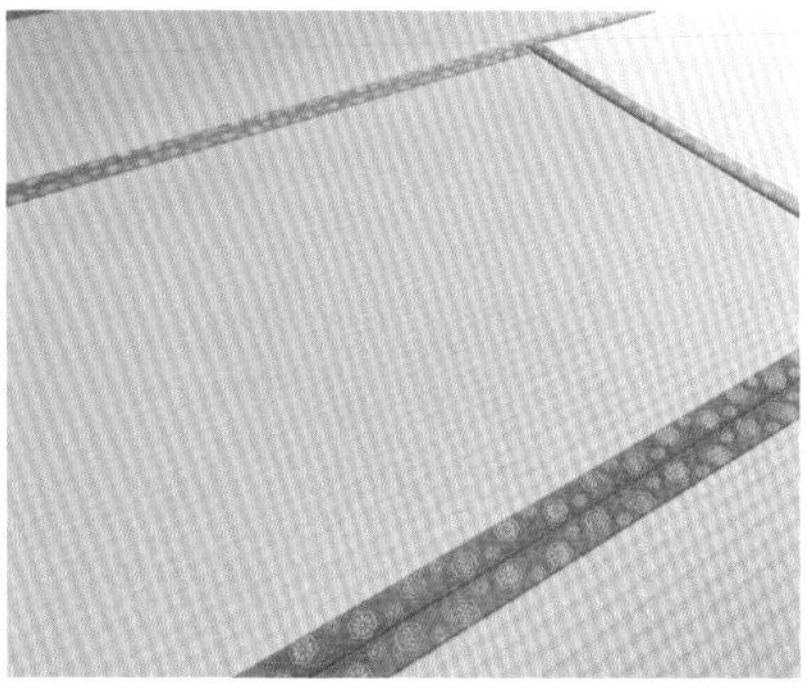

縁付き畳　縁にも色々な色味や柄があり楽しめるが、インテリア全体と調和するように選びたい

縁なし畳（琉球畳）　縁付きよりも一般的に高価だが、シンプルなため他のインテリアを限定しすぎない

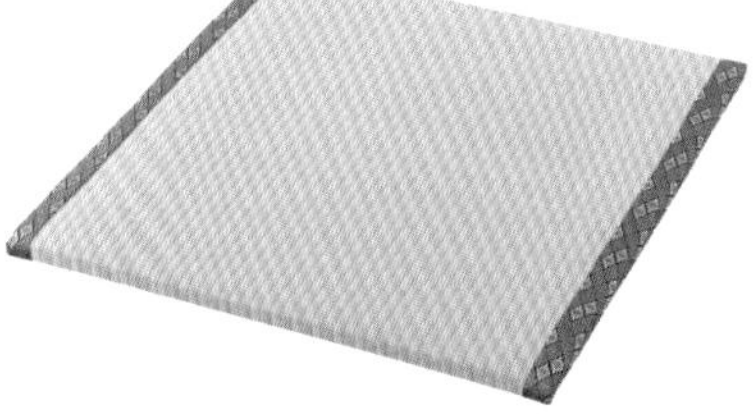

置き畳（ユニット畳）　場所の移動や敷き方もフレキシブルに変えられ、気軽に楽しめる

畳の使用事例

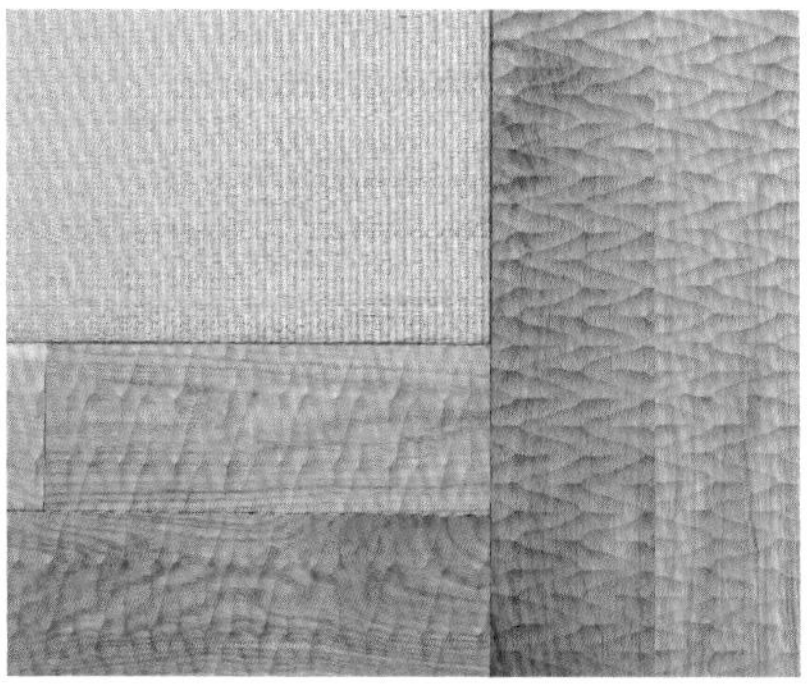

畳とナイフカットが施されたオークの廻り縁とオークの板畳。手感触や足感触が気持ちいい

琉球畳張りの座敷。畳縁がないのでフラットな見え方。半畳で畳の目を互い違いに敷く

四畳半の茶室。白色の小紋高麗縁が映える（雙徽第[OCM一級建築士事務所]①）

敷物系 3

ココヤシ・サイザル麻・籐・竹

ココヤシ、サイザル麻、籐、竹などの天然繊維でできた床材は、ざっくりした質感のものからさらりとしたものまで、畳とはまた違う、自然素材でしか出せない味わいがあります

珪藻土の和室に敷かれた籐。畳割りに左右されずに敷き込める（もみじの家）

■ココヤシ・サイザル麻

ココヤシとは、熱帯地方に広く生育するヤシの一種です。床材に使われる繊維部分はココナッツの実の胚を覆う外周の繊維層で、海水に浸して実を腐らせ、棒で叩いて繊維を取り出します。ココヤシ繊維は、短く茶褐色で、天然素材の中でも特に強靭で、耐水性・耐久性に優れ、腐りにくく、カビが発生しにくい性質があります。繊維の内部が空洞で、通気性や吸放湿性にも優れます。

サイザル麻は、熱帯地方に生育するヒガンバナ科の多年性植物で、おもにメキシコ、ブラジルなどで栽培されます。強靭で、細身かつ白く光沢があり、柔軟性や弾力性に優れます。繊維は葉の部分に含まれていて、粉砕機で葉を潰して繊維のみ採取します。

床材にはココヤシの実の繊維を使ったもの、サイザル麻の葉の繊維を編んだもの、またそれらを混織した製品があります。やや硬い肌触りが特徴で、土足でも使えるほど強く、住宅では洗面室や玄関などの床によく敷かれます。自然な風合いが素足にも心地よい床材ですが、硬い肌触りが人によっては痛かったり、くすぐったいと感じたりします。その場合は、ココヤシやサイザル麻にウールを混織した、より柔らかな製品を選ぶといいでしょう。

なお、猫が爪研ぎに好みそうなざっくりした質感で、毛なども入り込みやすいため、掃除がしやすいとはいえませんので、ペットのいる家やハウスダストが気になる方にはあまり向かないでしょう。

■籐・竹

籐はラタンとも呼ばれ、熱帯アジアに自生するヤシ科のつる性植物です。家具や床材には5～16㎜径のセガ籐やロンティ籐が使用されます。インドネシアのボルネオ・スマトラなどで採れる籐が良質とされているようです。竹の床材には、高さ10m以上、周囲が50㎝程度ある孟宗竹の、密度が細かく硬い表皮部分が使用されます。竹は成長が早く3～10年で伐採できる上、繊維の方向性が一定なので反りにくく、曲げ強度や圧縮強度に優れます。製法には、籐や竹を一つ横糸で連結する「むしろ」と、籐や竹を斜めに交差させながら編み込む「あじろ」があります。あじろは編み込む作業が熟練した職人でないと難しく、周囲のかがりも手間がかかるため、高級品です。

さらりとした足触りが特徴で、洗面室の床や、高級品は料亭などに敷かれます。その涼感から籐あじろは夏の敷物の緞通と呼ばれ、昔から夏場には畳の上に敷かれてきました。ただし天然素材ゆえに、水に濡れたままだとカビが生えたり、湿度の変化により伸縮や反りが発生しやすい素材です。燻製してあらかじめ濃い色に加工した製品もありますが、通常のものも使い込んでいくうちに徐々に飴色に変化してきます。

■サイズ

いずれの材質も、幅広のロール状の製品や50㎝角のタイルカーペットなどがあり、部屋のイメージや用途、価格によって選択できます。床暖房対応製品もあります。

さまざまな自然系素材を用いた敷物　（上：ココヤシやサイザル麻　下：竹や籐）

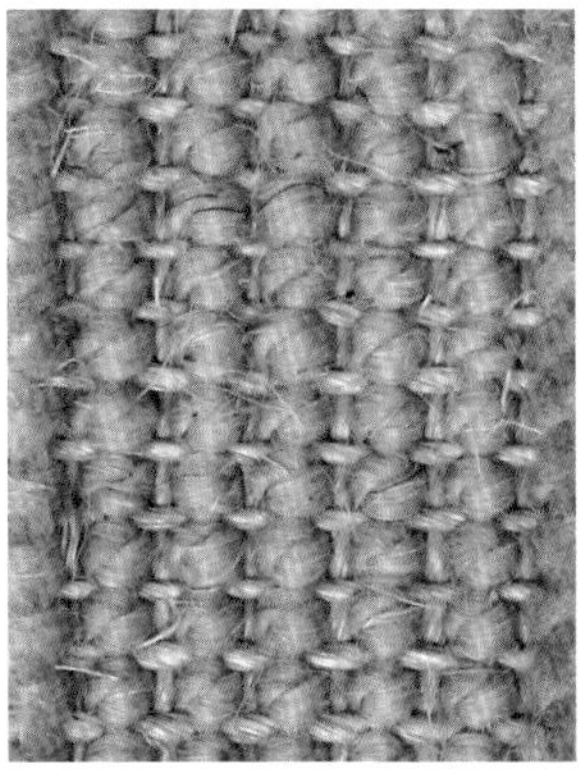

ウール+サイザル麻（50%）タイル　395㎜角（ウールサイザル／ユー・イー・エス　上田敷物事業部）

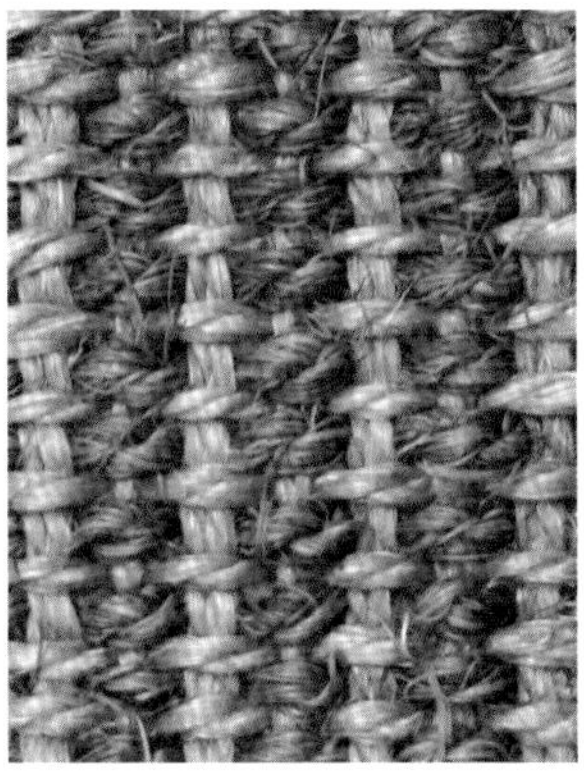

サイザル麻（100%）タイル　500㎜角、グレー（マギーサイザル／ユー・イー・エス　上田敷物事業部）

ココヤシ+サイザル麻（40%）タイル　500㎜角（フラットコイヤー／ユー・イー・エス　上田敷物事業部）

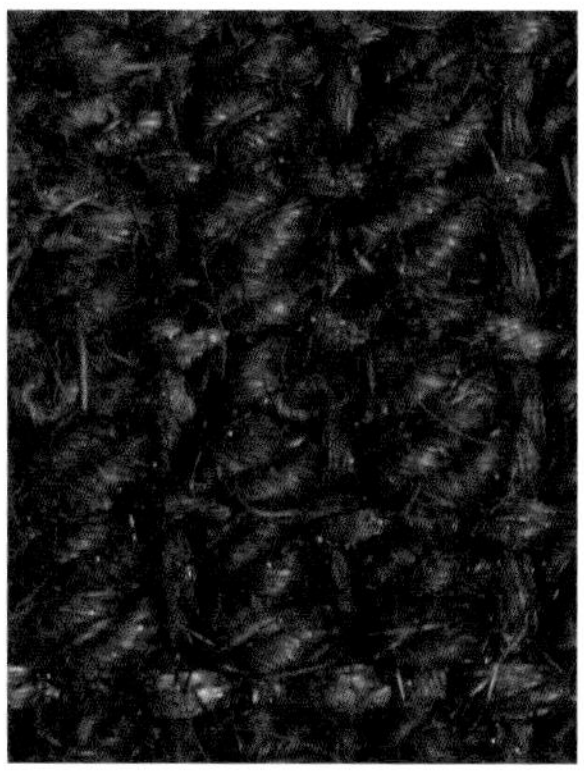

ココヤシ+サイザル麻（35%）タイル　500㎜角、黒色（カラードココ／ユー・イー・エス　上田敷物事業部）

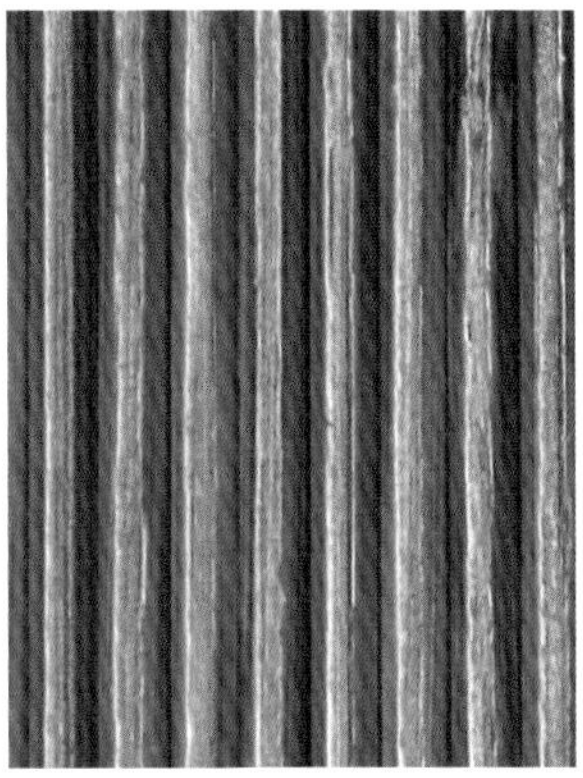

竹タイル　400㎜角。燻煙加工で飴色にした竹。床暖房対応可（ユー・イー・エス　上田敷物事業部）

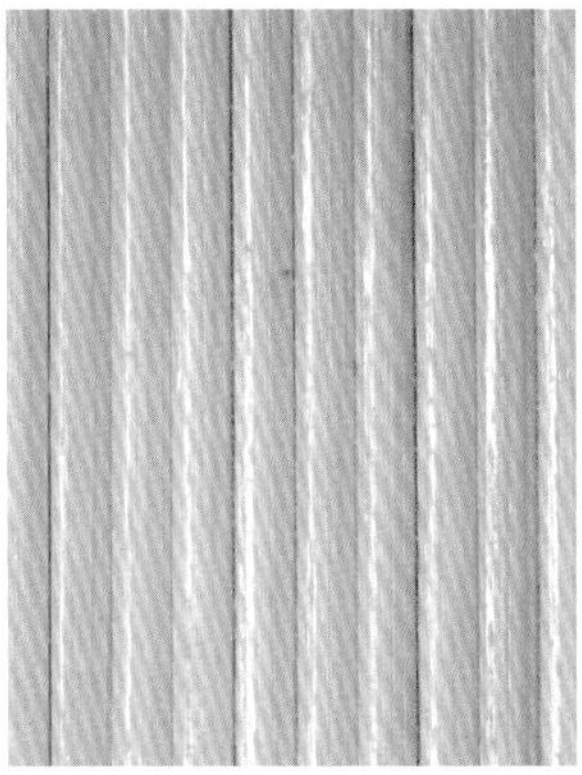

竹タイル　400㎜角。裏面は不織布とゴム材が貼り合わされている（ユー・イー・エス　上田敷物事業部）

籐タイル　400㎜角。燻煙加工で飴色にした籐を使用。裏面ゴム材（ユー・イー・エス　上田敷物事業部）

籐タイル　400㎜角。市松張りで施工する。裏面は不織布と接着加工（ユー・イー・エス　上田敷物事業部）

サイザル麻・籐・竹の使用事例

籐で織ったタイル状の敷物を市松柄で張った脱衣所の床（ユー・イー・エス　上田敷物事業部）

サイザル麻で編んだラグ。縁取りに皮革やテキスタイルを用いた例（ユー・イー・エス　上田敷物事業部）

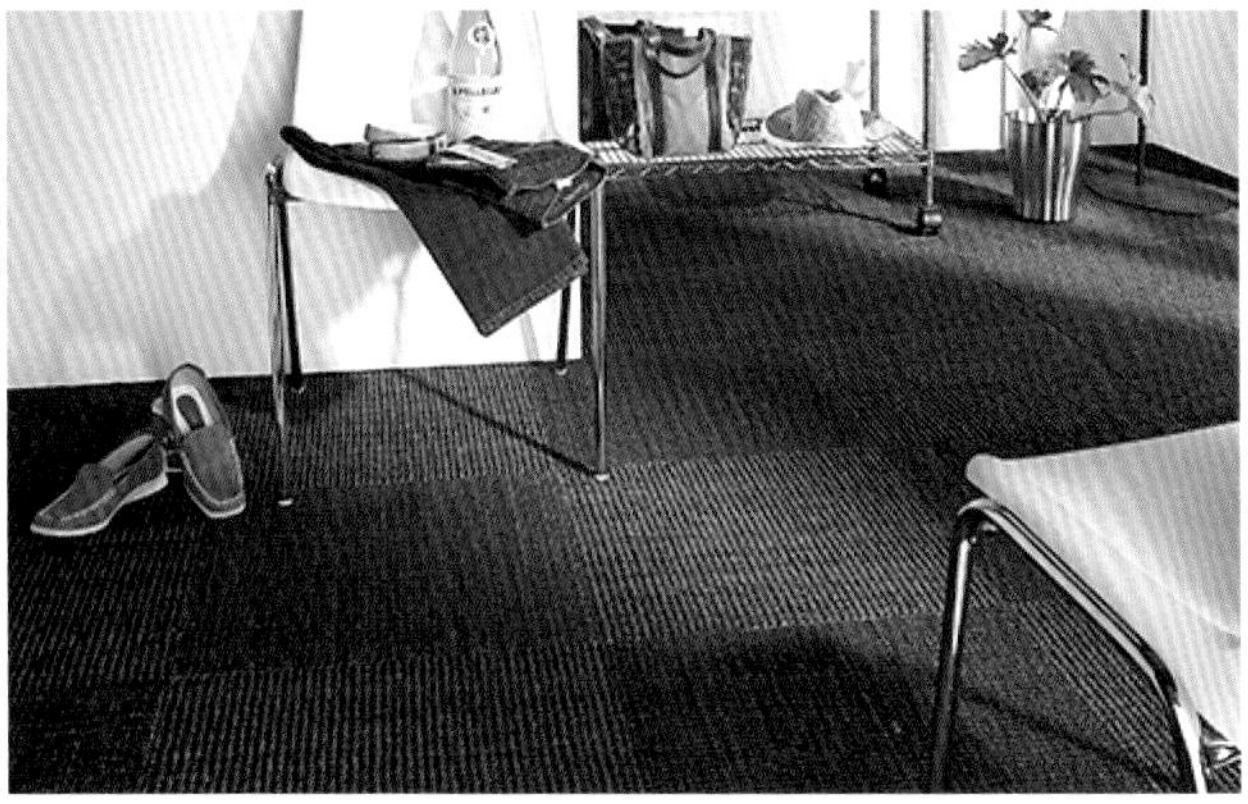

ココヤシ繊維を着色したタイル。断熱性・調湿性・防音性に優れる（ユー・イー・エス 上田織物事業部）

籐敷きの和室。ロールで敷物にした籐を用いている（①）

メラミン化粧板を使ったオフィスのデスク。耐久性が高く軽量で、ジョイント部も目立たない（yudo office ／ KAMITOPEN ④）

樹脂ボード系❶

メラミン化粧板・ポリ合板

メラミン化粧板とポリ合板は、家具の面材などに多用されるボード状の建材です。表面に硬い膜があり、洗剤を使いながら水拭きしたい場合などにも喜ばれるマテリアルです

■メラミン化粧板

メラミン系樹脂を含浸した紙を積層させてつくる化粧板です。

メラミン樹脂は、熱硬化性樹脂（熱を加えると軟化し、さらに熱を加えると硬化して、再度加熱しても硬化したまま変化しない樹脂）の一種で、合成樹脂のなかでも硬質な樹脂です。そのため、メラミン化粧板は非常に表面強度が高く、傷がつきにくいので、家具やテーブルの天板などの耐久性が求められる部分にも多用される建材です。また、耐水性・耐薬品性に優れ、水や汚れをはじき、掃除がしやすく衛生的です。さらに耐熱性にも優れ、熱による変色がおこりにくい材料です。ただし、熱い鍋やヤカンを直に置くと台材とメラミン樹脂層の接合部が浮き上がることがあるので、注意が必要です。後述するポリ合板と比べると質感や性能が高い分、コストは割高です。

表面仕上げは、ツヤのあるフラット仕上げや、凹凸のあるエンボス加工をはじめ、色や柄、表面のテクスチャーなどバリエーションに富んでいて、コーナー部分で曲げられるものや、指紋などの汚れがつきにくいもの、本物の金属箔を貼ったメタル化粧板なども出てきました。また、表面材とコア材（芯材）の色が近くなり、従来に比べると小口に違う色が出てしまうことも減っています。メラミン樹脂の化粧層と特殊不燃芯材を高温・高圧でプレス成型した不燃化粧板は、メラミンの硬度と強度、耐熱性、耐久性といった表面性能も兼ね備えており、キッチンパネルなどに使用されます。

■ポリ合板

ポリエステル化粧合板の略称で、合板に化粧紙を貼り、その上にポリエステル樹脂を0.3㎜程度の厚さでコーティングした合板です。ポリエステル樹脂は、硬質で耐水性もありますが、熱や衝撃にはあまり強くありません。メラミン化粧板ほどの表面強度はなく傷がつきやすいので、家具やテーブルの天板には適さず、おもに家具の扉材や内部仕上げ材として使用されます。表面がつるつるしていて汚れが落としやすいので、水拭きで掃除したい食器棚や下駄箱などの家具の内部、トイレの便器まわりの腰壁などにも適しています。ただし、基材が合板なので、頻繁に水に濡れるような場所には向かず、水廻りの家具の扉材などに使う際は注意が必要でしょう。表面材は単色から木目、抽象柄のものまで、色・柄ともに種類豊富です。価格はシナ合板よりは高く、メラミン化粧板よりは安い程度だと思います。造作家具に用いる際は、家具屋さんが常時在庫しているオフホワイトを選ぶとコストを抑えやすい傾向にあるようです。

■注意点

ポリ合板やメラミン化粧板を使って造作家具をつくる際、接着剤の臭いが残りがちですが、以前よりは改善されてきています。とくに家具の内部は臭いがこもり食器などにも移る可能性があるので、完成後はなるべく家具の扉を開けて換気し、早く臭いを飛ばすように努めましょう。

メラミン化粧板・ポリ合板　（上：ポリ合板　中・下：メラミン化粧板）

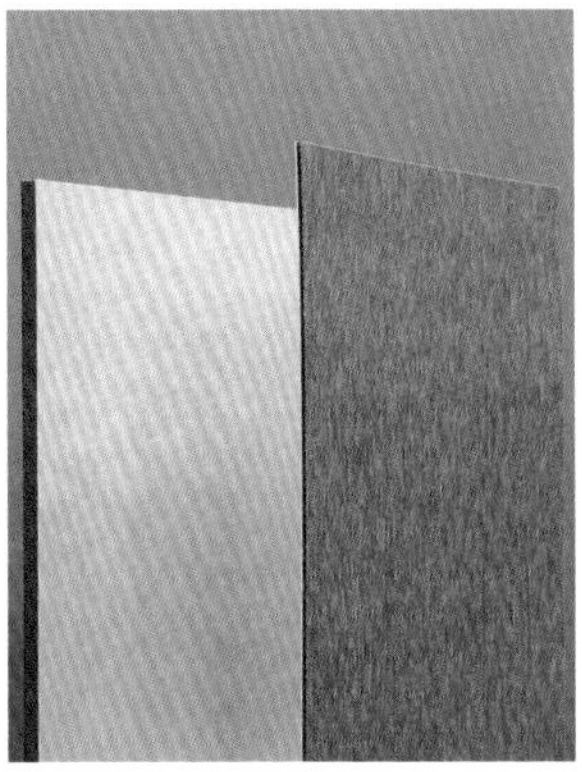

それぞれの小口　左がポリ合板、右がメラミン化粧板。厚みが異なる

ポリ合板　チェリー柄の木目調（アイカポリ／桐生桜）

ポリ合板　梨地のエンボス仕上げ

ポリ合板　メタリック調（アイカメタリックポリ／アイカ工業）

メラミン化粧板　木目調仕上げ（ラビアン／フレームウッドペイント）

メラミン化粧板　木目調（セルサスプレミアムテクスチャー／アイカ工業）

メラミン化粧板　光沢仕上げ　大理石柄（アイカ工業）

メラミン化粧板　高意匠・高機能　レザー調（セルサス／アイカ工業）

メラミン化粧板　高意匠･高性能 布目調（アイカセルサス／アイカ工業）

メラミン不燃化粧板　硬度と強度、耐熱性、耐久性に優れた壁面材（セラール／アイカ工業）

メラミン化粧板の構成

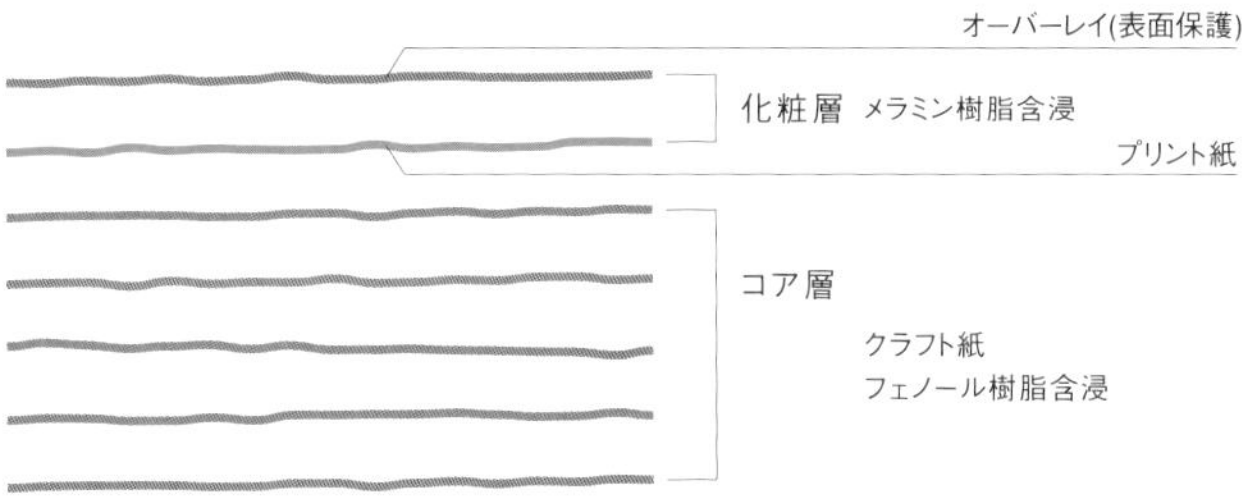

化粧層は色や柄をプリントした紙にメラミン樹脂を含浸させ、
コア層はクラフト紙にフェノール樹脂を含浸させ、
それらを乾燥しプレスして樹脂を熱硬化させて1枚に成型する。
プレス時に表面のツヤやエンボスを付ける

メラミン化粧板・ポリ合板の使用事例

淡いピンク色のポリ合板を内部に使用した造作家具。収納などの家具の内部によく使用される（①）

メラミン化粧板によるキッチン収納扉。表面強度が高く、掃除しやすい（①）

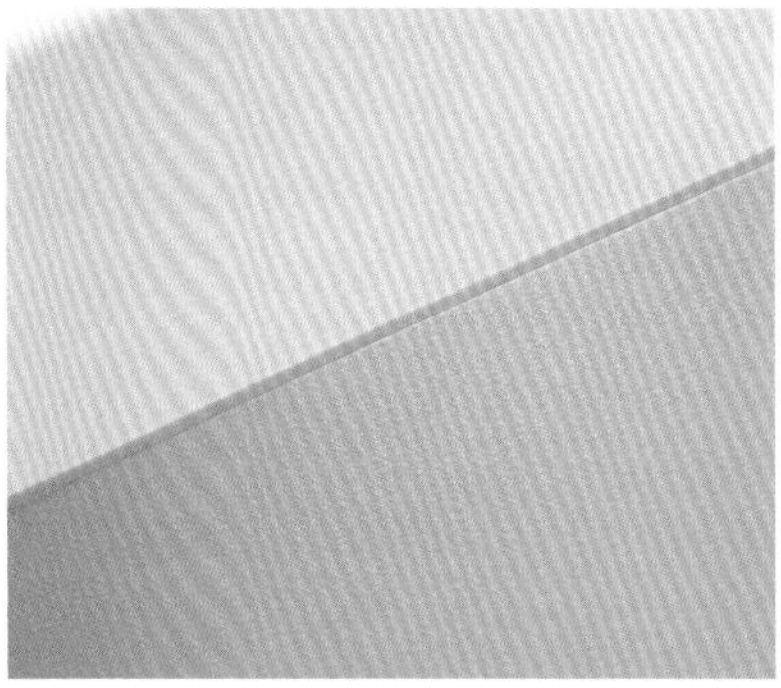

メラミン化粧板のコア材を使用したエッジ。小口の色も表面とほとんど同じ色なのでエッジが目立ちにくい

強化和紙を用いた大型の障子。強度があるので、大きな建具でも桟を細くできる（七里が浜のリップルハウス）

樹脂ボード系❷

アクリル板・ポリカーボネート板

アクリル板やポリカーボネート板は、透明性をもつことが特徴の樹脂系マテリアルで、ガラスの代用としても多く使われます。多彩な表情のものがあり、インテリアでも幅広く活用されます

■アクリル板

アクリル樹脂が主原料の板状の製品で、照明器具のカバーやインテリア小物、ガラス板の代わりなどに幅広く使われます。

アクリル樹脂は、メタクリル樹脂とも呼ばれる熱可塑性（加熱すると軟化し、冷えると硬化する性質）のプラスチックで、透明度が非常に高く、アクリル同士を何枚か貼り合わせて厚くすることもできます。軽量で割れても比較的安全で、条件により異なりますが、10～20年程度の耐久性があるといわれています。加工性が高く、薄いものならカッターで切断でき、端面を磨いたりすることも容易です。圧力耐性に優れ、水族館の水槽などに使われているのを見かけることも多いでしょう。ただし可燃性で熱に弱く、100℃程度で軟化し変形するため、高温の場所には向きません。また、ガラスに比べて傷がつきやすいので、テーブルの天板などでは注意が必要です。

厚さは1・2・3・5・8・10・13・15㎜などが標準ですが、透明の厚いものでは60～120㎜程度でも製作可能なようです。大きさは2000×1000㎜程度が一般的ですが、より大きなサイズも製作可能です。

透明性を生かした使い方のほか、色のついたもの、半透明や不透明なもの、エッジが光るもの、ミラー、型板模様、ブラックライトに反応して光る集光板など各種あります。和紙のような表情の「ワーロン」は、和紙の代用に障子に用いたり、照明を中に仕込み、光壁や光天井に使われたりします。

■ポリカーボネート板

ポリカーボネートは熱可塑性のプラスチックで「ポリカーボ」「ポリカ」とも省略される板状の製品です。

光の透過率が85％以上とガラスに近く、ガラスの数百倍にも及ぶ耐衝撃性をもつ、非常に割れに強い材料です。さらに熱伝導率が約25％と小さく、紫外線をカットするので、屋根やトップライトなどの部位にガラスの代替材として多く使われます。しかしガラスに比べると、耐候性、耐久性が劣り、傷がつきやすく変色、劣化しやすい材料です。曲げ加工、穴あけ、切断が容易で、三次元曲面体も可能なので、その加工性のよさや軽さを生かして、間仕切や家具にも使われます。形状は、平板のほか波板、角板、折板、中空板などがあり、波板・角板・折板は屋根材としてよく使われます。

インテリアで最近よく使われているのは、ツインカーボやポリカツインなどのポリカーボネート中空板です。中空層をもつ2層に一体成型したもので、デザイン的な特徴から商業施設の間仕切壁や家具に、断熱性の高さから開口部の遮光材料としてブラインドの代わりや天井採光材に用いられたりします。厚さは4～16㎜程度、大きさは910×1820㎜を標準として、2000×3000㎜程度まで製作可能なようです。色は種類があり、光の当たり方によってさまざまな表情が楽しめます。なお、静電気で穴のなかが汚れやすいので、小口はフタをした方が無難です。

各種アクリル板・ポリカーボネート板 （上：アクリル板 中：アクリル板に特殊加工を施したもの　下：ポリカーボネート）

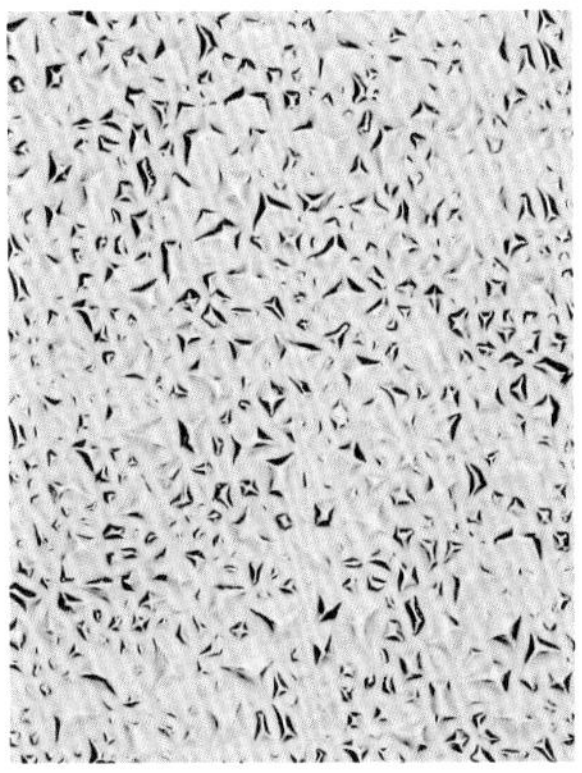

アクリル 型板　透明グレーの型板（プレキシグラス／山宗）

アクリル 色板　表面マットタイプ（プレキシグラス／山宗）

アクリル 不透明白　蛍光灯の光を透過させた様子

アクリル 乳半　蛍光灯の光を透過させた様子

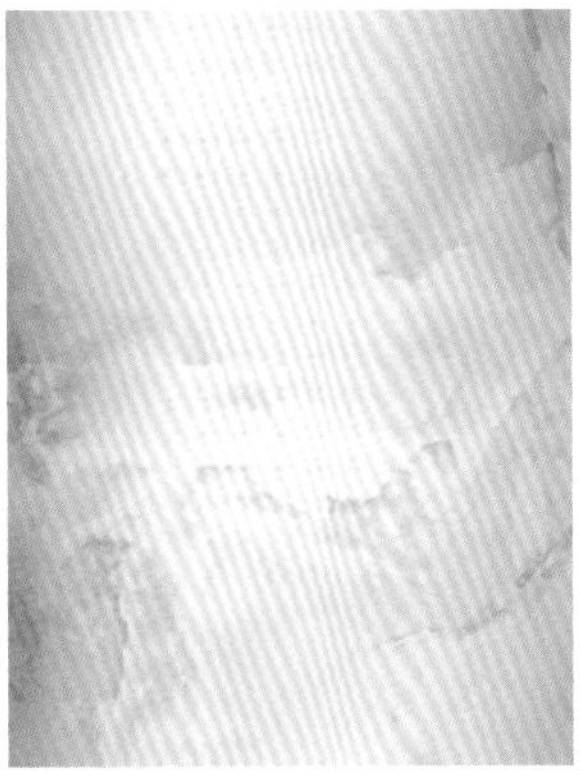

乳半アクリル＋石目調のフィルム（アクリワーロン／ワーロン）

透明アクリル＋和紙調のフィルム（アクリワーロンプリントタイプ／ワーロン）

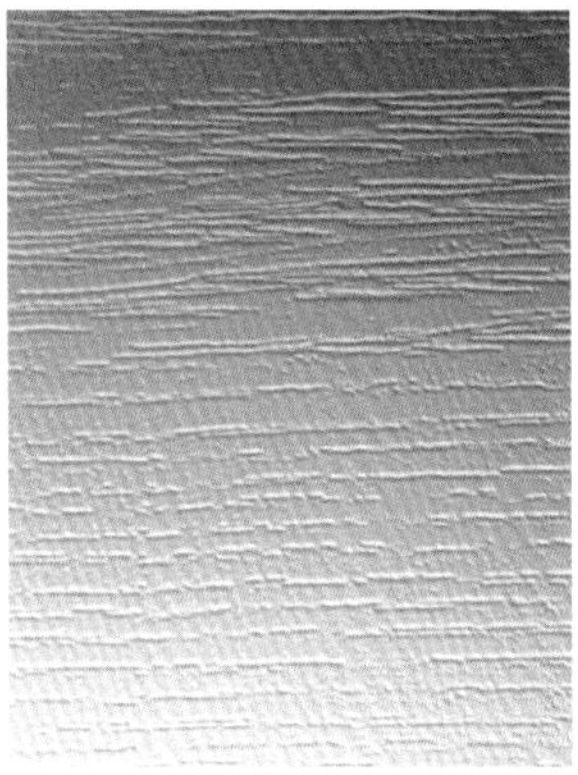

アクリル＋エンボス加工　表面に木目柄のエンボス加工を施したもの

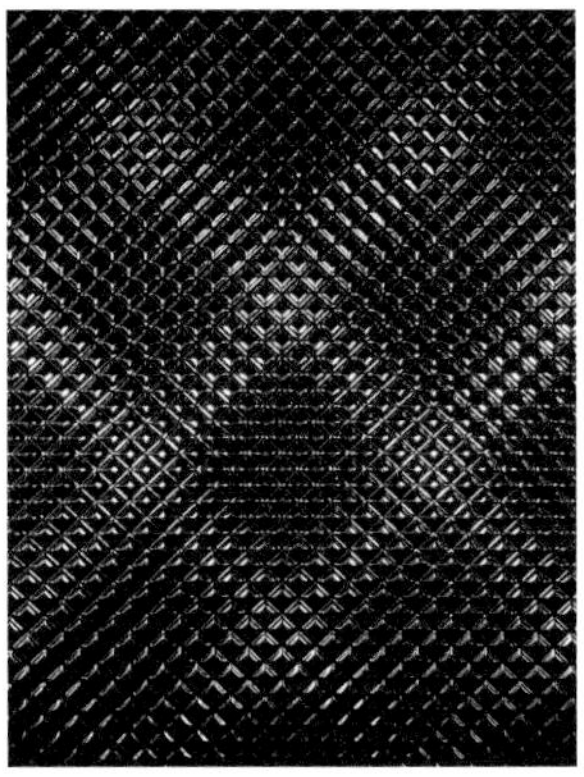

アクリル 型板　ダイヤ柄にLEDの光を当てた様子

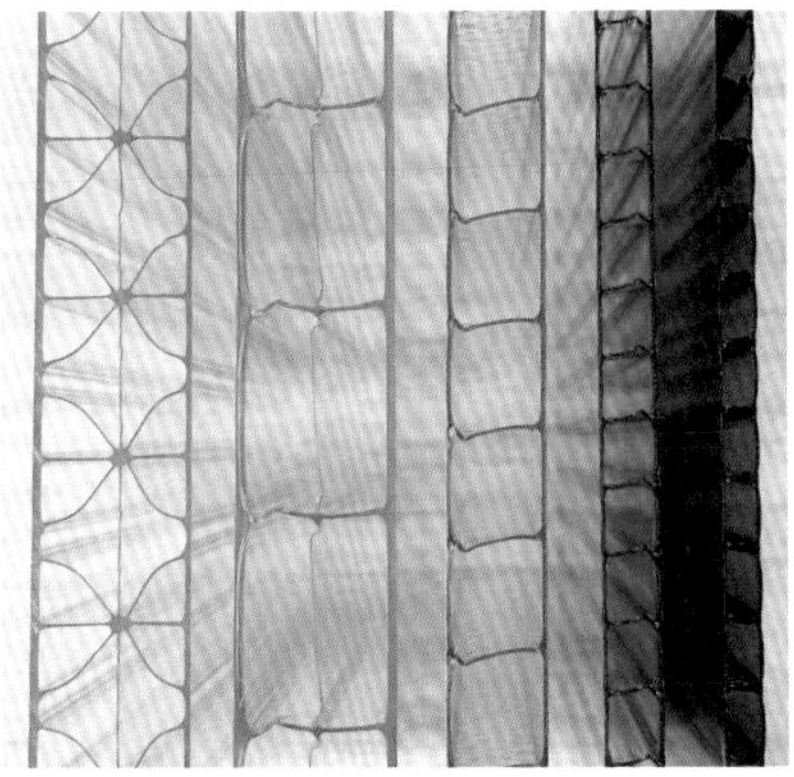

中空ポリカーボネート 小口　小口の形状も面白い（ツインカーボ／AGC）

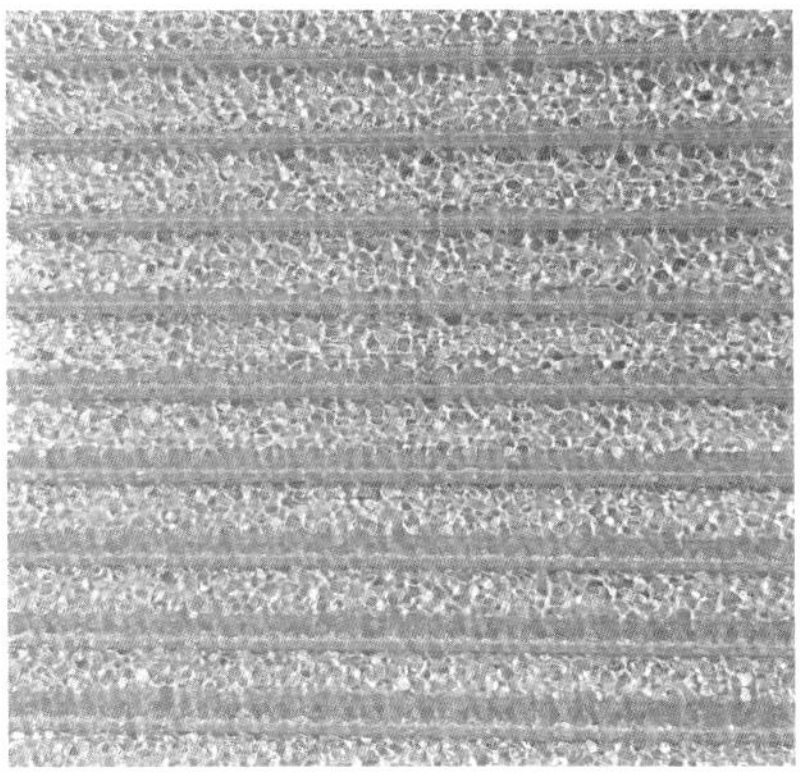

中空ポリカーボネート　内側にフロスト柄6㎜厚（ツインカーボ／AGC）

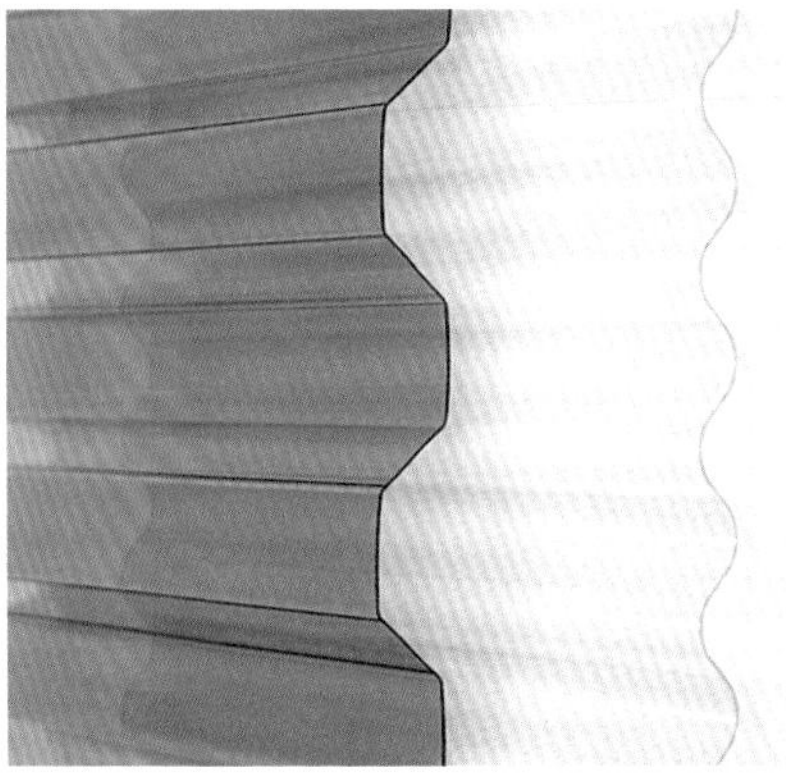

ポリカーボネート 波板・角波板　クリアフロスト色波板とブロンズ色角波板（タキロン／シーアイ）

アクリル板・ポリカーボネート板の使用事例

50㎜厚のアクリル板による天板。小口も磨いた鏡面仕上げ（Living[デリバリーワークス]）

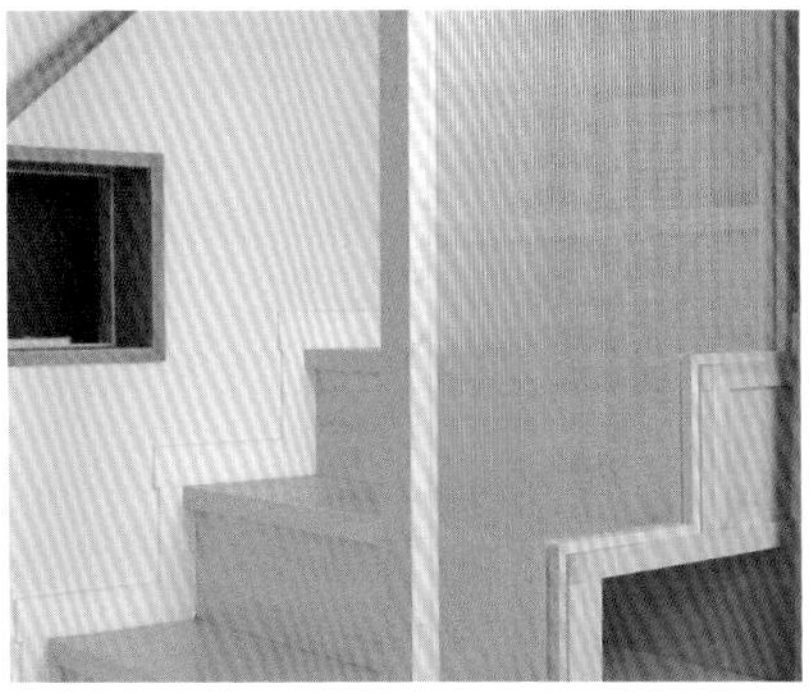

ポリカーボネート中空板を開口部の遮光材として使用した例（AGC）

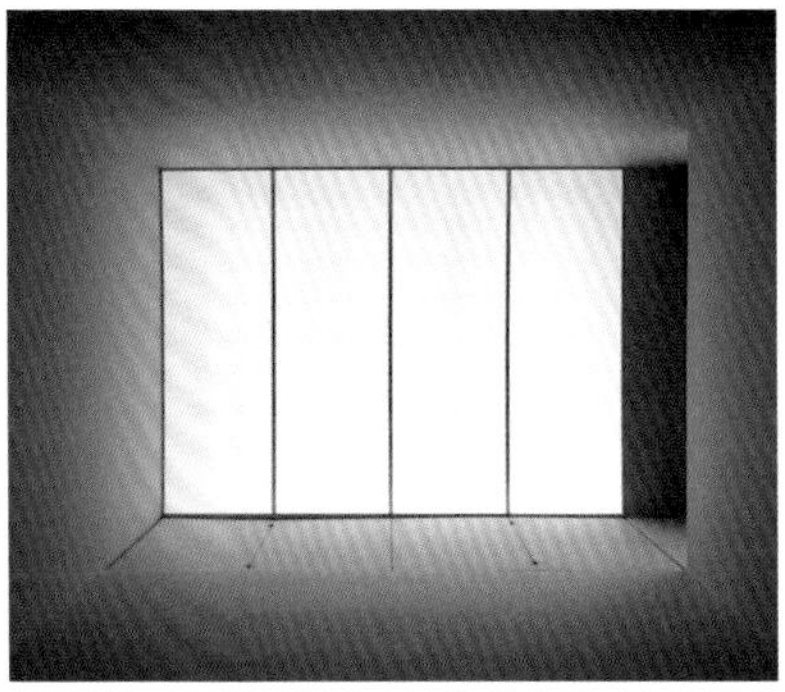

ポリカーボネート製のパネルを用いたトップライト

樹脂ボード系3

その他の樹脂系素材

樹脂系の素材にはFRP、ビニル床タイル、ゴム系床材などがあります。FRPは樹脂とガラス繊維によるものが一般的です。ビニル床タイルやゴム系床材は強度に優れ、機能のバリエーションも豊富です

FRPトップコートで仕上げた浴室の床と壁面（KKC／no.555 一級建築士事務所）

■FRP

FRPはFiber=繊維、Reinforced=強化された、Plastics=プラスチックの略で、繊維と樹脂を用いてプラスチックを補強することで強度を向上させた複合材料で、繊維強化プラスチックとも呼ばれます。

プラスチックは軽量ですが弾性率が低いので、ガラス繊維（グラスファイバー）のような弾性のある材料を複合することで、軽量で強度の高い材料となります。強化繊維にはガラス繊維（GFRP）のほか、炭素繊維を用いる場合（CFRP）もあります。さびたり腐ったりしない耐候性の高い材料で、さまざまな形状に製作可能で、着色も自由です。耐熱性、耐薬品性、断熱性に優れるほか、電気絶縁性、電波透過性に優れるという特性があるので、建材以外にも幅広く利用されています。しかし異種材料を混合して成型するため、リサイクルがほとんど不可能という欠点があります。

GFRP（ガラス繊維強化プラスチック）はガラス繊維（G）を用いたもので、安価で形状の自由度が高く、バスタブや浄化槽などに多用されるなど、FRPといえばこれを指すことが一般的です。硬化時間が比較的短いため、現場防水にもよく用いられます。

CFRP（炭素繊維強化プラスチック）は炭素繊維（カーボン繊維、C）を用いたもので、建材としては耐震補強などで利用されます。GFRPより強度が高く、積層数を薄くすることで重さを軽くできますが、GFRPに比べて高価です。

FRPには屋根や外壁などに用いる板状の成形品も各種ありますが、形状の自由度が高いという特性から、バスタブや擬石、そのままを仕上げとするバスルームや椅子などの材料として可能性のある素材です。

■ビニル床タイル

塩化ビニル樹脂を主原料として可塑剤、安定剤、充填剤などを加えてタイル状に成形した床材で、通称「Pタイル」とも呼ばれます。耐久性に優れ、バインダー（塩化ビニル樹脂＋可塑剤・安定剤のこと）の配合率によって、塩化ビニル樹脂の配合率がもっとも高いもの＝ピュアビニル、30％以上＝ホモジニアスビニル、30％未満＝コンポジションビニルと分類されます。塩化ビニル樹脂の配合率が高いほど強度や歩行性に優れ、ピュアビニル床タイルは耐摩耗性、耐水性、耐薬品性がビニルタイルのなかで最も高いものです。ホモジニアスビニル床タイルは発色がよく、意匠のバリエーションが豊富です。

■ゴム系床材

天然ゴムや合成ゴムを主原料とした床材で、ゴムシート、ゴムタイル、ゴムマットなどがあります。ビニル床に比べて厚みが4～10㎜程度とやや厚めで、弾力性が特徴です。耐摩耗性に優れ、汚れにくいなどの長所がありますが、水に濡れると滑りやすいなどの欠点があります。たとえばスパイクを使うゴルフ場のクラブハウスの床など、歩行条件の厳しい場所に適しています。

その他の樹脂系素材

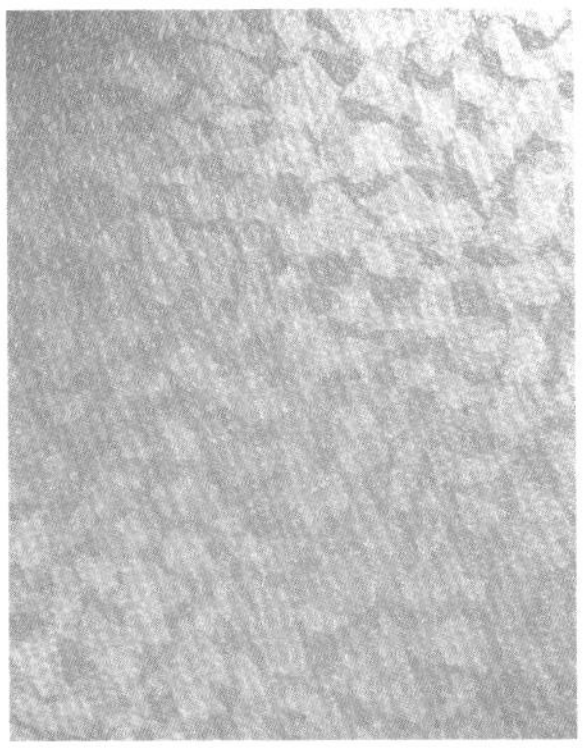

ホモジニアスビニル床タイル　プリント柄

ホモジニアスビニル床タイル　パール色

ホモジニアスビニル床タイル　木目調エンボス

ビニル床材　クッション性抜群、本物と見間違えるほどリアルな人工芝（スーパークッションターフ／アドヴァン）

ビニル織物床材　地球に人にペットに優しいビニル床織物床材（ボロン／アドヴァン）

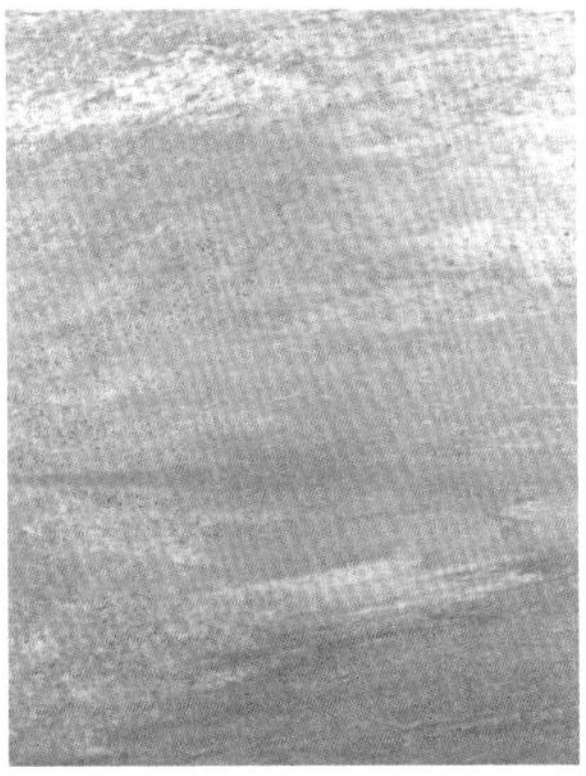

ビニル織物床材　スイスで採掘される美しい大理石を再現（ミネラルP／アドヴァン）

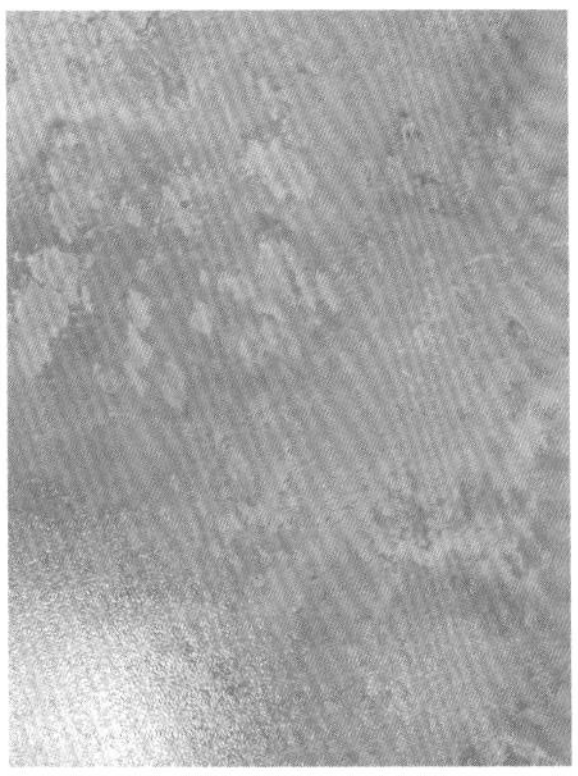

コンポジョンビニル床タイル　鮮明色で鏡面仕上げのもの（パルティ／田島ルーフィング）

コンポジョンビニル床タイル　鮮明色で廉価なタイプ（ニューソフトン／田島ルーフィング）

施工が簡単（カンタンクイックフローリング／アドヴァン）

ゴム床タイル　リサイクルゴム30％入り

FRP平板　光があいまいに透過する（ルミテリア／モリマーマテックス）

FRPグレーチング　光を透す素材でありながら高強度（モリマーマテックス）

その他の樹脂系素材の使用事例

ゴム床タイルは、クッション性があり歩き心地がよい。目地がなく、同色ではつなぎ目がほぼ目立たない（アスワン）

アイアンプレート調のビニル床タイル（イークリン・モアNW-EX／東リ）

FRPを使用した天窓（Sクリニック・セラピースクエア［田建築研究所+いなはら建築研究室］）

コールテン鋼で仕上げた住宅の屋根と外壁（YMT／no.555一級建築士事務所 写真：鳥村鋼一）

金属系 1

鉄・鋼

鉄は入手しやすく、安価で加工が容易なことなどから、建材として最も使われる金属です。形状の自由度が高く強度も強いので、建具枠や家具の脚などを細い繊細なデザインにしたい場合に用いるとよいでしょう

■特性

鉄はアルミニウムに次いで2番目に多い金属原子によって構成されています。手に入りやすく、安価で加工が容易なことなどから、建材として最も使われる金属です。鉄は主に鉄鉱石を還元してつくりますが、鉄のままでは弱いため、炭素などの合金とすることで強度を増しています。

鉄はさびて自然の状態の酸化鉄へと戻っていこうとする力が強い素材です。とくに酸素と水分がある所では赤錆が発生しやすく、イオン化した表面が脱落して強度が落ちます。また、塩分があるところでは塩化物イオンにより錆が激しく進行するので、海岸沿いで用いる際には注意が必要です。黒皮と呼ばれる、鉄を高温で焼くことで表面に表れる層は不動態皮膜となり、錆び止めの効果をもちます。

■種類

鉄や鋼の代表を紹介します。まず「隕鉄」とは、隕石のうち鉄やニッケル合金を主体とするものです。天然資源のため、鉄が生産される以前から使われていました。

「銑鉄」とは、炭素を2～6%程度含む鉄鉱石を高炉で溶かし、酸化鉄を還元して取り出したものです。不純物を含む状態では硬くて脆い素材ですが、加工は容易です。成分調整した鋳鉄は、融点が低いため鋳型に流し込んで成形する鋳物に用いられます。

「鋼」とは、炭素を0・04～2%程度含むものです。銑鉄を酸化製錬して不純物を取り除いたもので、圧延、鍛造が可能です。鉄と呼ばれる製品の多くが鋼であり、各種製品がつくられています。

「純鉄」とは、炭素を0・03%以下含むものです。そのまま建材として使うには柔らかく脆い素材です。

「和鋼」とは、炭素を0・02～2%程度含むものです。砂鉄から「たたら」でつくられる鋼のことで、非常に不純物が少なく粘りがあり錆びにくい素材です。日本刀や、日本建築に使われる四角い断面の和釘の材料にも用いられています。

■製品

素材として流通しているものは、鋳物、鍛造、鋼板、型鋼、丸鋼、パイプ、ワイヤー、釘、ネジ、ボルト、バネなどがあります。代表的なものを紹介します。

「型鋼」にはH型鋼、I型鋼、T型鋼、山型鋼（アングル）、平鋼（フラットバー）、溝型鋼（チャンネル）などがあります。

「鋼板」には溶融亜鉛メッキ鋼板、ガルバリウム鋼板、スーパーダイマ、ホーロー鋼板、ステンレス鋼板などがあります。種類により耐久性が大きく異なります。

■デザイン

さまざまな大きさや、形状の製作が可能です。強度が強い素材なので、建具枠や家具の脚、手摺などを細く見せたい場合や、繊細なデザインの階段を製作する場合に適しています。また、支点間距離を飛ばしたり、SUSワイヤーで天井から家具などを吊ったりすることも可能なので、重力を感じさせない空間の表現にも適しています。

さまざま鉄鋼 （上：型鋼　下：特殊鋼板・めっき）

曲板　色味が較的均質で鉄らしい表情。庇など建築材料に多用される（ダイサン）

L型鋼（アングル）　H鋼よりもマットな質感で灰色がかっている（ダイサン）

丸型鋼　色合いはフラットバーと似ている。9㎜φのもの（ニッコー）

H型鋼　土木現場や建築の構造に多用されるもの。重量感がある（井口産業）

フラットバーの素地　やや赤味を帯びて粗っぽい質感をしている（西村鋼業）

溶融亜鉛めっき　保護被膜と電気化学的防食作用で防食性に優れる（那須電気鉄工）

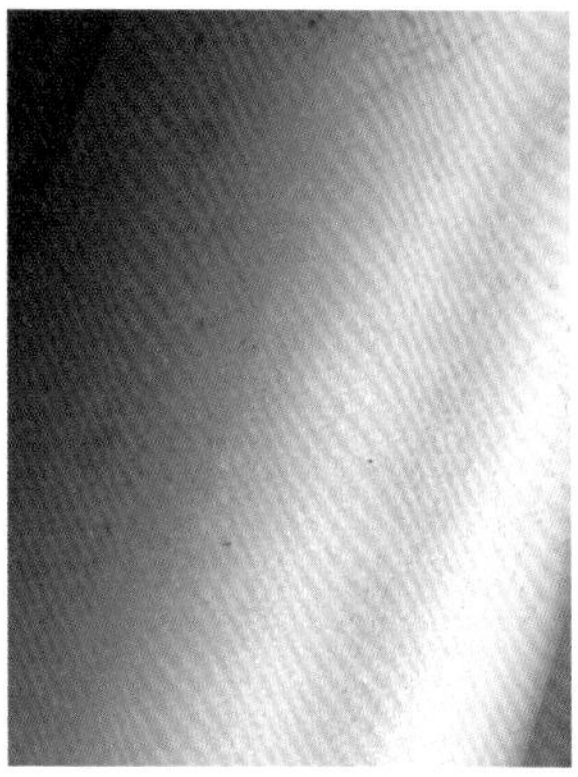

電気亜鉛クロームめっき　溶かした亜鉛に鋼材を浸ける。ドブづけめっき（井口産業）

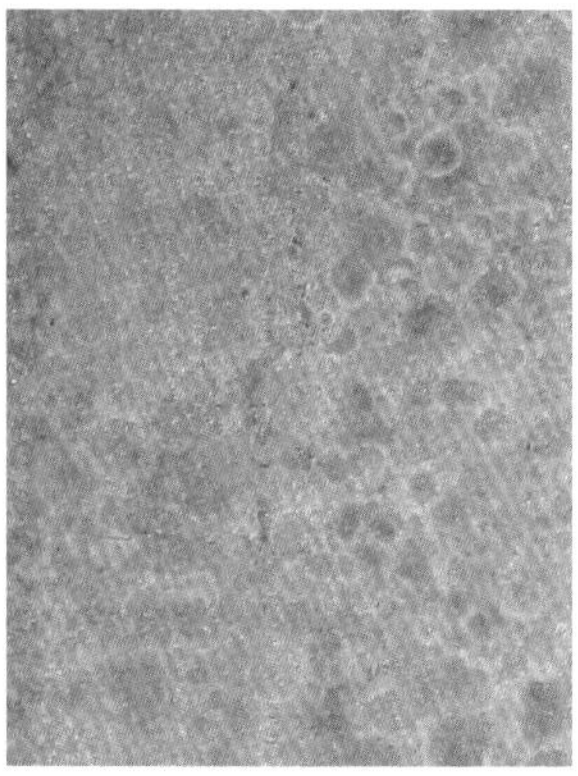

海水による錆をつけた鋼板　霧吹きで海水を掛けて少しずつ錆を発生させたもの

インテリアで使われる鋼材の代表例

（単位：㎜）

H型鋼			I型鋼（Iビーム）			T型鋼		等辺山形鋼（アングル）		軽量溝型鋼		C型鋼（Cチャン）		平鋼（フラットバー）		角パイプ
A×B	厚み1	厚み2	A×B	厚み1	厚み2	A×B	厚み	A×B	厚み	A×B	厚み	A×B	厚み1	厚み2	幅	(□)
100×50	5	7	100×75	5	8	125×125	6	20×20	3	40×25	1.6、2.3	60×30×10	1.6、2.3	3、4.5、6	13、16、19、22、25、32、38、44、50、65、75、90、100、125、150	9、11、13、16、19、21、24、25、28、30、35、40、45、50、60、75、100、125、150、40×20、60×30、50×40、60×40、75×20、80×40、100×50
100×75	5	7	125×75	5.5	9.5	125×125	9	25×25	3	60×30	1.6、2.3	75×45×15	1.6、2.3	9	16～同上	
200×100	5.5	8	15×75	5.5	9.5	150×150	9、12、15	30×30	3、5	80×40	2.3	100×50×20	1.6、2.3、3.2	12	25～同上	
100×100	6	8	—	—	—	200×200	12、16、19、22	40×40	3、5	100×50	2.3、3.2	120×60×20	2.3、3.2	16	同上	
125×125	6.5	9	—	—	—	—		50×50	4～8	100×50	3.2、4.5	—	—	19	32～同上	

鉄や鋼の使用事例

9×32㎜の平鋼を用いた繊細な手摺の階段。段板も内部はアングルでつくられている（①）

コールテン鋼を用いた2重のリブをもつ格子天井。錆の表情に重厚感がある（Pousada de santa maria do bouro）

H型鋼の梁を露しにしている。コンクリート打放しの内壁と合わせた（Casa m3[芦沢啓治建築設計事務所]）

窓周りが鏡面仕上げのステンレス。周囲の風景が映り込む（FRAZER PLACE［山口誠デザイン］）

金属系 ❷

ステンレス鋼

ステンレスは、鉄に10・5％以上のクロムを含有した合金で、表面の酸化皮膜により、さびが進行しにくい素材です。硬質で現場溶接も困難ですが、耐久性と高級感のある素材として建築に幅広く使われます

■特性

ステンレスは、鉄に10・5％以上のクロムを含ませた合金です。クロムにより表面に酸化皮膜ができ、さびが進行しにくくなっています。SUS（サス）、ステンとも呼ばれます。鋼に比べると、硬くて現場溶接も困難なため現場での加工がしづらく、また価格が高いですが、耐久性と高級感のある素材として建築に幅広く使われます。

■種類

インテリアに使う代表的な種類を紹介します。「SUS430・18Cr」（クロム18％）は、内装材や一般的な厨房機器によく使われるもので、耐食性は中程度で磁性を有します。比較的安価です。「SUS304・18-8」（クロム18％、ニッケル8％）は、耐食性や加工性に優れ、ステンレスのなかで最も生産されています。内装材や高級な厨房機器・カトラリーにも使われます。非磁性です。「SUS630」は、耐食性は中程度ですが、強度が高く、建築金物やボルトなどによく使われています。

■製品

ステンレスを用いた製品は、鋼板・型鋼・パイプ・釘・ボルト・ワイヤー・パンチングメタルなどがあります。加工品は、屋根材・壁材・キッチン・手摺・ドアハンドル・蝶番・水栓金具・ポスト・家具・アクセサリーや各種設備などです。錆びにくいので屋外でも使えるものが多いです。価格は高めでも長い目で見ると安上がりなことが多いでしょう。

■主な仕上げ方法

ステンレスの仕上げには名称があります。よく用いられる「2D」は、冷間圧延後に手を加えない、艶がない仕上げです。やや艶があるのは「2A」と呼ばれ、比較的安価です。「No.3・No.4」は、厨房機器などでよく見る細かいラインがついたものです。「ヘアライン（HL）」は、一方向に髪の毛のように平行線がついたもので、落ち着いた艶があり、内装仕上げで多用されます。「バイブレーション」は方向性のないヘアラインです。艶がなく自然な雰囲気で傷が目立ちにくいです。「ショットブラスト」は、細かい粒を当てて粗らしたマットな仕上げです。「鏡面（No.8）」はピカピカとした仕上げで、本磨きの石と合わせるケースが多く、高級感がありますが傷は目立ちます。「化学発色・電解発色」は、酸化皮膜の厚みを酸化などで調整して反射光を色づけします。黒や金のほか、赤、青、緑などもあります。「熱処理」は、焼いて酸化皮膜の反射に色をつける化学発色の方法です。デッキのビスを目立たないように焼いたりします。「エッチング」は、艶部分と艶なし部分で文字や模様を表現する方法です。

■メンテナンス

通常は水や中性洗剤で拭く程度の掃除をします。汚れがひどい場合は、メラミンスポンジやステンレス用の研磨剤、油がこびり付いている場合は、重曹を用います。なお、スチールタワシで磨くとさびてしまうので使用しない方がよいでしょう。

さまざまなステンレス

ヘアライン仕上げ　細かなキズのラインをつける方法。反射に方向性がでる（アベル）

バイブレーション仕上げ　表面に細かなキズをつけて光沢感を抑える加工方法（ubushina）

砂目模様　SUS304。微細な凹凸を写す意匠加工（新日鐵住金ステンレス）

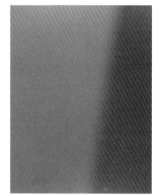

鏡面仕上げ　SUS430。鏡のような高反射率の表面。キズが付くと目立つ（アベル）

ショットブラスト　細かい粒を当てて粗らす加工。サンドブラストともいう（ubushina）

カラーステンレス（ゴールド）　SUS304をコーティング（新日鐵住金ステンレス）

カラーステンレス（レッド）　コーティングにより耐久性も向上（新日鐵住金ステンレス）

電解発色　透明な酸化皮膜を成長させて発色させる（アベルブラック/アベル）

転写　SUS430。ヘアライン研磨模様を表面に転写（新日鐵住金ステンレス）

シーリングパネル　格子状のエンボス加工を施したパネル（ザ・トゥルー）

パンチングメタル　1.6㎜厚。紺模様の孔を空けた。10㎜φ以下は特注（メタルテック）

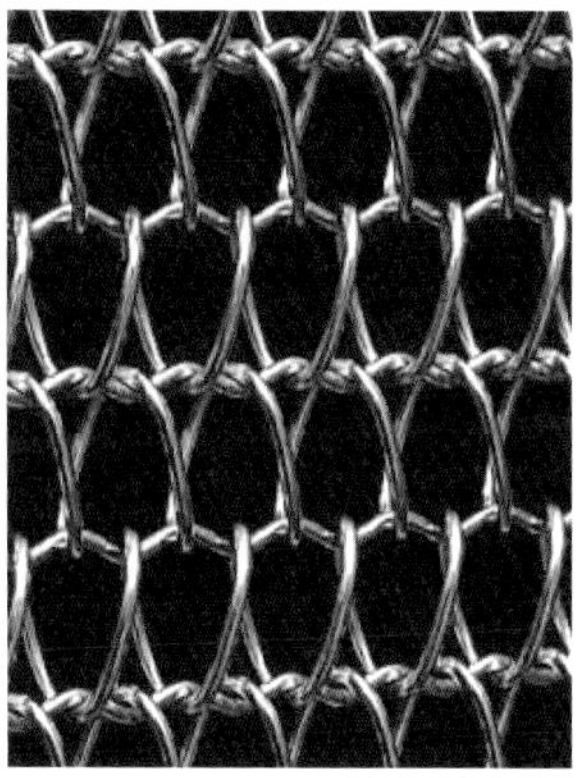

メタルメッシュ　12㎜厚（ナイアガラB-15／伊勢安ワイヤクリエイテック／①）

ステンレスの使用事例

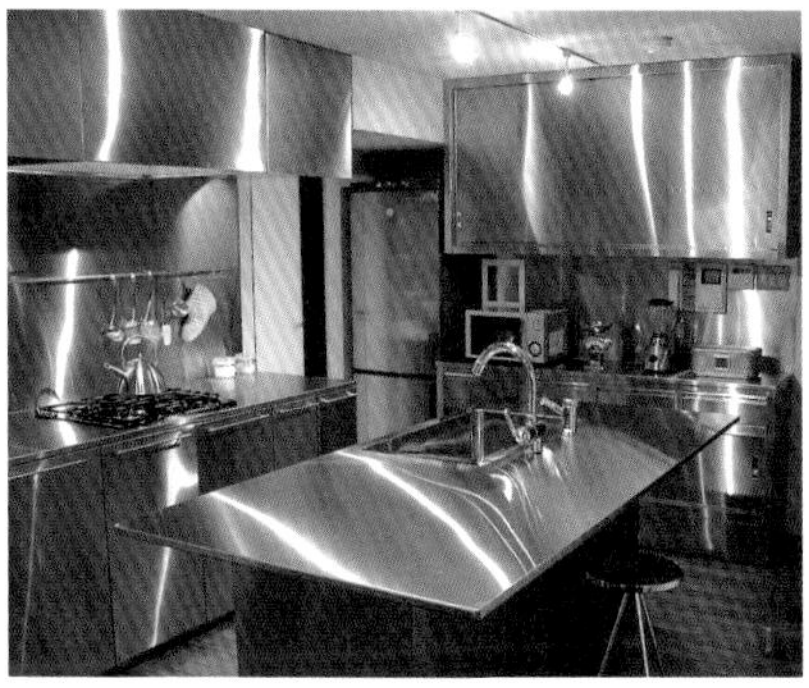

キッチン台や棚、テーブル天板すべてヘアライン仕上げ。反射に方向性が生まれる

ステンレスダレのパーティション。反射×透け感のある素材（はせがわ東京本店［坂倉建築研究所+村上建築設計室］）

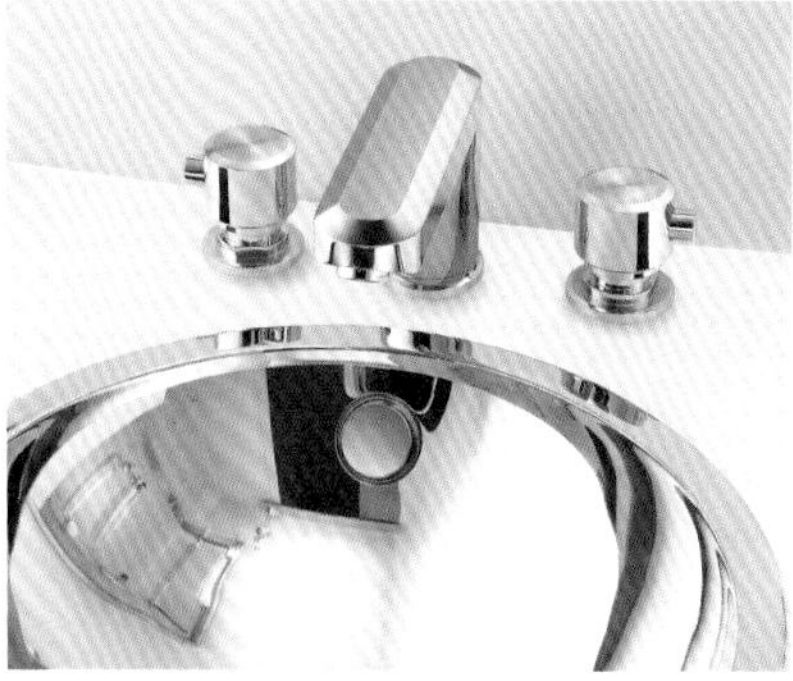

洗面ボウルと蛇口　繊細なヘアライン仕上げ。輝きが持続する（Zwei L／スガツネ）

アルミのルーバーを用いた天井。光を柔らかく反射する平板よりも、無機質でカチッとした雰囲気が出る

金属系 3 アルミニウム

アルミニウムは、軽く、熱伝導性が高く、加工性・耐食性に優れます。明るい銀白色をしているので、軽快なインテリアに合い、白い塗装や、クロス、プラスチック製品とも比較的違和感なく合う素材です

■特性

ボーキサイトを原料としてアルミナをつくり、そこから大量の電力によって生産される金属です。電気料金の高い日本は主に輸入に頼っていますが、変質しにくく融点が低いためリサイクルが容易で、アルミくずから再生される割合が増えてきています。

金属としては軽い、電気を通しやすい、熱伝導性が高い、加工性・耐食性に優れるといった特徴があります。金属は本来、さびやすい素材ですが、空気中では表層にアルマイトの酸化膜ができてさびが進行しにくく、長期間安定した状態を保ちます。ただ、酸やアルカリに弱く、コンクリートやモルタルの接触などには注意が必要です。

■種類

純度99％以上の純アルミニウムと、ほかの元素を添加したアルミニウム合金があります。ジュラルミンをはじめとするアルミニウム合金は、アルミニウムの強度や硬度、耐食性などの性能を高めるために、ほかの金属を混ぜているものです。

■製品

インテリアに関する主な製品を紹介します。まず、圧力をかけてアルミを流し込む高圧鋳造品のことを「アルミダイキャスト」といいます。この方法で、ペーパーホルダーやタオル掛などのアクセサリー類、照明器具の多くがつくられています。

金型からところてんのように押し出す成形方法を「押出し成形」といいます。これにより、長い棒状のものが製作可能です。

主に押出し成形でつくられた材をはめ合わせて「アルミサッシ」も多くつくられています。寸法安定性が高く、耐候性もあり、コスト的にも安価なので、最近は外に面する窓の多くがアルミサッシでつくられています。ただし、枠が太く見た目が野暮になりがちなことや、熱伝導性が高く屋内外の熱橋となりやすいなどの欠点もあります。

■主な仕上げ方法

染料や金属塩を使わず、陽極酸化処理によって皮膜に色をつける方法を「電解着色」といいます。色の種類はブロンズ、ホワイト、ステンカラー、ブラックなどがあります。薬品で一部分を腐食させ、濃淡や模様を表現する「エッチング加工」は、表札などでも用いられる手法です。

■デザイン

軽く明るい銀白色をしているので、軽快なインテリアによく合います。白いペンキのほか、ビニルクロスやプラスチック製品とも比較的違和感なく合う素材だと思います。また、表面を磨き出したものは高級感もあり、周囲の空気を軽く映し出します。

■メンテナンス

普段は拭き掃除程度で、サッシには定期的に水を掛けておくとよいでしょう。釘などのほかの金属が接している場合は電解腐食を起こすので取り除きます。汚れがひどい場合はメラミンスポンジや研磨剤が有効ですが、酸化皮膜をあまり傷つけないよう注意が必要です。なお、酸やアルカリに弱いので、洗剤の使用には注意をしましょう。

さまざまなアルミニウム　（上：表面加工　下：製品や部材）

サークル状の表面加工　同心円状のヘアライン研磨を施したもの

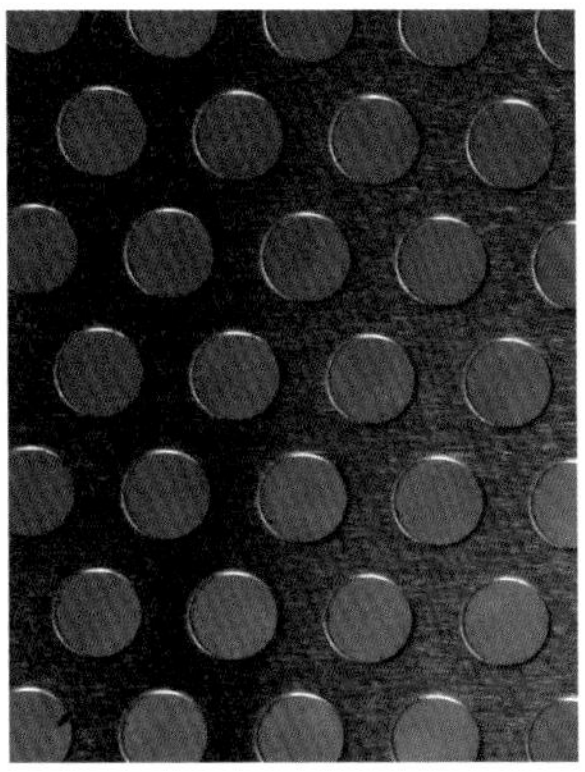

パンチングメタル　φ15㎜の孔を等間隔にあけたもの。フェンスや仕上げパネルに用いる（中島アルミ）

電解着色　アルマイト処理。マットな質感になる（ステンカラー／中島アルミ）

電解着色　アルマイトの処理時間が長いほど濃色になる（ブラック／中島アルミ）

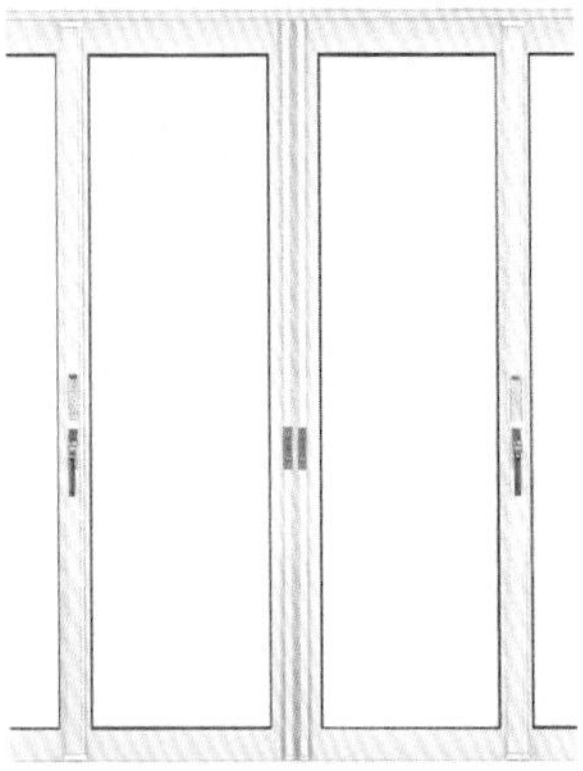

アルミサッシ　アルミ形材断熱構造は断熱性能が高い（ワイドオープン〔4枚建〕／YKKAP）

家具部材　シェルフと引出しの取っ手。部材は鋳造で製作したもの（SUS）

鋳造品　圧力をかけて型にアルミを流し込んで成型する。サッシなどの部材（SUS）

フラットバー　幅20㎜、3㎜厚。切り口のきれいさがアルミの特徴（中島アルミ）

アルミの使用事例

狭小住宅にも合うアルミ製の階段を用いた例（ビュライ レジェ・竜骨タイプ／新日軽）

アルマイト加工のパネルを張った壁面（マクレガーターニークラブ［アーキテクト］）

アルミフレームの引き戸。白い空間と馴染みがよい（WORKS016／三協立山アルミ）

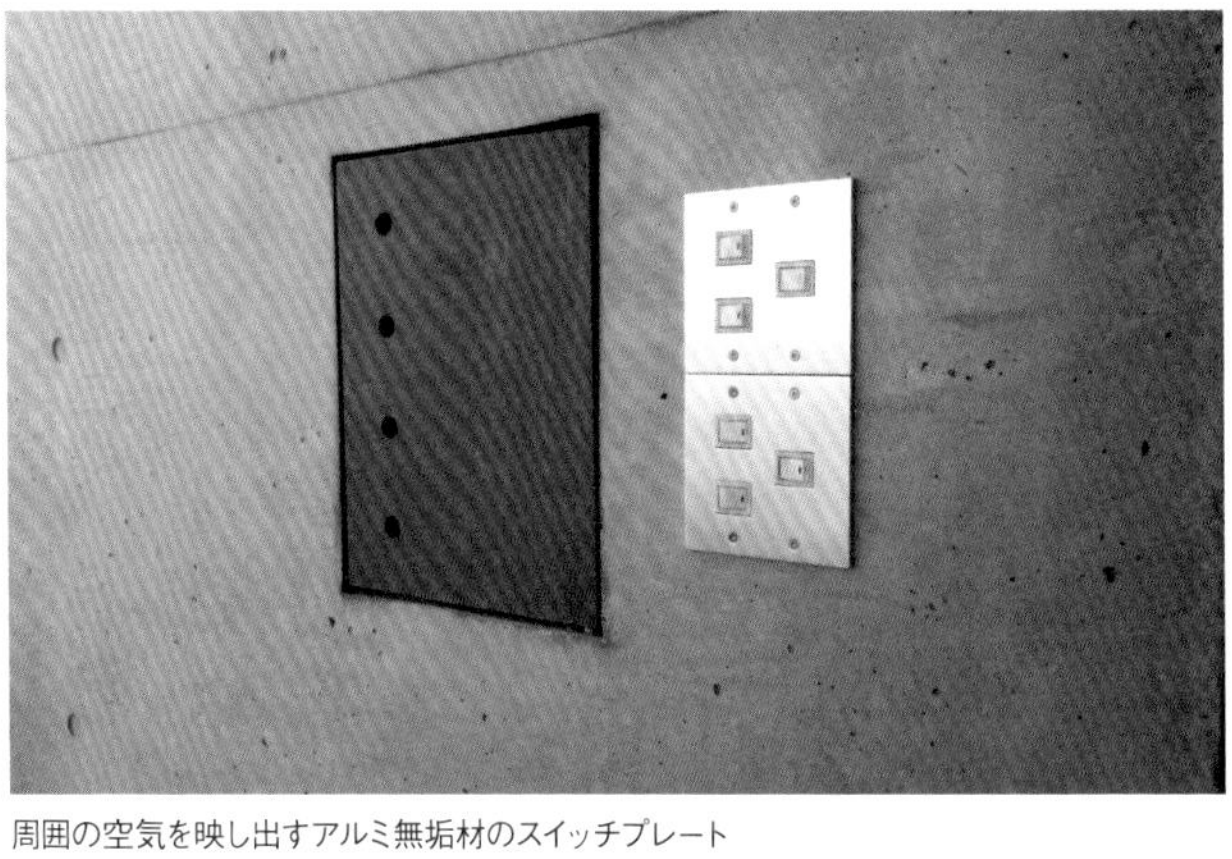

周囲の空気を映し出すアルミ無垢材のスイッチプレート

金属系❹

その他の金属

鉄などの代表的な金属以外にも、建築やインテリアに用いられる金属があります。箔や錫、亜鉛など光沢をもつものや、銅や青銅、真鍮など鈍色の風合いを特徴とするものがあり、多くは意匠目的で用いられます

真鍮のメッシュで空間を区切ったカフェ（nana's green tea ららぽーと富士見店／KAMITOPEN④）

■金・プラチナ（白金）

金やプラチナは、長期にわたり変質しない金属です。非常に高価で、インテリアにはメッキや箔として用いられることが多いです。金箔は金閣寺で見られるようにきらびやかで、プラチナ箔は上品な透明感があります。また、赤いガラスは金を混ぜているので、ヴェネチアングラスやガラスモザイクタイルの赤いものは比較的高価です。

■銀

銀は、電気を通しやすい金属です。銅と比べるとかなり高価です。銀は黒く変化しやすいので、壁や屏風に銀箔を貼ると徐々に鈍い色に変化し、重厚感が出てきます。また、銀イオンには殺菌力があるので、抗菌材としても用いられます。

■銅

銅は、非常に電気を通しやすいため、現在は主に電線に使われます。加工性がよく、耐候性が高いのが特徴です。さびると緑青を発生し、その独特の色も好まれるため、高級住宅の屋根材や雨樋にも使われます。

■錫《すず》（ピューター）

錫は、安価なアルミが登場するまでは、比較的無害な金属材料として食器などに使われてきました。融点が低く柔らかいので加工がしやすく、さびにくい素材です。錫を含む合金としては、鉛との合金であるハンダ（最近は鉛を含まないものもあります）、鋼板に錫めっきをしたブリキ、青銅などが代表的です。独特の柔らかさがあり、インテリア部材にも適したマテリアルです。

■亜鉛

亜鉛は、溶融亜鉛めっきとして鉄のさび止めに使われます。落ち着いたグレーなので、仕上げとして使う場合もあります。薄い鉄板に亜鉛メッキを施したものが「トタン」です。そのほかにも、亜鉛ダイキャストとして用いられています。メッキや塗装を施し、タオルハンガーや照明器具などの材料として用いられています。

■白銅

白銅は、ニッケルを10～30％含む銅の合金です。腐食に強い金属ですが、建材としてはあまり使われません。百円玉や五十円玉に用いられています。

■青銅

銅と錫は鉱石の状態で混在しており、その合金である青銅は古くから使われてきました。最近は鉄が普及したため、あまり使われなくなりました。十円玉でお馴染みです。

■黄銅

黄銅は、銅と亜鉛による合金で「真鍮」とも呼ばれます。ドアノブなどの建築金物でよく真鍮製のものを見かけますが、水栓金具などもメッキの中は真鍮だったりします。磨くと金色に輝きます。徐々にくすんでくる感じが自然な風合いを出します。

■鉛

鉛は、融点が低く柔らかいので加工しやすく、表面に酸化皮膜が形成されるので腐食しにくい素材です。比重が重いため、防音・制振シートとして活用されるほか、放射線の遮蔽材としても使われます。

さまざまな金属 （上・中：銅の種類と表面加工　下：銅以外の非金属）

銅槌打　銅板を金鎚で叩き起こす技術。地金が締まり、板の強度が増す（ubushina）

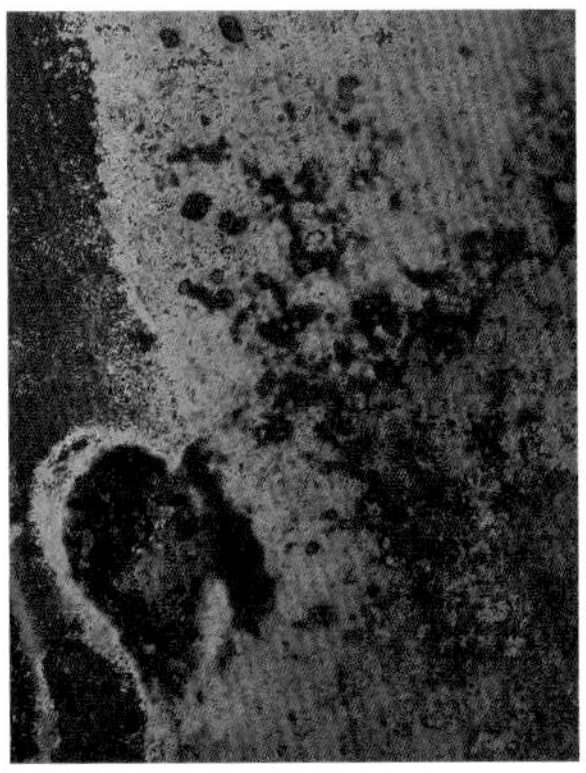

銅腐食　緑青へ変わる途中の茶褐色〜黒色の状態。重厚感がある（黒雲/テイル）

緑青　大気に晒すと発生する保護性のある皮膜。主成分は塩基性硫酸銅

銅+亜鉛の箔　銅87+亜鉛13%。銅を多く含む箔はオレンジや青色を帯びる（箔一）

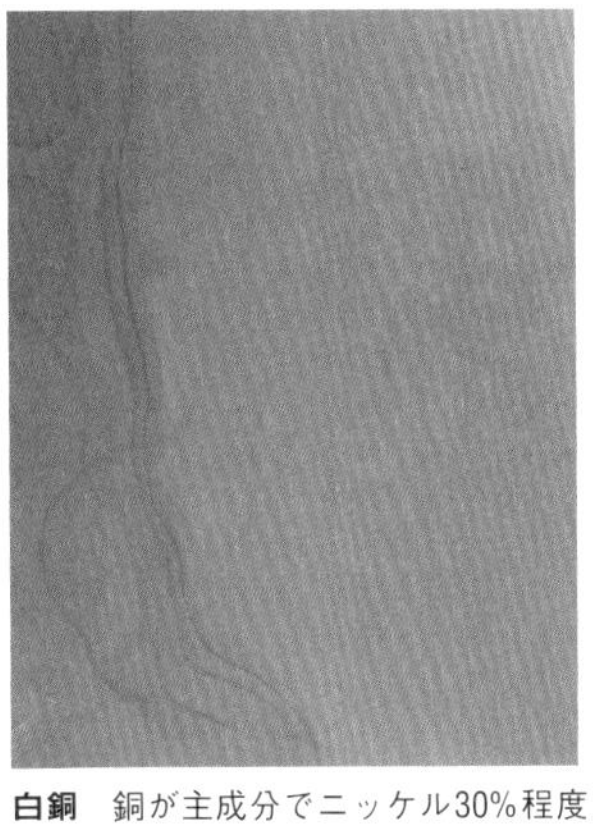

白銅　銅が主成分でニッケル30%程度の合金。五十円、百円玉、五百円玉など

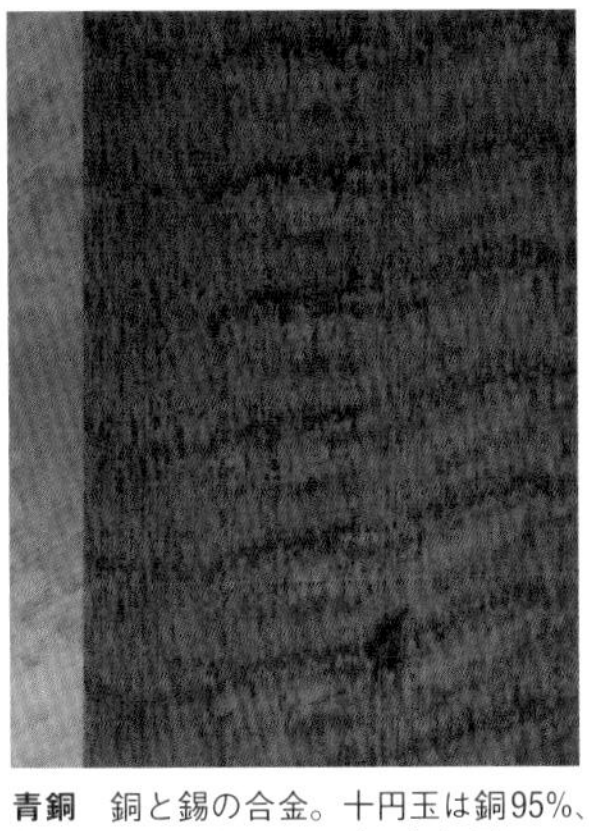

青銅　銅と錫の合金。十円玉は銅95%、錫1〜2%、亜鉛4〜3%（日本青銅）

黄銅（真鍮）　亜鉛30%のものが成形加工性のよい強力銅合金（ubushina）

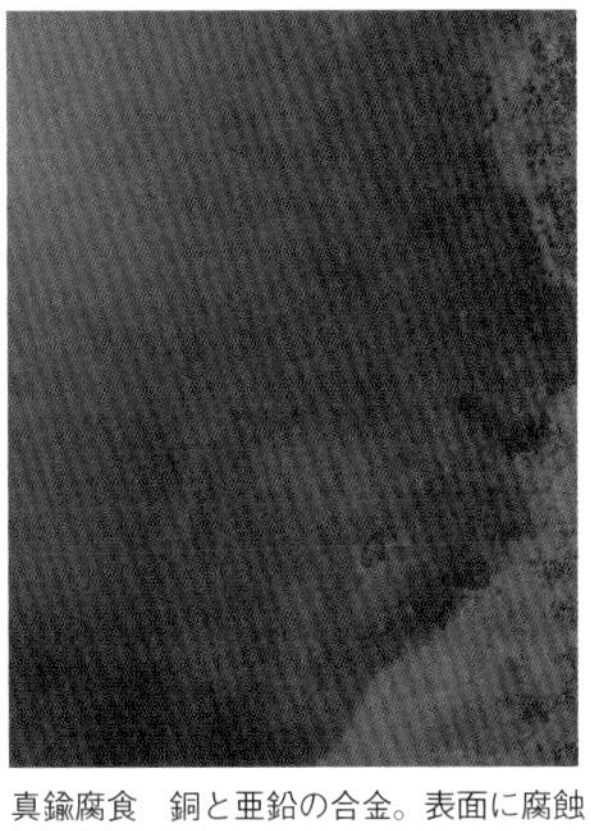

真鍮腐食　銅と亜鉛の合金。表面に腐蝕処理を施したもの（真鍮腐蝕タイル／テイル）

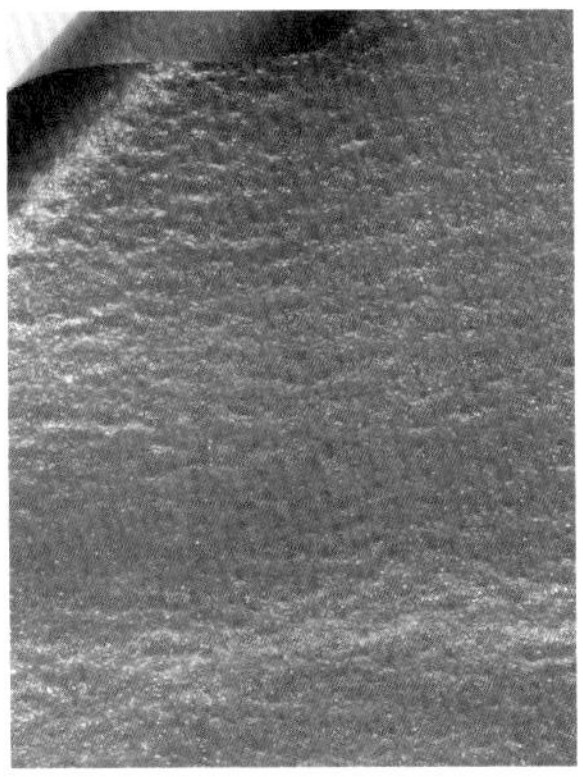

鉛　0.1mm厚のもの。柔らかいので加工が容易。錫と合金するとハンダ（東京鉛）

錫のバイブレーション仕上げ　表面研磨で光沢感をなくす加工（ubushina）

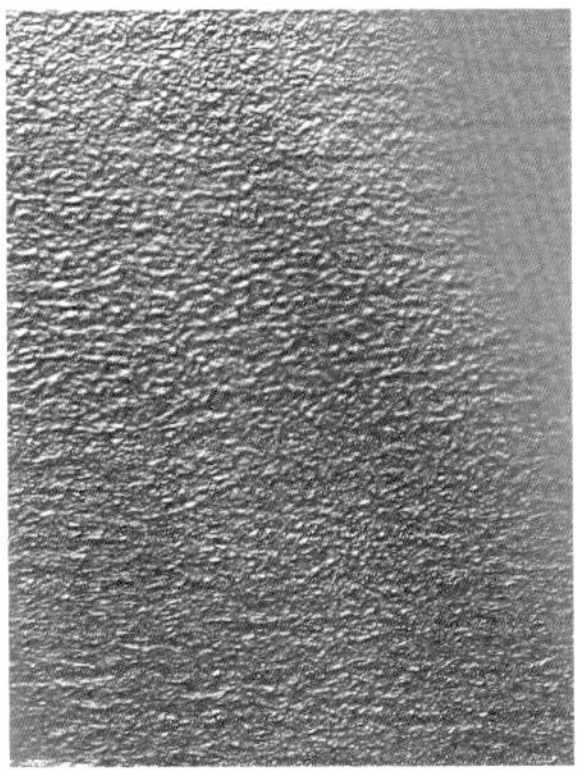

溶融亜鉛めっき　鉄に亜鉛皮膜を密着。空気を遮断して腐食を防ぐ

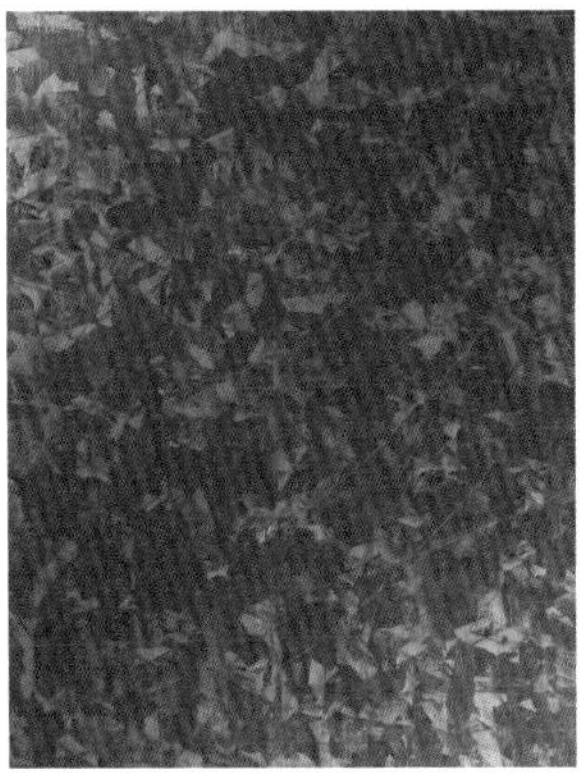

トタン　亜鉛めっきを施した鋼板。平板と波板がある。外壁や屋根材に多用される

さまざまな金属の使用事例

2,3階の外壁や庇、手摺などに金箔を貼って仕上げている。箔の下地、接着には漆を用いている（金閣寺①）

プラチナ箔で仕上げた茶室の内壁。プラチナは化学的に安定した金属なので酸化しにくい（はせがわ本店①）

銅板張りの壁。銅板の歪みが映り込みの像を変化させる（アキバ・イチ［イイジマデザイン+エイムクリエイツ］）

無機ボード系❶

各種セメント板

耐火性のある下地である繊維強化セメント板には、ケイカル板やフレキシブルボードなどがあり、断熱性や吸音性のある木質系セメント板には、木毛セメント板や木片セメント板などがあります

木毛セメント板を張った住宅の内壁と天井。吸音や調湿効果も期待できる（YMT ／ no.555 一級建築士事務所 写真：鳥村鋼一）

■繊維強化セメント板

キッチンのコンロ周りや延焼の恐れのある軒裏などは、火に強い仕上げ材を使うだけでなく、火に強い下地とする必要があります。その際によく用いられるのが、ケイカル板やフレキシブルボードなどの繊維強化セメント板です。

ケイカル板は、珪酸カルシウム板の略称で、セメントに珪酸や消石灰、無機質繊維（ガラス繊維）を混ぜて成形した不燃ボードで、一般住宅でも多く使われています。

フレキシブルボードは、元々はアスベスト（石綿）とセメントを材料とした不燃ボードのことでしたが、アスベストの発ガン性が問題となり、平成16年よりアスベストを1％以上含有する建材の使用が禁止されました。代わりにガラス繊維などで補強した繊維強化セメント板となり、最近はそれらをフレキシブルボードと呼ぶようになっています。略して「フレキ」とも呼ばれます。

これら不燃材は耐水性もあるので、内装の下地材や間仕切などのほか、軒天井などの雨がかかる場所や鉄骨の耐火被覆材、遮音間仕切材としても利用されます。また、ケイカル板は強度が低く、容易に破れるという特性を生かして、集合住宅のバルコニーの各戸の境にある避難用間仕切としても使われています。

厚みは4、5、6、8、10、12、15㎜など、大きさは910×910㎜、910×1820㎜などがあります。下地用のほか、あらかじめ仕上げを施した化粧ボードも各種あり、外壁や軒天井などに使われたりします。

■木質系セメント板

木質系セメント板とは、木質原料とセメントを主原料としてつくられる板状の製品で、木毛セメント板と木片セメント板があります。木質原料の最大長さが450㎜以下のものを木毛セメント板、50㎜以下のものを木片セメント板といい、さらに製品の高密度によって硬質～普通に分類されています。

木毛セメント板は、木材を細長く削った木くず（木毛）をセメントと混合し、加圧成形した板です。木と水とセメントのみでつくられ、有害化学物質を発しない安全な建材といわれています。準不燃材（厚さ15㎜以上）で、多層構造のため断熱性や吸音性に優れるという特性があります。主に野地板（屋根の下地板）、天井・壁・床の下地、RC造の下地兼用打込型枠、床暖房パネルなどに用いられます。厚みは15、20、25、30、40、50㎜など各種あります。

木片セメント板は、木毛セメント板と同様の木質系セメント板で、防腐・防水処理を施した木材の小片（木毛よりも短い木片）をセメントと混ぜて加圧成形した板です。準不燃材（厚さ30㎜以上）で、やはり断熱性、保温性や吸音性があり、壁・床・天井の下地、バルコニーの床下地などに用いられます。木片セメント板には普通木片セメント板と密度の高い硬質木片セメント板があり、硬質木片セメント板として「センチュリーボード」が有名です。厚みは12、15、18、21、25、30、50㎜など各種あります。

さまざまな繊維強化セメント板・木質系セメント板　（上：ケイカル板　下：木毛・木片セメント板）

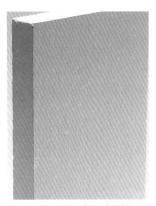

ケイカル板　石灰と珪石を主原料としたケイ酸化カルシウム板（Baubio ／日本インシュレーション）

意匠ケイカル板　表面がリブ状のもの。パターンが豊富（サカイリブ・アラジン／サカイ）

意匠ケイカル板　表面に凹凸がある。壁・天井・軒天に（エコラックス　エンボス／ニチアス）

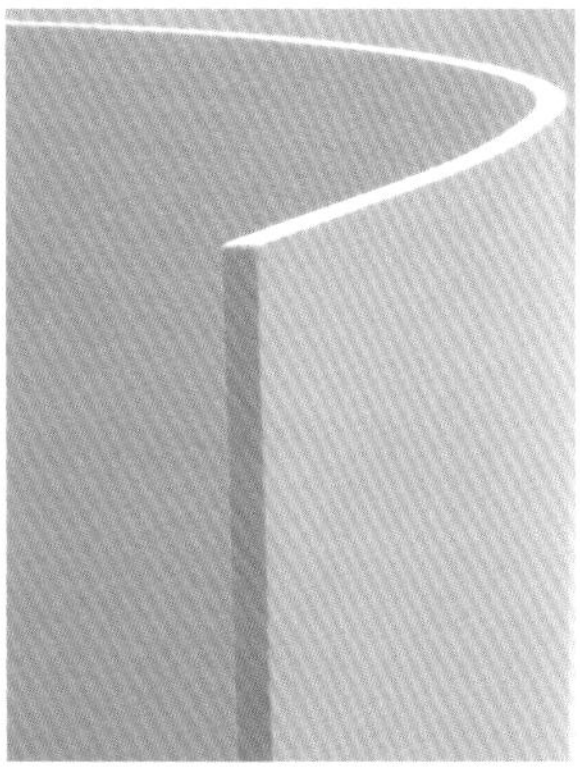

曲面用ケイカル板　天井や壁、柱の曲面に適応（まがるラックス／ニチアス）

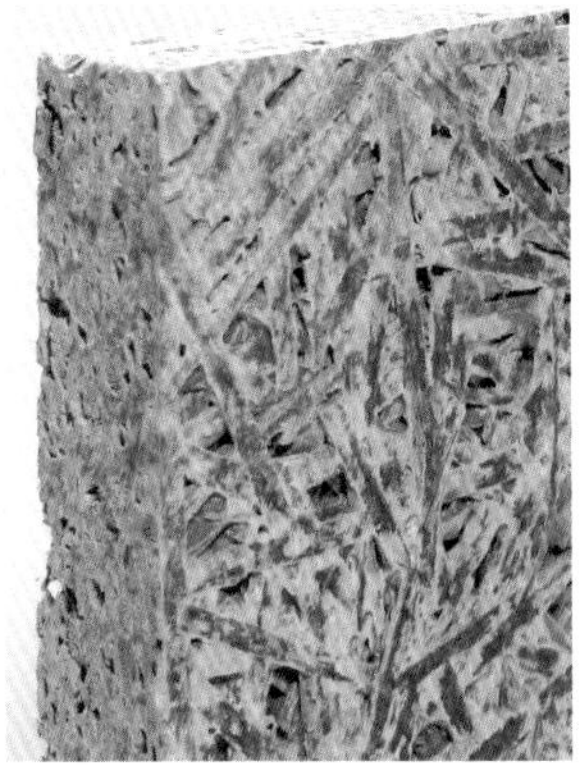

木毛セメント板　20㎜厚のもの。多孔気質なので遮音性や断熱性がある（コーライトボード／興亜不燃板鋼業）

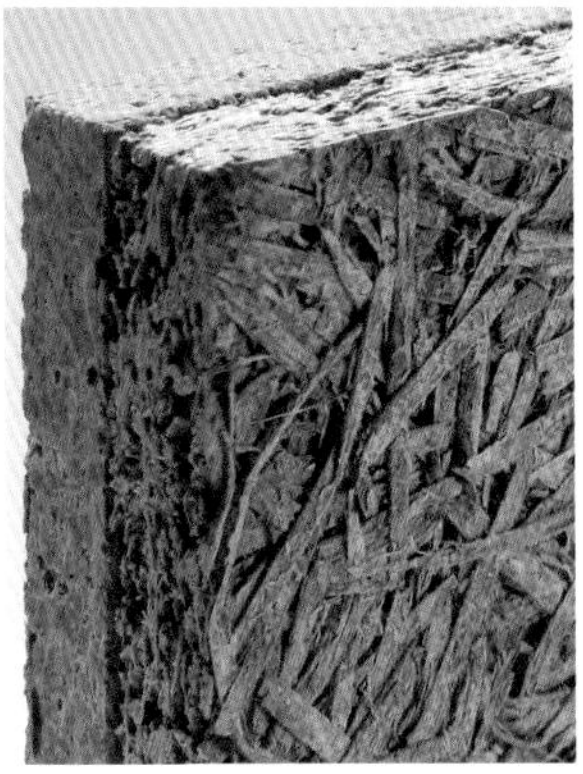

2重構造板　木毛・木片セメント板の張合せ。高断熱性（シャオンボードF ／竹村工業）

化粧木毛セメント板　塗料で着色。カラー指定も可能（レノウッド／竹村工業）

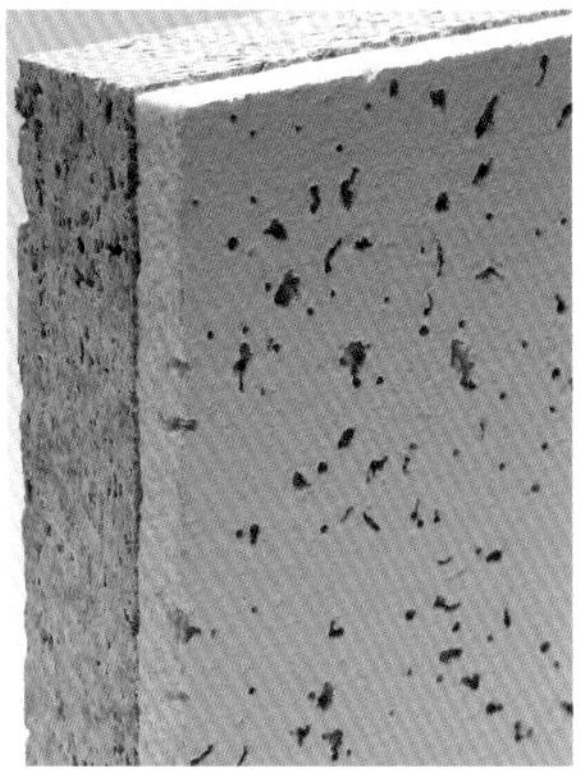

化粧木毛セメント板　ロックウール吸音板張り（モクロック トラバーチン／竹村工業）

繊維強化セメント板や木質セメント板の使用事例

電子レンジ置場の周囲にフレキシブルボードを用いて造作したキッチンの棚。素材が軽量なので施工がしやすい

ゾノトライト系無機質ボード(タイカライトボード)のうえに和紙クロスを張って仕上げた壁と天井(ヴィヴィッド岐阜設計室)

木毛セメント板を素地で張った和室の壁。建具などほかの木質素材との相性がよい(大沢の家[Studio PRANA])

カフェの壁面を木毛セメント板で仕上げている。ざっくりとした自然の風合いが雰囲気とマッチしている(MONZ CAFE)

無機ボード系②

その他の無機系マテリアル

建材メーカーが独自に開発した、さまざまな性能や特徴をもった無機ボード系の製品が販売されています。このほか、内装仕上げの下地材として最もよく使われる石膏ボードは、プリント等による化粧を施した製品もあります

「モイス」で仕上げた壁面（サトウ工務店）

■火山性ガラス質複層板（ダイライト）

火山性ガラス質複層板とは、白土やシラスなどの火山性ガラス質材料にフライアッシュ※を混和したものを、ロックウールやグラスウールで強化した無機質のボードです。耐震性・耐火性・耐風性・耐久性に優れ、主に木造建築物の外壁・内壁の下地材として、構造用合板の代わりに用いられます。

木造軸組工法の建物では、外壁の下地に構造用合板が使われることが一般的ですが、木材なので燃えやすく、腐食やシロアリなどの耐久性の心配もあります。しかし、火山性ガラス質複層板は耐火性や耐久性に優れているので、それらの心配がありません。また、気密性が高いが湿気は通す性質なので、内断熱の場合に壁の中に入り込んでしまった湿気を屋外に排出し、結露を防ぐ効果があるといわれています。

ダイライトは、木造軸組工法の建物の耐力面材として大建工業が開発した、火山性ガラス質複層板の一種です。厚さは9・12㎜があり、柱の外側に張られます。外壁下地用のほか、内装用や軒天井用、耐震リフォーム用もあります。ダイライトは防火構造の大臣認定を各種取得しているので、防火規定の厳しい地域に建物を建てる場合に、外壁下地にダイライトを用いることで室内側の石膏ボードを不要にするなどが可能となり、内装の選択自由度が増します。このほか、外断熱工法にすることで柱や梁をあらわしにするデザインにも対応します。

ただし、規定の釘を使って規定の工法で正しく施工しないと素材の特性を生かせないので、気を使う必要があります。価格は構造用合板に比べて高価で、トータルコストの中でその有効性を検討しましょう。

■多機能不燃建材（モイス）

モイスとは、天然の粘土鉱物バーミキュライトを主原料に、国産の珪砂、珪藻土、消石灰、パルプ繊維を混入して、高温水蒸気下養生（オートクレーブ）し、接着剤を使わずに成形した内装用のボードで、土に還る天然のリサイクル素材です。

バーミキュライトの層状構造が湿気を調節し、ホルムアルデヒドなどの有害物質を吸着・分解するという特性をもち、下地として使えるだけでなく、そのままで仕上げとすることができるのが大きな特徴です。耐火性に優れるほか、彫刻刀で簡単に削れる加工性、曲面がつくれるしなやかさもあります。厚いものは耐震性もあり、木造の耐力壁としても活用されます。

厚さは6㎜と9.5㎜があり、大きさは910×1820㎜、910×2420㎜があります。耐力面材として使える製品は厚さ9.5㎜で、910×2420㎜、2730、3030㎜のほか、1000×2730、3030といったメートルモデュールに対応したものもあります。

そのままを仕上げとする場合、施工には接着剤を使わず、φ0.6㎜のピン（釘）で留め付けます。施工の手間が少なく工期を短縮できますが、ボードの継ぎ目は露出して、やや目立ちます。

※火力発電所で粉砕した石炭を燃焼する際に発生する灰の粒子のこと

さまざまな無機ボード　（上・下左：ダイライト製品と原料 下右：モイスと原料）

耐震パネル　既存天井や床のうえから張って補強（ダイライト耐震かべ『かべ大将』／大建工業）

窯業系建材　経年変化を楽しむことができる（SOLIDO typeM/ケイミュー）

外壁耐力下地材　地震や火災に強い耐震ボード（ダイライトMS／大建工業）

天井用化粧石膏ボード　木目調のプリントを施したもの。実がついている（UK）

ダイライト化粧板　ダイライトの基材に撥油性能のある特殊シートで仕上げた（グラビオLS／大建工業）

調湿ダイライト板　微細な空気孔で、湿気を吸収・放出（さらりあ～と／大建工業）

モイス　主成分は粘土鉱物のバーミキュライトと石灰、砂、パルプ（三菱商事建材）

化粧石膏ボード　押型加工によるトラバーチン模様が特徴的

無機ボードの使用事例

調湿・消臭性能を活かしてキッチンの壁と天井にモイスを使用（平邸元［シンケン］①）

モイスで仕上げた壁。厚み違いをパターン張りした（と木と住まう家［ティースパイス］①）

ダイライト不燃基材にシャープな深彫り調エンボス加工を施した壁材（グラビオエッジ／大建工業）

石膏ボードを仕上げに用いている例。クロスを張らないクラフト感のある天井（①）

執筆者
プロフィール

村上建築設計室
P4~P99, P110~P213

村上太一

1969年東京都生まれ。現早稲田大学芸術学校建築設計科卒業。椎名英三建築設計事務所などを経て'99年村上建築設計室開設。デザインファーム建築設計スタジオ非常勤講師。主な著書に「住宅インテリア究極ガイド」「住宅デザインが劇的に向上するアイデア図鑑」「住宅デザインスクラップブック」など。時に淘汰されず、自然で包容力のある建築を模索している

村上春奈

1971年東京都生まれ。日本女子大学家政学部住居学科卒業。設計事務所ゴンドラなどを経て'99年村上建築設計室開設。デザインファーム建築設計スタジオ非常勤講師。(財)住まいづくりナビセンターでコンサルティングやセミナー講師にも携わる

森本由希乃

1990年神奈川県生まれ。青山学院大学心理学科卒業後、デザインファーム建築スタジオを経て2015年に村上建築設計室に入所。大学在学中に参加したイスラエルでのスタディツアーが建築を志す大きなきっかけとなり、現在に至る

平真知子(平真知子一級建築士事務所)
P100~P107

1966年神奈川県生まれ。東京工業大学工学部建築学科卒業、日本設計を経て2000年矢部真知子一級建築士事務所を設立。'08年平真知子一級建築士事務所に改称。『心地よい家』『わくわくする家』をコンセプトに暮らしに合わせた設計を提案

吉田昌弘(KAMITOPEN)
P111~P119

1977年大阪府生まれ。2001年京都工芸繊維大学工芸学部(岸和郎ゼミ)卒業後、'01年にタカラスペースデザイン入社。'08年KAMITOPEN一級建築士事務所設立。'15年に現在の事務所、麻布十番へ移転

カバー写真：村上太一
ブックデザイン：セキネシンイチ制作室
印刷：図書印刷

住宅インテリア究極ガイド
2023-2024

2022年12月27日　初版第1刷発行

発行者　澤井聖一
発行所　株式会社エクスナレッジ
〒106-0032
東京都港区六本木7-2-26
https://www.xknowledge.co.jp/

問い合わせ先　編集　TEL：03-3403-1381
FAX：03-3403-1345
info@xknowledge.co.jp
販売　TEL：03-3403-1321
FAX：03-3403-1829

※本書掲載の情報はすべて2022年12月現在のものです。掲載情報につきましては万全を期しておりますが、今後変更される場合もありますので予めご了承ください